JN426071

경기변동이론과 응용

AUSTRIAN BUSINESS CYCLE THEORY

전용덕 저

마인드탭
MIND TAP

서문

2008년 미국에서 발생하여 전 세계로 확산된 경제위기는 경기변동 현상이다. 경기변동을 설명할 수 있는 이론은 오스트리아학파의 경제학이 유일하다. 즉 오스트리아학파의 경제학만이 경기변동을 설명할 수 있는 이론을 오래전부터 발전시켜 왔다는 것이다. 그 결과 경기변동을 잘 해결할 수 있는 방법 또는 정책도 오스트리아학파만이 유일하게 제시하고 있다.

주류경제학으로 일컬어지고 있는 신고전학파 경제학은 경기변동을 설명할 수 있는 이론을 가지고 있지 않다. 그럼에도 불구하고 신고전학파 경제학을 신봉하는 경제학자들은 작금의 경기변동에 대한 해결책을 제시하고 실천해왔다. 그렇게 하는 것은 비유하면 병의 원인을 모르는 의사가 치료 방법을 제시하는 것과 큰 차이가 없다. 그 해결책이 비록 미봉책이 될 수는 있지만 근본적인 해결책이 아니거나 문제를 더 악화시킬 수 있다는 데 사태의 심각성이 있는 것이다. 왜냐하면 경제 현상은 인과관계가 분명한 학문이기 때문이다.

오스트리아학파의 경제학을 신봉하는 학자들과 연구자들은 최근까지도 오스트리아학파의 경기변동이론을 더 정밀하게 만들고, 타 연구자들의 비판에 대해 반박하며, 최근에 일어나고 있는 경기변동 현상에 대해서도 그 대책이나 제도 등의 개혁 방법을 제안해왔다. 이 책은 1920년대부터 최근까지 발전된 오스트리아학파의 경기변동이론을 소개하는 것을 목적으로 하고 있다. 제1부가 바로 여기에 해당한다.

그러나 이 책이 오스트리아학파의 경기변동이론과 그와 관련한 화폐·금융제도를 모두 다루었다기보다는 가장 중요하다고 생각되는 부분만 간추렸기 때문에 수준높은 개론서라고 하는 것이 맞을 것이다. 그 점에서 이 책의 한계를 지적하지 않을 수 없다.

우리나라에서도 경기변동 현상은 자주 발생하고 있다. 그 점에서 오스트리아학파의 경기변동이론은 우리나라에서도 유용성이 매우 크다. 제2부에서는 우리나라에서 발생하고 있는 경기변동 현상뿐 아니라 화폐와 금융에 관련된 현상을 넓게는 오스트리아학파의 경제이론 또는 좁게는 오스트리아학파의 경기변동이론을 응용하여 분석한 것이다. 그리고 그 분석에 따라 정책을 제시하거나 제도의 개혁을 제시한 것이다. 다만 제1부의 내용 일부가 중복 서술된 부분에 대해서는 독자들의 이해를 구한다.

2008년 세계적인 경제위기로 유럽과 미국에서는 주류경제학인 신고전학파에 대한 강력한 회의와 그 대안이라고 할 수 있는 오스트리아학파의 경제학에 대한 관심이 크게 고조되고 있다고 한다. 안타깝게도 우리나라에서는 오스트리아학파의 경제학에 대한 관심은 미미한 실정이다. 이 책은 전문 연구자들을 포함한 세인의 관심을 환기해 보고자 하는 시도이다.

기업가들은 거의 언제나 낮은 이자율을 선호한다. 그러나 이 책에서 알 수 있듯이 정부 또는 중앙은행이 '인위적으로' 낮게 규제한 이자율은 경제성장을 '지속불가능하게' 만든다. 그 점에서 정부 또는 중앙은행의 화폐·금융정책에 가장 관심이 많을 뿐 아니라 가장 영향도 크게 받는 기업가들에게 이 책을 권한다. 기업가들이 이 책을 통해 화폐·금융에 관한 정확한 지식을 얻고 그리고 그 결과 정부의 화폐·금융제도와 정책이 제대로 만들어질 때 경제는 경기변동 없는, 그래서 '지속가능한' 성장의 길로 나아가게 될 것이다. 왜냐하면 화폐·금융제도와 정책에 관한한 그들이 가장 강력한 이해관계를 가지고 있기 때문이다.

이 책의 제1부는 저자가 2009년에 한국경제연구원에 제출한 연구보고서를 수정한 것이다. 그 연구보고서를 책으로 만들 수 있도록 허락해 준 한국경제연구원에 진심으로 감사한다.

대구대학교 경산 캠퍼스에서

전용덕

차례

Part 1

오스트리아학파의 경기변동이론과 화폐 · 금융제도의 개혁

Chapter 01

국제 금융위기: 경기변동의 일부분

국제 금융위기는 경기변동의 일부분

2008년에 미국의 서브 프라임 위기로 가시화된 국제 금융위기는 경기변동의 일부분이다. 따라서 금융위기에만 초점을 맞추는 것은 문제를 축소하고 왜곡하는 것이다. 불행히도 현재 논의되고 있는 금융산업 구조조정 등은 모두 금융위기에만 초점을 맞추고 있다. 그 결과 경기변동에 대한 대책은 잘못되거나 불완전할 뿐 아니라 더 나쁜 것은 대부분의 경우에 그 대책이라는 것이 다음 경기변동의 씨앗이 된다는 점이다. 뒤에서 보겠지만 여기에 화폐제도와 금융제도의 문제점이 원인이 되어 경기변동이 반복되고 있을 뿐 아니라 1990년대 이후에 미국을 포함한 세계의 주요국이 경기변동을 돌아가면서 겪고 있는 실정이다. 이와 함께 중국과 같은 국가의 국제 화폐제도에 대한 개혁도 초점을 잃고 있다는 점을 아래에서 알 수 있을 것이다.

그러면 우리는 왜 오스트리아학파의 경기변동이론(Austrian Business Cycle Theory)을 이해해야 하는가? 무엇보다도 오스트리아학파는 오래전부터 '완전한'

경기변동이론을 제시하고 있다. 여기에서 완전하다는 의미는 경기변동이론이 일반 경제이론과 잘 통합되어 있다는 것이다. 뒤에서 보겠지만 다른 이론, 예를 들어 케인스 경제학, 통화주의 등은 경기변동과 관련한 이론이나 설명이 일반 경제이론과 잘 통합되어 있지 않다는 점에서 완전한 경기변동이론으로 볼 수 없다. 아마도 완전한 경기변동이론으로서는 오스트리아학파의 경기변동이론이 유일한 것이 아닌가 여겨진다. 우리가 현재의 위기를 정확히 이해하고 그를 바탕으로 올바른 대책을 세우기 위해서는 완전한 경기변동이론이 필요하다. 오스트리아학파의 경기변동이론을 소개하게 된 다른 이유들에 대해서는 다음 장에서 자세히 언급하고자 한다.

오스트리아학파는 경기변동을 세 단계로 구분 가능하다고 설명한다(Rothbard(2006), 번역본, p.1140). 먼저 경제 내의 거의 모든 부문에서 과오투자(malinvestment)와 과소비(overconsumption)가 이루어지는 붐(boom)시기가 있다. 여기에서 과오투자란 과잉투자와 과소투자를 모두 포함한다. 상업 세계(business world)에서, 과잉투자는 자본재 산업에서 과소투자는 소비재 산업에서 발생한다.[1] 소비자 쪽에서는 과소비가 발생한다. 이 시기에는 또한 주식시장과 부동산시장과 같은 자산(asset)시장에서 큰 붐이 발생한다.

그러나 붐이 영원히 지속될 수는 없다. 이제 상당수 기업이 자신들의 투자가 이윤이 나지 않고 그 결과 투자가 잘못되었다는 것을 인식하는 위기(crisis) 국면이 도래한다. 국제 금융위기로 표현되는 상황은 이 국면의 일부를 지칭한다. 위기 국면에서부터 주식, 부동산 등과 같은 자산 가격이 거의 동시에 하락 또는 경우에 따라서는 폭락한다. 상당수의 산업과 기업에서 파산·실업·구조조정·합병 등이 동시 다발적으로 진행되고 노동, 토지 등과 같은 본원적 요소들

1 자본재 산업과 소비재 산업에 대한 자세한 설명은 아래를 참조.

의 마찰적 실업 등이 일어나는 침체(depression) 국면에 도달한다.[2] 위기 국면과 침체 국면을 통합하여 버스트(bust) 시기라고도 한다.

미국의 경우, 주택산업, 자동차 산업 등과 관련한 자본재 산업에서의 과잉 투자가 있었을 것으로 여겨진다. 과소투자는 소비재 산업들에서 발생했을 것이나 이론으로밖에 알 수 없고 현실에서 직접 목격할 수 있는 것은 아니다. 미국의 소비자 쪽에서는, 무능력자 또는 지불 능력이 취약한 계층이 주택을 소유하거나 유가가 상승하는 데도 대형 자동차를 소유하는 등의 소위 과소비가 일어났다. 물론 앞의 사례는 과소비 중에서도 눈에 잘 식별되는 것이고 붐 기간 동안에 소비가 평소에 비하여 증가했음을 보여주는 것이다. 그 결과 사회의 저축률이 하락했다. 실제로 미국의 가계저축률이 2005년~2007년에는 1% 미만대로 떨어졌다. 그리고 과소비의 일부는 외국으로부터의 수입에 의해 지탱되었다. 왜냐하면 단기적으로 생산설비 등을 빠르게 증가시킬 수 없기 때문이다. 통화량 증가에 의한 경기변동은 미국을 제외한 다른 나라에도 영향을 미치고 있다. 가장 대표적인 나라가 아이슬란드(Iceland)이다.[3] 아이슬란드는 버스트 시기에 외국의 달러 채권이 자국 금융시장을 대량으로 빠져나가는 바람에 금융이 위기에 처하게 되었고 그 결과 경제가 위기에 처하게 되었다. 이 부분에 대한 자세한 분석은 제2장과 제4장에서 하고자 한다.

이 책의 1부는 작금의 국제 금융위기를 이해할 수 있는 틀이 되는 오스트리아학파의 경기변동이론을 설명하는 것이 목적이다. 오스트리아학파의 경기변동이론을 실증분석하는 일은 이미 전용덕·김학수(2009)에서 발표하였기 때

2 오스트리아학파는 노동과 토지를 본원적 생산요소로 지칭하고 '만들어진 생산요소'인 자본과 구분한다. 자본은 노동과 토지에 시간을 가미하여 만들어지기 때문이다. 그러므로 자본의 대가인 이자는 시간시장에서 결정된다. 이 점이 다른 학파의 경제학과 다른 점 중의 하나이고 오스트리아학파 경제학이 다른 학파의 경제학에 비해 우수한 점이다.

3 최근의 아이슬란드 사태에 대해서는 Bagus and Howden(2009) 참조.

문에 여기에서는 생략한다. 그리고 경기변동을 분석하고 대책을 마련하는 데는 화폐제도와 금융제도에 대한 분석과 대책도 포함하지 않을 수 없다. 이 부분은 제2장과 제5장에서 자세히 언급하고자 한다.

경기변동의 원인은 정부의 통화량 증가에 의한 이자율 간섭

정부가 통화량을 증가시켜 정부가 규제한 이자율을 자유시장(free market)에서 결정되는 이자율, 즉 자연이자율(natural rate of interest)보다 낮게 만들면 붐과 버스트로 이어지는 경기변동이 발생한다. 통화량 증가에 의해 이자율이 왜곡된 결과 생산자는 과오투자를 하게 되고 소비자는 과소비를 하게 된다.

여기에서 정부가 통화량을 증가시킨 정도와 그 결과 이자율이 얼마나 하락했는가를 보기로 한다. 〈표 1〉은 1994년부터 통화량 증가와 관련한 각종 자료

❀ 표 1　화폐와 관련한 각종 자료

연도	본원 통화 (base money) (십억 달러) (1), (8)	은행 보유 리저브 (reserve) (십억 달러) (2)	화폐공급 (십억 달러) (3)	신용수단 (fiduciary media) (조 달러) (4)	통화승수 (배) (5), (7)	신용수단 연평균 증가율 (%) (6)
1994. 12	427.3	61.36	2,337.3	1.91	38.1	–
1999. 12	608.0	41.7	3,858.0	3.25	92.5	14.21
2007. 12	836.4	42.7	6,901.9	6.07	161.6	8.12

자료: Reisman(2009)에서 정리

주: (1) 본원통화=발행된 지폐+중앙은행이 보유하고 있는 민간 은행의 체킹예금부채(checking deposit liabilities)

(2) 은행보유 리저브=지폐의 일부+요구불예금부채(demand deposit liabilities)의 일부

(3) 화폐공급=M1+sweep accounts+MMMF(개인과 기관 보유)+저축예금의 50%

(4) 신용수단: 표준화폐인 지폐의 보증(back-up)이 전혀 없는 것으로 이것이 순수한 신용 증가를 보여줌

(5) 화폐승수=화폐공급÷은행보유 리저브

(6) 연평균 증가율: 1999년은 1994년 대비, 2007년은 1999년 대비(복리계산)

(7) 2005년 12월 통화승수는 126배 이상임

(8) 2007년 12월 본원통화 중에서 지폐가 7,638억 달러로서, 본원통화의 대부분이 지폐임

를 보여준다. 이렇게 통화량이 극적으로 증가하게 된 것은 1980년 제정된 금융기관 규제철폐와 통화통제법(The Depository Institutions Dergulation and Monetary Control Act)에서 시작된 예금에 대한 규제완화, 그 이후에도 지속된 각종 행정적인 규제 완화, 각종 편법적인 지급준비율의 지속적인 인하 등이 원인이라고 할 수 있다.[4] 예를 들어, 미국 연방준비은행은 공휴일과 주말에는 민간 금융기관이 보유한 상당 부분의 요구불예금(checking deposits)을 법정지급준비금이 필요 없는 저축예금 형태의 계좌로 옮길 수 있는 방법, 즉 '스윕(sweep)'을 허락했다. 그 결과 본원통화도 증가했지만 신용수단이 극적으로 증가했음을 알 수 있다. 이 점에 대한 자세한 설명은 다음 장으로 미룬다.

통화량 증가로 금융시장의 이자율은 〈그림 1〉과 같이 연방기금 목표금리가 2000년 말부터 하락하여 2003년에 역사적 최저점인 1%에 도달하였다. 그리

그림 1 미국의 연방기금 목표금리(2000. 1~2009. 9)

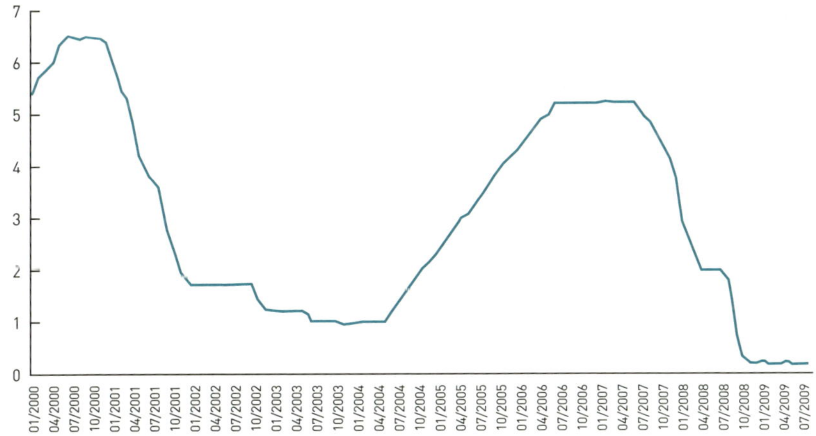

자료 St. Louis FRB website

4 자세한 내용은 Henderson and Hummel(2008), p.4 이후 참조.

고 연방준비위원회는 거의 1년 동안 목표금리를 1%에 고정했다. 그러나 이후 연방준비위원회는 목표금리를 인상하지 않을 수 없었다. 물가가 상승했을 뿐 아니라 무엇보다도 부동산 버블이 심각해지고 있었기 때문이었다. 미국 연방준비위원회는 목표금리를 지속적으로 인상하여 2006년에 5.25%에 도달하였다.

이자율이 낮아진 결과로 생산자는 과오투자, 소비자는 과소비를 한다는 점을 알았다. 그러나 이러한 붐은 지속가능하지 않다. 과오투자와 과소비는 시장의 청산 과정이라 할 수 있는 버스트로 이어진다. 왜냐하면 소비자는 붐 시기의 과소비로 인하여 과잉생산된 재화를 구매할 수 있는 충분한 저축이 없기 때문이다. 과잉투자된 부문에서 재화는 과잉생산되었기 때문에 그 재화의 가격 하락과 잘못 투자된 기계 등과 같은 자본의 구조조정이 필요하게 된다. 그러므로 버스트는 회복으로 가는 단계이자 피할 수 없는 필연적인 시장 조정 과정이다. 여기에서 강조해 두어야 할 점은 버스트가 시장 조정과정이라는 점이다. 이 점에 대한 자세한 설명은 아래에서 하고자 한다.

그러나 만약 버스트나 침체를 피하기 위하여 정부가 각종 시장 간섭 정책을 시행하면 그런 정책은 침체를 지연시키거나 다음 경기변동의 씨앗을 뿌리는 것이다. 이 점에 대한 자세한 설명은 제5장에서 하고자 한다. 따라서 경기변동에 대한 최선의 대응책은 시장의 조정 과정에 정부가 간섭하지 않는 것이다. 정부의 시장 간섭 정책이 반복적인 경기변동의 원인일 뿐 아니라 세계적으로 경기변동이 여러 나라에서 시차를 두고 또는 동시에 발생하는 이유이다. 그러나 침체기에 정부의 각종 시장 간섭 정책은 다음 시기의 경기변동을 초래한다는 이론적 주장을 실증적으로 증명하는 일은 쉽지 않다.

반복적일 뿐 아니라 세계에서 번갈아 일어나고 있는 경기변동은 현재의 화폐제도와 금융제도의 결함, 다시 말하면 현재의 반(反)시장적 화폐제도와 금융제도가 원인이다. 따라서 현재의 화폐제도와 금융제도를 분석하고 대책을 제안할 필요가 있다. 바로 그 이유로 자본주의 또는 시장이 실패한다는 주장은 전적으로 틀린 것이다. 이 부분에 대한 자세한 설명은 제2장에서 하고자 한다.

케인스주의, 통화주의, 기타 원인 등에 대한 비판적 고찰

경제학계에서 주류 경제학은 케인스주의, 통화주의(monetarism) 등이다. 적어도 거시경제학 측면에서는 그렇다고 할 수 있다. 경기변동이 일어나자 미국 정부를 비롯한 세계의 많은 정부는 케인스주의의 정책 처방에 따라 확장적 재정정책을 시행하고 있다. 미국 연방준비위원회는 통화주의의 정책 처방에 따라 금융위기가 발생하여 민간 금융기관의 신용이 극적으로 축소되자 지폐의 공급을 대량으로 증가시켰다. 즉 미국 연방준비위원회는 확장적 통화정책을 시행하고 있는 것이다. 그런 두 가지 사실이 의미하는 바는 케인스주의와 통화주의를 주류 경제학 또는 주류 경제학의 일부라고 불러도 무방하다는 것이다.

그러나 오스트리아학파를 제외하고 현존하는 모든 학파나 경제학은 안타깝시만 경기변동 현상을 설명할 종합적인 이론이 없는 것이 현실이다. 여기에서는 케인스주의와 통화주의에서 경기변동이론과 관련한 부분을 주된 대상으로 비판하고자 한다. 왜냐하면 케인스주의와 통화주의 이론 전체를 비판하는 것은 이 글의 목적을 벗어날 뿐 아니라 대상도 너무 많기 때문이다. 경기변동의 최초의 발생지인 미국에서는 다른 이유들, 즉 과도한 저축, 탐욕과 어리석음, 과도한 경제적 자유와 너무 적은 규제 등이 이번 경제위기의 원인으로 제시되고 있다. 물론 이러한 분석과 설명이 일면의 진리를 포함하고 있지 않은 것은 아니지만 단편적일 뿐 아니라 부정확하다. 제3장에서는 오스트리아학파의 경기변동이론을 제외한 다른 학파의 설명이나 분석과 최근에 제시된 설명 등을 비판적으로 검토하고자 한다.

경기변동과 국제지폐제도

미국 발 경기변동이 국제적으로 확산된 이유를 규명함으로써 작금의 금융위기가 '국제' 금융위기로 명명된 이유를 밝히고자 한다. 각국의 환율 정책 등은 미국의 통화량이 각국으로 확산되는 데 기여하는 전달메커니즘(transmission mechanism)인데 그런 메커니즘을 규명할 필요가 있다. 추가적으로, 국제지폐로서 미국의 달러가 세계 경제, 특히 세계 금융시장에서의 역할을 설명하고자 한다. 이 부분은 정교한 이론과 실증 분석보다는 주요국의 거시 자료를 이용하여 정성적 분석을 할 예정이다. 제도적으로는, 국제지폐 본위제의 발생과 본질을 분석하고 그런 제도가 이번 경기변동과 어떻게 관련되어 있는가를 설명한다. 구체적인 내용은 제4장에서 서술하고자 한다.

시사점과 결론

앞에서 분석한 경기변동의 직접적인 원인으로부터 시사점을 유도할 수 있다. 물론 여기에서 정책적 시사점은 오스트리아학파의 경기변동이론과 그런 이론에 일치하는 화폐제도와 금융제도에 대한 이론을 기초로 유도된 것이다. 먼저 침체기의 정부 정책, 즉 소극적 정책을 제안한다. 침체기에 있어서 정부의 적절한 정책은 확장적 재정정책과 확장적 통화정책을 실시하지 않는 것이다. 침체기는 사실상 회복기이기 때문에 그런 적극적 정책은 침체를 악화 또는 지연시키거나 다음 경기변동의 씨앗을 뿌리는 것이다. 침체기의 적극적 정부 정책 또는 예방 정책, 즉 경기변동을 예방하는 정책은 정부의 크기를 줄이는 등의 정책을 시행하는 것이다. 앞에서 경기변동의 제도적 원인을 분석하였기 때문에 그것에 근거하여 화폐제도와 금융제도에 대한 개혁 방안을 제안한다. 마지막으로 화폐제도와 금융제도의 중요성을 강조하고 끝을 맺는다. 구체적인 내용은 제5장에서 서술하고자 한다.

Chapter 02

오스트리아학파의 경기변동이론

1. 오스트리아학파의 경기변동이론을 선택한 이유들

먼저 본론으로 들어가기 이전에, 여기에서 우리가 오스트리아학파의 경기변동이론을 선택한 이유를 자세히 언급하기로 한다. 제1장에서도 지적하였듯이 경기변동도 인간의 행위, 특히 경제 행위의 결과이기 때문에 경기변동이론은 일반 경제이론과 통합되어 제시되어야 한다. 여기에서 일반 경제이론이라 함은 재화와 화폐에 대한 수요와 공급의 법칙뿐 아니라 무엇보다도 자본과 화폐의 관계에 대한 이론을 말한다.[5] 현재 경제학계에서 일반 경제이론과 통합되어 제시된 경기변동이론은 오스트리아학파의 경기변동이론이 유일하다. 이것이 오스트리아학파의 경기변동이론을 채택한 첫 번째 이유이고 가장 중요한 이유이다.

현재 미국을 포함한 대부분의 나라는 대증요법에 따른 정책 처방을 받아들이거나 경기변동에 대한 이론이 없는 경제체계, 예를 들면 케인스경제학이나

5 자본과 화폐의 연결에 대한 자세한 설명은 다음을 참조.

통화주의에 따라 정책을 시행하고 있거나 시행할 예정으로 있다.[6] 각국의 그런 태도는 비과학적일 뿐만 아니라 바로 그 이유로 각국이 채택한 정책이 경기변동으로 인한 폐해를 더 악화시킬 가능성이 큰 것이 사실이다. 정부의 확장적 재정정책과 확장적 통화정책(또는 두 정책 중의 어느 하나만이라도)은 단기에는 문제를 해결하는 것처럼 보이지만 장기에서는 폐해를 누적시킨다는 것이다.[7] 경기변동에 대한 처방을 제안하기 위해서는 경기변동의 원인을 정확히 규명할 필요가 있다. 그렇게 하기 위해서는 경기변동이론을 먼저 명확히 정의할 필요가 있다. 문제나 사건에 대한 원인 분석은 그에 앞서 문제나 사건에 대입할 수 있는 이론을 먼저 명확히 할 필요가 있기 때문이다. 오스트리아학파의 경기변동이론은 이번 경기변동이라는 사고가 발생하기 이전에 '공리'(axiom)로부터 유도된 유일한 이론이다. 이것이 오스트리아학파의 경기변동이론을 채택한 두 번째 이유이다. 그리고 오스트리아학파의 연구방법론에 대해서는 다음 장에서 더 자세히 다루고자 한다.

오스트리아학파는 경제학이라는 학문 또는 원리들을 만드는 과정에서 '실재주의적 전통'(realist tradition)을 가장 잘 따르고 있을 뿐 아니라 누구보다 뛰어난 자유시장 옹호자이다. 칼 멩거를 시조로 하는 오스트리아학파는 현재 주류 경제학이라고 할 수 있는 신고전학파 경제학에 비하여 정부의 시장에 대한 간

---

6 대증요법은 현실에서 이론을 유도하거나 추출하는 행위와 크게 다르지 않다. 이러한 행위는 연구방법론 관점에서 보면 문제점을 지닌다. Mises(1962)는 현실에서 이론을 유도하거나 추출할 수 없다는 점을 다음과 같이 설명하고 있다. 정확한 이론화(theorizing) 과정은 먼저 인간의 행위에 대한 몇 가지 기본 공리(axiom)로부터 정확한 이론(이론들)을 유도하거나 만든다. 그 다음에 그 이론(이론들)을 이용하여 현실 세계의 관찰 가능한 사실들(observable facts)의 의미를 해석한다. 이것이 정확한 연구방법론이다. 대증요법에 의거한 처방은 연구방법론에서도 전적으로 틀린 것이다. 그런 처방이 좋은 결과를 가져오기를 기대할 수는 없다. 연구 방법론에 대한 자세한 설명은 Mises(1960, 1962, 1980a, 1996), Hayek(1952), Rothbard(1957, 1975), 전용덕(2014) 등을 참조. 자세한 내용은 아래에서 다룬다.

7 이 점에 대한 자세한 설명은 제4장을 참조.

섭을 최소화할 것을 주장한다. 바로 그 점에서 자유시장의 영역을 최대한 넓히고 보존할 것을 제안한다고 하겠다.[8] 그런 오스트리아학파의 경제학자들은 왜 사적 재산권(private property)이 사회적 협동을 위한 근본적인 틀이 되는지를 설명해왔다. 그들은 정부나 개인에 의해 재산권이 침해되면 발생할 폐해를 강조해왔다.[9] 경기변동은 정부가 화폐 부문과 금융 부문에서 재산권을 침해하면 일어날 결과를 보여주는 대표적이고 중요한 사례이다. 따라서 경기변동에 대한 대책도 오스트리아학파의 경제학이 제시하는 처방을 채택하는 것이 민간의 재산권을 가장 잘 보호할 수 있다. 그러나 뒤에서 자세히 보겠지만 일반인을 포함하여 전문가, 예를 들어 케인지언(keynesian), 통화주의자 등은 지금 또는 미래 언젠가 오히려 경기변동을 초래할 수 있는, 그 결과 개인의 재산권을 침해할 수 있는 정책을 제안하고 있다. 이것이 오스트리아학파의 경기변동이론을 채택하는 세 번째 이유이다.

경기변동의 원인을 정확히 이해하여 경기변동을 훌륭하게 억제하면 그것은 그만큼 기업 경영의 불확실성이 줄어들게 된다는 것을 의미한다. 그리고 그 결과 장기적으로 투자의 활성화를 통해 경제는 안정적으로 성장하고 사람들은 그에 따른 번영을 누리게 될 것이다. 경기변동의 억제를 통해 환율을 안정시키면 그만큼 대외 환경도 불확실성이 감소하는 것이다. 다시 말하면, 경기변동의 억제는 국내적 불확실성과 대외적 불확실성을 감소시키고 그것은 기업이 투자와 그에 따른 경영전략을 수립하는 일을 상대적으로 쉽게 만든다. 그 결과 경제는 장기적으로 안정적인 성장을 하게 되고 그에 따라 사람들은 번영을 누리게

8 오스트리아학파의 대표 저작으로는 Mises(1996), Rothbard(1993) 등을 참조.

9 민간, 특히 조직폭력배는 조직적으로 개인의 재산권을 침해한다. 그러나 그 영향은 매우 제한적일 뿐 아니라 현실에서 법, 경찰 등이 그런 문제를 해결한다. 민주주의하에서는, 역설적이게도 정부가 개인의 재산권을 침해하는 경우가 거의 대부분이다. 민주주의가 개인의 재산권을 보호할 수 있는 제도가 아님을 보인 문헌으로는 Hoppe(2001) 참조.

될 것이다. 이것이 오스트리아학파의 경기변동이론을 채택하는 네 번째 이유이다.

1930년대의 미국, 1990년대의 일본 등에서는 케인즈 경제학, 통화주의 등의 경기변동에 대한 처방을 이미 실험해 보았다고 할 수 있다. 물론 완전하게 그들의 처방을 따른 것은 아니지만 말이다. 그리고 그 결과는 예상대로 두 체계의 처방이 효과가 없었거나 부정적인 결과를 초래했음을 알 수 있다. 다만 1930년대의 미국이나 1990년대의 일본에 대한 잘못된 역사 해석이 지배적인 견해가 되면서 케인스 경제학, 통화주의 등이 그 위세를 잃지 않고 있다. 물론 그런 견해가 아직도 지배적인 것은 현실 정치에서 정치인들을 포함한 비전문가들의 잘못된 지식도 한몫을 하고 있는 것처럼 보인다. 이것이 오스트리아학파의 경기변동이론을 채택하는 다섯 번째 이유이다.

2. 오스트리아학파의 경기변동이론

1 몇 가지 중요한 개념들

경기변동과 경기변화의 구분

경기변동의 원인을 논의하기 이전에, 경기변동(business cycles)과 경기변화(business fluctuations)를 구분하는 일이 중요하다.[10] 먼저 경기변화를 알아보자. 우리는 경제의 모든 영역에서 끊임없이 변화하는 세계에 살고 있다. 라스바드는 그런 변화의 원인을 크게 여섯 가지로 구분하고 있다.[11] 여섯 가지란, 소비자의 기호 변화, 시간 선호(time preference)의 변화와 그에 따르는 저축(투자)

10 개리슨(Garrison)은 오스트리안(Austrians)을 포함해서 다른 학파들도 경기변동과 '산업변화'(industrial fluctuation)를 동의어로 사용한다고 지적한다. Garrison(1989), p.11 참조.

11 경기변화의 여섯 가지 원인에 대해서는 Rothbard(1975), p.12 참조.

과 소비 비율의 변화, 노동력의 양과 질 그리고 노동력이 존재하는 위치의 변화, 자연자원의 발견 또는 소멸과 같은 자연자원의 변화, 생산가능성(production possibilities)을 변경시키는 기술적 변화, 기후의 변화와 같은 천재지변의 발생 등이다.

모든 경제는 언제나 이런 변화들의 일부 또는 전부를 겪는다. 하루와 같이 짧은 시간 동안에는 경제는 앞에서 지적한 여섯 가지 변화의 일부만 일어나지만, 상대적으로 긴 시간 동안에는 여섯 가지 변화, 전부가 어느 정도의 시차를 두고 일어날 수도 있다. 변화의 정도도 단기에 비하면 장기에 더 클 것이다. 다시 말하면, 우리는 하루라도 변화가 없는(changeless) 세상에 살 수 없고, 그것이 의미하는 바는 우리는 '경제 여건'(economic data)이 변하지 않는 세상에서 살 수는 없다는 것이다. 경제 여건의 변화가 초래하는 것은 경기변화이고 그런 경기변화를 설명하기 위하여 경기변동이론은 필요하지 않다.

예를 들어, 정보기술의 발전은 생산가능성을 높여서 경제성장을 초래하지만 일반적으로 붐과 버스트로 이루어진 경기변동을 초래하지는 않는다. 그리고 일반 경제이론으로 그런 경기변화를 충분히 설명한다. 다른 예를 들어 보면, 조선 산업 또는 부동산 산업만의 침체가 일반적인 침체 또는 경제 전반의 침체를 촉발하지는 않는다. 왜냐하면 그 경우에도 경제 내의 다른 산업(산업들)은 수요가 증가하여 그 산업(산업들)을 번창하게 만들 뿐 아니라 경제성장에 기여하기 때문이다. 요컨대 '실물경기변동'(real business cycle)이라는 말은 성립하지 않는다는 것이다.

경기변동은 경제가 일반적으로 붐과 버스트로 이루어지는 현상을 지칭한다. 바로 그 이유로 만약 예를 들어 '부동산 사이클'이 존재하더라도 그런 사이클은 일반적인 붐과 침체로 이루어진 경기변동과 관련이 없다고 하겠다. 경기변동의 특징은 세 가지 국면으로 이루어져 있다. 세 가지 국면이란 경제 내의 모든 산업 또는 거의 대부분의 산업에서 일정기간 붐이 일어나고 잇달아 그런 산업이 위기와 침체로 이어진다는 점을 '제1장'에서 설명하였다. 경제 여건의 변화에 의해 경기변화가 초래된다면, 뒤에서 자세히 규명하겠지만 경기변동은 화폐와 직접적인 관련이 있고 화폐제도·금융제도와 간접적으로 또는 제도적으로 관련되어 있다. 왜냐하면 인간의 모든 경제 행위와 관련이 있는 것은 일반 교환수단인 화폐가 유일하기 때문이다.

현실에서는 경기변동과 경기변화가 동시에 진행되는 경우가 발생할 수 있다. 실제로 언제나 그런 것은 아니지만 많은 경우에 그렇다. 그런 상황에서도 적어도 '이론적으로는' 두 경우를 식별 가능하다. 그러나 현실에서 일어난 관측치에서 두 경우를 명약관화하게 구분하는 일은 매우 어려운 일임은 분명해 보인다. 그러나 두 경우를 현실에서 식별하는 일이 어렵다고 그 자체가 없는 것은 아니다. 그러므로 현실의 관측치를 다루는 경우에는 경기변동과 경기변화가 동시에 진행될 수 있음을 염두에 두고 관측치의 분석과 해석에 경각심이 요구된다.

경기변동에서 풀어야 할 과제들

경기변동이론으로 설명해야 할 의문 또는 '관찰할 수 있는 사실'(observable fact)은 크게 세 가지다. 경기변동의 첫 번째 특징은 현실세계에서 기업들의 경영상의 오류가 왜 한꺼번에 발생하는가 하는 점이다. 이 점은 세 가지 사실 중에서 가장 중요한 것이다. 대부분의 기업이 경영을 잘 하여 적절한 이윤을 내고 있는 상태에서, 경고도 없이 왜 갑자기 많은 기업이 손실을 입게 되는가 하는 것이다. 다시 말하면, 많은 기업이 왜 갑자기 그들의 예측이 결정적으로 잘못되게 된 것인가 하는 것이다.

주지하듯이, 기업가의 결정적 기능 또는 주요 기능은 예측(forecasting)이다. 기업가는 현재 시점에 투자와 비용을 지불하고 미래 시점에 자신의 생산물을 소비자와 다른 기업에게 판매하여 이윤을 창출하기 위하여 노력한다. 기업가는 이 과정에서 필연적으로 자신의 생산물에 대한 소비자의 수요 또는 다른 기업가의 수요를 예측해야 한다. 좀 더 구체적으로, 기업가는 자신이 생산하는 재화의 미래가격(future price of final product)을 예측해야 한다. 이 과정에서 미래가격을 잘 예측한 기업가는 이윤을 얻게 되고 그렇지 못한 기업가는 손실을 입는다.[12] 시장은 미래를 잘 예측한 기업가에게는 이윤과 영업 확장의 기회를 제공하고, 무능하고 비효율적인 기업가를 시장에서 도태시킨다. 다시 말하면, 시장은 기업가에게 일종의 '훈련장'(training ground)을 제공한다.[13]

일반적으로 특정 시점에서는 약간의 '기업가-경영자'만이 손실을 입고, 다수의 기업가는 이윤을 내거나 손익분기점에 놓이게 된다. 그러나 경기변동에서는 많은 기업가가 갑자기 손실을 입는 위기의 순간이 찾아오는 것을 어떻게 설명할 것인가? 그것도 그 이전까지 오랜 기간 동안 이윤을 창출하여 시장에서 유능한 기업가로 평가받았던 다수의 기업가가 일순간에 손실을 입고 위기에 놓이게 되는 현상을 어떻게 설명할 것인가?[14] 질문의 요점은 다수 기업가 또는 많은 기업가의 예측이 왜 갑자기 실패하는가 하는 것이다. 그리고 그런 예측의 실패가 거의 비슷한 시점에 집중되기 때문에 필연적으로 경제 내에서 대규모의 '과오'(error)를 초래한다. 다수 기업가의 과오가 집중되는 것, 그로 인

---

12 그러므로 이윤은 불확실성(uncertainty), 특히 최종 재화의 미래 가격의 불확실성 때문에 발생하고 독점 때문에 발생하는 것은 아니다. 즉 '독점이윤'(monopoly profit)이라는 말은 틀린 것이다. 독점으로부터 발생하는 것은 '독점이득'(monopoly gain)이라고 규정해야 한다. 독점과 독점이득에 대한 자세한 설명은 Rothbard(1993), 제10장 참조.

13 또는 기업을 창업하여 경영하는 것을 '상업실험'(commercial experiment)이라고 부르기도 한다.

14 예를 들어, 김우중은 한 때 뛰어난 경영 전략가로 칭찬받았지만 그가 설립하고 경영했던 대우그룹은 1997년 경제위기시에 공중분해되었다. 대우그룹의 해체는 그의 개인적인 잘못도 있을 것이다. 그러나 그 점보다는 오히려 우리가 지금부터 논의하고자 하는 경기변동의 피해자로 보는 것이 더 중요할 것으로 여겨진다. 그럼에도 불구하고 그는 그 시점에서만은 무능한 기업가였음은 분명한 것처럼 보인다.

한 대규모 과오의 발생 등이 경기변동이론이 풀어야 할 가장 중요한 과제이다(Rothbard(2006) 번역본, p.1138).

여기에서 앞에서 지적한 경제 여건의 변화가 그런 갑작스러운 예측의 실패를 가져온다고 주장할 수도 있을 것이다. 그러나 경제 내의 모든 산업에서 여건의 변화가 일어나는 일은 없을 뿐 아니라 그런 여건의 변화는 일부 예외를 제외한다면 대부분이 갑자기 발생하는 것이 아니라 서서히 나타나는 것이기 때문에 예측이 어느 정도 가능하다. 예를 들어, 소비자의 기호가 변하는 경우라 하더라도 모든 산업의 모든 소비자의 기호가 변하는 경우는 없을 것이고 일부 산업의 그런 변화마저도 갑자기 변하는 경우는 흔하지 않다는 것이다. 요컨대 경제 여건의 변화로 다수 기업가의 갑작스러운 예측의 실패, 그것도 거의 동일한 시점에서의 예측 실패를 설명할 수는 없다는 것이다.

경기변동의 두 번째 특징은 자본재 산업(capital-goods industries)의 변동성이 소비재 산업(consumer-goods industries)의 변동성보다 크다는 점이다. 다시 말하면, 자본재 산업이 소비재 산업보다 붐 기간에는 더 크게 확장하고 침체 기간에는 더 크게 축소된다는 것이다. 여기에서 자본재 산업은 소비자로부터 멀리 떨어진 고차의 생산(higher orders of production(furthest from the consumer)을 말하고 소비재 산업은 소비자에게 가까운 저차의 생산(lower orders of production(near the consumer)을 말한다.[15][16] 구체적으로, Rothbard(1996, p.73)는 자본재 산업이란 산업용 원자재(industrial raw materials), 산업플랜트(industrial plants), 내구성

---

15 주의해야 할 것은 자본재 산업과 소비재 산업의 구분은 자본집약적 산업과 노동집약적 산업의 구분과 다른 것이라는 점이다.

16 소비재산업을 저차의 생산, 자본재산업을 고차의 생산으로 지칭하는 것은 소비재 산업을 시작으로 번호를 매기기 때문이다. 그렇게 하는 것은 경제가 성장할수록 소비자로부터 멀리 있는 산업인 자본재산업이 추가되는데 그 경우에 번호를 추가하는 일을 편리하도록 하기 위하여 채택한 오스트리아학파 경제학의 관행이다.

기계와 장비(durable machine and equipment) 등을 다른 산업에 공급하는 산업을 지칭한다고 했다. Salerno(1989, p.143)는 고차재 산업의 예로서, 어떤 특별 프로젝트를 위한 맞춤형 컴퓨터와 소프트웨어, 거대한 오일 착암기를 만드는 시설의 확충, 수력 발전소의 건설을 위한 부지 계획 등을 들고 있다.

경기변동의 세 번째 특징은 붐 기간 중에는 언제나 화폐공급이 증가한다는 점이다. 그와 반대로, 침체 기간에는 일반적으로 화폐공급이 감소한다는 점이다. 물론 침체 기간에 화폐공급이 감소하는 것은 언제나 발생하는 보편적인 현상은 아니다. 오늘날 화폐공급의 증감은 중앙은행 제도, 금융제도 등과 밀접한 관련이 있다. 이 점에 대한 자세한 살명은 아래에서 하고자 한다.

2 경기변동의 직접적 원인과 그 과정

표준버전과 주요 연구자들

현재 오스트리아학파의 선두 그룹에 속하는 월터 블락(Walter Block)은 Tullock(1988)에게 경기변동에 대한 표준버전으로 Rothbard(1996)를 제시하고 있다. 그러므로 여기에서는 미제스의 전통을 가장 잘 이어받았을 뿐 아니라 오스트리아학파의 현재 핵심 연구자들로부터도 표준버전으로 간주되고 있는 Rothbard(1975, 1993, 1996)를 주로 참조하여 경기변동에 대한 설명을 하고자 한다. 다만 도움이 된다면 미제스, 하이에크뿐 아니라 다른 연구자, 특히 라스바드 이후의 연구자의 설명도 참소하고자 한다. 그러나 Garrison(1989)은 별다른 설명 없이 표준버전은 없고 있을 수도 없다고 지적한다. 그런 지적이 있지만 설득력, 설명의 명백성과 간결성, 추종자의 수, 미제스의 전통을 얼마나 잘 계승했는가라는 점 등에서 표준버전을 용인하는 것이 적절한 것으로 여겨진다.

오스트리아학파에서 중요한 위치를 점하고 있는 미제스와 하이에크는 경기변동의 원인이 신용팽창에 있다는 점에 동의하지만 그 과정과 결과에 대해서는 약간 다른 설명을 하고 있다.[17] Garrison(2004, p.334)은 미제스의 과오투자와 하이에크의 강요된 저축(forced saving)이 그들의 설명 내용을 대조해 볼 때 동일한 것으로 이해해야 한다고 주장한다. 그러나 미제스는 과소비가 발생한다는 주장을 하지만 하이에크는 과소비는 일어나지 않는다고 주장한다. Garrison(2004)은 두 학자의 견해를 현대적 관점에서 해석하면서 비교한 결과, 미제스의 설명이 하이에크의 설명보다 우수하다는 결론에 도달했다. 비록 완전하지는 않지만 말이다. 이 점도 라스바드의 설명을 표준버전으로 채택하게 만든다. 왜냐하면 라스바드가 미제스가 인정한 가장 우수한 제자였기 때문이다.[18] 그리고 무엇보다도 Rothbard(1993)는 또한 경기변동이론에 중요한 역할을 하는 생산이론(production theory)의 세부적인 내용을 Mises(1996)의 기초 위에 완성했기 때문이다.[19] 그럼에도 불구하고 미제스가 제시한 이론의 문제점, 미제스와 하이에크의 차이 등에 대한 자세한 논의는 아래에서 하고자 한다.

최초로 경기변동이론을 다룬 문헌은 미제스가 1912년에 쓴 독일어판 "*Theory of Money and Credit*"이다. 이어서 하이에크가 1933년에 "*Monetary Theory and the Trade Cycle*"을 출판했다. Mises(1996)와 이후의 연구자에 따르면, 오스트리아학파의 경기변동이론을 초기에 정립한 연구자들로서는 Mises(1978, 1980b,

---

17 흥미로운 것은 이 위대한 두 경제학자가 처음부터 자체로서 완결된 형태를 지닌 경기변동이론을 제시했던 것은 아니라는 점이다. 그 점은 아마도 경기변동이론이 어려운 분야임을 보여주는 증거인 것처럼 보인다. Garrison(2004), 각주 1번 참조.

18 미제스는 Rothbard(1993)의 "*Man, Economy, and State*"라는 초대형 저작을 서평하는 글에서 다음과 같이 썼다. "라스바드는 경제학에 대한 체계적인 전문서인, 이 초대형 저작을 출판함으로써 저명한 경제학자의 반열에 올랐고 (중략) 그의 저작의 모든 장에서 라스바드는 그의 전임자들의 최선의 가르침을 채택하고 (중략) 그는 그 가르침에 매우 중요한 이론적 공헌을 추가한 것이다." Salerno(2009), p.3에서 재인용.

19 사실 미제스의 생산이론은 매우 부실하여 라스바드는 "*Man, Economy, and State*"라는 책을 저술할 때 미제스의 기본 개념만을 채택한 것이라고 한다. Salerno(2009) 참조.

1996), Hayek(1967, 1975, 1996), Strigl(2000) 등이 있다.[20] 소위 케인스 혁명이 있기 이전에, 유럽에서는 미제스와 하이에크의 경기변동이론이 잘 알려졌는데 그런 이유로 두 학자의 경기변동이론을 '미제스-하이에크 이론'이라고 불렀다고 한다. 초기의 실증적인 분석으로는 Robbins(2007), Rothbard(1975) 등이 있다. 라스바드 이후에 그런 이론을 현대 거시경제학적 관점에서 해석한 것으로는 Garrison(1986, 1989, 1997, 2004) 등이 있다. 특히 Garrison(1989)은 자본이론이란 관점에서 케인스주의, 통화주의, 새고전주의(New Classicism) 등을 비교했다.

역사적으로는 오스트리아학파 경기변동이론의 주요 내용을 제시한 선구자로는 Cantillon(2001)이 있다. 그의 이론은 지난 250년 동안 주류경제학들에 의해 무시되었지만 리카도(Ricardo), 통화학파(Currency School), 빅셀(Wicksell), 미제스, 하이에크, 현대 오스트리아학파 등에 흡수되고 계승된 것이다. 특히 깡띠용의 경기변동이론과 관련한 주요 직관은 미제스에 의해 재발견된 것이다(Hülsmann(2003b), Thornton(2006)). Hülsmann(2001) 등에 의하면, 깡띠용이 비록 현대 오스트리아학파 경기변동이론을 모두 갖춘 내용을 제시하지는 못했지만, 적어도 그는 화폐와 금융에 대한 정부의 간섭이 경기변동을 일으킨다는 설득력 있는 이론을 제시했다. 최근 Hülsmann(1998)은 정부가 만들어낸 오류(error)에 의해 경기변동이 발생한다는 주장을 함으로써 전통적인 오스트리아학파의 경기변동이론을 확장한 것처럼 보이는데 오스트리아학파 내에서도 많은 연구자의 관심을 받고 있는 것 같지는 않는 것처럼 보인다. 연구자들 간의 활발한 토론이 있어야 할 주제인 것으로 보인다.

오스트리아학파의 경기변동이론에는 어떤 요소들이 영향을 미쳤는가? 그 점을 Garrison(1989)은 다음과 같이 적고 있다. "Manger(1950)는 재화들의 서로

20 더 자세한 내용에 대해서는 Mises(1996), 각주 2번 참조.

다른 순서와 생산 과정에서의 그 재화들의 시제간(intertemporal) 연속성을 일치시켰다. 그리고 그는 재화들의 가치에 영향을 미치는 시제간 보완성에 주의를 기우렸다. Böhm-Bawerk(1959)는 '우회'(roundaboutness)라는 관점에서 시간이라는 요소를 다루었다. 그리고 그는 이자율과 경제의 생산과정을 특징짓는 우회의 정도는 상호 역관계가 있음을 입증했다. Mises(1953)는 Böhm-Bawerk의 자본이론 배경 안에서 Wicksell이 제시한 은행 이자율과 소위 자연 이자율의 구분을 발전시킴으로써 화폐이론과 자본이론을 통합했다."[21]

자유시장하에서의 자원배분

오스트리아학파의 경기변동이론에서 주장하는 경기변동의 직접적인 원인은 무엇인가? 경기변동에서 풀어야 할 수수께끼 중에서 가장 중요한 것은, 앞에서 이미 지적했듯이, 왜 경영상의 과오(business errors)가 갑자기 한꺼번에 나타나는가 하는 것이다. 순수한 자유시장(free market)에서는 잘 훈련된 기업가들이 있어서 그 기업가들이 일시에 과오를 범하지는 않는다. 그러므로 경영상의 과오가 한꺼번에 나타나는 경우는 발생할 수 없다.

결론부터 먼저 말하면, 붐-버스트 사이클은 정부가 통화정책을 통해 이자율에 간섭함으로써 발생한다. 구체적으로, 화폐공급의 증가 중에서 재계(business world)로 대출된 부분이 경기변동의 직접적인 원인이다. 다시 말하면, 정부가 화폐공급의 증가를 통해 이자율을 인위적으로 낮춤으로써 경기변동을 초래한다. 일반적으로 말하면, 시간시장(time market)과 금융시장을 포함한 자본시장에 대한 정부의 간섭이 경기변동을 초래한다는 것이다.

정부의 통화 간섭이 어떻게 경기변동을 초래하는가를 이해하기 위해서는

21 Garrison(1989), p.13에서 인용. 괄호 안의 숫자는 해당 연구자의 문헌이 출판된 연도이다. 이 글의 참고문헌에는 일부 포함되지 않는 것도 있다.

먼저 자유시장 또는 자유시장 경제(free market economy)에서 이자율이 결정되는 과정과 그와 관련한 자원 배분을 분석할 필요가 있다.[22] 왜냐하면 자유시장 경제에서 이자율이 결정되는 과정과 자원 배분은 정부의 통화 간섭 정책이 가져올 결과를 평가하기 위한 기준이 되기 때문이다. 미국을 예로 들면, 미국 중앙은행이라 할 수 있는 연방준비제도이사회가 1913년 설립된 이후에는 순수한 자유시장 경제를 관찰할 수 없다. 물론 그 이전 기간이라도 미국이 반드시 순수한 자유시장 경제라 할 수 없지만 말이다. 특히 각종 제도가 순수 자유시장과 일치하는가 하는 점은 시대별로 다르다고 하겠다. 현실의 경제가 순수 자유시장이 아닌 시장 또는 부분을 내포하고 있다는 사실은 경제 내의 각종 제도를 자유시장이라는 기준으로 정확히 평가할 필요가 있음을 의미한다. 설명을 위하여, 자유시장 경제라는 가정하에서 초기에 경제 내의 통화량이 일정하다고 가정한다. 통화량을 어떻게 정의하는가 하는 것, 신용확장이 이루어지는 과정 등은 별도의 설명이 필요하기 때문에 다른 곳에서 다룬다.

먼저 그 통화량의 일정 부분은 소비에 쓰인다. 나머지 통화량의 거의 대부분은 저축되어 투자되고 전체 통화량의 작은 부분은 미래의 불확실성에 대비하여 현금의 형태로 보유된다. 그러나 순수 자유시장에서 현금 보유는 전체 통화량에서 비중이 크지 않을 뿐 아니라 큰 역할을 하지 않기 때문에 여기에서는 편의상 잠시 논의에서 제외한다. 그러나 경기변동 과정에서는 현금 보유가 큰 역할을 하기 때문에 그 때 디시 논의에 포함하고자 한다. 투자 자금은 여러 단계의 생산구조(production structure)에 배분된다.[23] 소비와 저축 또는 소비와 투자

22 자유시장에서의 이자율 결정과 자원배분에 대한 자세한 설명은 Rothbard(1993), 제6장을 참조.

23 원료를 구입하여 가공하고 최종적으로는 소비재 형태로 만들어 유통시킨다. 이러한 과정에서 기업가는 이윤이 발생하는 점까지 생산을 통합하여 관리한다. 이때 발생하는 생산단계를 생산구조라고 일컫는다. 설명이나 연구의 목적에 따라 생산구조는 작게 또는 크게 나눌 수 있다. 현실에는 각종 생산조직, 예를 들어 카르텔, 수직통합 등이 존재하는데 그것을 통칭할 때도 생산구조라

의 비율은 사람들의 시간선호에 의해 결정된다.[24] 한마디로, 시간선호는 시제간(intertemporal) 자원배분을 결정한다. 여기에서 시간선호란 미래에 대비하여 현재를 선호하는 정도를 말한다. 사람들이 현재를 선호할수록 시간선호가 높아진다고 하고 사람들이 미래를 선호할수록 시간선호가 낮아진다고 한다. 사람들의 시간선호가 '순이자율'(pure interest rate)을 결정한다. 여기에서 순이자율이란 불확실성이 존재하지 않는 세계에서의, 현재 화폐에 대한 미래 화폐의 시간할인율이다. 예를 들어, 현재 100만원의 화폐가 1년 후에 105만원의 화폐를 획득할 것으로 예상되어, 그 결과 교환된다면 순이자율은 연 5%이다. 물론 불확실성이 완전히 제거된 상태라고 가정했을 때 말이다.

여기에서 시간선호에 대해 간단한 설명을 추가하고자 한다. 불행하게도 개인의 시간선호는 외부에서 관찰할 수 있는 것이 아니다. 비록 소비와 저축의 형태로 외부로 표출되지만 말이다. 문제는 시간선호가 각 개인에 의해 심리적으로 결정되기 때문에 인간행위학(praxelogy)은 시간선호에 대해 궁극적인 설명을 제공할 수는 없다. 그러나 인간행위학은 시간선호에 영향을 주는 것들에 대해 몇 가지 진실을 말할 수 있다. 첫째, 다른 조건이 일정하다면 개인의 실질소득이 증가하면 그의 시간선호스케줄상에서 시간선호율이 낮아진다는 것이다. 다시 말하면 경제적으로 여유로워지면 미래를 선호하게 된다는 것으로 사람들의 행위에서 흔히 관찰할 수 있는 변화이다. 둘째, 가까운 미래에 종말이 올 것이 확실시된다면 인간은 미래에 대한 요구를 멈출 것이다. 그런 상황에서 시간선호는 급상승할 것이다. 셋째, 앞의 경우와 반대로 인간이 영생할 수 있는 신약이나 방법을 발견한다면 시간선호는 매우 낮아질 것이다. 마지막으로, 시간선호스

고 한다. 생산구조에 대한 자세한 설명은 Rothbard(1993), 5~7장 참조.

24 경기변동이론뿐 아니라 모든 인간 행위의 중심에는 시간선호가 존재한다. 시간선호에 대한 자세한 설명으로는 Mises(1996), 18장과 19장, Jevons(1965), Fetter(1977), Rothbard(1993), Reisman(1996), pp.55~58 참조.

케줄 자체가 이동할 수도 있다는 점이다(Rothbard(2006), 번역본, pp.512~513).

자신의 총화폐소득에서 어느 정도의 '소비/저축' 비율을 유지할 것인지는 구체적인 시간선호율에 의해 결정된다. 개인들의 시간선호의 총합에 의해 총시간시장스케줄들(aggregate time-market schedules)이 결정되고, 그것들이 사회 전체의 저축과 소비 간의 비율, 즉 총사회비율들(aggregate social proportions)을 결정한다. 그 결과 "시간선호스케줄들이 높으면 높을수록 저축 대비 소비의 비율은 커질 것이고, 반면에 시간선호스케줄들이 낮으면 낮을수록 저축 대비 소비의 비율은 점점 낮아질 것이 명백하다. 그와 동시에 경제에서 높은 시간선호스케줄들은 높은 이자율로 이끌고 낮은 스케줄들은 낮은 이자율로 이끈다는 것을 보았다"(Rothbard(2006), 번역본, p.466). 사람들의 시간선호가 낮아질수록 '투자/소비' 비율이 높아지고, 그 결과 생산구조가 길어지며 자본이 축적된다. 사람들의 시간선호가 높아질수록 '투자/소비' 비율이 낮아지고, 그 결과 생산구조가 단축되며 자본이 '소비'된다. 여기에서 생산구조가 길어진다는 것은 생산단계가 예전보다 많아지는 것을 의미하고 생산구조가 짧아진다는 것은 생산단계가 예전보다 줄어든다는 것을 의미한다. 시간선호가 낮아지는 것이 경제성장으로 가는 길이라면 시간선호가 높아지는 경우는 자본 소비(capital consumption)가 일어나기 때문에 음(negative)의 경제성장으로 가는 길이다.

자유시장에서 결정되는 이자율을 '자연이자율'(natural rate of interest)이라 하고, 자연이자율은 앞에서 설명한 순이자율에 특정 프로젝트의 위험프리미엄, 화폐의 구매력의 변화, 화폐가 실물에 미치는 영향을 반영하는 교역 조건의 변화 등을 합산한 것이다.[25] 어떤 프로젝트의 위험프리미엄은 채권자 또는 대출자의 위험에 대한 평가에 따라 달라진다. 채권자는 그 대출에 관한 한 기업가의

25 교역조건의 변화에 대한 설명은 생략한다. 자세한 설명은 Rothbard(1993)를 참조.

위치에 있기 때문에 위험프리미엄을 '기업가적 위험'(entrepreneurial risk)이라고 부르기도 한다. 위험프리미엄은 프로젝트 평가자마다 다르기 때문에 이자율이 하나로 동일해지지 않고 여러 가지 이자율로 이루어지는 이자율 구조(structure of interest rates)를 만들어낸다. 즉 현실에서 이자율이 동일해지지 않고 하나의 구조 형태를 가지게 되는 가장 중요한 이유는 기업가적 위험의 존재 때문이라는 것이다. 화폐의 구매력의 변화는 양(positive)일 수도 있고 음(negative)이 될 수도 있다. 자연이자율에서 결정적인 요소는 순이자율이다. 순이자율이 대부시장(loan market) 또는 금융시장의 이자율에 반영된다.

요컨대, 순이자율과 자연이자율은 시간시장에서 사람들의 시간선호에 의해 결정되고 이와 동시에 사람들의 시간선호에 의해 소비와 저축 또는 투자가 결정된다. 다시 말하면, 자연이자율과 소비와 저축 또는 투자가 동시에(simultaneously) 결정된다는 것이다. 그리고 저축과 투자는 언제나 동일한 것이다.[26] 자유시장에서 생산자의 자원배분과 소비자의 자원배분이 일치하는 상황을 "소비자들의 시제간 소비 계획들이 기업가들의 시제간 투자 계획들과 걸맞은 것이다"(Carilli and Dempster(2001), p.326)라고 적고 있다. 문제는 순이자율과 자연이자율은 정부의 간섭이 없는 자유시장에서 결정되는 것이기 때문에 정부의 시장 간섭이 존재하는 현실에서 우리는 그 두 종류의 이자율을 직접 관찰할 수는 없다는 점이다. 물론 정부의 간섭이 매우 작아지면 그 두 이자율의 근사치는 현실에서 볼 수도 있다.

이제 만약 시간선호가 자발적으로 하락하여, 즉 자연이자율이 하락하여 저축과 투자가 증가한다고 가정하자. 그 경우에 도달할 균형 상태를 Rothbard(2006)는 다음과 같이 적고 있다.

26 그러나 케인스 경제학은 저축과 투자가 동일한 것이라는 관점을 부정한다. 여기에 대한 자세한 설명은 아래에서 하고자 한다.

"자유시장에서는 투자는 언제나 소비자의 가장 시급한 욕구들을 충족시키는 사업에 가장 먼저 이루어질 것이다. 그런 후, 그 다음 가장 시급한 욕구가 충족되고, 그 다음 순서로 계속된다. 이자율은 그 시급성에 따라 사업의 시간상 순서를 규율한다. 시장에서의 낮은 이자율은 더 많은 사업들이 이윤을 내면서 시도될 수 있다는 신호이다. 자유시장에서 증가된 저축은 더 낮은 이자율에서의 안정된 생산균형으로 경제를 이끌고 간다." Rothbard(2006) 번역본, p.1134

요컨대, 이러한 상황은 경제주체의 자발적인 시간선호 하락에 의해 유도된 것이기 때문에 모든 것이 잘 돌아가고, 예전보다 길어진 생산구조(lengthened structure of production)는 무한정 유지된다. 우리는 이것을 '지속가능한 붐(sustainable boom)'이라고 명명하고, 뒤에서 설명할 정부에 의한 화폐공급의 증가, 그중에서도 대부분을 차지하는 신용확장에 의한 붐, 즉 '지속불가능한 붐(unsustainable boom)'과 구분한다. 지속가능한 붐의 크기나 붐의 지속 기간은 시간선호가 얼마나 빨리 하락하고 얼마나 지속적으로 하락하느냐에 달려 있다.

경기변동의 직접적 원인: 화폐공급의 증가

더 구체적으로, Rothbard(1975, p.17)는 경기변동의 원인으로 재계로 대출된 '신용팽창'(credit expansion)으로 정의한다. 본론으로 들어가기 이전에 여기에서 검토해야 할 점이 두 가지가 있다. 첫째는 신용팽창이라는 개념이 지폐 제도하에서 경기변동의 원인으로 적절한 것인가 하는 것이다. 둘째는 경기변동이 '재계'로 대출된 신용팽창 때문에 발생한다면 소비자로 대출된 신용은 경기변동과 어떤 관련이 있는가 하는 것이다. 여기에서는 첫째 문제를 먼저 다루고 둘째 문제는 아래에서 언급하고자 한다.

먼저 신용팽창이 무엇인가를 정의하기로 한다. 신용팽창이라는 개념은 화폐제도에 따라 달라진다. 화폐제도는 크게 상품화폐제도와 지폐제도 또는 불환화폐 제도로 나눌 수 있다. 상품화폐에서 표준화폐(standard money)는 상품화폐 자체이다. 금 또는 은이 최근까지 주요국에서 사용된 상품화폐이다. 이러한 상품화폐의 실제가치 또는 무게와 일치하는 정도까지 은행이 예금증서나 은행권을 발행한다면 그런 예금증서나 창고영수증은 진짜화폐증서(true money certificates)이다. 만약 은행이 상품화폐의 실제가치 또는 무게를 넘어서서 예금증서나 은행권을 발행한다면 그런 초과분은 가짜화폐증서 또는 신용수단(fiduciary media)이다. 가짜화폐증서로 이루어진 자금을 순환신용(circulating credit)이라 부르고, 순수한 저축에서 오는 '저축된 자금'(saved fund)과 구별한다. 신용수단의 증가 또는 순환신용의 증가가 신용팽창이라 부르는 것이다(Rothbard(2006), 번역본, p.1129).

현재는 거의 모든 나라가 지폐를 표준화폐로 사용하고 있다. 표준화폐인 지폐의 가치와 일치하는 정도까지 은행이 예금증서나 은행권을 발행한다면 그런 예금증서나 은행권은 진짜화폐증서이다. 만약 은행이 표준화폐인 지폐의 총액을 넘어서서 예금증서나 은행권을 발행한다면 그런 초과분은 가짜화폐증서 또는 신용수단이다. 가짜화폐증서로 이루어진 자금을 순환신용이라 부르고, 순수한 저축에서 오는 저축된 자금과 구별한다. 신용수단의 증가 또는 순환신용의 증가가 신용팽창이라 부르는 것이다.

여전히 의문이 남는다. 표준화폐의 증가는 아무 문제가 없는가? 다시 말하면, 적정 화폐량(optimal quantity of money)이 얼마인가 하는 의문이 대두된다. 미제스, 라스바드 등은 상품화폐라도 금속류의 사용 목적이 결제수단으로 사용되는 경우에 한해서만 그 상품화폐는 다른 용도의 쓰임새가 없다는 이유로, 경제가 성숙되고 그에 따라 상품화폐가 충분히 발달하고 나면, 상품화폐 공급량은 더 이상의 증가가 필요하지 않다는 주장을 했다(Mises(1980), Rothbard(1993)). 그들은 어떤 시점에 어떤 공급량이라도 화폐는 교환수단으로서 언제나 최선으로 활용될 것이라는 이유로 그런 주장을 했다. 물론 금속류의 산업용 목적을 위한 증가는 사회에 바람직한 것이라는 단서를 붙이고서 말이다.

그러나 Barnett II and Block(2004)은 그들의 주장과 달리 상품화폐의 경우에 시장에서 자생적으로 결정되는 양이 적정화폐량이라고 주장했다. 화폐의 수요에 따라 화폐 가치가 변하고, 그 결과 화폐의 공급이 증가하기도 하고 감소하기도 한다는 것이다. 또 그렇게 결정되는 것이 자유시장 원리와 일치한다는 것이다. 물론 상품화폐의 발행자는 민간 기업가이고 중앙은행은 없다. 그들을 규율하는 것도 또한 재산권과 관련한 손해와 배상에 관련한 원칙과 법률이다. 요컨대, 화폐 가치의 증감에 따라 화폐발행자인 민간 기업가는 화폐공급을 증가시키기도 하고 감소시키기도 한다는 것이다. 상품화폐의 경우에 적정 상품화폐량을 초과하여 발행된 신용수단을 신용팽창으로 간주하기 때문에 상품화폐량의 증감은 이제 경기변동과 아무 상관이 없어진다.[27] Barnett II and Block(2004)의 주장이 신용팽창이 경기변동을 초래한다는 오스트리아학파의 주장과 잘 일치한다. Barnett II and Block(2004)의 주장대로 적정화폐량은 시장에서 화폐에 대한 수요, 즉 화폐가치에 의해 결정될 것이기 때문이다. 예를 들어, 화폐수요가 증가하여 화폐가치의 상승하고 그런 상승이 화폐 발행에 드는 비용을 보전하고도 남을 정도라면 화폐 공급자인 민간 기업가는 상품화폐를 추가로 공급할 것이다. 반대의 경우에 화폐 공급자는 화폐를 녹여서 일시적으로 보관하거나 산업용 용도로 돌리거나 다른 나라로 수출할 것이다. 그 결과 화폐수요가 변하더라도 화폐공급이 그에 따라 변함으로써 화폐의 가치는 매우 안정될 것이다.

그러나 지폐제도의 경우에 상품화폐제도하에서와 같은 시장의 자동조절 기능이 없기 때문에 중앙은행이 발행하는 지폐의 양의 얼마를 적정한 공급량으

27 엄밀히 말하면, 미제스와 라스바드는 이 부분에 대해서 견해를 달리한다. 여기에서는 라스바드의 견해를 따르기로 한다. 그러나 라스바드의 견해를 받아들이더라도 여전히 의문은 남는다. 이 점은 아래에서 추가적으로 논의하고자 한다.

로 인정할 것인가 하는 원칙의 문제가 발생한다. 만약 지폐제도가 자유시장의 화폐인 상품화폐의 '내생적' 결정—내생적 결정이란 Barnett II and Block(2004)이 주장한 바대로 시장에서 화폐수요에 따라 화폐공급이 이루어지는 것을 말함—을 모방하는 것이 최선이라고 가정한다면 중앙은행이 증가시킨 지폐 중에서 얼마가 불필요한 것인가를 알 방법은 없다. 왜냐하면 지폐제도하에서는 자유시장의 결과를 직접 볼 수 없기 때문이다.

그리고 그 점에서 통화공급의 증가를 일정한 비율로 유지하자는 통화주의자의 주장도 결함이 있음을 알게 된다. 통화수요가 증가하거나 감소하는 상황에서는 일정한 화폐공급의 증가는 과소하다거나 과다하다는 문제를 일으킨다. 다른 말로 하면, 통화주의자의 소위 '준칙주의'는 변화하는 시장의 상황을 정확히 반영할 수 없기 때문에 과다 또는 과소 발행될 여지가 언제나 있다. 적정량을 넘어서는 과다한 통화량은 경기변동을, 과소한 통화량은 화폐가치의 상승으로 인한 각종 불편함을 겪을 것이다. 한마디로, 준칙주의는 구조적인 문제점을 내포하고 있다는 것이다. 그리고 통화주의자의 더 나쁜 점은 통화주의자는 상품화폐를 부인하고 있는데 현실에서 정부는 여러 가지 이유로 지폐를 언제나 과다하게 발행하는 내재적 경향이 있다. 이 점은 뒤에서 자세히 다룰 것이다. 물론 그렇게 과다 발행된 지폐는 은행의 신용확대 과정을 통해 통화공급의 증가를 초래한다.

Hülsmann(2008b)은 지폐 공급의 증가 그 자체도 신용팽창과 함께 경기변동의 원인이라고 주장한다. 그는 비록 다소 모호하게 '과다한' 지폐의 증가라는 표현을 쓰고 있지만 말이다. 중앙은행이 표준화폐인 지폐를 적정량을 넘어서서 증가시키는 것은 분명 문제가 있지만 지폐의 증가 그 자체는 신용팽창은 아니다. 상품화폐 제도와 달리 지폐제도하에서는 적정한 수준을 넘어서는 지폐의 증가와 신용팽창을 구분할 필요가 있다는 것이다. 다르게 말하면, 만약 현재의

부분지급준비제도를 100%지급준비제도로 바꾸더라도 중앙은행이 지폐 총량을 결정하는 상황에서는 경기변동의 여지가 여전히 남게 된다는 것이다. 비록 역사적 자료를 보면 지폐 증가의 정도는 신용팽창의 정도보다 언제나 작지만 말이다. 결국 지폐의 적정량에 대한 연구가 필요하다는 것이다. 그럼에도 불구하고 〈표 1〉에서 보듯이 화폐공급량이 증가하는 가장 중요한 이유는 민간은행의 신용팽창이 분명하다. 그리고 중앙은행은 은행의 지급준비율을 낮추어 준다든지 하는 방법으로 그런 신용팽창에 크게 기여한다. 이 점에 대해서는 아래에서 자세히 다루고자 한다.

요컨대, 경기변동의 직접적인 원인으로는 지폐 증가의 일정부분과 신용수단의 증가라고 하겠고, 일반적으로 표현하면 정부에 의한 화폐시장과 금융시장에 대한 간섭이 경기변동의 원인이다. 궁극적으로는 경기변동은 화폐시장과 금융시장을 규율하는 제도적 틀 때문에 발생하고 있다. 두 시장의 제도적 측면에 대한 자세한 설명은 다음으로 미룬다.

신용팽창이라는 개념을 경기변동의 원인으로 지목하는 것은 상품화폐제도하에서만 유의하다. 지폐제도하에서 화폐공급은 본원통화와 신용수단의 합이다. 주지하듯이 신용수단의 증가를 신용팽창이라고 정의한다. 본원통화의 대부분은 정부가 발행한 지폐이다. 지폐제도하에서는 본원통화도 증가하고 신용수단도 증가하기 때문에 신용팽창을 경기변동의 원인으로 지목하는 것은 화폐공급의 증가에서 정부의 역할을 배제하거나 정부가 명시적으로는 아무런 역할을 하지 않는 것처럼 보이게 할 수 있다. 지폐제도하에서는 '화폐공급의 증가'가 경기변동의 원인이라고 설명하는 것이 더 정확한 것처럼 보인다. 미국에서 경제위기가 발생하자 연방준비은행이 지폐 공급을 극적으로 증가시킨 사례는 그 점을 분명하게 보여준다. 사실 오늘날 오스트리안 중에는, Reisman(2009)과 같은 연구자는 신용팽창 개념을 그대로 사용하지만 Hülsmann(2008a, 2008b)은 신용수단의 팽창뿐 아니라 지폐 자체의 증가도 인플레이션 등을 정의할 때 명시적으로 사용하고 있다. 아래에서는, 예외적인 경우를 제외하고는 신용팽창이라는 용어 대신에 '화폐공급의 증가'라는 표현을 사용하고자 한다.

이제 은행이 통화량을 증가시켜 기업들에 대출한다고 가정한다. 통화공급의 증가는 대부시장의 이자율을 인위적으로 끌어내린다. 이자율 하락은 기업가로 하여금 저축된 자금이 실제보다 많은 것으로 믿게 만들고 그는 그 자금을 이용하여 소비자로부터 멀리 떨어진 생산과정 또는 고차 단계의 생산과정에 투자한다. 다시 말하면, 기업가는 투자의 중심을 소비재산업에서 자본재산업으로, 저차의 생산에서 고차의 생산으로 이전한다. 사람들의 시간선호를 반영하지 않는, 통화공급에 의한 정책금리 조정은 기업가로 하여금 잘못된 의사결정, 즉 과오투자를 유도한다. 여기에서 과오투자는 자본재 산업에는 과잉투자를, 소비재 산업에는 과소투자를 의미한다. 이 부분에 대한 '화폐-거시경제학'적 해석은 아래에서 자세히 다루고자 한다. 자본재 산업에 과잉투자가, 소비재 산업에 과소투자가 일어나는 것은 불확실성이 높은 자본재 산업일수록 이자율의 변화에 민감하고, 상대적으로 불확실성이 낮은 소비재 산업은 이자율의 변화에 덜 민감하기 때문이다. 라스바드는 이런 상황을 미제스의 빌딩 건축업자의 예를 빌려와서 다음과 같이 설명한다.

> "그 상황은 자신이 실제로 지니고 있는 양보다 건자재를 더 많이 가지고 있다고 잘못 믿고 높은 빌딩을 지으려던 공사청부업자의 상황과 유사하다. 너무 넓은 기초(고차단계)를 만드는 데 자신이 지닌 건자재를 다 소진해버려 빌딩을 계속 지을 건자재가 더 이상 남지 않는다는 것을 갑자기 깨닫게 된 것이다. 명백히, 은행 신용팽창은 자본투자를 조금도 증가시킬 수 없다. 투자는 여전히 저축으로부터 나올 수 있을 뿐이다." Rothbard(2006), 번역본 pp.1135~1136

화폐공급의 증가가 기업가에게는 과오투자를 유도한다면 소비자에게는 과소비를 자극한다.[28] 과잉투자는 과잉투자된 산업 또는 기업에 고용된 생산요소들에 대한 수요를 증가시키고 그들에게 지불하는 대가인 임금, 지대, 이자 등의 상승을 초래한다. 특히 노동자에게 돌아가는 임금 상승이 가장 가파르다. 이와 함께 과소투자된 산업에서도 유사한 결과가 나타난다. 생산요소의 일부가 과잉투자된 산업으로 이동하기 때문에 과소투자된 산업에서는 예전보다 가용 생산요소가 더 희소해지기 때문이다. 그 결과 과소투자된 산업에서도 임금, 지대, 이자 등이 상승한다. 소비자들은 증가한 자신의 소득 중에서 예전보다 더 많은 비율로 소비를 증가시키게 된다. 요컨대, 화폐공급이 증가하여 이자율이 인위적으로 하락하면 소비자도 과소비를 하게 된다는 것이다. 그리고 이 때 인플레이션이 발생한다. 정의상 화폐공급의 증가가 인플레이션이기 때문이다.[29][30]

28 오스트리아학파에서 중요한 위치를 점하고 있는 연구자들인 미제스와 하이에크는 경기변동의 원인이 신용팽창 또는 화폐공급의 증가에 있다는 점에 동의하지만 그 과정과 결과에 대해서는 약간 다른 설명을 하고 있다. Garrison(2004)은 미제스의 과오투자와 하이에크의 강요된 저축이 그들의 설명 내용을 대조해 볼 때 동일한 것으로 이해해야 한다고 주장한다. 그러나 미제스는 과소비가 발생한다는 주장을 하지만 하이에크는 과소비는 일어나지 않는다고 주장한다. Garrison(2004)은 두 학자의 견해를 현대적 관점에서 해석하면서 비교한 결과, 미제스의 설명이 하이에크의 설명보다 우수하다는 결론에 도달했다. 비록 완전하지는 않지만 말이다. 여기에서는 미제스의 견해를 채택하기로 한다. 미제스와 하이에크의 차이에 대해서는 Garrison(2004)을 참조.

29 제2차 세계대전 이전까지 인플레이션과 디플레이션(뒤에서 다룸)이라는 용어는 화폐 재고의 증가와 감소라는 의미로 사용했다. 학문세계의 토론과 일상생활 모두에서 말이다. 그러나 소위 케인지언 혁명을 거치면서 두 용어의 의미는 근본적으로 변했다. 1950년대에는 인플레이션은 가격들의 일반적인 상승을, 디플레이션은 가격들의 일반적인 하락을 의미하는 것으로 고착되었다. Salerno(2003), p.82 참조. 그러나 Mises(1996)와 Rothbard(2006)는 1950년대 이후에 사용되게 된 두 용어의 정의는 과학적 토론을 위해서는 부적당한 것이라고 주장한다. Mises(1996), pp.422~424 참조. Rothbard(2006), 번역본, pp.1161~1162 참조. 여기에서는 인플레이션, 디플레이션에 대한 당초의 정의를 따르기로 한다.

30 재화들의 가격 인상 여부는 화폐 공급 증가뿐 아니라 화폐수요의 변화와 같은 다른 요인도 영향을 미친다. 이 점에 대해서는 아래서 자세히 다룬다.

여기에서 분명히 해야 할 점은 은행의 대출이 소비자에게 직접 가는 경우, 즉 소비자 금융이 경기변동과 어떤 관련이 있는가 하는 것이다. 다른 예는, 은행이 신용을 창출하여 정부가 재정적자를 충당하기 위하여 발행한 채권을 구입하는 경우가 되겠다. 라스바드는 은행의 신용팽창이 기업에게 대출된 경우에만 과잉투자의 유발을 통해 경기변동을 초래한다는 점을 다음과 같이 적고 있다.

> "새롭게 재계에 대출된(또는 기업 채권을 구매하는 것을 통한) 은행의 인플레이션적 신용팽창만이 붐-버스트 사이클을 초래하는 고차 자본재에 대한 과잉투자를 유발하는 것임을 오스트리아학파의 경기변동이론은 보여준다. 정부의 재정적자를 충당하기 위하여 사용된 은행의 인플레이션적 신용은 경기변동을 야기하지 않는다. 왜냐하면 그런 신용은 고차의 자본재에 대한 과잉투자를 유발하는 대신에 자원을 민간부문에서 공공부문으로 단순히 재배분하는 것이고 또한 가격들을 밀어 올리는 경향이 있다. 따라서 미제스는 '단순 인플레이션'(simple inflation)과 진정한 '신용팽창'을 구분한다. 단순 인플레이션이란 은행들이 정부 채권을 구매하는 과정에서 더 많은 예금을 창출한 결과이고 진정한 신용팽창이란 그 신용이 재계로 대출되어 경기변동을 유발하는 것을 말한다. (중략) 미제스는 제2차 세계대전 이후의 상대적으로 새로운 현상인 은행들의 대규모 소비자 금융을 다루지 않았고 그런 소비자 금융 역시도 경기변동을 야기한다고 말할 수 없다는 점이다. (중략) 왜냐하면 소비자 금융은 경기후퇴기에 청산되어야 할 '과잉'투자를 초래하지 않을 것이기 때문이다. 충분한 투자가 이루어지지 않는 것이 아니라 나중에 청산되어야 할 투자의 홍수는 없는 것이라는 점이다. 그러므로 과잉투자로 인한 경기변동효과는 은행이 재계에 대출한 신용으로부터만 발생하기 때문에 소비자의 시간선호로부터 투자/소비 비율을 낮추는 효과는 비대칭적일 것이다."
>
> Rothbard(1978), pp.152~153

이제 "경기변동 과정은 무한정 지속되는가?"라는 의문을 해결해야 할 차례이다. 먼저 소비자들의 경우를 보기로 하자. 앞에서 언급한 인플레이션이 모든 소비자에게 차츰 영향을 미침에 따라 소비자들은 소득이 증가하기 이전의 '소비/투자'(또는 '소비/저축') 비율을 재확립하고자 한다. 다시 말하면, 과소비를 종식하고 옛날의 소비/투자 비율로 돌아간다는 것이다. 이것은 신용팽창으로 시간선호가 변하지 않는다고 가정하는 것이고 그런 가정은 무리가 없는 것처럼 보인다.

과소비가 진정되기 시작하면, 자본재 산업의 일부 기업가들은 자신의 투자가 잘못된 것임을 인식하게 된다. 자본재 산업 또는 고차 산업의 투자가 낭비라는 점을 깨달을 뿐 아니라 그런 과오투자는 필연적으로 청산되어야 한다. 이와 함께, 수요가 자본재 산업 또는 고차 산업에서 소비재 산업 또는 저차 산업으로 돌아간다. 따라서 통화공급(대부자금)의 증가가 초래한 이자율 하락에 의해 인위적으로 조장된 경기호황은 필연적으로 위기와 경기침체로 귀결된다.

따라서 소비재에 대한 과소소비(underconsumption)가 위기를 불러온다는 주장은 틀린 것이다. 케인스주의자들은 경제위기가 민간의 소비 위축으로 발생하기 때문에 공공지출을 증가시킬 것을 주장한다. 그들 주장의 일반적인 의미는 위기가 과소소비에 의한 것이라는 점이다. 그러나 위기를 맞거나 침체를 겪는 산업은 자본재 산업이지 소비재 산업이 아니다. 다시 말하면, 문제가 되는 것은 소비재에 대한 소비자의 수요가 아니라 고차 또는 생산재에 대한 기업가적 수요(entrepreneurial demand)이다. 그리고 자본재 산업이 침체 또는 위기를 겪는 것은 소비자들이 '소비/투자' 비율을 통화팽창이 일어나기 이전의 수준으로 되돌리기 때문이다. 그러므로 위기 또는 침체가 발생하는 것은 과소소비가 아니라 오히려 '과잉소비' 또는 '과소저축' 때문임을 알 수 있다. 부연 설명하면, 문제를 일으키는 것은 소비 지출의 감소 그 자체가 아니다. 문제가 되는 것은 기업가들의 과오투자에 의해 만들어진 자본구조(capital structure)가 생산하는 생산물들과 소비자의 수요패턴이 일치하지 않는다는 점이다. 즉 소비자의 수요패턴은 과오투자에 의해 만들어진 생산구조를 지탱해줄 수 없다는 것이다.

그렇다면 현실에서 붐-버스트 사이클이 장기간 지속되고 폐해가 큰 이유는 무엇인가. 정부나 민간 금융기관이 오직 한번만 화폐를 증가시키면 또는 화폐를 경제에 주입(injection)하면 짧은 붐-버스트만 발생할 것이다. 그러나 현실에서 정부나 민간 금융기관은 버스트가 일어나기 직전까지 또는 인플레이션이 매우 악화될 때까지 지속적으로 화폐공급을 증가시킨다. 정확하게 말하면, 정부는 지폐를 증가시키고 그를 바탕으로 민간 금융기관은 지속적으로 신용을 기업에 대부한다. 정부는 경기를 부양한다는 명분 또는 목적으로 지폐를 민간 금융기관에게 공급하고, 민간 금융기관은 이익 추구를 위하여 늘어난 지폐에 기초하여 대출을 받은 기업들의 부도 위험이 높아질 때까지 지속적으로 신용을 주입하게 된다. 그리고 정부는 민간 금융기관이 신용을 팽창시킬 수 있도록 보증을 선다. 다시 말하면, 민간 금융기관과 정부는 본질적으로(inherently) 인플레이션을 유발하고 선호하는 기관이다. 그 결과, 붐-버스트 사이클은 장기간 지속될 뿐 아니라 경기 침체시에 그 폐해가 막대해지는 것을 피할 수 없다. 엄밀히 말하면, 붐-버스트 사이클이 지속되는 기간과 폐해의 정도는 증가한 화폐량의 크기, 지폐와 신용이 주입된 기간, 재계로 대출된 신용의 양 등에 비례한다.[31] 추가적으로, 어떤 국가가 국제지폐 발행 국가인가, 국제지폐 피발행 국가인가 하는 점이 또한 고려되어야 한다. 이 점은 제4장에서 자세히 다룰 것이다.

신용팽창에 의해 유도된 붐 시기가 과오투자가 실제로 발생하는 시기이다. 다시 말하면, 붐 시기가 오류가 만들어지는 시기라는 것이다. 이것이 의미하는 바는 붐은 필연적으로 버스트를 동반한다는 점이다. 소비자들이 예전의 '소비/저축' 비율을 재확립하고자 할 때 위기가 발생한다. 침체는 붐 시기에 만들어진

31 혹자는 붐 기간이 충분히 지속되면 과오투자는 자연스럽게 종결된다고 주장한다. 그러나 일단 과잉투자된 자본은 어떤 방법으로든지 청산되고 재조정되어야 하기 때문에 붐 기간이 길어지고 그 정도가 클수록 버스트의 폐해는 길어지고 그 정도는 클 것이다. Rothbard(1975), p.35 참조.

오류와 낭비를 바로잡는 과정이다. 요컨대, 견디기 힘든 침체기가 바로 '회복기'라는 것이다.

'침체-회복기'의 특징은 무엇인가. 우리는 이 특징을 뒤에 나오는 '경기침체의 2차 특징'과 구분하기 위하여 '경기침체의 1차 특징'이라고 명명한다. 첫째, 잘못된 투자가 구조조정된다. 어떤 투자는 전적으로 포기된다. 다른 투자는 다른 용도로 전용된다. 채무 조정도 이루어진다.

둘째, 붐 시기에 상승했던 생산재들의 가격은 이제 하락한다. 그것이 의미하는 바는 세 가지다. 어떤 구체적인 기계나 장비의 가격이 하락하는 것이고, 소비재들의 가격에 비해 생산재들의 상대 가격이 하락한다는 것이며, 자본의 총량이라 할 수 있는 것, 예를 들어 주식시장, 부동산시장 등의 가치가 하락한다는 것을 의미한다.

셋째, 자본재들의 가격 하락은 그런 산업들에 사용되었던 생산요소들, 즉 토지, 임금 등의 하락을 초래한다. 이런 생산요소들은 고차 생산에서 저차 생산으로 이동해야 하고 그것은 필연적으로 마찰적 실업을 불러온다. 기업의 파산, 대형 구조조정 등에 의해 마찰적 실업의 크기는 경우에 따라서는 심각한 수준일 수도 있다. 그러나 만약 정부의 경기부양 정책과 같은 시장 간섭이 없다면 실업은 일시적이 될 것이다.

다른 한편, 1920년대 미국의 대공황의 경우에서 잘 알 수 있듯이 정부가 노동자들의 임금 하락을 억제하여 인위적으로 높게 유지하면, 즉 시장에서 노동에 대한 수요와 공급을 일치시키는 자유시장 임금 수준보다 임금을 높게 유지하면, 실업은 영구적 또는 반영구적이 된다. 그리고 노동조합이나 최저임금법과 같은 임금의 하락을 억제하는 법이나 제도는 조직적으로 임금의 하락을 억제한다.

넷째, 구조조정이 빠르게 진행될수록 침체-회복기는 빠르게 종료될 것이다. 그런 구조조정을 방해하는 어떤 것도 침체를 지연시킬 뿐이고 생산요소 소유자들, 특히 노동자들의 고통을 크게 할 뿐이다. 요약하면, 침체-회복기는 자유시장 균형이 복구되고 팽창적 왜곡이 배제될 때 끝나고, 침체 과정에 대한 어떤 정부 간섭도 단지 침체 기간을 연장하거나, 사태를 악화시키거나, 다음 파멸의 씨앗을 심는 것이다.

경기침체기에 화폐정책과 재정정책은 어떤 효과를 초래하는가. 경기침체기에 인플레이션이 점차 악화되기 때문에 정부는 이자율을 상승시키지 않을 수 없다. 만약 정부가 인플레이션 악화를 무시하고 통화공급을 지속하거나 통화공급의 확대를 지속하면 '런어웨이인플레이션'(runaway inflation) 또는 '하이퍼인플레이션'(hyper inflation)을 초래하게 된다. 경제주체들의 잘못된 의사결정을 수정해야 하는 경기침체기에 인위적인 경기부양 정책은 경기침체를 더욱 길고 헤어 나오기 어렵게 만든다. 1990년대 이후의 일본이 대표적인 경우이다. 일본 사례는 다음 장에서 자세히 다루고자 한다.

확장적 재정정책은 구조조정으로 퇴출되어야 할 '무능한' 기업가를 생존하게 만든다. 물론 그런 기업가는 다음 경기변동이나 변화된 환경에 잘 적응할 수 없다. 무능한 기업가를 생존하게 만드는 것은 소비자의 욕구를 만족시킨다는 관점에서도 문제가 있다. 구조조정으로 새로운 기업가가 소비자의 요구를 효율적으로 또는 효과적으로 만족시켜야 한다는 관점에서 보면 무능한 기업가를 생존하게 만드는 것은 소비자의 후생을 후퇴하게 만드는 의미이다.

신용팽창을 위주로 한, 화폐공급의 증가가 붐과 버스트로 이루어진 경기변동을 초래함을 보았다. Garrison(1989)에 의하면, 오스트리아학파의 경기변동이론은 경기변동의 원인이 정부의 화폐공급 증가에 있다는 점에서 '명목적'(nominal)이면서 '외생적'(exogenous)이다(Garrison(1989), pp.4~7). 그리고 경기변동 과정이 시장 내에서 자원 재배분이 이루어지는 과정이라는 점에서 '실물적'(real)이면서 '내생적'(endogenous)이다. 즉 경기변동은 명목적 원인으로 시작해서 실물적 변화를 초래하고 외생적 원인으로 시작해서 내생적 변화를 거치는 과정이라는 것이다. 오스트리아학파의 경기변동이론을 한마디로 요약하면, 정부의 시장 간섭은 시장의 시제간 자원배분을 단기적으로 혼란하게 만든다는 것이다.

경기변동과 인플레이션

화폐공급의 증가가 경기변동만을 초래하지는 않는다. 표준화폐가 지폐인 현행 화폐제도와 부분지급준비를 규정한 현행 금융제도 아래에서는 정부와(또는) 은행이 문자 그대로 무(無)에서 화폐 또는 신용을 창출할 수 있다. 이러한 화폐공급의 증가는 경기변동을 제외하고도 몇 가지 폐해를 초래한다. 아래에서는 경기변동의 한 국면인 붐 국면에서 일어날 결과를 설명하고 침체 국면에서 일어날 결과는 다음 절에서 다룬다.

첫째, 화폐공급의 증가는 인플레이션 또는 대부분의 재화들의 일반적인 가격 상승을 초래한다.[32] 인플레이션을 설명하기 위해 화폐시장의 균형을 보기로 한다.[33] 화폐도 다른 재화와 마찬가지로 수요와 공급이 존재한다. 여기에서 수요와 공급은 저량 또는 재고(stock) 개념이다. 저량 또는 재고는 일정 시점에서의 총량을 말한다. 화폐에 대한 전체 수요 또는 화폐수요는 두 가지로 구성되어 있다. 화폐에 대한 교환수요(exchange demand)와 화폐에 대한 예비수요(reservation demand)이다. 노동, 토지, 자본재의 판매자로서의 각자는 경제주체로서 화폐소득을 얻기 위하여 노동, 토지, 자본재 등을 공급하고 그 교환으로 화폐를 수요한다. 이것이 화폐의 교환수요이다. 교환수요와 화폐의 구매력(purchasing power of money) 또는 화폐의 '가격' 또는 '가치' 간의 관계는 노동, 토지, 재화의

32 인플레이션이 어떻게 자유시장 경제를 파괴하는가를 다룬 재미있고 간결한 문헌으로는 Higgs (1979) 등이 있다.

33 화폐의 수요와 공급이 일반 재화와 다른 점과 화폐 시장의 균형에 대한 자세한 설명은 Rothbard (1993), 제11장 참조.

경우에 조금씩 다르다.[34] 그럼에도 전체적으로 교환수요와 화폐의 구매력 간의 관계는 역(negative)이다. 여기에서 역의 관계란 화폐의 구매력이 상승하면 교환수요는 감소하고 화폐의 구매력이 하락하면 교환수요는 증가한다는 것을 의미한다. 화폐의 높은 교환가치는 화폐단위로 본 낮은 재화가격에 해당하고 화폐의 교환가치가 낮은 것은 화폐단위로 본 재화가격이 높은 것에 해당한다. 노동, 토지, 자본재의 판매자로서의 각자는 경제주체로서 자신이 판매하고자 하는 생산요소 또는 재화의 가격이 높을 때 많이 판매하고자 하고 그 가격이 낮을 때 적게 판매하고자 한다. 이러한 상황을 화폐의 가격 또는 구매력으로 환원하면 화폐의 가격이 낮을 때 화폐를 많이 수요하고 화폐의 가치가 높을 때 화폐를 적게 수요한다. 이것이 재화를 팔고 화폐를 수요하는 것, 즉 화폐에 대한 교환수요이다. 화폐의 가격 또는 가치와 화폐의 교환수요는 역의 관계이다. 그리고 미래의 불확실성을 위하여 화폐를 보유하고자 하는 것이 예비수요이다. 화폐의 구매력이 상승할수록 화폐의 예비수요도 감소한다. 화폐의 구매력이 높아지기 때문에 적은 화폐량으로도 동일한 수요를 만족시킬 수 있기 때문이다. 반대로 화폐의 구매력이 하락할수록 화폐의 예비수요도 증가한다. 투기수요는 예비수요의 일부분이다. 화폐에 대한 총수요 중에서 더 쉽게 변하기 때문에 더 중요한 것이 화폐를 보유하려는 예비수요이다.

일정 시점에 화폐라는 상품 또는 화폐라는 재화의 총재고(total stock)는 주어져 있다. 어떤 시점에서든 이 재고는 누군가의 소유이다.[35] 이 점은 상품화폐제도

34 화폐의 가격 또는 가치는 시장에서 화폐로 살 수 있는 모든 재화와 서비스로서만 표현될 수 있다. 그렇기 때문에 화폐의 가격이 다른 재화처럼 시장에서 특별한 표현을 지니고 있지 않다. 즉 모든 재화의 배열을 하나로 표현할 수 있는 유일한 단위는 없다는 것이다. 그러나 화폐의 가격 또는 가치 또는 화폐의 구매력이란 개념은 유효하다. 여기에 대한 자세한 설명은 Rothbard(1993), 제11장 참조.

35 그러므로 화폐가 순환한다는 의미를 내포한 '화폐의 유통속도'라는 개념은 틀린 것이다. 자세한 것은 Rothbard(1993), 제11장 참조.

와 지폐제도, 어느 화폐제도에서도 동일하다. 다만 화폐 공급의 주체가 다를 뿐이다. 그러므로 일정 시점에서 화폐의 총재고는 화폐의 구매력과 무관하다.

화폐시장을 분석하기 위해서는 '재고' 분석 방법이 편리하다. 왜냐하면 화폐는 시장 전반에 퍼져 있고, 모든 이가 끊임없이 수요하고 공급하는 것이며, 무엇보다도 화폐의 수요와 공급에서 신규생산에 비해 기존의 화폐량이 차지하는 비율이 높기 때문이다. 화폐의 가치 또는 화폐의 구매력은 화폐를 보유하려는 수요곡선과 화폐의 총재고에 의해 결정된다. 〈그림 2〉에서 수평축은 화폐의 수급량을 나타내고 수직축은 화폐의 구매력을 나타낸다. 수직축은 위로 갈수록 화폐의 구매력이 상승하는 것을 의미하고 반대로 아래로 내려올수록 화폐의 구매력은 하락한다. 일반적으로 화폐의 구매력과 재화들의 일반적인 가격은 반대의 관계를 가진다. 다시 말하면, 화폐의 구매력이 상승하면 재화들의 일반적인 가격은 하락하고 화폐의 구매력이 하락하면 재화들의 일반적인 가격은 상승한다. 물론 그 경우에도 개별 재화의 가격은 다르게 움직일 수 있다. 개별 재화의 가격은 화폐의 수요와 공급뿐 아니라 개별 재화의 수요와 공급에 의해 영향

❁ 그림 2 화폐의 수급과 화폐의 구매력

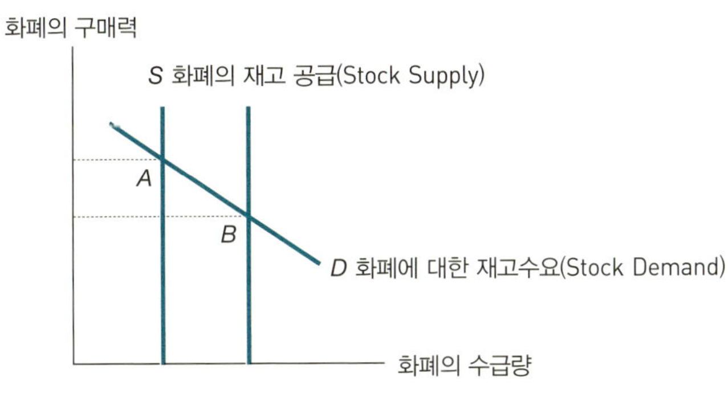

을 받기 때문이다. 〈그림 2〉에서 화폐의 재고수요(stock demand)는 우하향한다. 화폐의 공급은 일정 시점에는 총재고가 일정하다. 물론 이 총재고량은 상품화폐의 경우에는 화폐 생산자에 의해 결정되고 지폐제도하에서는 중앙은행의 지폐와 민간은행의 신용창출에 의해 결정된다는 점을 앞에서 지적하였다.. 〈그림 2〉에서 화폐의 수요와 공급이 만나는 최초의 균형점인 *A*에서 화폐의 구매력이 결정되고 이에 따라 재화들의 일반적인 가격 수준도 동시에 결정된다.

이제 화폐공급이 증가하는 경우에 인플레이션이 발생하는 과정을 보기로 한다. 〈그림 2〉에서 보듯이 화폐수요가 일정한 상태에서 화폐공급의 증가는 화폐시장의 균형점을 *A*점에서 *B*점으로 이동하게 만든다. 이것이 의미하는 바는 대부분의 재화의 가격은 상승하고 그와 반대로 화폐 한 단위의 구매력은 그 만큼 하락한다는 것이다. 화폐의 공급이 증가함에 따라 균형점이 *A*점에서 *B*점으로 이동하는 과정을 인플레이션이라고 하겠다. 그러나 화폐공급의 증가는 '모든' 재화의 일반적인 가격 상승을 초래하지는 않는다. 앞에서 지적했듯이, 개별 재화 시장에서의 수요와 공급도 그 재화의 가격에 영향을 미치기 때문이다. 예를 들어 정보산업과 관련된 기기인 컴퓨터, 노트북 컴퓨터, 컴퓨터 관련 부속품 등의 가격은 지난 20여 년 동안 엄청나게 하락해왔다. 화폐공급의 지속적인 증가가 대부분의 재화의 가격을 상승하게 만들었음에도 불구하고 말이다. 화폐공급의 증가에 의한 재화들의 가격 상승은 재화마다 상승 시기, 상승 속도, 상승 정도, 상승이 끝나는 시기 등에서 모두 다르게 나타난다. 화폐공급 증가에 의한 인플레이션은 신고전학파에서 주장하듯이 재화들의 가격이 일률적으로 그리고 동시에 같은 정도로 상승하지 않는다는 것이다. 다시 말하면, 신용팽창이 인플레이션을 일으키기는 하지만 '물가수준의 상승'과 같은 의미의 인플레이션을 일으키지는 않는다는 것이다.

둘째, 신용팽창에 의한 인플레이션은 다른 어떤 종류의 인플레이션과도 유사한 효과를 만들어낸다. 무엇보다도 인플레이션은 소득을 재분배한다. 소득을 재분배한다는 의미는 인플레이션으로 이득을 보는 사람(winners)과 손해를 보는 사람(losers)이 발생한다는 것이다. 라스바드는 그 점을 이렇게 적고 있다.

> "새로운 화폐의 최초 수령자는 가장 큰 이득을 얻고, 다음은 그보다는 조금 적게 얻는 등, 이런 이득을 보는 과정은 중간지점에 도달할 때까지 지속되다가 그 이후부터는 각 수령자가 새로운 화폐를 기다리면서 조금씩 더 많은 손실을 본다. 왜냐하면 첫 번째 개인들의 판매가격들은 솟아오르는 반면 구입가격들은 거의 그대로 유지되기 때문이다. 그러나 나중에는 구입가격들은 오르는 반면 판매가격들은 변화하지 않은 채 유지되기 때문이다. (중략) 이것들[새로운 지폐 혹은 새로운 요구불 예금]은 시장사회에서 다른 이들에게 드러나게 손해를 입히지 않고서는 어떤 이에게 혜택을 베풀지 않는다. (중략) 인플레이션을 일으키는 사람이 얻는 이득은 눈에 띄고 극적인 반면, 다른 이들이 입는 손실들은 숨어 있고 보이지 않지만 실질적 효력은 다르지 않다. (중략) 경제의 반은 인플레이션 지불자이고 나머지 반은 인플레이션 소비자들이다."
>
> Rothbard(2006), 번역본, pp.1128~1129

다른 한편, 휠스만은 인플레이션이 어떤 결과를 가져오는가를 다음과 같이 적고 있다. "실제로 [인플레이션으로 인한 소득] 재분배는 언제나 (우리가 중앙은행이라고 잘못 부르고 있는) 불환지폐 생산자 자신들을 위하게 되고 금융부문과 증권거래소에 있는 중앙은행의 파트너들을 위하게 된다. 그리고 물론 인플레이션은 결국 정부와 기업세계에서 정부와 가장 가까운 협력자들에게 이득이 된다. 인플레이션은 앞에서 언급한 개인들과 그룹들이 부당하게 일반 국민을 희생하여 그들 자신을 부유하게 만드는 매개물이다"(Hülsmann(2008b), p.35). 휠스만은 여기에서 한 걸음 더 나아가 인플레이션이 소득재분배 과정을 통해 경쟁으로부터 정치적·경제적 기득권을 보호하게 된다고 말하고 있다.

인플레이션으로 인한 소득재분배에 대해 라스바드와 휠스만은 상호보완적이다. 왜냐하면 휠스만은 인플레이션이 정부와 기업세계에서 정부와 가장 가까운 협력자에게 이득을 준다는 점을 강조했다면 라스바드는 국민 일반도 인플레이션 지불자와 인플레이션 소비자로 나눈다는 점을 보여주었기 때문이다.

인플레이션이 가져오는 소득재분배의 분명한 특징은 두 가지다. 한 가지는 인플레이션이 영합(zero-sum)게임이라는 것이다. 이득을 보는 사람의 이득과 손해를 보는 사람의 손실이 같기 때문에 이득과 손실의 합이 영(零)이라는 것이다. 다른 한 가지는 이득을 보는 사람과 손해를 보는 사람을 명확히 구분하기가 어렵다는 것이다. 다시 말하면, 인플레이션으로 인한 소득재분배는 눈으로 직접 목격하기가 어렵다는 것이다. 아마도 바로 그 점이 정부가 지속적인 인플레이션을 통해 끊임없이 화폐가치를 떨어뜨릴 수 있는 이유일 것이다.

인플레이션으로 인해 개인들이 취한 이득과 손실은 모두 다르기 때문에 모두 다르게 반응한다. 신용팽창은 어떤 이의 현금잔고(cash balance)를 높일 것이고 다른 이들은 현금수지를 낮출 것이다. 그 결과 지출패턴에 다양한 변화가 일어난다. 일부 재화의 가격은 다른 재화의 가격보다 더 많이 상승하였기 때문에 인플레이션은 일부 사람에게는 영구적 이득을 주고 일부 사람에게는 영구적 손실을 입힌다. 특히 상대적으로 '고정된' 소득을 받는 집단, 예를 들어 연금으로 생활하는 사람은 단기적 피해자 또는 영구적 피해자이다.

인플레이션의 소득재분배효과는 소득불평등을 악화하게 만든다. 인플레이션이 없을 때와 비교하여 그렇다는 것이다. 2008년 경제위기 이후 소득 상위계층의 소득증가율은 크지만 소득 하위계층, 특히 소득 최하위계층의 소득증가율은 소득 상위계층의 소득증가율에 크게 미치지 못하는 것으로 드러났다. 그럼에도 불구하고 일각에서는 소득불평등이 경제위기를 초래했다는 잘못된 주장을 하고 있고 그에 따라 정부는 각종 간섭주의적 정책을 잇달아 내놓고 있다. 그러나 소득불평등의 악화는 경제위기의 결과이지 원인이 아니다.

셋째, 화폐공급의 증가에 의해 초래되는 인플레이션은 '저축-투자'의 억제를 통해 시장의 '소비/투자' 비율을 변화시킨다. 먼저 인플레이션으로 기존의 대출자들은 손해를 본다. 특히 이미 빌려준 기간을 연장해 주었으나 자신들의 이자에 구매력 프리미엄을 부과하기엔 너무 늦어버린 대출자들은 손해를 보게 된다. 이는 장래의 대출을 위축시키고, 그 결과 저축-투자를 위축시키는 경향이 있다. 저축-투자의 위축이란 상대적으로 소비가 늘어난다는 것이고 그 결과 저축의 위축으로 인한 낮은 경제성장은 사회 전체의 생활수준을 떨어뜨린다.

넷째, 인플레이션은 기업가 또는 사업가를 속게 만든다. 기업회계는 전통적으로 화폐단위가 안정적인 세계에 맞추어져 있다. 구입한 자본재들은 구입한 가격으로 자산 항목에 계상되어 있다. 문제는 그 자본재들을 팔 때 발생한다. 기업가는 인플레이션으로 마치 이득이 발생하는 것으로 간주할 수 있지만 중고(中古) 자본재를 새로운 자본재로 교체하면서 높은 가격을 지불해야 하기 때문에 실제로 그런 이득은 새로운 자본재를 살 때 흡수된다. 그 결과 인플레이션은 기업가를 속게 한다. 인플레이션으로 인한 이득은 기껏해야 자본재를 교체할 수 있는 정도에 불과한 데도 마치 이윤이 발생한 것처럼 기업가를 착각하게 만든다는 것이다. 이에 따라 사업가가 이 이윤을 소비하고 그래서 무의식중에 자본도 소비하도록 유혹을 받는다. 그 결과 인플레이션이 저축-투자를 억제하는 동시에 자본 소비가 일어나도록 하게 하는 경향이 있다.

다섯째, 앞에서 지적한 회계실수는 다른 부수적인 효과도 발생시킨다. 회계실수는 자본장비의 비중이 높고 그런 자본장비를 가격이 낮을 때 압도적으로 많이 구입한 기업들에게 가장 크게 영향을 미친다. 특히 인플레이션이 상당 기간 지속되면 그런 기업들이 가장 낡은 장비를 지니게 되고 그 결과 외양상으로는 많은 이윤이 발생하는 것처럼 보이게 만든다. 그러나 이러한 고이윤은 실제로는 고이윤이 아님을 앞에서 지적했다. 이러한 고이윤은 시장에서 하나의 신호로 작용하여 기업의 신규 유입이나 기존 기업의 신규 투자를 유도한다. 해당 분야에서 정당화될 수 없는 투자의 팽창이 발생한다는 것이다. 이에 따라 물론 다른 산업 또는 분야에서는 과소투자가 일어난다. 이러한 자원 배분의 왜곡은 기업가의 소비자를 만족시키는 능력을 감소시킨다. 기업가 능력의 이러한 감소는 장기적으로 자본주의를 약화시키는 요인으로 작용한다. 물론 이러한 경향은 투자가 증가하고 있는 분야에서 두드러질 것이다.

여섯째, Schumpeter(1949)는 인플레이션이 혁신의 원조라고 주장했다. 그는 신용창출이 위대한 아이디어는 가졌지만 자본이 부족한 최근에 나타난 기업가들에게 자본을 공급해 줄 수 있는 방법이라는 것이다. 그러나 인플레이션이 앞에서 지적한 소득재분배라는 윤리적 문제 등을 일으킨다는 점을 제외하고라도, 신용팽창은 경쟁자들로부터 경쟁을 견딜 수 없는 기존의 기업들을 생존하게 만드는 유력한 수단이라는 것이다. 왜냐하면 신용팽창은 이자율을 인위적으로 낮추기 때문이다. 결국 은행이 신용창출을 통해 어떤 기업가에게 새로운 화폐를 공급하는 것은 그 기업가를 제외한 사회의 모든 구성원을 희생하여 그 기업가를 보조하는 것이다. Rothbard(2006, 번역본, pp.1136~1137)도 이와 유사한 점을 지적한다. 일부 사람들이 신용팽창을 '강요된 저축'(forced saving)과 이에 따른 자본구조의 고도화를 유도할 수 있는 바람직한 것으로 여긴다는 것이다. 그러나 라스바드는 팽창된 신용 중에서 상대적으로 많은 부분이 실질적 시간 선호가 낮거나 낮아진 사람의 수중에 들어갈 때만이 그들이 원하는 효과를 얻을 수 있다는 것이다. 라스바드는 신용팽창은 얼마든지 그 반대효과를 유도할 수 있다고 지적한다. 그 결과 그는 강제저축의 지지자들이 원하는 재분배를 위해서는 차라리 조세를 활용하는 것이 더 설득력이 있다고 주장한다. 이 부분은 조심스러운 해석이 필요하다. 라스바드가 조세를 적극적으로 찬성한 것이 아니라 굳이 강제저축을 형성하고자 한다면 신용팽창보다 조세가 더 적절한 수단이라는 것이다. 그러나 라스바드는 궁극적으로 그런 조세도 물론 찬성하지 않는다. 이 점에 대해서는 아래에서 좀 더 논의할 것이다.

경기변동의 궁극적 한계: 하이퍼인플레이션[36]

만약 한 국가가 그 나라의 지폐를 무한정 증가시킬 수 있는가? 많은 경제학자와 대부분의 일반인은 국가가 그렇게 할 수 있다고 가정한다. 그러나 실제로는 어떤 국가도 그렇게 할 수 없다. 지폐의 무한정한 발행으로 인해 발생할 수 있는 런어웨이인플레이션 또는 하이퍼인플레이션 현상이 역설적이게도 지폐의 무한정한 발행을 억제하는 궁극적 한계이다. 1923년 독일의 경험, 최근의 짐바브웨 사태 등은 하이퍼인플레이션과 같은 일이 드물지만 실제로 일어난다는 점을 보여준다. 그것으로 모든 것이 무너진다는 점에서 지폐 발행의 한계는 분명히 존재한다.

정부가 지폐를 증가시키고 은행들이 신용을 팽창시키는 초기에는, 이 과정의 진정한 성격에 대해 인식하지 못하는 일반 대중이 재화들의 가격 상승이 일시적이라고 믿으면서 예전보다 더 많은 화폐를 보유하는 경향이 있다. 다시 말하면, 예전에 비해 소득 가운데 더 많은 부분을 현금 잔고의 형태로 유지하고자 한다. 인플레이션으로 화폐의 가치가 하락하기 때문에 예전보다 더 많은 현금을 보유할 필요가 있기 때문이다. 그 결과 재화들의 가격은 화폐량의 증가와 비례하여 증가하기보다는 오히려 덜 상승하는 경향이 있다. 〈그림 2〉에서 화폐공급이 증가하는 초기에는 *B*점에서 균형하기보다는 화폐 수요의 증대로 *B*점보다 약간 위쪽에서 화폐의 수요와 공급이 일치한다는 것이다. 물론 이 점은 일시적으로 수요와 공급이 일치하는 점이다. 그것이 의미하는 바는 정부와 은행이

36 털록(Tullock)은 인플레이션의 궁극적 한계가 오스트리아학파의 경기변동이론에 없다는 지적을 했지만 그런 지적은 그의 무지를 드러낸 것이다. Salerno(1989), p.141 참조.

일반 대중으로부터 예상했던 것보다 더 많은 실질적 자원을 획득하게 된다는 것이다.

그러나 정부가 이런 현상을 영구히 지속시킬 수는 없다. 궁극적으로, 일반 대중은 현실에서 무슨 일이 일어나고 있는지 깨닫기 시작한다. 가격이 지속적으로 상승할 것이 예측되기 시작하면 사람들은 화폐의 보유를 줄이고 재화들을 구매하는 것을 서두른다. 다시 말하면, 화폐의 사회적 수요는 감소하고 재화들의 가격은 화폐 공급의 증가보다 더 빠르게 상승하기 시작한다. 이러한 상황이 되면 인플레이션의 '조세'효과는 정부가 예상했던 것보다 낮아질 것이다. 왜냐하면 공급이 증가된 화폐의 구매력이 떨어지기 때문이다. 그리고 그렇게 되는 것은 재화들의 가격이 화폐 공급의 증가보다 큰 폭으로 상승하기 때문이다. 인플레이션이 이런 단계에 이르면 런어웨이인플레이션 또는 하이퍼인플레이션이 시작되는 것이다.

가격상승이 지속됨에 따라 이제 일반 대중은 '화폐로부터의 탈출'(flight from money)을 시작한다. 화폐로부터의 탈출이란 최대한 화폐를 팔고 미래의 가치 저장소로서 '재화(들)'를 사기 시작하는 것을 의미한다. 화폐에 대한 수요를 실질적으로 영(零)으로 떨어뜨리기 때문에 재화의 가격들은 '천문학적으로' 상승한다. 그 결과 화폐단위의 구매력은 실질적으로 영(零)으로 떨어진다. 이러한 상황에 접근하면 사람들은 화폐를 사용하여 재화를 구매하는 일에 몰두하게 되기 때문에 일할 인센티브를 잃고, 그 결과 생산은 급격하게 축소된다. 그런 축소는 재화들의 가격을 더 한층 상승하게 만든다. 경제가 이런 하이퍼인플레이션 단계에 도달하면 그 경제는 사실상 붕괴하고, 시장은 실질적으로 끝장이 난다. 그런 사회는 화폐교환에서 물물교환 상태로 환원되고 사람들은 완전히 빈털터리가 된다. 이제 남은 일은 화폐제도를 어떻게 재건하는가 하는 것뿐이다.

앞에서 인플레이션이 가져올 문제점 또는 폐해를 지적했다. 그러나 하이퍼

인플레이션과 같은 극한 상황은 앞에서 지적한 경제적 문제점을 넘어 인간의 삶에 훨씬 깊고 넓게 영향을 미친다. 그 점을 Cantor(1994)는 토마스 만(Thomas Mann)의 숏 스토리(short story)인 "무질서와 때 이른 슬픔(*Disorder and Early Sorrow*)"을 이용하여 1920년대 독일의 하이퍼인플레이션이 정치, 경제, 문화 등을 포함한 인간의 삶에 미친 영향을 분석했다. 하이퍼인플레이션이 권위를 해체하고, 허무주의와 상대주의(relativism)를 만연시키고, 인간의 삶을 위선적으로 만들고, 투기의 난무로 인하여 세상을 뒤죽박죽으로 만들고, 계획을 세우는 것을 불가능하게 하고, 중산층을 무너뜨리고, 그 결과 사회의 질서를 무너뜨리며, 정의를 무너뜨린다.[37] 그리고 하이퍼인플레이션은 인간의 진정성(authenticity)을 무너뜨리고, 사람들의 옷 입는 습관마저도 바꾸고, 상품의 판매에 있어서 사기(fraud)를 증가시킴으로써 비합리성을 증대시키고, 인간들은 점점 더 위선적이 되고, 인간의 시간선호 또는 시간지평(time horizon)을 단축시키고, 정치적으로 비합리적이 된 결과로 히틀러와 나치즘의 등장을 초래한다(Mises(1944), pp.193~228). 켄터는 이러한 모든 현실 아닌 현실을 하이퍼인플레이션에 대칭되는 하이퍼리얼리티(hyperreality)라고 불렀다. 요컨대 켄터는 다음과 같이 적고 있다.

> "[토마스 만]은 인플레이션이 일상의 삶에 미친 영향에 주의를 기우려서 미제스가 행한 인플레이션에 대한 훌륭한 경제적 분석에 대한 유용한 보조물을 제공한다. 미제스가 바이마르 공화국에서 일어났던 일을 설명한 것이라면, [토마스 만]은 인플레이션이 보통 사람에게 어떤 의미를 가진 것인지를 보여주고 그렇게 함으로써 그의 독자에게 인플레이션이 초래하는 모든 공포를 보여주려 한 것이다."
>
> Cantor(1994), p.27

37 Hülsmann(2008b)은 인플레이션이 계층 간 이동을 억제하는 브레이크 역할을 한다는 주장을 했다. 우리 사회의 계층 간 이동이 어려워지고 있다는 오래된 지적은 해방 이후 지금까지의, 단기에서는 낮지만 장기에서는 결코 낮지 않은 인플레이션과 무관하지 않다.

경기침체의 2차 특징[38]: 디플레이션

앞에서 경기변동이 일어나는 원인을 밝히고 붐과 버스트 과정을 서술했다. 그러나 그것만으로 경기변동 과정이 모두 끝난 것이 아니다. 이제 경기침체의 2차 특징이 나타난다. 물론 이 2차 특징은 매우 짧게 나타날 수도 있고 통계상으로 잘 나타나지 않을 수도 있다. 침체 국면으로 진입하면서 정부가 어떤 정책을 얼마나 신속하게 시행하는가에 따라서 또는 경기변동의 크기나 기간에 따라 2차 특징이 나타나는 양상은 다를 것이기 때문이다. 그러나 그런 현상을 목격할 수 없다고 전적으로 나타나지 않는다고 말할 수는 없다. 붐이 아무리 짧아도 2차 특징은 대부분 나타난다. 그리고 현실에서는 침체가 상당히 진행되고 난 다음에 정부가 대응하는 경우가 대부분이다. 여기에서는 정부가 간섭을 하지 않는 경우라고 가정하고 2차 특징을 설명한다.

인플레이션이 끝나는 국면에서 경기침체 국면이 시작된다. 침체 국면이 시작되기 직전의 상대적으로 짧은 기간의 위기는 화폐공급의 축소로 인하여 발생하는 디플레이션에 의해 드러나는 경우가 대부분이다.[39] 물론 이 때 화폐수요의 변화로 인한 디플레이션도 발생한다. 그러나 화폐수요의 변화는 적절한 시간이 지나면 정상으로 복귀한다. 그 점에서 화폐수요의 변화로 인한 디플레이션은 화폐공급의 축소로 인한 디플레이션보다 그 기간이 일반적으로 짧다. 경기침체에서 언제나 디플레이션이 일어나야 할 이유는 없다. 그러나 대부분의 경우에 디플레이션이 발생한다.

침체 국면과 함께 통화공급 측면에서 일어나는 큰 변화로 인한 디플레이

38 경기침체의 1차 특징에 대해서는 '경기변동의 직접적인 원인: 화폐공급의 증가'에서 다루었다.

39 디플레이션을 다룬 연구자와 문헌은 상당수 있다. 그러나 Salerno(2003)는 아마도 처음으로 디플레이션을 발생 원인에 따라 크게 4가지로 나누고 개관했다. 주로 미국 사례를 이용하여 유익한 디플레이션과 유해한 디플레이션으로 나누고 적절한 통화 정책 방향을 제시했다.

션을 먼저 보기로 한다. 정부의 지폐 공급 증가와 은행의 신용팽창으로 붐 시기에 인플레이션이 일어난다는 점을 앞에서 서술했다. 이제 차용인들(borrowers)의 상당수가 재무상으로 어려움을 겪거나 파산하기 때문에 은행들은 대출한 신용을 축소하지 않을 수 없다.[40] 차용인인 기업이 적자를 내고 어려움에 처하고 있다는 소식이 전해지면 그런 소식은 곧 바로 은행들의 지급능력에 대한 의심으로 바뀌게 된다. 비록 예금보호제도가 은행쇄도(bank run)를 어느 정도 막아주지만 궁극적으로 은행이 파산의 위험에 처하는 것을 막아주지는 못한다. 우리나라의 1997년 위기와 미국의 금번 경제위기에서 민간 금융기관들이 파산했고 두 나라 모두 새로운 화폐를 찍어서 민간 금융기관들을 국유화한 것이 좋은 예이다. 민간 은행의 부분지급준비제도는 본질적으로 은행쇄도와 그로 인한 파산의 위험을 안고 있기 때문이다. 은행 자신이 차용자의 파산으로 인하여 대출을 회수할 수 없는 경우도 발생하기 때문에 다른 곳에서 신용을 축소해야 한다. 경기침체 국면으로 들어가면 신규투자에 대한 평가도 매우 엄격해지기 때문에 신규 대출이 억제된다. 침체 국면에서 기업들이 이윤을 낼 수 있는 기회가 적기 때문에 대출에 대한 수요가 줄어들고, 그 결과 신용이 축소된다는 주장은 틀린 것이다. 은행이 기업 대출을 줄이는 대신에 채권과 같은 상대적으로 안전 자산에 투자를 할 수 있기 때문이다. 요컨대, 신용을 축소하고자 하는 동기나 압력은 은행 자신으로부터 오는 것이지 기업 차용자들로부터 오는 것이 아니라는 것이다.

통화공급의 감소, 특히 은행의 신용감소로 인하여 화폐의 구매력은 상승

40 정부가 지폐의 공급을 축소하는 경우에도 신용축소와 동일한 효과가 나타난다. 그러나 정부가 위기를 맞아 다시 화폐공급을 확대할 수도 있고 인플레이션을 우려하여 지폐공급을 축소할 수도 있다. 어느 경우에나 경기변동의 2차 국면에서 정부가 다시 시장에 개입하는 것이다. 앞에서 우리는 그런 경우를 제외한다고 가정했다. 경기변동 과정에서 정부가 시장에 다시 간섭하면 발생할 결과에 대해서는 제5장을 참조.

하고 재화들의 가격은 일반적으로 하락한다. 디플레이션이 일어나는 것이다. Salerno(2003)는 은행의 신용축소에 의한 디플레이션을 '은행신용디플레이션'(bank credit deflation)이라고 부를 것을 제안했다. 신용감소에 의한 디플레이션은 〈그림 2〉에서 *B*점에서 *A*점으로 돌아가는 과정이다. 만약 화폐수요가 변하지 않는다고 가정하면 말이다. 물론 현실에서는 화폐수요의 변화는 필연적이기 때문에 *B*점에서 *A*점으로 돌아가지는 않을 것이다. 다만 신용감소로 인하여 디플레이션의 발생이 필연적이라는 것이다. 화폐수요의 변화는 아래에서 자세히 논의할 것이다.

디플레이션을 반대하는 사람과 달리, 신용축소에 의한 디플레이션은 시장의 조정과정을 크게 도와준다. 디플레이션이 생산자에 미치는 영향을 먼저 알아보자. 신용의 축소가 고차재 산업에 대한 투자를 줄어들게 하고 저차재 산업으로의 투자를 증가하게 하는 것은 아니다. 한마디로, 신용의 축소는 기존에 만들어졌던 생산구조의 길이가 짧아지는 것이다. 다시 말하면, 신용축소는 과잉투자되었던 고차재 산업의 일부를 없어지게 만드는 것이다. 소비자 쪽에서는 그런 조정이 자신에게 필요한 수준의 '소비/투자' 비율로 돌아가는 것을 도와준다. 만약 소비자의 시간 선호 자체가 변한다면 조정은 더 빨리 이루어지고 덜 필요하다. 여기에서 시간선호가 변한다는 것은 경기변동 이전에 비해 소비를 줄이고 저축을 늘리는 것을 말한다.[41] 침체를 극복하기 위해서 필요한 것은 예전보다 '더' 많은 저축과 '더' 적은 소비이다. 즉 예전보다 더 많은 소비, 그에 따

41 마틴 펠트스타인은 중앙일보 칼럼에서 미국 가계의 순저축률이 최근 거의 0%대로 떨어졌다가 2009년 초부터 급격히 상승해 2009년 5월에는 세후 개인소득의 6.9%까지 치솟았다고 한다. 미국이 2005~2007년에 경험했던 1%대 미만의 가계 저축률에 비하면 급등한 수치라는 것이다. 그는 앞으로도 이 저축률이 높은 수준을 유지할 것으로 전망했다. 이것이 여기에서 직접 증명하기는 어렵지만 경기변동으로 미국인의 시간선호가 변한 증거가 아닌가 생각된다. 중앙일보, 2009년 8월 4일자, "치솟는 저축률, 미국 경제에 약인가 독인가" 참조.

른 더 적은 저축과 투자가 침체를 극복한다는 주장은 전적으로 틀린 것임을 앞에서 보았다. 디플레이션, 즉 재화들의 일반적인 가격 하락은 붐 기간에 비해 더 많은 저축과 더 적은 소비를 하게 만든다. 앞에서 신용팽창을 통한 인플레이션이 '저축-투자'를 억제하는 동시에 자본 소비가 일어나도록 하게 하는 경향이 있다는 점을 지적했다. 이제 디플레이션은 인플레이션에 일어났던 과정을 역전시킨다. 손실과 자본소비로 여겨졌던 것이 실제로는 이윤이 된다는 것을 기업가는 알게 된다. 왜냐하면 이제 대체해야 할 기계와 같은 자산이 교체하는 데 예전보다 비용이 적게 들게 된다는 것을 알기 때문이다. 그러나 현실에서 기업가는 손실을 과다하게 계상함으로써 붐 기간에 비해 디플레이션 기간에 소비를 억제하고 저축을 늘리게 된다.

화폐공급의 감소에 의한 디플레이션은 1단계로 무능한 기업가로부터 화폐공급을 축소하는 것이다. 특히 소비자로부터 떨어진 고차재 단계에 있는 기업으로 가는 화폐공급이 축소되는 것이다. 이러한 축소는 그 단계에 있는 본원적 생산요소들에 대한 수요를 감소하게 만들고, 그 결과 그 생산요소들의 가격, 소득 등을 낮춘다. 그리고 고차재 재화의 판매가격과 생산요소들에 지불하는 가격의 차이(spread)를 예전보다 크게 만들고 자연이자율을 올라가게 만든다. 이러한 상황은 생산요소들을 고차재 산업에서 소비자에게 근접한 저차재 산업으로의 이동을 촉진한다. 이러한 과정은 새로운 왜곡이 아니라 신용팽창으로 만들어진 지금까지의 왜곡을 제거하는 '회복과정' 또는 '시장의 조정'이라고 하겠다. 신용축소에 의한 디플레이션은 그런 과정이 없는 상황에 비하여 경제를 신용팽창에 의한 왜곡이 없는 자유시장으로 더 빨리 돌아가게 만든다.

그러나 일부 연구자는 화폐공급의 축소 또는 신용축소가 신용팽창으로 인한 왜곡을 과다하게 교정하여 새로운 왜곡을 만들어내기 때문에 반대할지도 모른다(Rothbard(2006), 번역본 p.1144). 물론 디플레이션 과정은 자유시장 균형점을 지나칠 수 있다. 비록 일시적이지만 디플레이션은 이자율을 자유시장 수준보다 더 높아지게 만들고 투자는 자유시장 수준보다 더 낮아지게 만들 수 있다. 아마도 디플레이션이 진행되는 동안의 미래에 대한 전망 등이 자유시장하에서의 미래 전망보다 비관적이게 될 가능성이 크기 때문이다. 그러나 그런 경우에도 어떤 피해도 발생하지 않는다. 왜냐하면 경기침체의 2차 특징이라 할 수 있는 신용축소는 신용팽창시에 발생하는 과오투자와 같은 오류를 발생시킬 수 없고 그 결과 추가적인 붐-버스트 사이클을 발생시키지 않기 때문이다.

그렇다면 신용축소에 의해 초래되는 디플레이션의 한계는 없는가? 신용의 팽창은 무제한적이지만 신용의 축소는 물론 무한정하지 않다. 신용축소는 그 이전에 만들어진 신용팽창의 한계를 넘어설 수는 없다. 그러나 실제로 신용의 축소가 어느 수준이 될 것인가는 현재로서는 알 수 없다. 왜냐하면 상품화폐의 경우에 적정 통화량이 시장에서 내생적으로 결정되지만 지폐제도에서는 그런 과정으로 결정되지 않을 뿐 아니라 현재까지 그에 대한 연구도 없는 실정이기 때문이다.

경기침체의 2차적인 특징 중에서 다른 하나는 화폐에 대한 수요가 변한다는 것이다. 화폐수요에 대한 최초의 변화는 화폐수요의 증가로 나타난다. 사람들은 침체와 디플레이션의 영향으로 재화들의 가격이 하락할 것을 예상하면서 재화에 대한 지출을 줄이고 예전보다 많은 화폐를 보유한다. 특히 가격의 변화가 큰, 내구 소비재인 주택, 자동차 등에서 그런 일이 일어난다. 은행들과 대출자들은 차용자들이 유용한 다른 자산을 처분하여 원리금을 상환할 것을 종용하기 때문에도 예전에 비해 화폐에 대한 수요가 또한 증가한다. 구조조정이 끝날 때까지 상당수 기업은 많은 액수의 손실을 보거나 파산하기 때문에 문제가 없는 기업들도 신규 투자를 연기하거나 중단하게 만든다. 다시 말하면 그들은 불확실성이 어느 정도 사라질 때까지 투자를 유보하고 현금을 보유하게 된다. 이

것이 경기침제기에 일어나는 최초의 화폐수요의 변화이다.

우리는 이러한 화폐수요의 증가를 '퇴장'(hoarding)이라는 말로 비난하는 행위를 흔히 목격한다. 그러나 얼마의 실질현금잔고(real cash balance)를 유지할 것인가를 결정하는 주체는 화폐의 수요자 자신이다. 화폐의 수요자를 제외한 다른 사람이 현금잔고의 크기를 결정할 수는 없다. 특히 상업세계에서 파산하는 기업이 발생하고 재화들의 가격이 하락할 것이 예상되면, 현금을 보유하여 위험을 낮추고 자신이 소지한 화폐의 구매력이 높아졌을 때 재화들을 구매하는 것은 너무나 '합리적인' 행동이다. 누가 이런 행위를 퇴장이라는 비난조의 말로 지칭할 수 있는가? 이 때의 화폐수요 증가는 개인들의 효용을 감소시키기보다는 증가시키는 행위이다. 그리고 화폐수요의 증가는 재화들에 대한 수요를 감소하게 만들기 때문에 재화들의 가격을 일반적으로 하락하게 만든다. 그러므로 화폐수요의 증가도 디플레이션을 초래한다. 그리고 Salerno(2003)는 퇴장이라는 용어 대신에 '현금축적'(cash building)이라는 용어를 사용할 것을 제안하고 이러한 경우에 발생하는 디플레이션을 '현금축적디플레이션'(cash-building deflation)이라고 지칭하자고 제안한다.[42] 다만 디플레이션의 원인이 은행신용디플레이션과 다를 뿐이다. 그러나 경기침체기의 화폐수요의 제1단계 변화는 일정한 시간이 지나면 다시 변화하게 된다. 제2단계로 넘어가는 것이다.

제2단계의 화폐수요의 변화는 시장의 조정과 청산이 끝났을 때 발생한다. 진행 중인 파산이 마무리되고 차용자들이 현금을 확보하기 위하여 동분서주하는 기간이 어느 정도 지나면 화폐수요는 다시 예전의 수준으로 하락하게 된다. 만약 디플레이션으로 인한 재화 일반의 가격이 하락하고 그와 함께 과오투자의 조정으로 인한 고차재 산업의 재화의 가격이 하락하면 제2단계의 화폐수요 변

42 아래에서는 케인지언의 용법으로 사용할 때는 퇴장을, 오스트리아학파의 용법으로 사용할 때는 현금축적이라는 용어를 사용하고자 한다.

화는 빠르게 제자리를 찾아가게 된다. 제2단계의 화폐수요의 변화는 일반적으로 말해 경제가 '정상으로 돌아가는 과정'의 일부라고 하겠다.

앞에서 경기변동 과정에서 디플레이션은 거의 필연적으로 발생한다는 것을 알았다. 그런 디플레이션은 화폐의 공급과 화폐의 수요 차원, 두 측면에서 발생한다는 점도 알았다. 그리고 그런 디플레이션은 경제를 회복시키고 정상으로 돌아가게 만드는 데 기여를 한다는 사실도 알았다. 다시 말하면, 통화팽창으로 인한 화폐적 혼란(monetary disturbances)은 침체와 디플레이션 등을 통해 스스로 역전(self-reversing)하는 특징을 가진다(Hayek(1941), pp.33~34). 그리고 앞에서 지적했듯이, 어느 정도 스스로 역전할 것인가는 정부의 정책과 각종 제도에 달려 있다.

예를 들어 최저임금법이 시행되고 있다고 가정하자. 만약 최저임금제와 같은 가격고정(price fixing)이 없다면 경제가 정상적인 수준에 도달할 때까지 임금은 하락할 것이다. 노동의 가격이라 할 수 있는 임금도 버스트 국면에서 하락할 것임은 분명하다. 그러나 최저임금제가 임금의 하락을 방해한다면 화폐적 혼란을 충분히 제거할 수 있는 수준에 도달하기 이전에 또는 경제가 정상적인 수준으로 도달하기 이전에 스스로 역전하는 일이 중단될 것이다.

그러나 디플레이션에는 다음과 같은 부정적인 측면도 있다. 디플레이션은 인플레이션과 마찬가지로 소득재분배 효과를 초래하는 것이 사실이다. 디플레이션이 가져오는 소득재분배의 분명한 특징은 네 가지다. 첫째, 디플레이션이 인플레이션과 꼭 같이 영합(zero-sum)게임이라는 것이다. 이득을 보는 사람의 이득과 손해를 보는 사람의 손실이 동일하다는 것이다. 둘째, 이득을 보는 사람과 손해를 보는 사람을 구분하기가 상대적으로 쉽다는 것이다. 예를 들어, 기업의 구조조정이 일어나는 경우와 해고 노동자 등은 쉽게 식별할 수 있다. 다시 말하면, 디플레이션으로 인한 소득재분배는 눈으로 직접 목격하기가 쉽다는 것이다. 물론 모든 소득재분배를 명확히 관찰할 수는 없지만 말이다. 이 점이 인플레이션에 의한 소득재분배와 다른 것이다. 디플레이션에 의한 소득재분배의 세 번째 특징은 디플레이션에 의한 소득재분배가 인플레이션에 의한 소득재분배에 '추가'된다는 것이다(Mises(1980), p.262 이후). 이 점이 중요하다. 붐과 버스트로 이어지는 경기변동에는 먼저 인플레이션으로 인한 소득재분배가 발생하고, 나중에 경기변동의 2차 특징, 즉 디플레이션으로 인한 소득재분배가 다시 발생한다는 것이다. 마지막으로, 디플레이션에 의한 소득재분배가 인플레이션이 초래하는 소득재분배 과정의 역순으로 진행되는가 하는 의문이 있다. 그런데 이 쟁점에 대해서 라스바드와 휠스만은 견해를 달리한다. 라스바드는 역순으로 진행된다고 지적한다. 물론 이 과정이 언제나 정확하게 그렇게 되지는 않는다는 전제를 달고서 말이다. 라스바드는 디플레이션에 의한 소득재분배가 어느 정도가 될 것인가에 대해서도 특별한 언급을 하지 않았다. 그러나 Hülsmann(2008b, p.29)은 디플레이션이 그 이전의 인플레이션의 역순의 일종은 확실히 아니라고 주장한다. 이 부분은 더 많은 연구가 필요하다.

화폐공급의 증가 또는 신용팽창으로 인한 경기변동이 이미 발생했다면 신용축소에 의한 디플레이션과 화폐수요 증가에 의한 디플레이션 또는 재화들의 일반적인 가격 하락은 침체를 악화시키기보다는 침체를 앞당겨서 경제가 정상적인 상태로 돌아가는 일에 긍정적인 기여를 한다는 사실을 알았다. 비록 소득재분배라는 부정적인 측면이 없는 것이 아니지만 말이다. 그리고 소득재분배도 일부는 인플레이션에 의한 소득재분배의 역순으로 진행될 가능성이 있다는 점을 고려해야 한다. 그리고 신용확장이 비자발적인 것이라면 신용축소와 화폐수요 증가는 자발적인 것이다.

종합하면, 적어도 신용축소와 화폐수요 증가에 의한 디플레이션은 부정적인 점보다도 긍정적인 점이 큰 것이다. 그 결과 만약 이때 다시 확장적 재정정책이나 확장적 통화정책을 시행하면 앞에서도 지적하였듯이 다시 파멸의 씨앗을 심는 것이다. 그러나 이 점에 대해서 상당수 경제학자, 정치가, 지식인은 동의하지 않는다. 특히 그들은 디플레이션에 대한 어떤 공포를 가지고 있는 것처럼 보인다. 특히 디플레이션의 두려움 때문에 확장적 통화정책을 시행하는 것은 종국적으로는 '리플레이션'(reflation), 즉 사실상 인플레이션을 다시 가져오게 된다(Hülsmann(2008b), p.11).

화폐공급에 대한 정의

화폐공급을 어떻게 정의할 것인가 하는 문제는 경기변동에 대한 이론보다는 실증분석을 하는 경우에 중요한 것처럼 여겨진다. Rothbard(1978)는 국민소득과 밀접한 관련이 있는 어떤 것을 화폐공급으로 정의하는 주류 경제학의 방법은 문제가 있다고 지적한다. 만약 개구리 울음소리가 국민소득과 밀접한 관련이 있다면 개구리 울음소리를 화폐공급으로 정의할 것인가? 추가적인 문제는 통계적인 상관관계가 인과관계를 증명해 주지는 못한다는 점이다. 이 점은 연구 방법론과 관련이 있는 것으로서 이미 앞에서 지적했다. 요컨대 화폐공급에 관해 이론적으로 먼저 정의할 필요가 있다는 것이다. 그리고 그는 화폐공급을 개념적으로 정의하는 일은 역사적 사건, 특히 인플레이션과 경기변동의 결과에 응용할 뿐 아니라 경제이론을 위해 긴요하다고 주장한다.

Mises(1980)는 화폐는 일반 교환수단(general medium of exchange)으로서, 그것으로 모든 다른 재화와 교환할 수 있으면서 시장에서 그런 재화에 대한 최종적인 지불수단이 되는 것이라고 지적한다. 라스바드는 미제스의 가이드라인을 이용하여 교환경제에 적절한 화폐공급 개념을 정의한다. 여기에서 가장 중요한 잣대는 어떤 지불수단을 받는 사람이 그것을 인정해 주는가 하는 것과 밀접한 관련이 있다. 즉 화폐공급 개념도 '주관적인' 것이라는 것이다. 예를 들어 예금보험제도가 없었던 시대에 어떤 은행이 위기에 처하면 그 은행에 예치한 요구불예금은 사실상 지불수단 구실을 할 수 없다. 그렇다면 그것은 화폐가 아니다. 그러나 예금보험 제도가 시행되면서 요구불예금은 즉각 100% 현금으로 찾아 쓸 수 있다. 즉 요구불예금은 화폐공급에 포함되어야 하는 것이다.[43] 요약하면, 화폐공급을 정의함에 있어서 가장 중요한 잣대는 '즉각 액면가대로 되찾을 수 있는(redeemable at par on demand)'가 하는 것이다. 그것은 물론 일차적으로는 교환수단을 받는 사람의 주관적인 판단에 달려 있지만 당시의 화폐제도와 금융제도에 따라 또한 달라지기도 한다. 그렇다면 미 재무성 채권(Treasury bills)을 화폐로 볼 수 있는가? 혹자는 채권시장에서 쉽게 처분할 수 있기 때문에 재무성 채권을 화폐로 간주해야 한다고 주장한다. 그러나 채권을 화폐라고 말할 수는 없다. 그 이유는 마치 주식이 매우 유동적인 자산이지만 누구도 화폐라고 말하지 않는 것과 같다. 그는 이러한 기준을 가지고 모든 민간 금융기관의 예금과 정부 발행의 채권 등을 검토하여 어떤 신용수단을 화폐공급에 포함할 수 있는 수단인가를 검토한다.

라스바드는 또한 통화공급을 두 가지로 구분해야 한다고 주장한다. 그는 M_a(a는 오스트리안을 대표하는 두문자)와 M_b(b는 재계로의 대출 또는 경기변동을 의미하는 두문자)로 구분한다. M_a는 정의상 인플레이션과 관련이 있고 M_b는 경기변동과 관련이 있는 통화공급의 정의다. 앞에서 지적했듯이 소비자에게 전달된 은행 대부는 재화의 가격만을 상승시키고 붐-버스트를 만들어내지 않기 때문이다.[44] 그의 분류에 따르면 M_a는 현금공급합계(total supply of cash)에서 민간 은행이 보유한 현금(cash held in the banks)을 제외하고, 요구불예금합계(total

43 미제스가 저작한 '화폐와 신용 이론'의 독일어 초판에는 그 당시 요구불예금을 통화공급으로 볼 것인가를 두고 심한 논쟁이 벌어졌다고 한다. 그러나 오늘날 그 점을 의심하는 연구자는 없다. Rothbard(1978), p.145 참조.

44 그 점에서 이번 위기는 일부 과장된 측면이 있는 것으로 사료된다.

demand deposits), 저축예금합계(total savings deposits in commercial and savings banks), 저축과 대부조합에 투자된 지분합계(total shares in savings and loan associations), 현재의 상환율로 할인한 저축예금과 소액의 CD(time deposits and small CDs at current redemption rates), 생명보험회사의 증권리저브합계에서 증권담보부대출을 제외한 금액(total policy reserves of life insurance companies－policy loan outstanding), 현재의 상환율로 할인한 저축성 채권(savings bonds, at current rates of redemption) 등을 모두 합산하며, 저축은행, 저축대부조합, 생명보험회사 등이 보유한 요구불예금(demand deposits owned by savings banks, saving and loan association, and life insurance companies)을 제외한다.

M_b는 금융기관의 기업대출(commercial bank loans to business)에서 주택금융(residential mortgages)으로 대부분 이루어진 저축은행과 저축대부조합의 대출을 제외한다. 물론 우리나라의 경우에 모든 금융기관이 주택금융을 취급한다는 점을 이해할 필요가 있다. 특히 M_b는 대략적으로 금융기관이 재계에 빌려준 화폐의 양이다. 금융기관이 소비자에게 빌려준 자금, 즉 소비자 금융은 가격의 상승은 가져오지만 경기변동은 초래하지 않는다는 점을 앞에서 지적했다. 물론 기업이 자신의 저축으로 연구 개발에 투자한다면 이것은 문제가 되지 않을 것이다.

그러나 오늘날 실증분석에서 대부분의 연구자는 두 개념을 분리하여 다루지 않는다. 오스트리아학파의 이론과 일치하게 통계가 작성되어 있지 않기 때문일 뿐 아니라 대용할 수 있는 자료가 어느 정도 있기 때문일 것이다. 현재로서는 어쩔 수 없는 일이다. 그리고 라스바드가 규정한 M_a와 M_b의 구체적인 내용은 30여 년 전의 금융 환경에 바탕을 두고 있기 때문에 비현실적일 뿐 아니라 만약 지금 화폐공급량 통계를 작성하고자 한다면 그동안의 금융시장의 변화를 반영하여야 하는 것은 너무나 당연하다. 여기에서 M_a와 M_b를 제시한 것은 하나의 예시를 보이기 위한 것이다.

실증적 함의

실증분석을 위한 함의를 논의하기 이전에 경기변동이론과 실증분석의 관계에 대한 오스트리안의 시각을 먼저 제시하고자 한다. 오스트리아학파는 실증분석이 이론을 증명할 수 없다는 견해를 지지한다. 그들이 그렇게 생각하는 것은 이론은 실증분석에 선행하는 것 또는 선험적인(a priori) 것이기 때문이다.[45] 다시 말하면, 동일한 현상(facts)을 두 가지 이론으로 설명 가능하다면 그 현상으로 이론을 선택할 수는 없다는 것이다. 이론의 선택 또는 이론의 우열은 실증분석에 있는 것이 아니라 이론 그 자체의 정확성, 정밀성, 간결성 등에 있다.

그러나 실증분석은 이론을 설명하는 보조수단으로 사용할 수 있거나 이론을 통해 현실을 이해하는 데 있어서 보조수단이 될 수 있다. 실증분석이 많아진다는 것은 보조수단이 풍부해진다는 것을 의미하고 보조수단이 많은 것이 적은 것보다 좋은 것임은 분명하다.

여기에서 그동안 이루어진 실증분석을 몇 가지 나열하면 다음과 같다. Callahan and Garrison(2003), Johnsson(2005), Keeler(2001), Mulligan(2002, 2006), Benjamin Powell(2002), Rothbard(1975), Vedder and Gallaway(1991), Woods(2009) 등 다수가 있다. 정밀한 실증분석은 아니지만 오스트리아학파의 경기변동이론을 이번 경제위기에 적용한 국내문헌으로는 김이석(2008), 전용덕(2009a) 등이 있다.

이제 미래에 누군가 실증분석을 할 것을 염두에 두고 경기변동이론으로부터 실증적 함의를 유도하고자 한다. 첫째, 정부가 화폐공급을 증가시켜 대부시장 이자율을 인위적으로 내리면, 그 이자율과 사회적 시간선호와의 간격은 증대하고, 재계로 대출된 신용팽창은 점차 과오투자를 유도하고 소비자로부터는

45 연구 방법론에 대한 자세한 설명은 각주 6번을 참조.

과소비를 유발한다. 과오투자와 과소비의 정도, 즉 경기변동의 크기는 대부시장 이자율과 시간선호에 의해 결정되는 자연이자율과의 차이에 달려 있을 뿐 아니라 재계로 대출된 신용팽창의 크기에 달려 있다. 그리고 문제는 현실에서 개인의 시간선호나 개인의 총합인 사회적 시간선호를 관찰할 수 없기 때문에 정부 규제 이자율이 시간선호보다 낮다는 가정은 일반적으로 받아들일 수 있지만 '언제나' 그렇다고 할 수는 없다.

둘째, 대부시장 이자율의 인위적인 하락은 소비자로 하여금 소비를 늘리고 저축을 줄이게 유도한다. 물론 이러한 현상은 단기적인 것이다. 그러나 정부는 지속적으로 통화공급을 증대시키는 경우가 비일비재하다. 그 결과 '소비/저축' 비율이 장기적인 추세로 복귀할 여유가 없는 경우가 발생할 수도 있다. 이 경우에 소비/저축 비율은 상당히 긴 기간 동안에 정부의 간섭주의적인 통화정책의 영향을 받아서 높아진다. 또는 지속적으로 화폐공급을 증가시키는 경우에 붐과 버스트 주기가 짧아지고 그 폐해는 점점 더 커질 것임을 예상할 수 있다. 또는 앞의 경우에 시간선호 스케줄 자체가 상승 또는 하락하는 경우가 발생할 수도 있다. 전자의 경우는 소비/저축 비율이 상승하고 후자의 경우는 소비/저축 비율이 하락한다.

셋째, 화폐공급과 물가의 관계는 다음과 같다. 화폐공급의 증가는 투자와 소비의 증가를 통하여 거의 대부분의 재화의 가격을 상승하게 만든다. 화폐공급의 감소는 투자와 소비의 감소를 통하여 거의 대부분의 재화의 가격을 하락하게 만든다. 그러나 언제나 그런 일이 일어나는 것은 아니다. 1920~1929년 기간의 미국 물가는 약간 하락하는 정도였다. 그 기간 동안에 실제로 화폐공급은 엄청나게 증가했음에도 불구하고 말이다. 그리고 화폐공급의 증가가 모든 재화의 가격을 동일한 비율로 상승하게 만드는 것도 아니다. 한마디로, 화폐공급의 증가가 재화의 가격을 상승하게 만드는 정도, 상승하게 하는 시기 등이 모두 다르다는 것이다.

넷째, 경제성장과 시간선호의 관계도 흥미롭다. 경제성장으로 소득이 증가하면 그에 따라 사람들의 시간선호는 하락하는 경향이 있다. 즉 소득 증가로 순이자율과 자연이자율이 하락할 여지가 있다는 것이다. 시간선호의 하락은 정부가 인위적으로 이자율을 끌어내리더라도 시간선호와 규제 이자율의 격차가 크지 않을 수 있음을 의미한다. 그것은 정부가 화폐공급을 증가시켜 이자율을 인위적으로 하락시키더라도 경기변동의 크기가 다를 수 있음을 의미한다.

경기변동이론에 대한 오해 또는 비판과 그에 대한 반박

여기에서는 앞에서 이미 언급한 오스트리아학파의 경기변동이론에 대한 오해 또는 비판을 제외한 나머지만을 서술하고 그것을 비판하고자 한다. 첫째, 미제스가 주장한 과오투자에 대한 것이다. Haberler(1939, ch.3)는 미제스의 과오투자를 '과잉투자'라고 오해했다. 그 결과, 그는 붐에 대한 미제스의 이론은 과잉투자 이론이라고 불렀다. 이러한 오해는 Tullock(1988)의 오스트리아학파의 경기변동이론에 대한 비판에서도 잘 나타나고 있다. 털록은 오스트리아학파의 경기변동이론이 자본재 산업들과 소비재 산업들에 대한 일반적인 과잉투자를 불러온다고 주장한다.

둘째, Tullock(1988)은 왜 기업가들이 경험을 통해 경기변동을 예측하고 그런 변동에 맞게 그들의 투자 행위를 조정하지 않는가 하는 의문을 제기한다. 다른 말로하면, 시장의 참가자들이 학습과정을 통해 체계적인 예측 오류(systematic forecasting errors)를 배제할 수 있는 '합리적 기대'(rational expectation)를 할 것이라는 점을 왜 오스트리아학파의 연구자들은 가정하지 않는가 하는 의문을 제기한다. 여기에서는 이 점에 대한 Garrison(1986)의 설명을 요약하고자 한다.[46]

46 Mises(1980), O'Driscoll(1977, pp.106~08, 1979, pp.166~68) 등도 Tullock이 제기한 문제에 대한 설명을 하고 있다.

먼저 결론부터 말하면, 개인적 차원에서의 합리성이 거시경제 또는 경제 전체 차원에서의 합리성을 보장하지 않거나 비합리성(irrationality)을 초래한다는 것이다.

먼저 기대가 경기변동의 효과를 간단히 무효화시킬 것이라는 주장은 틀린다는 것이다. 이제 시장 참가자의 전부가 아닌 일부가 신용팽창이 붐과 버스트를 만들어내고 그런 신용팽창이 지금 진행중이라는 것을 안다고 가정하자. 그리고 그들이 경기변동을 잘 이해하기 때문에 붐이 궁극적으로 끝나고 엄청난 손해가 발생할 것이라는 사실을 합리적으로 기대한다고 가정하자. 그 경우에 그가 버스트가 시작되기 직전에 자원을 처분하여 이윤을 얻을 수는 있다.[47] 물론 이 경우에 그의 행동은 경기변동으로 인한 자원의 잘못된 배분을 경감하는 것이 아니라 오히려 악화시킨다. 그러므로 합리적으로 예상하는 경우에도 처음부터 붐을 방지할 수는 없다. Garrison(1986)은 그 점을 이렇게 요약한다. "버스트가 궁극적으로 일어날 것이라는 기대가 붐이 현실화되는 것을 막을 수 있다고 주장하는 것은 행운의 편지에 관한 유사한 기대가 행운의 편지가 시작되는 것을 방지할 수 있을 것이라고 주장하는 것에 비유할 수 있다"(Garrison(1986), p.446). 또는 다르게 표현하면 경기변동을 정확히 예측한 경우라도 기대를 현실화할 수 있는 능력은 궁극적으로 제한된다(Garrison(1989), p.9). 비록 지출 능력이 현재 자신이 소유한 자금에 국한되지 않는다 하더라도 말이다.

만약 모든 시장 참가자가 경기변동이론을 잘 이해한다고 가정하자. 그런 경우에도 지폐 증가와 신용팽창으로 인한 왜곡을 바로잡을 방법이 없다. 예를 들어 화폐공급의 증가 기간 동안에 철광석의 가격이 10% 상승한다고 가정하자. 10%의 상승은 실질적인 수요의 증가와 화폐공급 증가에 의한 수요 증가의 합계

47 그러나 현실에서 버스트가 시작되는 시점과 누가 손해를 볼 것인가를 예측하는 것은 실제로 쉽지 않다.

이다. 예를 들어 4%의 가격 상승은 실질적인 수요 증가로 인해, 6%의 가격 상승은 화폐공급의 증가에 의한 수요 증가로 인한 것이라고 가정하자. 붐과 버스트의 발생을 이해하는 시장 참가자라도 실질 수요의 증가와 신용팽창에 의한 수요 증가를 정확히 구분하는 것은 매우 어려운 일이다. 개리슨의 비유를 빌리면, 라디오신호에 잡음이 들어가 있다는 사실을 아는 것과 잡음이 들어 있는 신호와 잡음이 들어 있지 않은 신호를 구분하는 일은 동일한 일이 아니라는 것이다. 그리고 화폐공급으로 인한 화폐 조작(monetary manipulation)이 길어지면 길어질수록 두 신호를 구분하는 일은 점점 더 어려워진다.

비록 Tullock(1988)의 주장이 전적으로 틀린 주장이 아니지만 오스트리아학파의 경기변동이론과 같은 소수 견해가 다른 사람 또는 연구자에게 전파되는 데 매우 많은 노력 또는 시간이 필요하다는 점을 주지하면 털록의 비판을 전적으로 받아들이기는 어렵다. 특히 케인스주의는 정부가 통화량을 증가시켜 경제성장을 유도할 수 있다는 믿음 또는 지식을 사람들로 하여금 갖게 한다. 그런 지식은 소수 견해의 전파를 더욱 어렵게 한다. 잘못된 지식이 사회나 학문 세계에 퍼져 있으면 기업가들을 포함한 모든 사람이 경험을 통해 배운다는 것도 쉬운 일이 아니다. 잘못된 지식이 경험을 정확하게 해석하고 이해하는 일을 방해하기 때문이다.

추가적으로, 비록 화폐 조작에 의해 거래의 총량이 영향을 받지 않는 경우라도 부조정(discoordination)의 요소는 여전히 존재한다. 시장 과정은 어떤 재화에 대하여 하나의 가격으로 수렴하도록 하는 경향이 있고 그 결과 개별 시장 참가자는 동일한 가격을 지불한다. 그러나 화폐공급이 증가하는 동안에는 가격이 변하면 그 가격 변화의 얼마가 실질적인 수요의 증가에 의한 것이고 화폐공급 증가에 의한 증가인가에 대해서 각자 다른 추정을 하게 되고, 그 결과 가격은 제각각 다를 것이다. 가격 변화에 대한 서로 다른 인식을 기초로 하여 시장 참가자들로 하여금 부조정 행위에 들어가게 된다. 시장 전체에 걸쳐서 화폐로 유도된 왜곡으로 인한 체계적인 저보상(undercompensation)과 초과보상(overcompensation)이 없는 경우라도, 자원은 신용팽창이 유도한 가격 변화로 인한 초과보상이 존재했던 곳에서 탈출하여 저보상이 존재했던 곳으로 들어가게 된다.

셋째, 오스트리아학파의 방법론에 대한 비판이다. Tullock(1988)은 오스트리아학파의 경기변동이론이 사이클의 형태를 취하기보다는 소위 무작위보행(random walk)의 형태를 띠고 있는 통계 검증 결과를 무시한다고 주장한다. 그러나 이런 주장은 요점을 놓친 것이다. 역사적 사실 또는 통계적 사실을 경제이론을 검증하는 데 이용할 수는 없다. 이론을 검증할 수 있는 유일한 길은 그 이론이 기초하고 있는 전제들(premises)의 정확성과 합리적 추론(reasoning)의 정확성이다. 역사적 사실은 매우 복잡하여 이론을 검증할 수는 없다. 자연과학 실험에서처럼 사실만을 추출하여 통제할 수는 없기 때문이다. 언제나 많은 원인이 서로 영향을 주고 받으면서 역사적 사실을 형성한다. 그러므로 어떤 역사적 사건의 원인들을 규명하기 위해서는 역사적 사실 이전에 이론이 먼저 만들어지거나 존재해야 한다. 즉 이론은 역사적 사실보다 선험적이라는 것이다.

예를 들어보자. 어떤 시기에 쌀의 가격이 올랐다고 가정하자. 이제 우리가 쌀 가격 인상의 원인을 찾는다고 하자. 그 의문을 풀기 위해서는 쌀 가격 인상의 원인을 조사하기 이전에 이미 도출되어 있는 각종 이론 중에서 어떤 것을 채택할 것인가를 결정해야 한다. 쌀 가격은 다음 네 가지 원인 중의 하나 또는 둘 이상의 조합에 의해 인상된다. 즉 쌀에 대한 수요 증가, 쌀의 공급 감소, 통화량의 일반적인 증가와 그에 따른 모든 재화에 대한 수요 증가, 화폐에 대한 일반적인 수요의 감소 등이다. 이 때 우리가 그 네 가지 중의 하나 또는 둘 이상의 조합이 쌀 가격 인상에 응용되는가를 어떻게 알 수 있는가? 사실을 보고 어떤 이론이 이 경우에 응용될 수 있는가를 보는 것으로 가능하다. 그러므로 어떤 이론을 어떤 사건에 응용할 수 있는가 하는 것은 그 이론의 진위와 전혀 관련이 없다는 것이다. 쌀 가격이 올랐다는 역사적 사실 또는 경우는, 다른 조건이 동일하다면, 쌀 공급의 감소가 쌀 가격을 상승시키고, 그렇게 해서 우리가 조사하는 기간에 쌀 공급의 감소가 실제로 발생했다는 주장을 보증하지도 반박하지도 않는다. "이론을 테스트하는 유일한 길은 전제들의 정확성과 추론의 논리적 체인의 정확성이다"(Rothbard(1975), p.4).

넷째, Tullock(1987, p.77)은 규제의 효과와 통화공급의 증가 효과가 유사하다고 주장한다. 이에 대해 Garrison(1989, p.8)은 규제가 가격 체계에 미치는 영향이 영구적이기 때문에 경기변동과 같이 경제 변수들의 변동에 직접적인 역할을 하지 않는다고 주장한다. 물론 정치적 동학(political dynamics)에 의해 규제가 폐지되는 예외적인 경우도 있지만 말이다. 이와 대조적으로, 개리슨은 통화공급이 경제에 미치는 영향은 본질적으로 영구적이지 않기 때문에 경기변동에 직접적인 역할을 한다고 주장한다.

다섯째, 오스트리아학파의 경제학이 다른 경제학과 결정적으로 다른 점은 자본이론(capital theory)과 생산구조에 관한 이론이 존재한다는 것이다. 그리고 이자율은 그런 자본에 대한 대가이다. 이 점은 이미 앞에서 지적했다. 그러나 케인스경제학은 정교한 자본이론과 생산구조 이론이 없을 뿐 아니라 그에 대한 대가인 이자율은 유동성선호에 의해 결정된다는 것이다. 이 점이 다른 경제학자의 오해를 초래한다. Tullock(1988)도 그런 경우에 해당한다. 아래에서 유동성선호 이론의 문제점을 따로 다루고자 한다.

3. 오스트리아학파의 경기변동이론: 두 관점에 의한 해석

여기에서는 오스트리아학파의 경기변동이론을 두 가지 관점, 즉 현대 '화폐-거시경제학' 관점과 개별 기업가 또는 기업의 재무(finance)적 관점에서 해석하고자 한다. 물론 경기변동이론의 주요 부문만을 다룰 것이다. 왜냐하면 앞에서 서술한 내용의 전부를 다시 서술할 필요는 없기 때문이다.

1 화폐-거시경제학 관점에 의한 해석

Garrison(1996)은 자발적인 저축이 초래하는 호황을 '저축이 유도한 확장(savings-induced expansion)', 단순한 화폐공급 증가 또는 신용 증가에 의해 유도된 확장을 '신용이 유도한 확장(credit-induced expansion)'으로 명명하여 구분하고 있다. 그의 구분을 그림을 이용하여 설명한다. 물론 이 그림은 오스트리아학파의 경기변동이론의 요점만을 현대적인 화폐-거시경제 총량 개념으로 설명한 것이다.

〈그림 3〉은 저축이 유도한 확장, 〈그림 4〉는 신용이 유도한 확장을 설명하고 있다. 먼저 두 그림에 공통되는 것을 한꺼번에 설명한다. 두 그림 모두에서

그림 3 저축이 유도한 확장

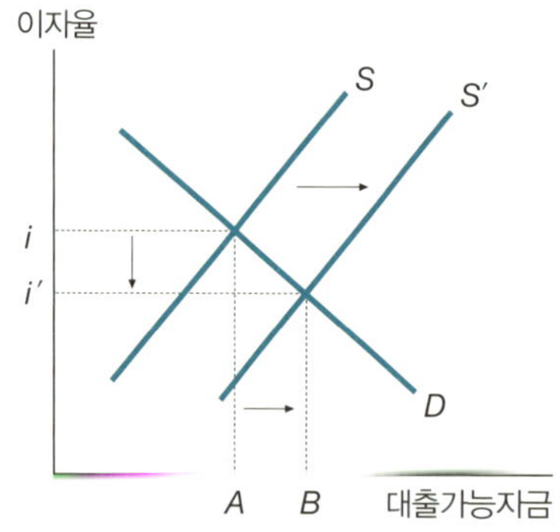

자료 Garrison(1996), p.113에서 인용

그림 4 신용이 유도한 확장

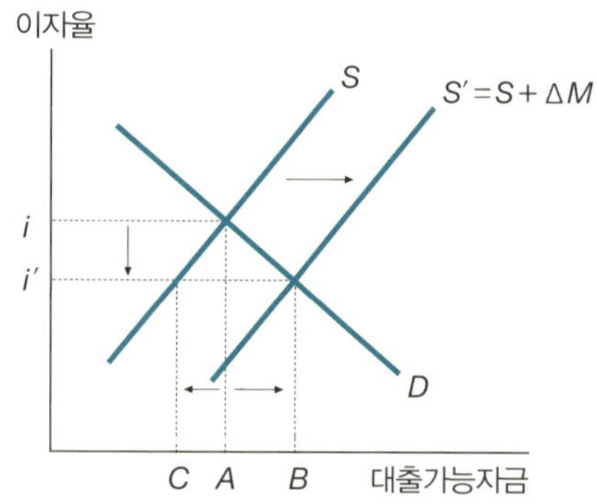

자료 Garrison(1996), p.113에서 인용

수평축은 대부가능자금(loanable fund), 수직축은 이자율을 나타낸다. 수요곡선은 이자율에 따라 기업가가 빌리고자 하는 자금의 크기를 보여준다. 이자율이 내려가면 자금에 대한 수요는 증가한다. 이자율이 올라가면 자금에 대한 수요는 감소한다. 자금에 대한 공급곡선은 개인이 이자율에 따라 저축하고자 하는 자금의 크기를 보여준다. 이자율이 올라가면 더 많이 저축하고자 한다. 반대로, 이자율이 내려가면 저축의 양은 줄어든다. 대부가능자금에 대한 수요와 공급은 대부시장의 균형을 가져온다. 이 때 시장의 균형을 가져오는 이자율은 i이고 소득에서 저축된 액수와 투자목적으로 빌려오는 액수는 A이다. 물론 최초의 균형점은 정부의 간섭이 없는 상태이기 때문에 이자율 i는 저축과 투자를 일치시키는 자연이자율이다.

이제 〈그림 3〉에서 개인들의 시간선호가 '자발적으로' 낮아져서 저축의 증가, 즉 대부자금의 공급이 증가한다고 하자. 공급곡선은 S에서 S'으로 이동한다. 개인들의 시간선호가 낮아진다는 것은 더 미래지향적이 된다는 것, 즉 예전보다 사람들이 현재 소비보다는 미래 소비를 선호한다는 것을 의미한다. 대부자금의 공급이 증가함에 따라 균형이자율은 i에서 i'으로 하락한다. 이러한 이자율 하락은 기업가로 하여금 과거에는 이윤이 나지 않을 것으로 여겨지던 투자 프로젝트를 수행하도록 신호를 보내는 것이다. 이자율이 하락함에 따라 저축과 투자가 AB만큼 증가한다. 저축이 유도한 이자율의 하락은 현재의 소비보다는 투자를 선호한다는 것을 의미한다. 이러한 증가는 경제의 생산능력(productive capacity)을 증가시키고 진정한 경제성장을 초래한다. 요컨대 시간선호의 하락에 의한 저축의 증가가 초래하는 붐은 지속가능한 것이다.

〈그림 4〉는 중앙은행에 의한 신용팽창의 영향을 보여준다. 대부자금 공급곡선은 S에서 '$S+\triangle M$'으로 이동한다. $\triangle M$이 중앙은행이 경제에 주입한 신용의 양이다. 여기에서 사람들은 예전보다 더 절약적이 되었다거나 미래지향적이

되었다고 가정하지 않는다. 물론 현실에서는 그렇지 않을 수 있지만 설명의 편의상 저축의 순증(net increase)은 없다고 가정한다. 다시 말하면, 중앙은행이 대부시장에 화폐를 공급함으로써 대부자금의 공급을 증가시킨다고 가정하자. 시장균형 이자율은 i에서 i'으로 하락하고 그에 따라 기업가들은 AB만큼 투자를 증가시킨다. 그러나 이자율의 하락은 진정한 저축을 AC만큼 감소하게 만든다. 인위적인 이자율 하락은 저축의 하락, 즉 소비의 증가를 가져온다는 것을 알았다. 생산요소의 소유자들은 투자의 증가로 인한 소득의 증가를 소비를 증가시키는데 주로 사용한다. 왜냐하면 시간선호가 변하지 않았기 때문이다. 신용팽창은 이자율을 인위적으로 낮게 만들고 저축과 투자를 분리하게 만든다. 새로운 저축이 없는 상태에서 은행이 대부이자율을 인위적으로 낮추면 인위적인 붐이 만들어진다. 그러나 인위적으로 만들어진 붐은 본질적으로 지속가능한 것이 아니기 때문에 필연적으로 버스트가 뒤따른다. 그 결과 투자는 낮아진 저축 수준으로 다시 낮아진다. 투자와 저축의 차이, 즉 CB가 저축의 뒷받침이 없는 투자로서 과오투자로 나타나게 된다.

여기에서 이자율은 투자의 총량만을 결정하는 것이 아니라 자원배분의 시제간 패턴을 결정한다. 저축의 증가는 미래의 소비를 가까운 미래에서 먼 미래로 이전하게 만든다. 저축이 유도한 이자율 하락은 상대적으로 내구성이 더 큰 자본에 투자하도록 유도하고 저차재보다는 고차재에 투자하도록 유도한다. 소비의 시제간 선호의 변화에 맞춰 생산물을 가까운 미래(near future)에서 먼 미래(remote future)로 이동시키기 위하여 자본구조 내에서도 변화가 일어난다.

화폐공급의 증가도 앞에서 설명한 자본의 이동을 유도한다. 그러나 신용확장이 유도한 이자율 하락은 시제간 투자패턴과 시제간 소비선호의 불일치를 초래한다. 시간선호, 즉 저축선호(savings preferences)가 변하지 않는 상태에서 기업가들이 생산물을 가까운 미래에서 먼 미래로 이동시킨 것은 지속 가능하지 않다. 이제 노동자, 토지소유자 등과 같은 생산요소들의 소비패턴과 기업가들의 생산결정은 충돌한다. 저축과 소비패턴의 시제간 불일치는 종국적으로는 버스트를 유발한다. 여기에서 버스트는 지속 불가능한 붐을 자동 조정하는 과정이다.

이제 Garrison(2004)을 이용하여 좀 더 정밀한 경기변동 과정을 설명하기로 한다. 이 과정에서 필요하다면 미제스와 하이에크의 차이를 간략히 언급하기로 한다. 오스트리아학파의 경기변동이론의 발전에 있어서 주요한 분석적인 디딤돌은 하이에키언 삼각형(Hayekian triangle)이다.[48] 〈그림 5〉는 하이에키언 삼각형을 보여준다. 이 삼각형은 이자율의 변화가 자원의 시제간 배분에 미치는 영향을 보여주기 위하여 고안된 것이다. 〈그림 5〉의 밑변은 시간에 따라 진행되는 생산과정을 보여준다. 그림의 왼쪽은 철광석과 같은 광업, 오른쪽은 도·소

그림 5 하이에키언 삼각형

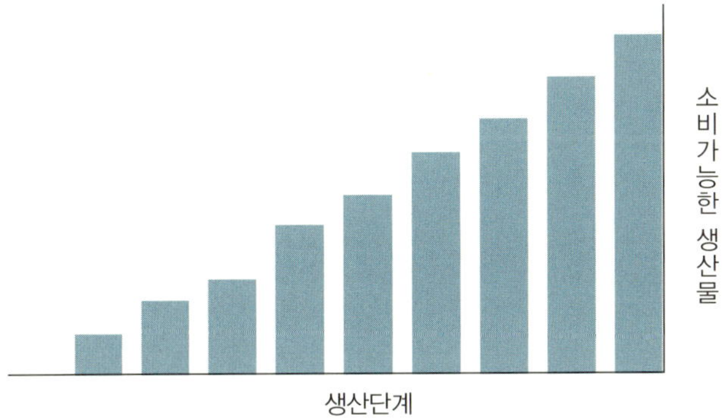

자료 Garrison(2004), p.325에서 인용

48 Garrison(2004)에 의하면, 하이에키언 삼각형은 하이에크가 1931년 런던경제학부(London School of Economics)의 강의에서 사용했다고 한다.

매업, 중간과정은 각종 부품제조와 제조업을 나타낸다. 분업이 확대되고 그에 따라 생산시간이 길어지면 생산단계의 수, 그림에서는 막대기의 수가 증가한다. 그림의 수직축은 각 생산단계에서의 생산물의 크기를 보여준다. 생산과정의 오른쪽으로 갈수록 부가가치가 추가되고 최종 단계는 최종 소비재로서의 생산물이다. 하이에키언 삼각형은 경제 내의 소비가능한 생산물(consumable output)과 그 생산물이 만들어지게 되는 생산과정에 있어서 시간 차원 간의 관계를 추적할 수 있도록 해준다. 이 관계는 시제간 선호의 변화에 따라 변할 수 있을 뿐 아니라 중앙은행의 화폐공급의 증가에 의해서도 변화가 유도될 수 있다.

로빈슨 크루소의 경우를 하이에키언 삼각형에 응용해 보기로 한다. 만약 어느 날 크루소가 그물을 만들어 고기를 잡기로 했다고 하자. 그가 그물을 만들기 위해서는 고기 잡는 시간을 줄여서 그물을 만들어야 한다. 그 경우에 생산단계의 수는 증가하지만 소비가능한 생산물은 줄어든다. 비록 일시적이지만 말이다. 그가 그물을 완성하면 생산물, 즉 포획한 생선의 양은 그물이 없을 때 비하면 증가한다. 〈그림 5〉에서 수직축의 높이가 높아진다는 것이다. 그리고 생산과정이 길어진다는 것은 생산단계의 수가 증가한다는 것으로 막대의 개수가 증가하는 것이다.

이제 오스트리아학파의 경기변동으로 들어가자. 저축이 유도한 이자율 하락은 기업가로 하여금 생산과정의 초기 단계(early-stage)에 투자하도록 이끈다. 이 때 자원이 후기 단계(late-stage)에서 초기 단계로 이동하게 되는데, 그런 이동은 최종 소비 수요의 감소로 인한 효과에 의해 더욱 강화된다. 자본이 재배치되는 동안에는 최종 단계의 막대의 길이는 짧아지고 생산과정의 길이는 길어진다. 초기 단계의 막대의 길이는 길어지거나 새로운 막대가 추가된다. 투자 증가의 궁극적인 효과는 조만간 생산 과정에 따라 소비 가능 생산물을 증가하게 만든다. 시장은 현재의 소비 수요 감소와 이자율 하락에 직면한 기업가로 하여금 그런 변화된 시제간 선호(intertemporal preferences)와 일치하게 투자 결정을 하도록 유도한다. 그러나 중앙은행에 의해 유도된 화폐공급의 증가는 시제간 선호와 일치하지 않는 자본의 배분을 초래함으로써 문제를 야기한다.

화폐공급의 증가 또는 신용팽창에 의해 유도된 투자의 증가에 따라 노동자들을 포함한 생산요소의 소유자들은 소득이 늘어나게 된다. 그러나 이자율의 인위적인 하락은 요소 소유자들로 하여금 신용팽창이 있기 이전의 소비 수준보다 더 높은 소비를 하게 유도한다. 통화 정책에 의해 유도된 이자율 하락과 연계하여 소비가 증가하는 것을 미제스는 과소비라고 불렀다는 사실을 이미 앞에서 지적했다.

Garrison(2004)은 최종적으로 미제스와 하이에크의 주장을 비교하면서 다음과 같이 요약한다.

> "요약하면 하이에크는 붐-버스트 사이클을 강요된 저축으로 본 것인데, 그런데 소비수요가 증가하여 그런 강요된 저축을 궁극적으로 되받아치는 것이라고 말할 수 있다. 미제스는 붐을 과오투자로 보고 그런데 과소비가 그런 과오투자를 즉각적으로 더욱 심하게 하는 것이라고 말할 수 있다. 이제 우리는 하이에크의 강요된 저축과 미제스의 과오투자가 같은 것이라는 점을 이해한다. 그러나 우리는 어떻게 소비의 대응 패턴에 대한 서로 다른 견해를 이해하는가? (중략) 몇 가지 사항을 고려하면 미제스의 견해가 하이에크의 견해보다 더 모순이 없고 그럴 듯하다."
>
> Garrison(2004), p.334

물론 Garrison(2004, pp.335~336)은 세 가지 사항을 점검해보고 난 다음에 그런 결론을 내린다. 여기에서 약간의 설명을 추가하면 하이에크가 말하는 강요된 저축은 슘페터가 말하는 강요된 저축과 같은 것으로 그 때 저축은 실질적으로 투자이다(Garrison(2004), p.347). 그 점에서 하이에크의 강요된 저축이라는 개념은 오해의 여지가 있기 때문에 차후에는 사용하지 않는 것이 좋을 것이다.

여기에 다시 생산가능성곡선(production possibility frontiers, PPF)을 추가하여 경기변동 과정을 설명해 보기로 한다. 〈그림 6〉에서 저축을 증가시킨다는 것은 소비를 줄여서 투자를 증가시킨다는 것이다. 이 경우에 경제는 PPF를 따라 시계 방향으로 움직인다. 저축의 감소는 투자를 감소시켜 소비의 증가를 가져온다. 이 경우에 경제는 PPF를 따라 시계 반대 방향으로 움직인다. 〈그림 6〉은 대부자금의 수요와 공급, PPF, 하이에키언 삼각형을 동시에 제시한 것이다. *A*는 정부의 간섭이 없는 경우에 대부자금 시장을 청산하는 시장이자율하에서의 저축과 투자가 동일해지는 상태를 보여준다. *E*가 *A*에 상응하는 PPF 상에서

❁ 그림 6 신용팽창의 동학

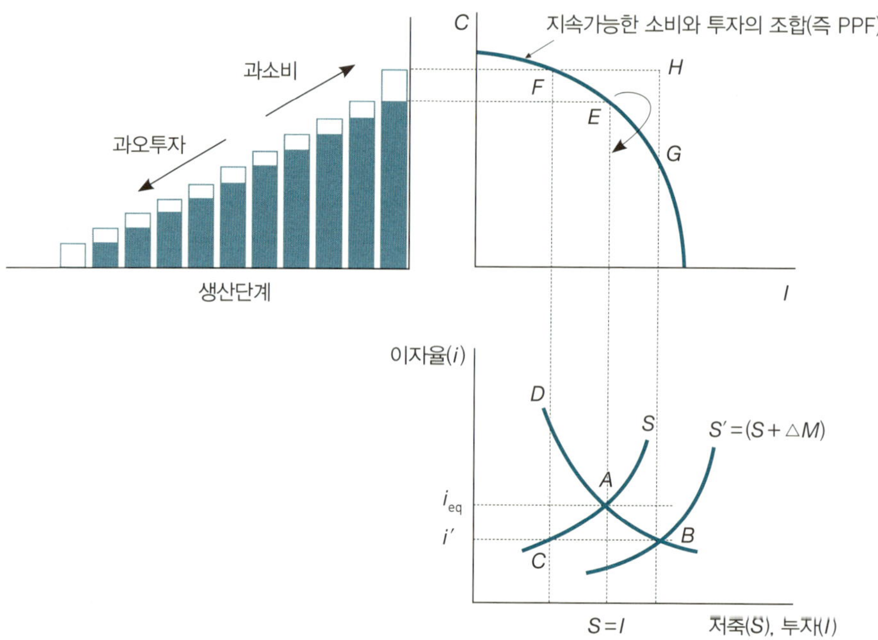

자료 Garrison(2004), p.338에서 인용

의 점으로서 완전고용 상태에 있는 경제를 나타낸다. 화폐공급을 증가시키면 어떤 일이 일어나는가? 대부자금은 S에서 S'으로 이동하고 이자율은 i_{eq}에서 i'으로 하락하게 된다. 그 결과 저축자는 C에서 저축하고 투자자는 B에서 투자하기 때문에 투자가 저축보다 많아진다. 저축이 감소한 상태인 C는 PPF에서는 소비가 증가한 F로 나타난다. 투자의 증가는 PPF에서는 소비가 감소한 G로 나타난다. 그러나 일시적인 안착점은 F와 G가 만나는 지점인 H를 향하여 나아가게 되는데 실제로는 화살표처럼 움직이게 된다. 이렇게 화살표를 따라 움직이는 것이 가능한 것은 Strigl(2000)의 설명에 의하면 현존하는 자본을 "사용은 많이 하고 유지와 관리는 낮게 하기" 때문이다. 그리고 노동자 쪽에서는 오버타임(overtime) 등과 같은 방법으로 노동을 과다하게 사용을 함으로써 가능하기 때문이다. 그리고 하이에키언 삼각형에서는 초기 단계의 생산에는 과오투자가, 후기 단계의 생산에는 과소비가 일어난다. 즉 자원은 양방향으로 이동하게 되고 그 자원은 중간단계의 생산에서 이동한 것이라는 것이다. 이것은 하이에키언 삼각형에서 이중 왜곡이 일어나는 것을 말하고, Cochran(2001)은 그것을 생산구조들의 결투(dueling production structures)라고 명명했다.

〈그림 7〉은 경기변동의 변화 과정을 자세히 나타낸 것이다. '1번'에서는 과잉투자와 과소비가 동시에 진행된다. PPF를 약간 상회하는 지점에서 중간단계의 생산구조로부터 초기 단계로 자원이 계속적으로 이동하여 과잉투자가 일어난다. 그러나 이러한 이동은 중간단계에서 소비가능한 재화의 물량을 감소하게 만든다. '2번'에서는 과소비는 극대에 달하지만 과잉투자는 여전히 계속된다. 왜냐하면 1번에서 재화의 물량이 감소하기 시작했기 때문이다. '3번'에서 소비가능한 재화의 공급이 본격적으로 감소하고 진행중인 투자는 절정에 도달한다. 소비자는 이전 단계의 과소비로 소비를 줄이고 저축을 늘려야 하는 것을 강요받는다. 이때 강요된 저축은 하이에크가 말하는 용어가 아니라 미제스가 과소

❁ 그림 7 숫자로 본 붐과 버스트

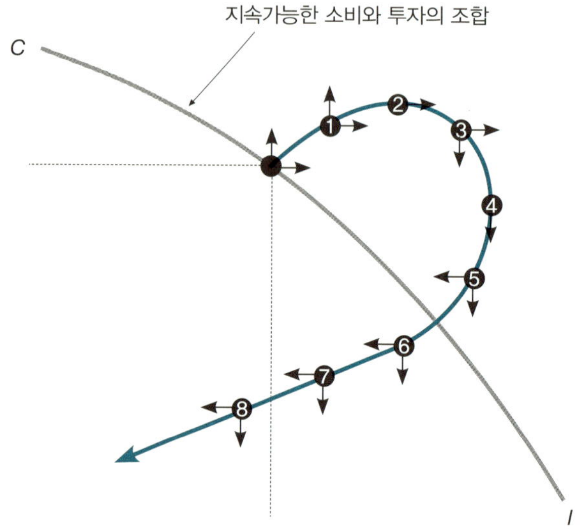

자료 Garrison(2004), p.340에서 인용

❁ 그림 8 투자와 소비의 네 가지 방향

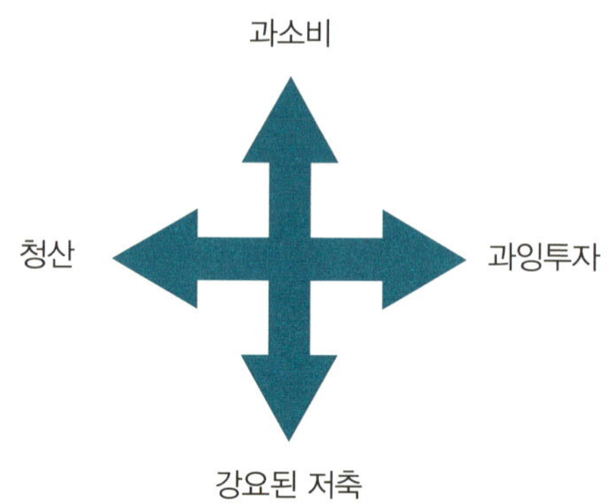

자료 Garrison(2004), p.342에서 인용

비를 말할 때 사용했던 것으로 소비자가 과소비 이후에 소비를 줄일 것을 강요받는 상황을 묘사한 것이다. 그 점을 개리슨은 다음과 같이 표현한다. 이때 강요된 저축은 미제스의 과소비와 조상이 같은 것이다(Garrison(2004), p.347). 자금 수요자 간의 경쟁으로 이자율은 상승하고 그 결과 붐은 주춤거리기 시작한다. 소비자는 과소비로 인한 압박을 받는다. '4번'에서 과잉투자는 절정에 달한다. '5번'에서 여전히 소비자는 소비를 절약할 것을 압박당하는 국면이고 기업 쪽에서는 청산이 시작된다. 이제 자원은 초기 단계에서 후기 단계로 이동한다. '6번', '7번', '8번'은 2차적인 침체(secondary depression) 또는 2차적인 디플레이션(secondary deflation)이라 부르는 국면으로 이미 이 단계는 PPF가 이전보다 안쪽으로 들어온 상태이다. 소비와 투자가 계속적으로 감소하는 단계이다. 이 국면은 침체가 침체를 낳는 상황이다. 비관주의 전망이 상황을 더 나쁜 방향으로 몰아간다는 것이다. 〈그림 8〉은 투자와 소비의 네 가지 방향을 요약한 것이다. 〈표 2〉는 지금까지의 설명을 요약한 것이다. 여기에서 강요된 저축이라는 항목은 하이에크가 사용하는 개념이 아니라 미제스가 과소비 이후에 소비를 줄이고 저축을 증대시킬 것을 강요받는 상황을 지칭한 것이다. 요컨대, 〈그림 6〉에서의 지속가능한 소비와 투자의 조합, 〈그림 7〉, 〈그림 8〉 등은 경기변동에 대한 미제스의 설명에 따른 것이다.

지금까지의 설명은 국제지폐제도를 고려하지 않는 것이다. 국제지폐제도 하에서 미국과 같이 국제지폐 발행 국가인가, 한국처럼 국제지폐 피발행 국가인가 또는 지폐 사용 국가인가에 따라 PPF의 움직임은 영향을 받을 것이다. 더 정확히는, 국제지폐 발행 국가와 피발행 국가가 얼마나 많은 양의 경상수지 적자와 흑자를 부담하느냐에 따라 PPF는 그만큼 이동할 것이다. 이 점은 〈그림 6〉와 〈그림 7〉의 문제점이라고 하겠다. 이 점은 제4장에서 자세히 다루고자 한다.

❁ 표 2 〈그림 7〉에서의 각 단계별 특징

번호	수직 운동	수평 운동
1번	과소비	과잉투자
2번	–	과잉투자
3번	강요된 저축	과잉투자
4번	강요된 저축	–
5번	강요된 저축	청산
6번	2차 침체	2차 침체
7번	2차 침체	2차 침체
8번	2차 침체	2차 침체

자료: Garrison(2004), p.343에서 인용

여기에서 두 가지 점을 분명히 할 필요가 있다. 첫째, 지금까지의 설명은 순수한 저축이 없는 상태, 즉 성장이 없는 상태를 가정한 것이다. 그러나 현실에서는 순수한 저축과 그에 따른 성장이 있는 경우가 있을 수 있고 그 경우에 PPF는 그만큼 바깥쪽으로 이동할 것이고 소비의 감소는 소비의 증가율이 감소한다는 것을 의미한다. 그 경우에 현실에서 볼 수 있는 투자의 일부는 진정한 저축에서 나온 것으로 PPF를 바깥쪽으로 이동하게 만든다.

둘째, 자원배분의 잘못으로 인한 실질적인 손실로 경제는 초기의 균형점으로 완전히 돌아가지 않는다. 그것은 PPF가 안쪽으로 이동한다는 것을 의미한다. 만약 진정한 저축이 있다면, 그렇게 하여 경제가 성장한다면 PPF는 원래 기대했던 것보다는 더 적게 바깥쪽으로 이동할 것이다.

이제 Garrison(2004)의 결론을 직접 들어본다. "즉 생산의 초기 단계들에서 소득을 버는 일과 소비 가능 [재화]에 그 소득을 지출하는 것에는 시차가 거의 없거나 없는 반면에 PPF를 넘어서서는 소득을 버는 일과 쓰는 일에는 [시차의] 여지가 있다. 즉 지속 가능한 수준을 넘어서서는 (일시적으로) 생산물이 증가할 여지가 있다. 이러한 점은 미제스가 말한 과소비와 과오투자가 하이에크가 말

하는 강요된 저축보다 더 잘 일치한다는 것이다"(Garrison(2004), p.344). 그러나 미제스는 과오투자를 인정하지만 과잉투자는 인정하지 않았다. 이 점에 대해 개리슨은 다음과 같이 지적한다. "더 일반적인 과잉투자의 여지가 어느 정도 있다. 무한정 지속 가능한 수준을 넘어서는 노동의 고용은 거의 모든 생산단계에서 생산능력의 확장을 허용한다. (중략) 그러나 과잉투자의 가능성을 고려하면 [오스트리아학파의 경기변동] 이론이 모든 단계에서 생산수준이 상승하는 것을 허용할 수 있다. 그 경우에도 생산의 중간 단계에 비해 초기 단계와 후기 단계에서 [생산물이] 더 빨리 증가하는 것이다"(Garrison(2004), p.345). 미제스의 과오투자는 진(眞)이지만 과잉투자가 없다는 설명은 문제가 있다고 개리슨은 주장하는 것이다.

이제 그는 다음과 같이 결론내린다.

> "신용팽창에 의해 움직여진 시장의 힘은 처음에는 생산요소 소유자들로 하여금 신용팽창이 없었다면 했을 소비보다 더 많이 소비하도록 만들고, 그 다음에는 신용팽창이 없었나면 할 수 있는 소비보다 더 적게 소비하도록 만든다. 과소비와 강요된 저축이라는 용어의 의미를 이렇게 사용하는 것은 미제스가 사용한 과소비와 전적으로 일치하고 그가 여러 번 사용한 강요된 저축이라는 용어와 전적으로 일치한다. 과소비와 비록 미제스가 부인한 것이지만 이에 상응하는 과잉투자는 신용에 의해 유도된 붐의 본질에 대한 완전한 이해와 일치한다."
>
> Garrison(2004), p.347

이제 라스바드와 개리슨을 비교하기로 한다. 두 연구자의 과소비에 대한 주장은 차이가 없다. 비록 하이에크가 과소비를 인정하지 않았지만 하이에크의 견해는 틀린 것으로 보는 것이 옳다. 무엇보다도 두 연구자의 붐을 설명하는 방법과 내용에 약간의 차이가 있다. 미제스는 과오투자는 발생하지만 과잉투자는 발생하지 않는다고 주장한다. 그러나 라스바드나 개리슨은 과잉투자를 인정한다. 그 점에서 미제스가 틀린다는 것이다. 라스바드는 산업을 크게 고차재와 저차재로 대별한다. 그리고 그는 고차재 산업에서는 과잉투자, 저차재 산업에서는 과소투자가 일어난다고 주장한다. 개리슨은 암묵적으로 세 단계로 구분한다. 고차재와 저차재 사이에 중간단계를 두는 방법이다. 그리고 그는 시기도 크게 두 시기로 구분한다. 그는 최초 시기에는 고차재에서는 과잉투자, 저차재에서는 과소투자가 일어난다는 지적을 하는 것은 아니지만 과소비를 위하여 자원이 이동한다고 설명한다. 이때 중간단계에서 과소투자가 일어난다고 주장한다. 다음 시기에는 모든 산업에서 상승을 경험하고 모든 재화의 가격이 상승한다고 말한다. 좀 더 정밀한 연구가 필요한 부분으로 여겨진다.

여기에서 앞의 설명에 도움이 되는 내용을 좀 더 추가하기로 한다.[49]

> "새롭게 창출된 화폐의 소비는 한꺼번에 또는 어떤 무작위한 방법으로 모든 가격에 영향을 미치지는 않는다. 가장 먼저 그 돈은 이자율에 영향을 미친다. 그 이자율이라는 것이 신용시장을 청산하는 가격이고 자본의 배분을 결정짓는 가격이다. (중략) 일반적인 용어로 말하면, 이자율의 하락은 상대적으로 더 먼 미래의 소비재들의 생산을 도와주는 자본재의 창출과 사용을 자극한다. 상대적으로 가까운 미래에 쓰일 소비재의 생산을 도와줄 생산재의 생산을 희생하고서 말이다. 그러나 저차의 자본재 생산에서 쓰이는 자원을 회수하여 고차의 자본재의 생산에 자원을 투입하는 것은 그 다음 단계에 자원이 그 반대로 움직이게 된다(Mises[1953, p.363]). 즉 자본재 시장에서의 화폐로 유도된 재구성(restructuring)은 소비자 수요와 자원 이용가능성의 시제간 불일치를 궁극적으로 드러나게 만든다. 시장과정은 스스로 역전(self-reversing)한다."
>
> Garrison(1989), p.11

자체 역전 과정이 발생할 여지와 중요성이 큰 곳은 어디인가? 제본스는 자

49 이 문단을 포함하여 아래의 네 문단 내용은 Garrison(1989)을 주로 참조.

본의 본질적 기능을 "기업의 시작과 마지막 간에 간격을 두는 것"이라고 지적한다. 제본스가 말하는 이 시간 간격 동안에 자본재의 잘못된 배분이 발생하고 그 시간 간격 이후에 자원의 재분배가 일어나야 한다. "그런데 모든 생산과정이 완전히 수직적으로 통합되어(vertical integration) 있다면 자체 역전 과정의 여지는 있다하더라도 거의 없거나 없을 것이다. 완전한 수직 통합이라는 것이 궁극적으로 소비재의 생산을 초래할 과정을 시작하겠다는 약속은 사실상 그 과정을 완성하겠다고 약속하는 것을 의미하기 때문이다"(Garrison(1989), p.12). 그러나 저자는 수직통합된 생산과정에는 자체 역전 과정의 여지가 없다 하더라도 붐 시기에 전체 투자 규모가 증대했다가 버스트 시기에 그 규모가 축소되는 일은 발생할 것으로 여겨진다. 이 부문은 추가적인 연구가 필요하다.

다른 경제이론에 없는, 오스트리아학파 경기변동이론 고유의 실증적 내용도 있다. 자본구조가 거의 없는 원시사회에서는 시제간 부조정(intertemporal discoordination)이 발생할 여지가 없기 때문에 경기변동이 발생하지 않는다. 노동집약적인 농경사회에서는 시제간 자본구조가 화폐보다는 '계절'에 더 많이 좌우될 것이기 때문에 오스트리아학파가 주장하는 경기변동은 거의 발생하지 않을 것이다.[50] 오스트리아학파의 경기변동이론은 계획경제에 비해 시장경제에 더 잘 맞지만 그중에서도 자본이 집약되고 분업 정도가 더 큰 자본주의 경제에 잘 맞을 것이다.

오스트리아학파의 경기변동이론이 다른 이론, 예를 들어 케인스 경제학, 통화주의뿐 아니라 통화주의를 계승했다고 여겨지는 신고전주의자 등과의 차이는 자본이론이다. 세 학파의 공통점은 자본이론이 전혀 없거나 자본이론이 화폐이론과 잘 통합되어 있지 않다는 것이다. 시간선호와 이자율은 자본

50 농경사회라 하더라도 농기구와 같은 자본재가 어느 정도 발달하느냐에 따라 경기변동의 정도에 차이가 있을 것으로 여겨진다.

의 시제간 자원배분의 연결고리로써 시제간 자본의 배분을 조정하는 데 결정적인 역할을 한다. 다르게 말하면, 오스트리안의 자본이론은 시제간 조정이론(theory of intertemporal coordination)에 해당한다. 오스트리아학파의 경기변동이론은 시제간 부조정이론(theory of intertemporal discoordination)에 해당한다. Garrison(1989)은 자본이론의 중요성에 대해 이렇게 결론내리고 있다. "그리고 좀 더 넓게 말해, 오스트리아학파의 경기변동이론에 주의를 기울이라는 것은 경제학 전문가에게 자본이론을 거시경제학에 다시 갖다놓을 것을 호소하고 있는 것이다"(Garrison(1989), p.24).

오스트리아학파의 경기변동이론은 중기(medium run)에 초점을 맞춘다. 왜냐하면 단기에서는 자본구조가 크게 변하지 않을 뿐 아니라 장기에서는 모든 문제 또는 과오가 드러나고 해결되기 때문이다. 그러나 중기에서는 프로젝트가 시행되고, 생산구조가 바뀌지만 모든 과오투자가 청산될 만큼 충분한 시간이 아니다. 과오투자의 청산에 시간이 걸리는 것은 대부분의 자본재가 크게 이질적이기 때문이다. 그러므로 경기변동은 중기에 초점을 맞출 수밖에 없다(Sechrest(2006), p.28). 이론적으로 볼 때 앞의 설명은 문제가 없다. 그러나 기간의 구분을 실제에 적용할 때는 어려움이 있다. 단기는 시간의 길이가 분명해 보인다. 그러나 저자는 중기와 장기는 통화공급의 증가가 얼마나 지속적으로 이루어지느냐에 달려 있기 때문에 경우마다 조금씩 다르다고 보는 것이 옳다고 주장한다.

개리슨은 다음과 같이 지적한다. "오스트리아학파의 경기변동이론은 붐이 지속 불가능하다는 점을 보여주는 이론이다. 그것은 침체 그 자체에 대한 이론은 아니다." 그 다음에 그는 "리플레이션, 화폐 가치절하, 채무 구조조정, 자본통제 등이 모두 일어나거나 일부만 일어나는 단계인 침체 과정과 회복 과정은 각 경제의 개별적인 에피소드로서 독특하다"(Garrison(2001, p.120),

Powell(2002, p.44)에서 재인용)라고 적고 있다. 개리슨의 지적과 앞에서 설명한 경기변동의 2차적 특징은 모순되지 않는가 하는 의문을 가질 수도 있다. 그러나 경기변동의 2차적 특징은 거의 대부분의 경우에 일어나는 공통적인 현상이다. 그런 특징이 나타나는 기간이 경우에 따라서 다를 뿐으로 여겨진다. 개리슨이 앞에서 지적한 점은 침체기간이 길어지면서 2차적 특징 이후에 나타나는 결과는 정부의 경제정책에 영향을 강력하게 받기 때문에 그 나타나는 양상이 모두 다르다는 것이다. 경기변동의 2차적 특징과 개리슨의 주장은 결코 상호 모순되지 않는 것처럼 보인다.

2 재무적 관점에 의한 해석

오스트리아학파의 경기변동이론 중에서 핵심 부분이라고 여겨지는 과오투자와 과잉투자가 발생하는 현상을 Sechrest(2001, 2006)를 이용하여 개별 기업가 또는 기업의 재무적 관점에서 설명하기로 한다. 즉 앞에서 설명한 내용이 거시적 설명이라면 이 부분은 미시적 설명이라고 하겠다. 〈그림 9〉는 개별 기업가가 어떤 프로젝트를 완성하는 데 걸리는 시간과 금융시장의 대부이자율 또는 시장이자율의 관계를 보여준다. 수평축은 프로젝트를 완성하는 데 소요되는 시간을 나타내고 수직축은 그 프로젝트로 예상되는 현금 흐름을 시장이자율로 할인한 '순현재가치'(net present value)를 보여준다.[51]

〈그림 9〉의 내용은 시장 이자율이 하락하면 자본을 투여하는 모든 프로젝트의 순현재가치가 상승하는 것을 보여준다. 다른 한편, 프로젝트의 완성기간이 길어질수록 이자율 하락의 효과는 커져서 프로젝트의 순현재가치는 그림의 오른쪽으로 갈수록 점증한다. 다시 말하면, 동일한 이자율 하락으로 인한 순현

51 그림의 외양은 하이에키언 삼각형과 매우 유사하지만 내용은 다른 것이다.

재가치의 상승 비율이 프로젝트 완성 기간이 긴 것이 짧은 것보다 크다는 것을 의미한다. 그 결과 이자율이 하락하는 상황에서 생산에 필요한 생산요소와 원자재 등이 이용가능하다면 기간이 긴 프로젝트를 수행할 인센티브가 언제나 있다. 여기에 화폐공급이 증가하여 이자율이 하락하면 인플레이션이 발생하게 되는데, 그런 환경에서 프로젝트의 예상되는 현금흐름(forcasted cash flow)은 증가할 것으로 예상할 수 있다. 왜냐하면 인플레이션 환경하에서는 산출물들(outputs)의 가격이 투입물들(inputs)의 가격보다 일반적으로 더 빨리 상승하기 때문이다. 두 가지 요인, 즉 이자율 하락에 의한 순현재가치의 상승과 인플레이션 환경하에서의 예상되는 현금흐름의 증가로 인한 순현재가치의 상승은 기업가 또는 경영자로 하여금 완성기간이 짧은 것에 비해 긴 프로젝트에 투자하도록 만든다.

생산구조라는 관점에서는, 소비재보다는 자본재 또는 생산재에 대한 기업가적 수요가 증가한다는 것을 의미한다. 그 결과 자본재 또는 생산재의 가격이

❋ 그림 9 시간과 프로젝트의 순현재가치

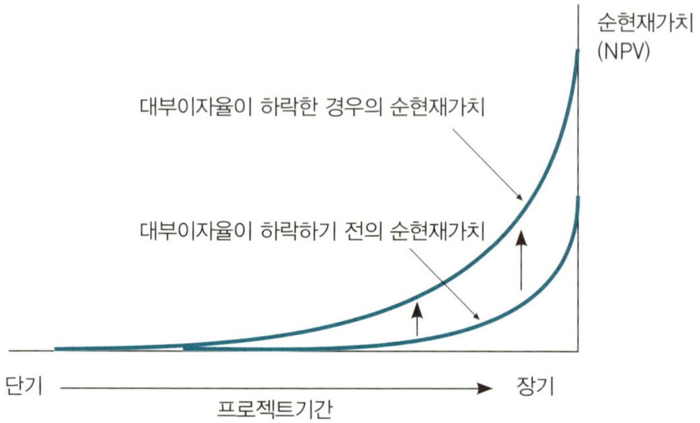

자료 Sechrest(2006), p.29에서 인용

소비재 가격보다 더 많이 상승한다. 가격은 기업가를 포함한 경제주체에게 신호로서 작용한다. 미시적 차원에서의 과오투자는 잘못된 상대가격 때문에 발생하는 것이고 왜곡된 상대가격의 배후에는 이자율의 인위적인 하락이 존재한다. 그렇기 때문에 과오투자는 언젠가 청산될 수밖에 없고 청산된다.

과오투자는 상대적으로 쉬운 개념이다. 과잉투자는 왜 발생하는가? 이 부분은 연구자들 간에도 분명 논란이 있다. 그러나 앞에서 지적했듯이 경기변동에서 과잉투자가 발생하는 것은 분명한 것처럼 보인다. 우리가 과잉투자를 논의할 때, 먼저 신용팽창이 누구의 손으로 들어가는가 하는 것이 중요하다. 라스바드는 붐-버스트 사이클을 만들어내는 것은 신용팽창 중에서 오로지 기업 세계로 대출된 부분이고 개인 등으로 대출된 것은 경기변동을 유발하지는 않는다고 주장했음을 앞에서 지적했다. 물론 그 경우에 재화들의 가격이 상승하는 현상, 즉 인플레이션이 발생할 수는 있다. 이 점도 이미 앞에서 설명했다.

그렇다면 기업 세계의 과잉투자가 발생하는 과정을 어떻게 설명할 것인가? 먼저 결론부터 말하면, 경기변동에서 고려해야 할 것은 기업가들이 자신들의 의지대로 처분할 수 있는 '저축의 크기'와 기업가들이 자신들의 의지대로 처분할 수 있는 '신용의 크기', 즉 두 크기 간에 괴리가 있다는 점이다. 물론 지폐공급의 증가와 신용팽창이 없다면 두 크기는 괴리가 발생하지 않는다. 여기에서 개인적 차원에서 신용의 크기는 기업가 자신이 제공하는 담보능력, 예상되는 현금흐름 등이 결정적일 것이다. 이 부분이 앞에서 설명한 과오투자가 발생하는 과정과 관련이 있다. 물론 담보능력, 예상되는 현금흐름 등은 평가자의 평가에 달려 있다는 점에서 그 크기는 매우 주관적인 것이다. 그럼에도 불구하고 은행의 신용 확장이 이루어지는 상황에서 각 프로젝트 차원 또는 기업 차원에서 긍정적인 평가 가능성이 크고 개별 기업 또는 각 프로젝트는 신용이 증가하게 된다. 여기에서 사회 전체에서 가능한 신용의 총액은 〈그림 4〉에서 B이다.

문제는 기업가들이 자신의 의지대로 처분할 수 있는 저축의 크기를 결정하는 것이 무엇인가 하는 것이다. 이 질문은 원천적인 생산요소인 노동과 토지 등에 대한 대가인 임금과 지대의 원천이 무엇인가 하는 질문으로 환원된다. 여기에서 설명의 편의를 위하여 '기업가 기능'과 '자본가 기능'을 분리하기로 한다. 정부의 간섭이 없는 자유시장에서는 대자본가를 포함하여 개인이 소비하지 않는 자금이 저축이고 그것이 기업가에게 이전된다. 기업가 기능과 자본가 기능이 합쳐진 상황에서는 '자본가-기업가'가 자신이 획득한 소득의 일부를 저축한다. 두 경우 모두에서, 바로 이 저축이 생산요소들을 고용하는 데 사용되는 생산적 지출(productive expenditure)이다. 더 많이 저축할수록 생산적 지출에 쓸 자금이 많아진다. 자본가-기업가가 프로젝트를 위하여 저축한 자금의 일부 또는 자본가가 기업가에게 프로젝트를 위하여 빌려주기로 한 자금의 일부가 생산요소들을 고용하는 데 사용된다. 우리는 이것을 생존기금(subsistence fund)이라고 지칭한다.[52] [53] "이것[생존기금]은 자본개념과 중복되지만 동일한 것은 아니다(Sechrest(2006), p.32에서 인용)." 생존기금이 기업가들이 자신들의 의지대로 처분할 수 있는 저축의 크기이다. 우리의 기업가-자본가는 〈그림 9〉에서 시장의 신호에 따라 투자할 뿐 아니라 자신이 처분할 수 있는 저축의 크기, 즉 생존기금에 따라 투자한다.

〈그림 10〉에서 수직축은 저차재에 대한 투자를, 수평축은 고차재에 대한 투자를 나타낸다. 〈그림 10〉에서 신용팽창이 있기 이전에는 시장이자율 i_m은 자연이자율 i_n과 일치한다. 그러나 통화공급의 증가로 시장이자율은 i_m^*로 하락하고 기업가는 예전보다 자본재에 많이 투자하고 소비재에는 적게 투자한다.

52 생존기금은 고전파 경제학에서 임금기금(wage fund)과 유사한 개념이다. 그러나 생산요소들이 모두 포함되어야 하기 때문에 노동에 대한 대가를 염두에 두고 있는 임금기금은 부정확한 것이다.

53 생존기금에 대한 비판을 반박한 내용은 Sechrest(2006)를 참조.

❀ 그림 10　지속불가능한 투자

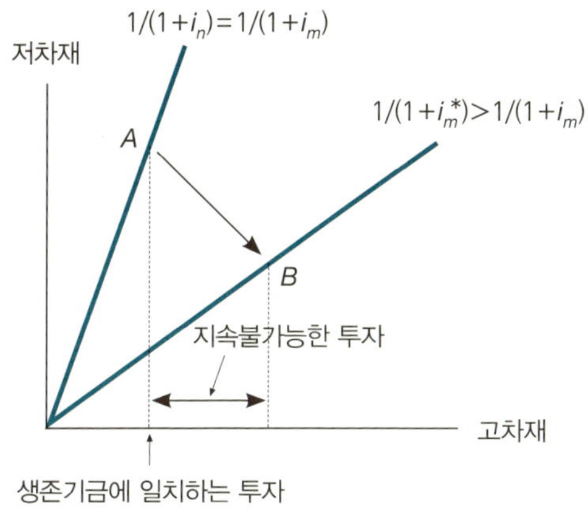

자료 Sechrest(2006), p.31에서 인용

생존기금과 일치하는 투자는 A이다. 이자율이 인위적으로 하락하면 투자는 저차의 소비재에 비하여 고차의 생산재에 집중하게 되는데, 이 점이 B이다. A에서 B로 이동한 것은 신용이 팽창하기 때문에 가능한 것이다. 그러나 B에서 시간선호는 하락하지 않았고 신용이 증가하기 이전에 가능했던 생존기금보다 더 많은 생존기금이 이용가능한 것이 아니다. 신규 투자가 이루어진 상황에서 그런 신규 투자를 유지할 수 있는 생존기금과 실제로 가용한 생존기금 간에는 격차가 존재하게 될 뿐 아니라 유지될 수 없다.

〈그림 11〉은 자본재산가격설정모형(capital asset pricing model)을 변형한 것이다. 수직축은 어떤 구체적인 프로젝트의 내부이윤율(internal rate of return) 또는 '요구되는 이윤율(required rate of return)'을 나타낸다. 수평축은 위험(risk)을 나타낸다. 여기에서 위험은 자산의 체계적인 위험인 베타(β)를 나타내는 것이 아니라 어떤 프로젝트에 대한 수익의 편차인 시그마 자승(σ^2)을 나타낸다. 앞에

❋ 그림 11 이자율이 프로젝트의 순현재가치와 투자결정에 미치는 영향

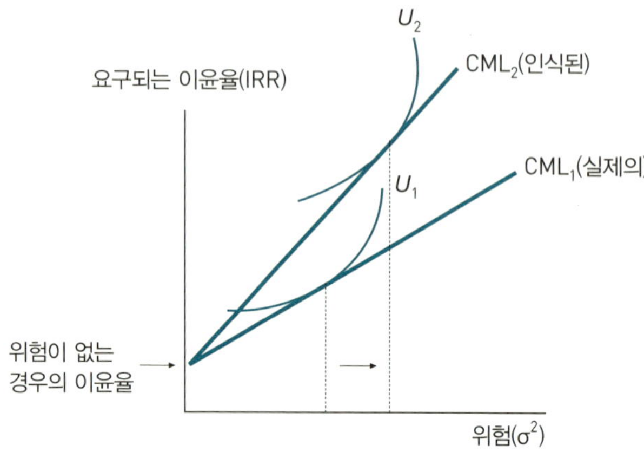

자료 Sechrest(2006), p.36에서 인용

서 지적했듯이, 두 가지 이유로 순현재가치가 상승할 뿐 아니라 기간이 긴 프로젝트가 더 많이 상승한다. 동일한 위험 수준하에서, 이러한 상황은 기업가로 하여금 CML이 위쪽으로 상승한 것처럼 인식하게 만든다. 실제로는 예전 그대로 있는데도 불구하고 말이다. 즉 'CML$_1$(실제의)'에서 'CML$_2$(인식된)'로 이동하게 만든다는 것이다. 기업가의 효용이 U_1에서 U_2로 상승한다.[54] 그러나 이러한 투자는 지속 가능하지 않다. 왜냐하면 위험이 매우 높아지기 때문이다.

Sechrest(2006)는 경기변동을 초래하는 것은 저축과 신용의 차이, 그 자체가 아니라 기업가가 처분할 수 있는 저축, 즉 생존기금과 기업가가 처분할 수 있는 신용 간의 차이라고 결론짓는다. 이어서 그는 거시경제학을 이용하여 경

54 효용은 가감승제가 가능한 것이 아니기 때문에 〈그림 11〉에서 보는 것처럼 효용곡선을 부드럽게 그릴 수 없다. 효용곡선은 설명의 편의상 그렇게 그린 것으로 보는 것이 옳다. 물론 Sechrest(2006)는 그 점을 지적하지 않았지만 말이다.

기변동 현상을 설명하고자 하는 경우에 경제이론 또는 현상을 주의 깊게 표현할 것을 경고한다. 그러나 거시적인 설명과 미시적인 설명이 일치하지 않는다면 문제가 있는 것이다. 〈그림 6〉에서의 거시현상과 Sechrest의 설명을 일치시켜 보면 기업가가 처분할 수 있는 신용의 크기는 B이고 생존기금은 C가 되어야 한다. 이자율이 하락하기 이전에는 A이고 이 때 생존기금과 기업가가 처분할 수 있는 신용은 크기가 같다. 이자율이 하락하여 시장에서 전체 신용이 증가하면 개별 기업 차원에서 이용 가능한 신용도 증가한다. A에서 C로 이동하는 것이다. 저축자도 변화를 겪는다. 저축자 또는 자본가도 과소비로 인하여 저축이 감소한다. A에서 C로 이동한다. Schrests의 주장과 일치시키기 위해서는 〈그림 6〉에서 AC에는 은행의 소비자 금융이 포함되어 있기 때문에 AC에서 소비자금융을 제외해야 할 것이다. 그러나 Sechrest(2006)의 논문에는 자신의 미시적 설명과 대부시장 전체의 변화가 어떻게 일치되는가를 보여주는 설명은 없다. 이 부분은 추가적인 연구가 필요한 부분이다.

4. 경기변동의 제도적 원인[55]

앞에서 지폐의 증가와 신용팽창에 의한 인위적인 이자율 하락이 경기변동의 직접적인 원인임을 지적했다. 그 둘이 화폐제도와 금융제도의 영향을 받는다는 것은 의문의 여지가 없다. 그러므로 여기에서는 화폐제도와 금융제도의 어떤 요소가 화폐공급의 증가에 영향을 주는가를 분석하고자 한다. 사실 화폐제도와 금융제도의 많은 요소가 신용팽창에 영향을 미치지만 아래에서는 결정적 요소들만 논의하고자 한다.

55 이 절과 제5장에서 다루는 화폐제도와 금융제도에 관한 자세한 내용은 부분적으로는 전용덕(2007), 제4장과 제5장, 그리고 그 안에 나오는 참고문헌을 참조.

1 정부가 통제하는 화폐제도

화폐공급을 증가시킬 수 있는 방법은 두 가지다. 하나는 정부 또는 중앙은행이 지폐를 증가시키는 것이다. 다른 하나는 민간 금융기관이 신용팽창을 통해 화폐공급을 증가시키는 것이다. 물론 민간 금융기관이 그렇게 할 수 있는 것은 중앙은행의 제도적 뒷받침이 있기 때문이다. 여기에서는 먼저 화폐공급을 증가시키는 첫 번째 방법을 분석한다.

정부가 통화정책을 통해 금융시장에 간섭할 수 있는 것은 화폐 발행을 독점하기 때문이다. 정부가 화폐 발행을 독점하는 것을 화폐 발행을 통해 아무도 알아차리지 못하는 교묘한 방법으로 민간으로부터 자원을 탈취하여 사용할 수 있기 때문이다(Rothbard(1990)). 화폐의 발행에 따르는 수익을 시뇨리지(seigniorage)라고 하는데 정부는 그런 시뇨리지를 획득하기 위하여 화폐의 발행을 독점한다는 것이다.[56] 정부는 세금의 징수를 통해 자원을 획득할 수도 있다. 그러나 세금을 징수하는 방법에 의한 민간 자원의 사용 또는 탈취는 조세를 납부하는 당사자인 국민이나 시민의 저항으로 쉽지 않다.

역사적으로 기원전 7세기 소아시아 서부지방의 리디아 왕인 기게스(Gyges)가 처음으로 화폐의 발행을 국가 독점으로 만들었다.[57] 물론 이 때 기게스가 독점 발행한 것은 주화였다. 이후 정부는 화폐 발행에 있어서 자신의 경쟁자인 민간은행을 규제하기도 하고 민간은행을 이용하여 자금을 획득하기도 했다. 그리고 20세기에 모든 나라에서 정부가 화폐 발행을 독점하고 있다. 무엇보다도 정부는 법률로 지폐 또는 불환화폐를 표준화폐로 지정하고 정부 자신이 지

56 시뇨리지는 새롭게 발행한 화폐를 누가 먼저 소유하게 되는가에 따라 시뇨리지가 귀착되는 사람이나 집단이 달라진다. 어떤 경우에도 정부는 시뇨리지의 사용권을 가지고 있다는 점에서 정부가 시뇨리지를 획득하기 위하여 화폐 발행의 독점권을 소유한다고 할 수 있다. 그리고 시뇨리지의 크기는 화폐 발행의 양과 화폐 발행에 드는 비용에 따라 달라진다.

57 안재욱(2008), 제3장과 그 안에 있는 참고문헌 참조.

폐를 독점적으로 발행하거나 중앙은행이 지폐를 독점적으로 발행하도록 허가하고 있다.[58] 정부에 의한 지폐 발행의 독점도 궁극적 이유는 정부 자신이 손쉽게 민간으로부터 자원을 획득하기 위함이다.

과거에 민간이 화폐를 발행하는 시기가 있었다. 역사적으로 화폐는 민간에 의해 시행착오를 통해 시장과정에서 기원(originate)했다.[59] 그리고 그런 화폐는 상품화폐였다. 민간이 자유롭게 화폐를 발행하는 것이 화폐 발행에 관한 '자유시장'이다. 정부에 의한 지폐의 독점 발행은 발권시장이 더 이상 자유시장이 아니라는 것이다. 그리고 발권 시장에 대한 정부의 간섭이 '악화'인 지폐가 '양화'인 상품화폐를 구축하게 만든다. 요컨대 현재는 모든 나라에서 지폐의 존립은 시장의 힘 또는 사람들의 동의에 기초하고 있는 것이 아니라 정부의 강제력에 의존하고 있다는 것이다.[60]

지폐의 발행을 정부가 독점하는 것은 여러 가지 폐해를 만들어 낸다. 첫째, 정부는 화폐 발행의 독점 권한을 소유함으로써 지폐를 무한정 발행할 수 있고, 그 결과 인플레이션을 유발하고 최악의 경우에는 경제 시스템 전체를 마비시킨다. 정부가 지폐를 무한정 발행할 수 있는 것은 상품화폐와 달리 지폐의 제조에는 자원이 거의 들지 않기 때문이다. 만약 화폐를 발행함에 있어서 상품화폐와 같은 정도의 자원이 필요하다면 지폐를 무한정 발행하는 일은 '물리적으로' 가능하지 않다.

정부 또는 중앙은행이 발행하는 지폐가 경제에 악영향을 미치거나 심지어 경제를 무너뜨린다. 어떻게 그렇게 되는가를 보기로 한다. 먼저 지폐의 발행을

58 어떤 이유로든지 그 자체로서 사용가치가 없는 지폐의 생산이 정부에 의해 이루어지면 지폐 생산은 필연적으로 독점이 된다고 호페(Hoppe)는 주장한다. Hoppe(1994) 참조.

59 상품화폐의 기원과 특징에 대한 자세한 내용은 전용덕(2007), pp.62~66 참조.

60 "소비나 생산을 위하여 쓰임새가 없는 지폐가 어떻게 화폐로서 기능할 수 있는가", "어떻게 해서 화폐 대용물(money substitutes) 또는 지폐만이 사용되게 되었는가" 등과 같은 질문은 매우 흥미롭고 중요한 질문이지만 여기에서는 생략한다. 전용덕(2007), pp.66~72 참조.

통해 정부나 중앙은행이 정부의 재정을 지원한다. 또 필요한 경우에 정부는 대기업을 지원한다. 대기업의 파산은 정치적으로 많은 압박이 되기 때문에 정부가 지원을 하지 않을 수 없는 경우가 많다. 물론 정부가 언제나 그렇게 하는 것은 아니지만 말이다. 정부는 특히 세금보다는 저항을 덜 받는 화폐 발행을 선호한다. 심지어 정부는 경제 시스템 전체를 구제하는 일에 도전한다. 1997년 경제위기 이후에 정부가 한 조치를 예로 들 수 있다. 그리고 정부는 이전의 과다한 화폐발행으로 더 이상 화폐를 증가시킬 수 없음을 알자 '공적자금'이라는 방법을 동원하고 있다. 이러한 모든 일은 그 정도가 다른 인플레이션의 발생을 초래한다. 극단적인 경우에는 경제 시스템이 마비되는 큰 위기에 처하는 경우도 생겨난다. 제2차 세계대전 이후의 독일, 최근의 짐바브웨, 6·25 전쟁 이후의 두 번의 화폐 개혁, 1990년대 이후에 동시다발적으로 발생하고 있는 각국의 경제위기 등이 좋은 예라고 하겠다.

둘째, 정부가 지폐를 무한정 발행함으로써 발생하는 인플레이션은 그 자체가 소득재분배를 초래한다. 정부가 발행하는 새로운 지폐를 비교적 빨리 받는 사람은 이득을 보고 상대적으로 새로운 지폐를 늦게 받는 사람은 손해를 본다. 경제 내의 대략 인구의 절반이 나머지 절반의 희생으로 이득을 보게 된다. 그리고 소득재분배 현상에서 승자가 되기 위하여 사람들은 생산활동보다는 투기활동에 많은 시간을 소비한다. 결국 지폐의 지속적인 증가는 가속도적으로 생산활동을 멈추게 함으로써 인플레이션의 증가를 가속화한다.

셋째, 정부의 지폐 발행은 앞에서 서술한 경기변동을 초래한다. 정부가 지폐의 발행을 증가시켜 금융 시장의 이자율을 사람들의 시간선호에 의해 결정되는 자연이자율보다 낮게 규제함으로써 경기변동을 초래한다. 물론 민간 금융기관이 발달한 주요 국가에서 경기변동은 주로 민간 금융기관의 신용팽창에 의해 발생한다. 그러나 그러한 신용팽창도 궁극적으로는 정부 발행의 지폐가 기초가 되기 때문에 정부 발행의 지폐 증가의 일정 부분도 경기변동의 초래에 한 몫을 한다. 물론 그 정도는 실제로 정부가 얼마나 많은 지폐를 발행하는가에 달려 있다.

넷째, 지폐의 독점적 발행의 또 다른 폐해는 미래의 가격변동을 예측하는 일이 훨씬 어렵게 된다는 것이다. 지폐 발행의 직접적인 비용이 매우 낮기 때문에 언제나 과다 발행되고 그런 과다 발행은 재화들의 가격 변동폭을 증폭시킨다. 미래 가격 변동의 예측이 어려워진다는 것은 그만큼 계획을 세우기가 어렵고 그것은 인간의 삶에 상존하는 불확실성을 낮추기보다는 증폭시킨다는 것을 의미한다. 즉 불확실성의 제거라는 관점에서 지폐는 상품화폐와 비교하여 단점을 지닌 것이 분명하다. 다른 말로 하면, 지폐에 의한 인플레이션은 경제계산을 부정확하게 만든다는 것이다.

다섯째, 지폐는 생산과 공급이 정부에 의해 결정된다는 점은 지폐의 공급이 시장의 외부에서 결정된다는(comes from outside the market) 것을 의미한다. 다른 말로 하면, 지폐의 공급이 시장에 대해 외생적이라는(exogenous to the market) 것이다. 화폐에 대한 수요가 변할 때 지폐의 공급자인 정부는 시장 참여자들의 요구가 반영된 정보를 이용하여 화폐 공급량을 결정할 수 없다. 지폐의 이러한 특징은 인간이 미래를 예측할 수 있는 능력이 매우 제한되어 있다는 점을 고려하면 치명적인 결점임에 틀림없다. 이 점을 분명히 이해하기 위해서는 상품화폐의 적정량이 어떻게 결정되는가를 알 필요가 있다.

앞에서 설명했듯이, 상품화폐의 적정량은 시장 내에서 화폐 수요자의 요구에 따라 민간 화폐공급자가 공급을 늘리기도 하고 줄이기도 한다. 화폐 공급이 일정한 상황에서 화폐 수요가 증가하면 화폐의 가치는 상승하고 그런 가치 상승분이 화폐 주조에 드는 비용을 충분히 보상할 정도가 되면 민간 화폐공급자는 화폐의 공급을 늘릴 것이다. 반대의 경우에는 화폐를 녹여서 해당 금속의 물리적 용도로 전환할 것이고 화폐공급은 줄어들 것이다. 요컨대, 화폐의 공급은 시장에서 내생적으로 결정된다는 것이다. 마치 일반 재화의 경우에 가격의 변화에 따라 공급자가 공급량을 결정하는 것과 같은 것이다.

그러나 지폐의 경우에는 이러한 일이 제도적으로 차단되어 있다. 이것이 지폐 발행이 시장에 대해 외생적이라는 말의 의미다. 그리고 지폐의 발행자는 지폐 발행의 양과 비례하여 시뇨리지를 획득할 수 있기 때문에 언제나 지폐를 과다하게 발행할 유인이 상존한다.

여기에서 지폐의 독점적 발행이 자원비용의 절약을 가져다준다는 Friedman(1986)의 주장이 얼마나 유효한가를 간략히 알아보기로 한다. 1971년에 국제간에 달러의 금 태환을 정지함으로써 그 때부터 실질적으로 전 세계는 지폐본위제로 들어갔다. 그 이후에 일어났던 현상은 무엇보다도 전 세계적인 영역에서의 인플레이션의 극적인 증가라고 하겠다. 정보통신의 발달과 아시아 신흥시장의 발흥으로 이러한 현상은 더 빈번해지고 증폭되고 있다. 그리고 이미 지난 세기말에 아시아의 여러 나라에서 인플레이션과 함께 화폐와 금융의 위기가 국가경제, 더 나아가 세계 경제를 크게 흔들었다. 지폐의 '직접적인' 발행비용은 아주 적을지는 모르겠지만 지폐 발행으로 인한 범국가적 차원의 손실은 너무나 크다고 하겠다. 지폐의 사용이 자원비용의 절약을 가져다준다는 주장은 너무 좁은 범위에서 비용을 산정한 것으로 틀린 것이다.[61]

2 정부는 금융제도도 통제

정부가 지폐의 발행을 독점함으로써 화폐를 무한정 발행할 수 있게 되고,

61 Hoppe(1994)는 이 이외에도 지폐의 사용이 자원의 절약을 가져올 것이라는 프리드만의 주장이 틀렸음을 보여주는 여러 가지 실증적인 자료를 제시하고 있다. 자세한 내용은 Hoppe(1994), pp.63~65 참고.

그런 발권력을 이용하여 이자율을 사람들의 시간선호에 의해 결정되는 이자율인 자연이자율보다 낮게 유지함으로써 정부의 지폐 공급이 경기변동과 인플레이션을 초래한다는 점을 앞에서 보았다. 그러나 경기변동과 인플레이션을 초래하는 화폐공급의 증가 중에서 가장 중요한 역할을 하는 것은 무엇보다도 민간 금융기관의 신용확대이다. 민간 금융기관이 신용을 팽창시킬 수 있는 주요한 장치는 부분지급준비제도이다. 뒤에서 자세히 보겠지만 부분지급준비제도는 중앙은행과 다른 제도의 지원으로 유지되는 것이다. 그러나 여기에서는 먼저 부분지급준비제도가 어떻게 신용을 팽창시키며 어떤 문제점을 가진 제도인가를 다루기로 한다.

부분지급준비제도의 본질과 그것이 초래할 문제점을 논의하기 이전에, 은행을 포함한 금융기관이 하는 역할을 간략히 보기로 한다. 금융기관은 기본적으로 두 가지 기능, 즉 대출은행업과 예금은행업을 수행한다. 오늘날의 금융기관은 금융기관 간 업무 영역의 경계가 완화되면서 이 두 가지 기능을 동시에 수행하는 경우가 많다. 그러나 대출은행업과 예금은행업의 기능과 역할은 엄연히 다른 것이다. 한마디로, 대출은행업이란 금융기관이 저축자와 투자자 또는 차용자 간의 중간에서 자금을 중개하는 기능을 하는 것을 의미한다.[62] 금융기관이 저축자에게 주는 이자와 투자자 또는 차용자로부터 받는 이자의 차이는 금융기관이 저축자와 차용자 사이를 중개하는 데 대한 대가이다.

금융기관의 예금은행업 기능은 앞에서 본 대출은행업 기능과 전적으로 다른 것이다. 예금은행업은 기본적으로 예금자에게 안전한 보관 장소(safekeeping service)를 제공하고 거래를 결재하는 기능(clearing service)을 하는 것이다. 은행은 이러한 예금에 대하여 이자를 지불하기는커녕 오히려 예금자가 보관과 결재 서비스에 대하여 은행에게 사용요금을 지불해야만 했다. 적어도 과거에는 그랬

62 대출은행업의 특징이나 사회에 미칠 영향에 대한 자세한 설명은 전용덕(2007), pp.75~78 참조.

다. 한마디로, 예금은행업은 은행이 창고 기능을 한다는 것을 의미한다.[63]

19세기 이전까지는 은행의 두 가지 기능에 대한 혼동이 없었다. 이러한 혼동이 일어나게 된 데에는 서양, 특히 영국의 사법체계가 한몫을 했다. 대출 또는 신용거래는 채권자가 현재재(present goods)인 화폐와 미래재(future goods)인 약속증서(IOU)를 바꾸는 것이다. 약속증서는 미래에 원리금을 정해진 날짜에 갚겠다는 서약을 한 증서를 말한다. 이러한 관점에서 보면 예금은 결코 대출이 아니다. 예금은 귀중품을 지키기 위하여 사람을 고용하는 일종의 위탁거래(bailment transaction) 또는 청구거래(claim transaction)이다. 이러한 예금은 예금주가 원하기만 하면 금융기관은 언제든지 지불해야 되기 때문에 경제적 관점에서 결코 대출 또는 신용거래로 볼 수 없다. 영국은 19세기 초반과 중반만 하더라도 창고에 관한 법률체계가 발달되어 있지 않았다.[64] 1811년 영국 사법부의 그랜트 판사(Rolls Sir William Grant)는 'Carr v. Carr' 사건에서 예금을 은행의 대출과 같다고 판결했다. 1816년 'Devaynes v. Noble' 사건과 1848년 'Foley v. Hill and Others' 사건에서 영국 사법부는 그것을 재확인했다. 전기 두 사건 중에서 후자 즉, 'Foley' 사건이 더 결정적이었다. 미국은 Foley 판결에서 확립된 개념 위에 더 불합리한 것들을 추가했다. 당시 영국과 미국 사법부는 예금과 대출의 개념도 구분하지 못하고 있었다.

영미 계통과 달리, Hülsmannn(2008a, pp.93~97)은 유럽에서는 부분지급준비가 세 가지 원인에 의해서 발생했고 그중에서도 아마도 정부의 강탈을 피하기 위하여 부분지급준비를 했다는 주장이 현재까지 가장 설득력이 높다고 주장한다. 물론 더 많은 연구가 있어야 한다는 전제를 붙이고서 말이다. 그리고 이 주장은 당초 Huerta de Soto(1996)에 근거한 것이다. 그러나 Hülsmann

63 예금은행업의 특징이나 사회에 미칠 영향에 대한 자세한 설명은 전용덕(2007), pp.78~80 참조.

64 예금이 대출이라는 판결을 내린 영국과 미국의 판결에 대해서는 Rothbard(1983), pp.93~95 참고.

(2003a)은 오늘날 예금은행업에서 부분지급준비 제도가 시장의 검증(market test)을 거쳤기 때문에 존립하고 있는 것이 아니라 부분지급준비에 대한 법적 특혜 또는 독점에 의해 존립하고 있다고 주장한다.[65] 부분지급준비제도의 발생 원인과 상관없이 말이다. 휠스만은 그 점을 이렇게 적고 있다.

> "나는 또한 부분지급 증서와 진정한 화폐증서 간의 차이는 사기(fraud)일 뿐 아니라 명백한 강제에 의해 억제되어 왔음을 주장한다. 오늘날 화폐증서[지폐를 말함, 역자주]의 동시적인 발행과 화폐보관업은 앵글로색슨 세계에서 법적으로 보호받지 못한다. 부분지급준비은행업만이 법적 보호를 받고 있다. 그러므로 은행의 예금업무에서 부분지급준비은행업이 오늘날 우위를 점한 것은 시장의 검증을 받았기 때문이 아니라 법적 특혜와 독점 때문이다."
>
> Hülsmann(2003a), p.400

이와 함께, Hülsmann(2003a)은 부분지급준비제도의 발생 원인과 상관없이 부분지급준비제도 그 자체는 정당화될 수 없다고 주장한다. 요컨대, 부분지급준비제도의 정당성과 발생 원인은 무관하다는 것이다.

휠스만이 제시한 증거는 영미 사법부 판결의 문제점을 더 한층 뒷받침한다. 영미 사법부가 예금과 대출을 혼동한 일은 어떠한 결과를 초래했는가. 첫째, 예금을 대출로 취급함으로써 모든 대출과 예금에 대하여 부분지급준비은행업을 가능케 하였다. 그러한 제도적 변화는 앞에서 지적한 금융위기와 경기변동의 근본적이고 구조적인 원인이 되고 있다. 둘째, 사용요금을 받아야 할 예금자(depositor)에게 이자를 지불하고, 일정한 기간 기다려야 할 저축자(saver)에게 즉각적으로 돈을 찾을 수 있게 만들어 주었다. 이러한 일이 가능해진 것은 모든 예금자가 일시에 모든 예금을 찾지 않기 때문에 가능하다. 예금자가 찾

65 부분지급준비은행업이 정당한 시장 행위라는 주장에 대해서는 Selgin(2000), Selgin and White(1996) 참조.

아가지 않는 예금의 일부를 차용자에게 빌려주고 이자를 받음으로써 그 일부를 예금자에게 주고, 빌려주지 않은 예금 중 일부를 저축자의 요구에 따라 즉각적으로 돈을 상환할 수 있는 것이다. 영·미 사법부의 혼동이 있기 전에는 앞에서 보았듯이 이러한 일이 구조적으로 가능하지 않았다. 두 가지 일의 혼동은 결국 저축자와 예금자가 상호 보조금을 주는 결과를 가져왔다.

이제 어떻게 부분지급준비제도가 경기변동을 초래하는 신용팽창에 결정적인 역할을 하는가를 보기로 한다.[66] 예금과 대출을 구분하지 않음으로써 금융기관은 예금을 이용해 신용수단(fiduciary media)을 무에서(out of thin air) 창조할 수 있게 되었다. 예를 들어, 한 사람이 100만원의 돈을 은행에 예금했다고 가정하자. 은행이 초과지급준비금(excess reserves)을 보유하지 않는다고 가정하면 현재 2,000만원까지 총지급준비금(total reserves)을 만들어낼 수 있다. 만약 중앙은행이 요구불 예금에 대한 법정 지급준비율을 5%로 결정한다면 말이다. 이 중 현금의 뒷받침이 없는 돈이 1,900만원이고 이것이 신용수단의 총금액이다. 100만원은 현금의 보증이 있기 때문에 표준화폐 또는 진정한 화폐라고 하겠다. 중앙은행이 정한 지급준비금만 금융기관이 준비하는 한, 화폐공급의 순증가는 1,900만원이다. 물론 현실 세계에서는 은행이 적당한 금액의 초과지급준비금을 금고에 보관해야 하기 때문에 신용수단의 창출은 앞에서 제시한 수치보다 적을 것이다. 100만원의 자금으로 2,000만원의 총지급준비금을 창출할 수 있다는 것은 매우 경이로운 일임에 틀림없다. 지급준비율의 역수를 케인지언은 통화승수(money multiplier)라고 한다. 요컨대, 만약 은행이 초과지급준비금을 보유하지 않는다고 가정한다면 지급준비율이 5%이면 통화승수는 20이다.

최근 미국 연방지급준비위원회는 법정 지급준비율을 점차 낮추어 왔고, 그 결과 〈표 1〉에서 보듯이 통화승수는 1994년 약 38, 1999년 약 93, 2007년 약

66 부분지급준비제도가 가진 더 많은 문제점은 제5장에서 자세히 보기로 한다.

162 등이다. 시간에 따른 통화승수의 극적인 상승은 민간 은행에 의한 신용팽창이 2007년으로 올수록 더 크게 이루어졌음을 보여주고 있다. 통화승수가 지속적으로 커진 것은 연방지급준비위원회가 특정 예금에 대한 금융기관의 법정 지급준비율을 지속적으로 낮추어왔을 뿐 아니라 요구불 예금을 저축성 예금으로 간주해 주는 등의 방법으로도 지급준비율을 낮추어 주었기 때문이다(Reismann(2009), pp.1~5).

통상적으로 화폐공급의 증가는 정부의 책임이라고 알려져 왔다. 그러나 정부에 의한 화폐공급의 증가 없이도 민간 금융기관이 신용수단을 증가시킴으로써 화폐공급을 증가시키게 된다는 점을 알았다. 즉, 민간 부문에서도 부분지급준비제도로 인하여 신용수단의 증가에 의한 화폐공급의 증가를 초래한다는 것이다. 물론 이러한 신용수단은 뒤에서 보겠지만 구조적으로는 중앙은행의 보호와 감독이 있기 때문에 가능하다. 그 점에서 이 문제점은 중앙은행과 밀접히 연결된 것이다. 부분지급준비제도는 신용팽창을 통한 화폐공급의 증가를 초래하는 핵심 장치이다. 그런 신용팽창은 경기변동을 초래함을 앞에서 보았다.[67] 일반적으로, 경기변동에 있어서 부분지급준비제도는 정부가 발행하는 본원통화보다 훨씬 더 중요한 역할을 한다. 그리고 이러한 신용팽창은 인플레이션과 그에 따른 화폐 구매력의 하락을 초래한다.

부분지급준비제도는 다른 결정적인 문제점과 폐해도 야기한다. 첫째, 법정지급준비금(statutory reserve requirements)만 보관하고 나머지 준비금을 차용자에게 빌려주었다고 가정하자. 앞의 예에서 1,900만원을 말한다. 이러한 신용수단 창출은 법적인 문제를 야기한다. 이렇게 창출되어 대출되면 이 신용수단에 대하여 복수의 소유주가 발생한다. 대출이란, 정의상, 대출을 받은 사람 자신이

67 부분지급준비제도가 경기변동을 초래한다는 점은 부분지급준비제도의 결정적인 결점 중의 하나이기 때문에 따로 다루는 것이 옳지만 앞에서 자세히 다루었기 때문에 여기에서는 생략한다.

일시적이지만 그 돈에 대한 소유권을 갖게 되는 것이다. 그러나 신용수단의 예금자도 역시 그 돈의 소유권을 보유하고 있다. 왜냐하면 그것은 예금이고 금융기관은 예금자의 요구에 즉시 그리고 액면가치로 예금을 상환해야 하기 때문이다. 그러나 이러한 일은 현실적으로 불가능하다. 예금자와 차용자가 동시에 같은 자금에 대하여 배타적인 소유자가 될 수는 없다. 따라서 금융기관이 실제로 보유하고 있는 지급준비금(우리의 예에서 100만원) 이상의 신용수단을 대출해 준 것은 사기(fraudulent)일 뿐이다.[68] 그렇기 때문에 예금자와의 계약, 즉 예금을 액면가대로 즉각적으로 상환하는 계약을 만족시킬 수 없다. 금융기관은 부분지급준비제도의 내재적 한계로 파산을 면할 수 없다. 다만 현실적으로 금융기관이 파산하지 않는 것은 예금자들이 문제가 없을 것이라고 믿고 있어서 자신의 예금을 일시에 인출하지 않기 때문이다. 예금자가 일단 자신의 예금이 액면가대로 즉각적으로 상환될 수 없다고 금융기관을 불신하는 순간에 은행쇄도는 피할 수 없게 된다. 즉, 파산의 위험은 부분지급준비제도에 내재된 것이라는 것이다.[69]

부분지급준비제도는 자유계약이라는 관점에서도 분명히 어긋난다.[70] 자유계약이라 함은 자신의 재산에 대한 계약의 자유를 의미한다. 그러나 부분지급준비제도는 본질적으로 타인의 재산을 이전하는 것에 관한 계약을 한다는 것을 뜻한다. 그러므로 이러한 행동은 원칙적으로 계약의 자유에 의한 '권리증서-이전 이론'(title-transfer theory of contract)과 부합할 수 없다. 그러므로 부분지급준비제도는 윤리적 문제점도 가지게 된다. 요약하면, 부분지급준비제도는 법적

68 이 점에 대해서, Rothbard(1983), Mises(1996), Hoppe, Hülsmann, and Block(1998), Hülsmann(2000a, 2003b) 등이 대부분 찬성한다. 그러나 White(2003)와 같은 이는 부분지급준비제도가 역사적으로 '사기'라는 관점을 부인한다.

69 앞에서도 지적했지만, 예금보험 제도가 단기에서는 은행쇄도를 억제하여 은행의 파산을 막을 수 있지만 부실한 은행의 파산을 궁극적으로 막을 수는 없다.

70 Hoppe, Hülsmann, and Block(1998)을 참고. 앞의 논문은 부분지급준비제도의 문제점, 특히 신용수단 발행의 근본적 문제점을 두 가지 더 지적하고 있지만 여기에서는 생략한다.

문제점과 윤리적 문제점을 동시에 가진다.

둘째, 부분지급준비제도에 의한 신용수단의 증가는 소득재분배를 초래한다. 신용수단의 증가로 인한 승자는 신용수단을 팽창시킨 금융기관과 그것을 빌려간 차용자이고, 패자는 금융기관 내에서는 차용자를 제외한 금융기관 고객, 즉 예금자와 해당 금융기관과 관련이 없는 일반인이 된다. 그 과정은 이렇다. 금이나 현금의 뒷받침이 없는 신용수단의 창출은 금융기관에게 추가적인 이자수입을 올리게 만든다. 신용수단의 창출로 금융기관과 관련이 없는 일반인의 실물적인 부(real wealth)가 증가한 것이 아니기 때문에 금융기관의 추가적인 이자수입은 소득 재분배된 것이다. 차용자는 자신들이 차용한 자금으로 비화폐적인, 실물적인 부를 획득하고 그 결과로 그것과 동일한 금액의 일반인의 실물부를 감소시킨다. 그러나 이러한 현상은 존재하지만 보이지 않는 현상이다.[71] 라스바드가 소득재분배가 이루어지는 과정을 설명하는 것을 이미 앞에서 보았다. 앞에서 설명한 내용은 하나의 금융기관이 존재하는 경우에 발생하는 소득재분배 과정이다. 복수의 금융기관이 존재하는 경우에는 소득재분배가 교차하기 때문에 승자와 패자를 일목요연하게 구별하는 것은 어렵다. 그러나 순(純)개념을 사용하면 어느 정도 승자와 패자를 구별할 수 있을 것이다. 예를 들면, 모든 금융기관에서 순개념으로 차용자라면 그는 승자이다. 금융기관들은 당연히 승자이다.[72] 일반인과 예금자도 순개념으로 보면 식별이 가능할 것이다.

정부는 부분지급준비제도를 제외하고도 금융산업에 많은 규제를 가하고 있다. 예를 들어, 지점의 설치에 대한 허가, 금융기관 업무에 대한 각종 제한과 감독 등이 있다. 정부가 금융산업에 가한 각종 규제 중에서 신용창출과 관련된

71 경제현상에는 보이는 것과 보이지 않지만 존재하는 것이 있음을 강조한 사람은 프랑스의 천재적인 경제평론가 바스티아(Bastiat)이다. Bastiat(1997), 번역본 참조.

72 금융기관들이 승자들 중에서 제1승자이다. 그러나 금융기관은 주주와 노동자로 이루어져 있고 그들 각각은 순개념으로는 모두 다르다고 여겨진다.

가장 핵심적인 규제는 부분지급준비제도이다. 정부에 의해 허용된 부분지급준비제도는 민간 금융기관으로 하여금 신용을 팽창하게 만들고, 그런 신용팽창은 경기변동을 초래한다. 부분지급준비제도는 신용팽창으로 야기되는 경제적인 문제 이외에도, 법적 문제, 윤리적 문제, 소득재분배 등과 같은 각종 폐해를 초래한다.

3 금융산업을 불안정하게 하는 추가 요인들

지금의 강제 예금보호제도는 은행쇄도를 방지하여 금융제도의 안정성을 보호하기 위하여 만들어진 것이다(전용덕(2007), 제4장 제2절). 적어도 명목적이고도 단기적으로는 그렇다. 그러나 현행 강제 예금보호는 불건전한 금융기관에게는 보조금이 되고 건전한 금융기관에게는 세금의 역할을 하고 있다.[73] 다시 말하면 강제 예금보호는 경제규제의 일종으로 경제규제의 장점과 단점을 지니게 된다는 것이다. 강제에 의한 예금보호는 불건전한 금융기관으로 하여금 위험이 큰 프로젝트에 대출을 하는 모험을 하도록 부추긴다. 불건전한 금융기관이 그렇게 할 수 있는 것은 만약 그런 대출이 성공하면 큰 이윤을 남길 수 있고 그런 대출이 실패하더라도 예금보험이 자신을 대신하여 예금자의 예금을 반환해 줄 것이기 때문이다. 그러므로 현재의 강제 예금보호제도는 부실한 금융기관의 '위험추구(risk-taking)' 행위를 장려하는 것으로 장기적으로는 금융제도를 안정시키는 것이 아니라 오히려 허약하게 만든다. 한마디로 강제 예금보호제도는 금융기관의 '도덕적 해이(moral hazard)'를 발생시키고 악화시킨다.

가입이 강제된 현행 예금보호제도는 다른 문제, 즉 '주인-대리인' 문제도 만들어낸다. 예금보험공사는 구조나 기능면에서 정부조직과 유사하고 규제자

73 예금보험공사는 2006년 6월 말 현재 출자, 출연, 보험금지급, 자산매입, 대출 등으로 약 112조원을 지불했고 그중 약 36조원을 회수했다.

로서 행동한다. 규제자는 교묘히 자신의 이익을 극대화하고자 노력한다. 이 과정에서 부실 금융기관을 폐쇄하는 것을 연기하거나 은폐하고 예금자를 인질로 부실 금융기관을 보호하는 결정을 할 수 있다. 이에 따라 부실 금융기관의 부실이 드러나는 횟수는 적어지지만 그 해결에 드는 비용은 엄청난 규모가 될 수 있다. 1997년 경제위기로 촉발된 금융위기도 주인-대리인 문제가 내포되어 있었다. 강제성 예금보호제도는 1995년 실시되었다. 그렇기 때문에 1997년의 경제위기와 예금보험제도는 직접적으로 관련이 없다. 그러나 그 이전까지 정부는 사실상 예금보호를 실시해왔다. 정부는 부실 금융기관을 퇴출시키지 않고 지원을 통해 생존케 함으로써 부실을 누적시켰다. 만약 부실 금융기관을 수시로 퇴출시켰더라면 상황은 달라졌을 것이다. 금융기관의 부실이 은폐되거나 연기된 것이 한꺼번에 가시화된 것이 1997년의 위기라는 것이다. 적어도 금융제도의 관점에서만 국한한다면 그렇다는 것이다.

현행 예금보호제도는 은행쇄도를 억제하고, 그 결과 패닉(panic)이 발생하는 것을 막아준다. 적어도 명시적으로는 그렇다. 그러나 은행쇄도의 봉쇄는 예금자, 특히 대예금자의 은행에 대한 감시를 느슨하게 만든다. 그러므로 은행은 위험추구 행위를 쉽게 할 수 있다. 물론 예금보험공사가 예금자를 대신하여 은행을 감시하지만 예금보험공사는 규제자로서 예금자의 이익보다는 자신의 이익을 먼저 생각하는 결정을 내리게 되는 일이 비일비재하다. 그런 결정은 필연적으로 부실한 금융기관의 위험추구 행위에 보조금을 주게 되는 것과 같다.

요약하면, 현행 강제 예금보호제도는 장점과 단점을 모두 가지고 있지만 장점에 비해 단점은 잘 드러나지 않고 가시화되는 데 긴 시간이 걸릴 뿐 아니라 장기에서는 단점이 장점보다 더 크다. 그리고 단점을 제거하기도 쉽지 않다. 강제 예금보호제도는 경제 규제의 일종으로 작용하여 장기적으로는 금융산업을 안정시키는 것이 아니라 불안정하게 만든다. 은행쇄도의 억제는 예금자의 은행에 대한 감시를 해제하게 만든다. 결국 강제 예금보호제도의 실시와 그에 따르는 은행쇄도의 방지는 금융산업을 안정시키는 것이 아니라 오히려 불안정하게 만드는 장치가 되고 그런 장치는 경기변동을 증폭시키는 데 일익을 담당한다. 적어도 장기적으로는 그렇다. 다시 말하면 강제 예금보호제도와 은행쇄도의 방지는 시장원리에 맞지 않는, 정부의 금융산업에 대한 규제로써 장기적으로 금융산업을 비효율적이고 불안정하게 만든다.

5. 결론

경기변동의 제도적 원인을 해결하지 않는 한, 경기변동의 발생과 반복을 막을 수는 없다. 현재의 화폐제도와 금융제도는 반시장적 제도 또는 반자본주의적 제도이다. 따라서 금번 경기변동이 자본주의 또는 신자유주의 때문에 발생했다는 주장은 전적으로 틀린 것이다. 오히려 경기변동의 발생과 반복은 화폐제도와 금융제도가 반시장적 제도 또는 반자본주의적 제도 때문이다.

앞에서 분석한 정부의 화폐제도와 금융제도에 대한 규제는 어떤 규제보다도 강력한 규제이다. 정부가 어떤 산업을 규제하면 그 규제는 그 산업에만 주로 영향을 미치지만 정부가 화폐제도와 금융제도를 통제하면 모든 산업과 모든 경제주체가 그런 규제의 영향을 받기 때문이다. 왜냐하면 화폐는 인간의 모든 경제 행위에 관련되어 있기 때문이다. 특히 경기변동은 인간의 삶에 넓고 깊게 영향을 미치는데 그런 경기변동은 정부의 화폐제도와 금융제도에 대한 규제의 결과이다. 이와 더불어 정부는 금융산업을 안정화시킨다는 목적으로 규제를 추가해왔지만 그런 규제가 장기적으로는 오히려 금융산업을 더 많은 위험에 노출하게 만들고 있다. 물론 경기변동의 폐해는 정부와 민간 금융기관의 통화량 증발의 정도 등에 달려 있다.

Chapter 03

케인스주의, 통화주의, 기타 원인[74]: 비판적 고찰

경제학 일반과 경기변동에 대한 대책이라는 관점, 둘 모두에서 케인스주의와 통화주의는 어쩌면 현재 가장 많은 수의 연구자와 문외한이 지지하고 있는 체계 또는 설명인 것처럼 보인다. 특히 케인스주의는 미국 경제학계와 의회에서, 통화주의는 미국 연방준비위원회에서 가장 존중을 받고 있는 것처럼 보인다. 그러나 경기변동에 관련된 주장이나 이론에 관한 한, 앞에서도 지적했듯이 둘 모두 일반경제이론과 통합되어 있지 않고 있다는 점에서 완전한 이론으로 보기는 어렵다. 이자율은 시간시장(time market)에서 경제주체의 시간선호에 의해 결정된다는 점과 그런 시간선호는 또한 시제간 자원배분, 즉 저축 또는 투자, 그리고 소비를 동시에 결정한다는 점을 앞에서 지적하였다. 그러나 케인스주의와 통화주의는 앞에서 설명한 내용과 같은 자본에 대한 이론, 구체적으로 이자율 결정 이론이 각 체계의 일반 경제이론과 통합되어 있지 않다는 점에서 문제가 있다. 그리고 그것은 어쩌면 결정적인 것이다. 그런 일반적인 문제점을

74 자원의 불균형이 금번 경제위기를 초래했다는 주장이 있다. 그러나 이 주장에 대한 비판은 이 책의 '2부 12. 글로벌 불균형과 경기변동'에서 다룬다.

제외하고도 많은 구체적인 문제점을 지니고 있다. 여기에서는 오스트리아학파의 경기변동이론과 직접적으로 관련된 부분에만 국한하여 비판적으로 고찰하고자 한다. 이어서 최근 미국에서 논의되고 있는 기타 원인을 검토하고 일본의 경험을 간략히 요약하고자 한다.

1. 케인스주의

사실 케인스주의에 있어서 경기침체를 설명하고 해결하는 데 있어서 가장 중요한 개념은 '유동성 함정'(liquidity trap)이라는 것이다. 그러나 그 개념을 검토하기 이전에 케인스 경제학에 포함된 저축과 투자와 관련한 기본적인 문제점을 먼저 검토하기로 한다. 케인스 경제학에서는 저축과 투자는 전적으로 분리된 과정으로 설명되고 있다. 서로 분리된 두 집단의 사람이 거의 연결되어 있지 않은 상태에서 저축과 투자를 한다는 것이다. 케인스 경제학에서 저축은 소비지출에서 분리되어 소득의 흐름에서 '빠져나오고(leak)' 투자는 지출의 다른 단계에서 소득으로 '흘러들어가는' 것으로 설명된다. 물론 여기에서 두 과정에 대한 설명이 매우 모호하다. 특히 소득에서 빠져나온 저축이 어떻게 소득으로 다시 흘러들어가는 것인가를 명확히 보여주지 못한다. 그리고 왜 그런 결정을 하게 된 것인지도 뒤에서 보겠지만 부정확하다. 여하튼 이러한 관점을 바탕으로 케인지언은 경기침체기에 정부는 투자를 활성화하고 저축을 억제하여 총지출(total spending)을 증가시켜야 한다는 것이다. 케인지언은 경기침체기에 소위 확장적 재정 정책을 추천한다.

그러나 저축을 억제하고 투자를 촉진해야 한다는 주장은 전적으로 틀린 것이다. 왜냐하면 그 주장은 저축과 투자가 분리되어 있다는 관점에 근거하고 있는데 그 관점이 틀린 것이기 때문이다. 인간이 어떻게 그의 화폐 자산을 배분하는가를 간략히 관찰하기로 하는데, 왜냐하면 이 점은 이미 앞에서 자세히 논의했기 때문이다. 그는 자신이 소유한 화폐 자산(monetary asset)을 세 가지 용도로 배분한다. 여기에서 세 가지 용도란 소비, 투자, 현금잔고(cash balance)의 증감 등이다. 인간은 자신 소유의 화폐 자산을 이 세 가지 용도에 모두 사용한다. 그런데 그는 자신의 화폐 자산을 한 번만에 그리고 동시에 세 가지 용도에 배분한다. 이 때 그는 그의 시간선호에 따라 소비와 투자의 비율을 결정한다. 그런 결정은 사실상 그가 현재 소비(present consumption)와 미래 소비(future consumption)의 크기를 결정하는 것이다. 투자는 미래 언젠가 소비를 위한 것이기 때문이다. 그는 자신의 시간선호에 따라 소위 시제간 자원 배분을 한 것이다. 그리고 그는 자신의 화폐효용(utility of money)에 따라 어느 정도의 현금잔고를 유지할 것인가를 결정한다. 그가 투자하기 위해서는 현재의 소비를 억제해야 하고 그렇게 해서 만들어진 자금을 저축해야 한다. 현재의 소비를 억제한 것이 저축이기 때문에 저축과 투자는 언제나 동일한 것이다. 저축과 투자라는 용어를 거의 서로 바꾸어 사용할 수 있다.[75]

개인의 시간선호의 총합이 사회 시간선호율(social time preference ratios)이 되고 개인의 화폐효용의 총합이 사회 화폐수요(social demand for money)의 크기를 결정한다. 만약 사람들의 현금잔고에 대한 수요가 증가하면 그것을 '저축이 빠져나가 퇴장된다고(savings leaking into hoards)' 불러서는 안 된다. 그것은 화폐에 대한 수요가 증가하는 것일 뿐이다. 총합(aggregate)이라는 관점에서 보면, 화폐의 총공급이 증가하는 한에 있어서만 총현금잔고가 증가할 수 있다. 왜냐하면 화폐의 총공급과 총현금잔고는 동일하기 때문이다. 그러나 실질(real) 현

75 지폐제도하에서는 화폐 공급의 증가, 상품화폐제도하에서는 신용수단의 증가가 저축과 투자를 떨어지게 만든다. 그리고 저축과 투자 사이의 괴리가 경기변동을 촉발한다는 점을 알았다. 화폐제도와 금융제도가 자유시장이 되면 저축과 투자는 동일한 것이 된다.

금잔고는 화폐의 가치가 상승하는 경우에 증가할 수 있다. 화폐의 총공급이 변하지 않은 경우에도 말이다. 경기변동의 버스트기에 화폐수요가 증가하는 경우를 생각해보자. 만약 화폐의 가치가 자유롭게 상승하도록 허용된다면 또는 재화들의 가격이 자유롭게 하락하도록 허용된다면, 화폐수요가 증가하더라도 아무런 혼란을 일으키지 않고 침체는 악화되지 않을 것이다. 왜냐하면 기업의 경영에 있어서 문제가 되는 것은 총수익과 총비용의 차이(spread)인데, 화폐수요가 증가하는 경우에도 가격이 하락한다면 그런 차이는 유지될 것이기 때문이다. 다시 말하면, 경영의 세계에서 화폐의 수요가 증가하여 재화들에 대한 수요가 감소하더라도 생산요소까지 포함한 대부분의 재화의 가격이 하락하면 총수익과 총비용의 차이가 유지되기 때문에 경영상의 문제는 없을 것이다. 물론 거래량이 줄어들기는 하지만 말이다. 그러나 경기 침체기에 신용의 축소를 막기 위하여 정부가 화폐의 공급을 증가시킨 결과로 하락해야 할 재화들의 가격이 하락하지 않는다면 화폐수요의 증가는 문제를 일으킨다. 화폐수요의 증가로 인한 재화들에 대한 수요의 감소와 그로 인한 가격 하락은 총수익의 감소를 초래하고 화폐공급 증가로 인한 재화들의 가격 상승은 총비용의 증가를 초래하면, 그 결과 기업의 경영이 유지될 수 없기 때문이다.

케인지언은 먼저 얼마나 소비하고 얼마나 소비하지 않을 것(not-consumption)인가를 결정하고 이 때 소비하지 않은 것을 저축이라고 부른다. 그리고 그 저축 중에서 얼마나 투자하고 얼마나 퇴장할 것인가를 결정한다고 주장한다. 이 때 퇴장하는 것을 소득의 흐름에서 빠져나간다고 한다는 점을 앞에서 지적하였다. 그러나 이러한 접근법 또는 설명은 매우 피상적이다. 케인지언은 두 개 이상의 행위를 동시에 가시화하여 보여줄 수 없기 때문이다. 실제로는 인간은 자신의 자원 배분에 있어서 소비, 투자, 현금잔고 등의 크기를 동시에 결정한다. 자원을 배분하는 행위를 시간의 흐름에 따라 보면 일견 케인지언의 설명이 그럴

듯하게 들린다. 그러나 개인이 어떤 시점에 저축을 조금 증가시키는 행위를 하는 경우에도 그는 자신이 소유한 전체 자산을 재배분하고 있는 것이다. 뒤에서 설명하겠지만 위기 시에 현금보유를 증가시키는 것도 동일하게 이해할 수 있다. 예를 들어, 경기변동이 버스트 국면에 들어가면 상당수 개인은 위험을 줄이기 위하여 투자된 자산 중의 일부를 줄이고 현금 보유를 늘리는 것을 목격할 수 있다. 물론 모든 사람이 그렇게 하지는 않지만 말이다. 위험에 대한 평가, 미래에 대한 전망 등이 모두 다르기 때문에 같은 상황에서도 모두 동일한 결정을 하지는 않는다는 것이다. 예를 들어, 위험이 매우 높아진 환경에서 투자에서 회수한 자금을 다른 투자로 돌리는 일이 즉각 일어나면 화폐 수요의 증가는 일어나지 않는다. 그러나 회수한 자금의 일부 또는 전부를 일정한 시간 동안에 그가 보유하게 되면 화폐수요가 증가하게 되는 것 또는 현금축적이 증가하는 것이다. 이러한 행위도 그 개인은 자신의 전체 자산을 변화한 환경에 맞게 재배분한 것이고 그 시점에서 그는 소비, 저축, 현금잔고를 동시에 결정한 것이다. 그러므로 케인지언의 저축, 투사, 현금잔고의 증감 등에 관한 설명은 분명 틀린 것이다.

다른 한편, 케인지언은 퇴장의 증가(감소)가 같은 크기의 투자자금의 감소(증가)로부터 온다고 인위적으로 가정한다. 그러나 현금축적의 증가 또는 화폐수요의 증가는 투자자금을 줄여서 염출할 수도 있고 소비지출을 줄여서 만들어 낼 수도 있다. 화폐 수요의 크기를 결정하는 것은 화폐의 효용에 달려 있고, 그런 화폐 수요의 증가를 어디에서 얼마나 가져와서 현금잔고로 보유할 것인가 하는 것은 전적으로 시간선호에 따라 소비와 투자의 비중을 결정하는 데 달려 있다. "요컨대 (저축－투자)/소비 비율은 개인의 시간선호에 의해 결정되고 지출[소비와 투자의 합]/현금잔고 비율은 개인의 화폐에 대한 수요에 의해 결정된다"(Rothbard(1975), pp.40~41).

여기에서 유동성 선호 개념을 분석하기 이전에 케인스 경제학이 추천하는 경기진작의 방안의 하나로 제시되는 정부 지출의 증가와 소비 촉진 정책에 대한 비판을 하기로 한다. 정부는 생산하는 조직이 아니기 때문에 정부가 지출을 증가시키기 위해서는 두 가지 방법이 있다. 한 가지는 세금을 징수하는 것이다. 다른 하나는 적자 재정을 편성하고 화폐를 발행하여 재정적자를 충당하는 방법이 있다. 증세에 의한 방법은 민간의 일자리를 줄이는 것이다. 만약 증가된 세금이 저축에서 온다면 미래의 투자, 그에 따른 생산과 소비를 줄이는 방법이다. 정부 지출을 늘리고 그렇게 증가된 정부 지출을 세금 징수로 충당하는 방법은 결코 새로운 일자리를 창출할 수는 없다. 정확한 실상은 정부 지출의 증가에 의해 늘어나는 것처럼 보이는 일자리는 민간의 일자리를 옮겨온 것일 뿐이다. 여기에 정부는 조세를 징수하기 위해서도 자원을 사용한다. 또한 정부가 만든 일자리에서 생산한 재화나 용역은 소비자의 만족을 최대화시키는 것이 아니다. 더 큰 문제는 정부의 행위는 본질적으로 소비라는 것이다. 소비를 촉진하는 정책, 예를 들어 현금을 나누어주는 정책을 정부가 시행한다고 하자. 경기변동의 문제는 과소비가 일어나고 저축이 충분하지 않다는 데 있다는 점을 앞에서 지적하였다. 그런데 소비를 촉진하는 정책은 저축을 더 줄어들게 만들어 침체를 악화시킬 뿐이다. 만약 현금을 받은 모든 개인이 그 현금을 모두 저축한다면 상황은 달라질 것이지만 말이다. 현실에서 그런 일이 일어나기는 매우 어렵다. 그런 상황이 발생하더라도 세금을 징수하는 데 드는 비용, 세금을 회피하는 데 드는 비용 등은 그만큼 일자리를 줄일 것이기 때문에 경기침체를 지연시킨다. 만약 화폐를 발행하여 적자재정을 충당한다면 경기변동을 초래하지는 않겠지만 거의 즉각적으로 리플레이션을 초래하게 된다. 왜냐하면 정부의 행위는 소비행위이기 때문이다. 요약하면, 총지출을 증가시켜 경기침체를 해결하고자 하는 방법은 소기의 목적을 달성할 수 없을 뿐 아니라 즉각적으로 또는 미래에 각종 부작용을 피할 길은 없다.

이제 경기침체에 대한 케인스 경제학의 설명과 처방, 그중 통화정책과 관련하여 가장 중요한 처방과 관련된 개념을 검토하고자 한다. 경기침체를 설명하고자 할 때 가장 중요한 것이 소위 '유동성 함정'이라는 개념이다. 케인지언은 경기침체기에는 '유동성 선호(liquidity preference)'가 지속적으로 매우 높아져서, 그 결과 이자율이 경제를 침체 국면에서 탈출하게 만들기 위하여 필요한 투자를 자극할 수 있을 정도로 충분히 낮아지지 않는다고 주장한다. 통화량을 증가시킴에도 불구하고 이자율이 일정한 수준 이하로 잘 떨어지지 않는 이러한 상태를 마치 어떤 함정에 빠진 상태와 같다는 의미에서 소위 유동성 함정이라고 부른다. 그러므로 케인지언은 경기침체를 해결하는 방법으로 이자율이 낮아질 때까지 통화량을 거의 무한정 증가시킬 것을 제안하다.[76] 통화량 증가는 미래 언젠가 인플레이션을 초래할 것이기 때문에 케인지언의 처방은 '인플레이션적 치료법'(inflationary cures)이라 불러도 무리가 아닐 것이다.[77]

먼저 용어의 의미를 명확히 할 필요가 있다. 유동성 선호라는 말은 화폐에 대한 수요와 같은 의미이다. 결국 유동성 선호가 높아진다는 것은 화폐에 대한 수요가 증가한다는 것이다. 유동성 함정 개념은 두 가지 가정을 하고 있다. 첫째, 이자율은 유동성 선호에 의해 결정된다는 것이다. 둘째, 저축과 투자가 매우 미약하게 연결되어 있어서 이자율을 통해서 그 연결이 모호하게만 작동한다고 가정한다. 그러나 유동성 선호 이론과 유동성 함정 개념은 근본적으로 틀린 것이다. 앞에서도 설명하였듯이 저축, 투자, 이자율 등은 시장에서 개인의 시

76 실제로 이번 경기변동에서 버냉키는 화폐를 무한정으로 발행할 수 있음을 "헬리콥터로 뿌릴 수 있다"는 표현을 사용하여 상징적으로 묘사했다.

77 물론 다른 요인, 예를 들어 생산성 증가가 통화량 증가로 초래될 인플레이션을 상쇄시킨다면 인플레이션은 일어나지 않을 수도 있다. 이 경우에도 두 힘이 상쇄된 것이지 통화량 증가로 인한 인플레이션이 발생하지 않았다고 할 수는 없다. 대공황이 일어나기 이전의 미국 1920년대가 이 경우에 해당한다. 실제로 대공황 이전의 1920년대 물가는 약간 하락했다(Rothbard(1975)).

간 선호에 의해 동시에 결정된다. 유동성 선호, 즉 화폐수요는 앞에서 말한 세 가지, 즉 저축, 투자, 이자율 등과 아무 관련이 없다. 다시 말하면, 이자율은 시간 선호에 의해서만 결정되며 유동성 선호와는 전혀 관련이 없다. 케인지언은 경기침체기에 현금에 대한 '투기(speculative)' 수요가 상승하면 이러한 유동성에 대한 증가는 이자율을 상승시킨다고 주장한다. 그러나 이런 현상이 전적으로 필연적인 것은 아니다.

퇴장의 증가 또는 현금축적의 증가를 꾀할 수 있는 방법은 크게 세 가지다. 전적으로 예전의 소비 수준을 낮추어 현금축적을 증가시킬 수 있다. 두 번째 방법은 전적으로 예전의 투자 수준을 낮추어 현금축적을 증가시킬 수 있다. 세 번째 방법은 첫 번째 방법과 두 번째 방법을 혼합하는 방법이다. 예전의 소비 수준과 투자 수준을 적절히 줄여서 현금축적을 증가시키는 것이다. 그 경우에도 과거의 소비/투자 비율을 변경하지 않는다면 동일한 비율로 예전의 소비 수준과 투자 수준을 줄일 것이다. 한마디로, 화폐수요 또는 현금축적을 얼마나 증가시킬 것인가 하는 것은 소비/투자 비율을 어떻게 결정할 것인가에 달려 있다.

가상적인 예를 들어보자. 개인이 소비만을 줄여 현금축적을 증가시킨다면 화폐수요의 증가는 이자율을 하락하게 만들 것이다. 왜냐하면 시간선호가 낮아진 결과 상대적으로 소비를 줄이고 저축을 증가시켰기 때문이다. 이 경우는 사실상 저축보다 소비를 더 많이 줄이는 모든 경우에 해당한다. 그 정도만 차이가 있을 뿐이다. 반대로, 개인이 저축만을 줄여 현금축적을 증가시킨다면 화폐수요의 증가는 이자율을 상승하게 만들 것이다. 왜냐하면 시간선호가 높아진 결과 상대적으로 저축을 줄이고 소비를 증가시켰기 때문이다. 이 경우는 사실상 소비보다 저축을 더 많이 줄이는 모든 경우에 해당한다. 앞에서도 지적했듯이 그 정도만 차이가 있는 것은 이 경우에도 해당된다. 세 번째로 현금축적의 증가를 꾀하는데 예전의 소비/투자 비율을 그대로 유지하는 경우이다. 이 경우에 이자율은 변하지 않을 것이다. 요컨대 이자율은 시간선호에 의해서만 결정되고 유동성 선호와는 관련이 없다.

금융위기시에 사람들은 이자율이 상승할 것이라고 예측하고 그 결과 채권 등을 구입함으로써 이자율을 낮추기보다는 화폐를 퇴장한다고 케인지언은 주장한다. 그리고 이런 화폐수요의 증가가 경기침체를 악화시키고 실업을 영구화한다고 케인지언은 주장한다. 화폐에 대한 '투기적 퇴장(speculative hoarding)'이 경제를 유동성 함정으로 빠지게 하고 그 퇴장이 유동선 선호와 이자율의 관계를 보여준다고 주장한다. 그러나 이자율이 단순히 대부계약(loan contract)의 대가 또는 가격이라는 케인지언의 주장은 피상적이고 틀린 것이다. 우리가 앞에서 지적했듯이 가장 결정적인 이자율은 자연 이자율 또는 시장에서의 '이윤스프레드'(profit spread)이다. 여기에서 이윤스프레드란 최종 재화의 판매가격에서 생산요소들에게 지불하는 가격을 뺀 차이를 말하고 '현행 이윤율(going rate of profit)'을 또한 의미한다. 그런데 대부는 단순히 투자의 한 형태이다. 주지하듯이 투자는 여러 가지 형태가 있다. 사실 금융시장에서 거래되는 자금은 전체 투자의 일부일 뿐이다. 바로 그 이유로 대부에 대한 이자는 자연 이자율의 희미한 그림자에 지나지 않는다. 여기에서 케인지언이 주장하는 이자율이 오를 것이라는 예상을 한다는 말의 의미는 무엇인가? 그것은 사람들이 시장에서 순수익률이 오를 것이라고 예상한다는 것을 의미한다. 다시 말하면, 투자자들이 앞에서 말한 이윤스프레드 또는 현행 이윤율이 오를 것이라는 예상을 한다는 것을 의미한다. 왜냐하면 생산요소들의 가격, 특히 임금과 생산재의 가격이 소비재의 가격보다 더 빨리 하락할 것이기 때문이다. 이런 예상을 하는 투자자들은 그런 예상이 실제로 실현될 때까지 투자를 중단할 것이다. 이런 예상은 문제를 악화시키기보다는 실제로는 조정을 앞당기는 역할을 한다. 모든 투기가 어떤 적정한 수준까지 도달하기 위한 조정을 앞당기듯이, 투자자들의 이러한 예상이 임금을 포함한 다른 생산요소의 가격 하락을 앞당기고, 경기회복을 재촉하며, 경제가 정상으로 돌아가는 일에 박차를 가한다.[78] 즉 케인지언의 주장과 달리 투기적 퇴장이 침체의 장애물이 아니라 더 빠른 회복을 위한 자극제라는 것이다.

일부 네오케인지언(neo-Keynesian)은 '무한대의' 유동성 선호, 즉 무한대의 화폐수요만이 자유시장에서 완전 고용 균형으로 돌아가는 것을 방해한다고 오스트리아학파의 경기변동이론의 요점을 어느 정도 받아들인다. 그러나 그런 주장의 문제점은 현실에서 유동성 선호 또는 화폐 수요가 무한대가 될 수 없다는 것이다. 왜냐하면 인간은 일정 수준의 소비 활동을 계속해야 하기 때문에 화폐 수요는 무한대가 결코 될 수 없다. 사람들이 소비를 계속하기 위해서는 생산활동도 또한 계속해야 하고 그 결과 퇴장의 정도와 상관없이 조정을 계속하고 완전고용을 향해 나아가야 한다. 퇴장이 투자의 감소로만 이루어진다는 생각은 틀린 견해이다. 앞에서도 지적했듯이 화폐수요의 엄청난 증가는 조정과정을 앞당겨서 경제를 정상으로 돌아가게 하는 데 기여한다. 케인지언은 퇴장 또는 현금축적의 증가와 소비를 동시에 고려하지 않았기 때문에 틀리게 된 것이다.

2. 통화주의

오스트리아학파의 경기변동이론과 통화주의는 같은 점과 다른 점을 가지고 있다. 통화주의자는 화폐공급의 인위적인 증가가 단기에서는 생산을 감소하게 만들고 장기에서는 인플레이션을 가져온다고 주장한다. 비록 앞에서 지적했듯이 화폐가 생산의 감소와 인플레이션을 초래한다는 주장이 일반 경제이론과 잘 통합되어 있지 않지만 말이다. 생산의 감소와 인플레이션이 경기변동의 주

78 투기가 균형점을 이탈하게 만드는 힘이 아니라 균형점에 도달하는 것을 앞당기는 힘이라는 점에 대해서는 Rothbard(1993), 제2장 참조.

요한 특징 중의 일부일 뿐 아니라 화폐공급의 증가가 두 가지 문제를 초래한다는 관점에서 보면 통화주의와 오스트리아학파의 경기변동이론은 의견이 일치한다. 두 학파는 동일하게 경기변동의 원인이 '단순한 화폐 현상(monetary phenomenon)'이라는 점을 주장한다.

그러나 통화주의는 시제간 자원배분과 같은 매우 정교한 이론, 특히 자본에 대한 이론이 없다. 무엇보다도 침체기의 대책에서 서로 다른 주장을 할 뿐 아니라 통화주의는 틀린 주장을 하고 있다. 오스트리아학파의 경기변동이론에서 버스트 기간은 과오투자되거나 과소비된 실물 자원이 재배분되는 과정이다. 그러나 통화주의는 그런 설명이 없다. 자본이론 대신에 노동시장 내에서 인플레이션이 실질임금에 미친 영향에 대한 인식이 노동자와 고용주 간에 다른 점이 자체 역전 과정(self-reversing process)을 만들어낸다고 주장한다. 통화주의는 버스트가 화폐 공급의 급격한 축소 때문에 발생하기 때문에 버스트가 시작되면 화폐공급을 적극적으로 증가시켜 화폐공급의 축소를 막아야 한다고 주장한다. 그러나 화폐 공급이 축소되기 시작할 때 화폐공급을 증가시키는 것은 새로운 경기변동의 씨앗을 심는 것이거나 인플레이션을 재시동하게 만드는 것, 즉 리플레이션을 초래하는 것임을 앞에서 지적했다. 어떻게 보면 케인스주의와 통화주의는 반박하기가 매우 까다롭다.

대공황이라는 역사적 사실을 이용하여 통화주의가 어떻게 입증되었는가를 보기로 한다.[79] 대공황을 전후하여 뉴욕연방은행이 민간은행에게 제시했던 할인율을 보기로 하자. 뉴욕연방은행은 1914년 11월에 할인율을 6%로 결정하여 업무를 시작했다. 그 이후로 3% 이하로 내려가지 않았다. 그러나 제1차 세계

79 Rothbard(1975)는 1920년대와 후버 대통령 시대까지의 대공황을 다루었다. 연방준비위원회가 출범하는 시점부터 후버 대통령을 지나 루즈벨트 대통령 시대까지의 정책을 오스트리아학파의 관점에서 분석한 책은 Murphy(2009)가 있다. 이하의 내용은 Murphy(2009), pp.74~80 참조.

대전으로 인한 통화량 증가로 인플레이션이 1919년 말 20%까지 치솟았다. 이에 뉴욕연방은행은 1920년 1월에 6%, 같은 해 7월에 7%까지 올렸다. 이 때, 즉 1920~1921년 기간에 심각한 경기침체가 왔다. 1921년 실업률이 평균 11.7%였다. 그리고 그렇게 높은 할인율은 1921년 5월까지 지속되었다. 그 결과 1920년에 시작한 침체는 1921년에 끝났다. 그 이전 침체와 같이 상당히 짧게 끝난 것이다. 뉴욕연방은행이 업무를 시작한 이후로 할인율이 3% 이하로 내려가지 않았다. 1927년 영국을 돕기 위하여 할인율을 잠시 내렸다가 통화량 증가에 의한 주식시장의 버블로 1927년 다시 올리기 시작했다. 1929년 10월에 할인율은 6%, 블랙튜즈데이가 발생한 지 3일 후인 1929년 11월 1일에 할인율은 5%, 같은 해 11월 16일에 4.5%, 그 이후 할인율을 계속해서 인하하여 할인율은 1930년 12월에 2%, 1931년 5월에 1.5%로 낮추었다가, 1931년 10월에 할인율을 다시 올리기 시작했다. 1914년부터 1931년까지를 놓고 볼 때, 1920~1921년 기간에 할인율이 역사적으로 가장 높았고 1929~1931년 기간에 역사적으로 가장 낮았다. 이것은 "1929년 이후에 미국 연방준비은행은 화폐공급을 줄였다는 것이 정책적으로 잘못되었다는 주장"이 틀렸음을 보여주는 증거이다. 오히려 미국 연방준비은행이 위기시에 통화공급을 증가시킴으로써 경제가 정상으로 돌아가는 것을 방해했다고 보아야 한다. 1920~1930년대 미국의 대공황이 그 이전의 불황과 달리 문자 그대로 대공황이 된 것은 여러 가지 이유가 있지만 통화공급을 증가시키지 말았어야 할 시기에 통화공급을 늘렸다는 점이다. 한마디로, 대공황 직후에 미국 연방준비은행은 사실상 통화주의의 지침을 따랐는데 결과는 경기를 부양하는 데 또는 경제를 정상으로 돌아오게 하는 데 실패했다고 하는 것이 진실이다. 물론 당시에 연방준비은행이 통화주의를 알았기 때문에 그렇게 결정한 것은 아니지만 말이다.

3. 기타 원인[80]

이번 경기변동의 원인에 대해서 미국 내에서 많은 설명과 분석이 제시되고 있다. 그리고 그런 설명이나 분석에 의존하여 다수의 처방이 제시되고 있다. 그러나 그런 설명과 분석, 따라서 처방이 모두 이론적 체계를 갖추고 있지는 않다. 그 점 때문에 여기에서는 그런 설명과 분석의 이론적인 문제점만을 간략히 지적하는 것이 바람직하다. 그리고 현재 논의되고 있는 모든 주장을 다룰 필요도 없다. 예를 들어, 모방(mimetic)효과와 같이 외형적으로도 설득력이 매우 낮은 주장은 논의에서 제외하기로 한다.

1 과도한 저축

저축, 특히 아시아의 과도한 저축이 경기변동을 불렀다는 주장이 있다. 소위 아시아 책임론 또는 음모론이다. 이 주장은 이번 경기변동의 책임이 미국 연준으로 향해지자 연준의 전 의장이었던 앨런 그린스펀이 2009년 3월 11일자 '월스트리트저널'에 기고한 글에서 제기한 것이다. 그린스펀의 주장은 두 부분으로 나뉘어져 있다. 먼저 그는 이자율을 낮추어 통화량을 증가시킨 것이 이번 경기변동, 특히 주택버블과 무관하다는 주장을 폈다. 그를 뒷받침하는 내용으로 장기 모기지금리와 연방기금 목표금리는 최근에 아무런 상관관계가 없다는 사실을 증거로 제시했다. 그러나 과거에도 여러 번 장기 모기지금리와 연방기금 목표금리의 상관관계가 분리되었던(decoupled) 적은 많았다. 그렇지만 그때도 미국 정부가 이자율을 낮추어 통화량을 팽창시킴으로써 경기변동을 초래했음을 미국 금융 통계는 보여주고 있다. 그리고 단기금리가 장기금리에 영향을 미치는 데는 상당한 시간이 걸린다는 점에서도 그린스펀의 주장은 설득력이 없

80 이 절의 일부는 전용덕(2009b)에서 발췌·수정한 것이다.

다. 무엇보다도 명백한 것은 〈표 1〉에서 지적했듯이 2001년 이후에 엄청난 액수의 요구불 예금이 창출되었다는 점이다.

이어서 그린스펀은 자신의 엉터리 주장을 뒷받침하기 위하여 작금의 부동산버블의 원인으로 아시아, 특히 중국의 과도한 저축을 지목했다. 그러나 중국의 미국 재무부 증권에 대한 투자는 그 자체로는 전 세계의 달러 총재고를 변화시키지 않는다. 버블과 경기변동을 초래하는 것은 화폐 총재고의 변화이다. 다만 중국은 보유한 달러를 다시 미국 국내에 투자했는데 그런 투자는 달러의 지역 간 재고를 변화시킨다. 자금의 이러한 이동은 그 자금이 중국을 포함한 다른 나라에 투자되는 것과 비교한다면 미국 내의 달러 총재고를 더욱 팽창시키는 것이다.[81] 다른 한편, 중국 보유 달러의 미국 내 투자는 미국 정부로 하여금 낮은 이자율에 국채를 발행할 수 있게 한다는 점에서 적어도 미국 정부에게만은 좋은 것이다. 〈표 3〉은 2002년 이후의 연도별 미국 정부의 재정적자 규모를 보

표 3 미국 정부의 재정적자 (단위: 10억 달러)

연도	금액
2002	158
2003	378
2004	413
2005	318
2006	248
2007	162
2008	455
2009	1,086

자료: 미백악관 예산관리국(OMB)
주: 2009년은 6월말 현재

81 그러나 앞에서 지적했듯이 증가된 화폐공급이 소비로 사용되는 것은 인플레이션을 가져오지만 경기변동을 일으키지는 않는다는 것이다.

여주고 있다. 미국 정부는 엄청난 규모의 재정적자를 만들었는데 외국인의 달러가 다시 미국으로 유입되어 미국 재무부 채권과 미국 정부 증권을 구입함으로써 그런 자금의 유입이 없을 때 비교한다면 이자율은 낮아질 것이다. 물론 이자율의 하락은 미국 정부에게 유익한 것이다. 미국 재무부 채권과 미국 정부 증권의 연도별 발행액과 국가별 보유현황에 대해서는 〈부록 A〉를 참조할 수 있다. 여기에서 가장 특징적인 점은 미국 정부 발행의 채권과 증권에서 외국의 보유 비중이 과거에 비해 높아져 왔다는 점과 일본과 중국이 그런 채권과 증권을 가장 많이 보유하고 있다는 점이다.

중국이 미국에 투자할 수 있게 된 것은 엄청난 규모의 경상수지 흑자 때문이고 그런 경상수지 흑자는 물론 달러에 대한 중국 화폐인 '위안'의 고정이었다. 〈표 4〉와 〈그림 12〉는 그 점을 잘 보여준다. 1994년경부터 2005년경까지 중국은 실질적으로 중국 위안을 달러에 고정한 고정환율제를 채택했다. 2005년 이후에도 중국은 달러를 쌓기 위하여 위안의 평가절상을 매우 더디게 그리고 매우 작게 하고 있는 실정이다. 환율 정책은 각국의 통제하에 있을 뿐 아니라 미국 정부에게도 화폐주조세를 획득할 수 있다는 점에서 결코 나쁜 방법이 아니다. 중국이 달러를 쌓게 되는 이유 등에 대해서는 국제환율제도를 이해할 필요가 있고 그 점은 아래에서 자세히 다룰 것이다. 중국 화폐의 고정환율과 그로 인한 무역흑자를 미국 국채에 투자한 것은 미국의 무역적자와 미국 정부의 재정적자, 즉 미국의 쌍둥이 적자를 큰 문제없이 또는 더 저렴한 비용으로 지속되게 만들었다. 적어도 미국 정부 입장에서는 그렇다. 한마디로, 달러를 대량으로 보유하고 있는 우리나라를 포함한 아시아 국가들은 달러의 과다 발행으로 인한 달러 가치 하락의 '피해자'이지 이번 경기변동의 원인 제공자가 될 수는 없다.

현재의 연방준비이사회 의장인 버냉키도 그린스펀과 유사한 주장을 여러 번 했다. 예를 들어, 그는 2009년 4월 9일 애틀랜타에 있는 모어하우스 대학

❋ 표 4 미국의 대 중국 경상수지와 환율 (단위: 백만 달러, 위안)

연도	경상수지	환율	연도	경상수지	환율
1985	−6	2.937	1997	−49,695.5	8.290
1986	−1,664.7	3.453	1998	−56,927.4	8.279
1987	−2,796.3	3.722	1999	−68,677.1	8.278
1988	−3,489.3	3.722	2000	−83,833.0	8.277
1989	−6,234.3	3.765	2001	−83,096.1	8.277
1990	−10,431	4.783	2002	−103,065	8.277
1991	−12,691	5.324	2003	−124,068	8.277
1992	−18,309	5.515	2004	−162,254	8.277
1993	−22,777	5.762	2005	−202,278	8.195
1994	−29,505.1	8.619	2006	−234,101	7.973
1995	−33,789.5	8.352	2007	−258,506	7.608
1996	−39,520.2	8.314	2008	−268,040	6.949

❋ 그림 12 미국의 대 중국 환율과 경상수지 적자 (단위: 위안, 백만 달러)

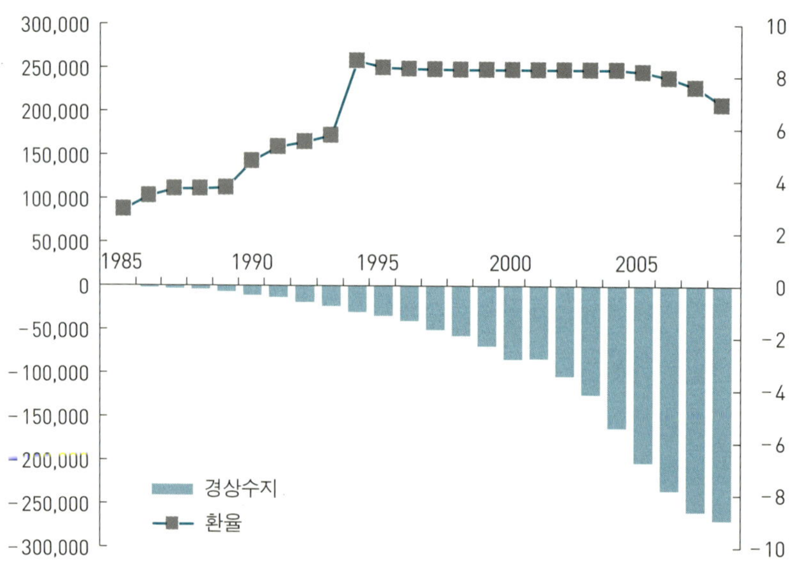

(Morehouse College)에서 행한 연설에서 "미국으로 들어오는 해외저축의 순유입은 1995년에 국민총생산의 약 1.5%였고, 그 액수는 2006년에 국민총생산의 약 6%에 이르렀다. 그런데 그 액수는 오늘의 달러 가치로 환산하면 약 8,250억 달러와 같은 액수이다"(Reisman(2009), p.9에서 재인용). 그리고 그는 해외 저축의 순유입이 주택버블의 원인으로 지목하고 비난했다. "금융기관들은 차용자들이 되어 경쟁적으로 가능한 잉여자금에 반응했고 위기에 이르는 순간까지도 가계들과 기업들에 제공된 신용은 상대적으로 저렴해졌고 획득하기 쉬워졌다. 그런 신용이 초래한 중요한 결과는 미국에 주택붐을 초래했는데, 그 붐은 모기지 대출의 주로 급작스러운 증가에 의해 초래되었다"(Reisman(2009), p.9에서 재인용). 그래서 버냉키에 의하면 주택버블의 책임은 자신과 그린스펀이 그 책임자였던 연방준비이사회에 의한 신용팽창이나 다른 어떤 것이 아니라 해외 저축의 증가 때문이라는 것이다. 버냉키는 구체적으로 태국, 중국, 러시아, 나이지리아, 베네수엘라 등을 미국으로의 자본 수출국에 포함했다. 해외 저축으로 나타난 '글로벌 저축 과다'가 주택버블과 그 이후의 위기의 원인이라는 것이다.[82] 앞에서 열거한 나라의 달러 환율과 경상수지 적자에 대해서는 〈부록 B〉를 참조할 수 있다. 앞에서 열거한 나라에 대해서도 모든 과정이 중국의 경우와 한 치의 차이도 없다는 점을 지적하고 바로 그 이유로 자세한 설명은 생략한다.

앞에서 지적한 점을 제외하고도, 아시아 또는 미국을 제외한 다른 나라의 과도한 저축이 경기변동을 불러왔다는 주장은 여러 가지 점에서 틀린 것이다. 여기에서는 Reisman(2009)의 주장을 요약하면서 저자의 주장을 부분적으로 보충하고자 한다. 본론으로 들어가기 이전에 미리 지적해둬야 할 것이 한 가지 있

82 버냉키는 다른 곳에서도 여러번 과도한 저축이라는 용어를 사용했다. 예를 들어 2007년 9월 독일 분데스방크(Bundesbank)에서의 연설에서는 9번, 2005년 3월 버지니아 경제학회 강연에서는 11번, 2005년 4월 세인트루이스 'Homer Jones Lecture'에서는 10번 등이다(Reisman(2009) p.10).

❀ 표 5　미국의 경상수지, 순저축, GDP, 저축률 추이

연도	경상수지 (1)	오류를 수정한 순저축(2)	(3) = (1)+ (2)	오류를 수정한 GDP(4)	(5) = (3)/(4)
1994	98.5	−53.3	45.2	6,057.00	0.01
1995	96.4	18.6	115.0	6,357.40	0.02
1996	104.1	48.2	152.3	6,739.50	0.03
1997	108.3	146.5	254.8	7,180.20	0.04
1998	166.1	185.3	351.4	7,556.30	0.05
1999	265.1	149.7	414.8	7,986.00	0.06
2000	379.8	135.9	515.7	8,437.20	0.07
2001	365.1	−100	265.1	8,655.90	0.03
2002	423.7	−325.3	98.4	8,914.50	0.02
2003	496.9	−463.3	33.6	9,352.40	0.01
2004	607.7	−487.3	120.4	9,961.50	0.01
2005	711.6	−478.9	232.7	10,606.30	0.03
2006	753.3	−327.7	425.6	11,264.50	0.04

자료: Reisman(2009), p.14에서 인용
표의 원래 출처는 (1)은 BEA International, Table 1, Line 77
(2)는 BEA Table 7.12, Line 123에서 개념상의 오류를 수정
(4)는 BEA Table 7.12, Line 3에서 개념상의 오류를 수정
주: (1), (2), (3), (4)의 단위는 십억 달러
(1)은 계산상 적자를 흑자로, 흑자인 경우 적자로 표기

다. 저축과 관련한 논의는 일반 경제원리와 관련이 있기 때문에 여기에서 자세히 논의하지는 않지만, 무엇보다도 아시아의 과도한 저축이 부동산버블을 초래했다는 주장은 이론적으로 결정적인 결함을 가지고 있다. 저축은 어떤 방법으로든지 경제성장을 초래하면 초래했지 버블을 초래할 수는 없다는 점이다.

첫째, 〈표 5〉에서 보듯이 1994년부터 2006년까지 13년 동안 경상수지 적자를 통해 들어오는 소위 '외국의 저축'을 포함한 미국의 저축률은 연평균 GDP의 7%를 넘지 않았고 그중 8년 동안은 3% 또는 그 이하로 낮았다. 그렇게 낮은 저축률을 감출 수 있게 해 준 것은 여러 가지 잘못 계상된 요인들 때문이다. 예

를 들어, 우리가 돈을 빌려서 주거용 주택을 구입하면 소득이나 수입을 창출하는 원천이 아님에도 불구하고 소득을 창출하는 자산으로 분류하여 투자로 계상한다. 다른 예는 정부가 빌딩과 같은 고정자산에 지출한 것을 투자지출로 계상한다. 실제로 그것은 소비이다.[83] 자세히 찾아보면 순저축과 국내총생산 계산에는 그런 항목이 많다. 그 결과 국내총생산에서 투자는 과다 계상되고 그 결과 경제 내의 소비지출은 실제보다 적은 것으로 나타난다. 당연히 국민소득이나 국내총생산에서 인위적으로 낮게 계산된 소비지출을 빼면 저축은 그만큼 더 커지게 된다.[84]

둘째, 미국에 비해 자본이 부족한 나라인 태국, 중국, 러시아, 나이지리아, 베네수엘라 등이 과도한 저축을 한 나라라고 버냉키는 주장한다. 그러나 미국에 비해 자본의 양이 훨씬 적은 나라들이 자본의 양이 풍부한 나라인 미국에 자본을 수출한다는 것은 논리적으로 맞지 않다.

셋째, 〈표 5〉에서 보듯이 미국이 외국의 저축을 이용하기 오래 전에 미국인의 시간선호가 높아져서 자국내 추가적인 저축이 바닥이 났다. 저축이 자본의 형성을 가져온다는 관점에서 보면 2001년부터 미국 내에서는 자본소비가 진행된 것이다.

넷째, 만약 미국의 신용팽창이나 화폐공급의 증가가 아니라 외국의 저축이 경기변동의 원인이라면 저축을 했다고 주장되는 나라들의 소비지출이 하락해야 한다. 그러나 그런 증거는 어디에도 없다.

다섯째, 저축은 우회생산을 가능하게 하기 때문에, 자본재의 증가, 생산의 증가, 그 결과로 인한 생산재들과 토지까지 포함한 재화들의 가격 하락을 가져

83 정부가 '소비자'라는 설명은 Reisman(1996), p.446, pp.454~455 참조.

84 자본재와 소비재의 구분 또는 투자지출과 소비지출의 구분에 대한 종합적인 설명에 대해서는 Reisman(1996), pp.445~456 참조. 국민소득의 계산법이 지닌 문제점에 대해서는 전게서, pp.456~459 참조.

온다. 한마디로, 저축과 투자의 증가는 Salerno(2003)가 말하는 '성장디플레이션'(growth deflation)을 초래한다는 것이다. 붐 시기에는 대다수 재화의 가격이 상승했는데 그 점은 저축이 초래할 결과와 일치하지 않는다. 일반적으로 말해, 저축이 사회에 어떤 문제를 일으킨다는 이론은 전적으로 잘못된 것이다. 케인지언이 주장하는 '절약의 역설'도 그 점에서 틀린 것이다. 그린스펀과 버냉키는 완전히 틀린 경제이론을 사람들에게 강요하고 있다.

여섯째, 만약 신용팽창이 아니고 대규모의 저축이 있었다면 은행을 포함한 기업들은 더 많은 저축을 소지해야 옳을 것이다. 그러나 상당수 은행과 기업은 현재 그들의 정상적인 업무를 수행할 수 없을 정도의 자본 부족을 겪고 있는 것이 현실이다. 자본의 이러한 부족 현상은 과오투자와 과소비의 결과이다. 그리고 그런 과오투자와 과소비는 오스트리아학파의 경기변동이론의 예상과 정확히 일치한다.

일곱째, 화폐공급의 증가가 없고 그에 따른 소비의 증가가 없는 상태에서, 저축의 증가는 경제 전체에 걸쳐서 자본에 대한 대가인 자연이자율 또는 현행의 수익률(going rate of interest)이 낮아지는 방향으로 움직이게 만든다. 그러나 붐이 지속되는 동안에는 기업들의 수익률은 정상수준 이상으로 상승하였다. 이 점도 이론과 일치하지 않는 점이다.

이제 남은 질문은 해외에서 미국으로 이전된 저축이라는 것이 무엇이고 어떤 과정이나 통로를 통해 미국으로 들어오게 되었는가를 규명하는 일이다. 이 점은 앞에서 일부 설명했지만 자세한 내용은 제4장으로 미룬다.

2 탐욕과 어리석음

이번 경기변동의 원인을 사람들의 탐욕과 어리석음에서 찾는 주장이 있다. 방송과 같은 대중 매체에 자주 등장하는 견해일 뿐만 아니라 어쩌면 주류(mainstream) 견해라고 할 수 있다. 지지자의 수로만 본다면 말이다. 먼저 자금을 빌려준 사람들(lenders)의 탐욕을 비난하는 것이다. 그렇게 위험도가 높은 모기지 담보부 증권(mortgage-backed securities)을 구입한 투자자들의 비정상적인 탐욕이 문제라는 것이다. 물론 여기에는 국제 투자자들도 포함된다. 그러나 모든 인간은 탐욕스럽다. 탐욕의 정도가 차이가 있을 뿐이다. 아마도 탐욕을 비난하는 사람들 자신들도 여유 자금만 충분했다면 이번 경기변동에서 모기지 담보부 증권을 구입했을 가능성이 높다. 요약하면 탐욕은 인간이 가진 조건으로써 인간의 삶에 언제나 존재하는 것이기 때문에 경기변동의 직접적인 원인이 될 수는 없다.

인간의 탐욕이 경기변동의 원인이 될 수는 없지만 이 지점에서 일부 집단의 비정상적인 행동은 신중한 검토가 필요하다. 미국 신용평가사들은 모기지 담보부 증권에 대하여 매우 높은 등급의 신용을 부여했다. 가장 흔한 경우는 'AAA' 등급이라고 한다. 신용 평가사들은 위험이 매우 높은 증권에 그렇게 높은 신용 등급을 부여한 것이다. 사실 국제신용평가사들은 수익을 올리려는 욕심에서 신용평가를 제대로 하지 않았음이 미국 하원 청문회에서 드러났다. 무디스의 한 직원은 "평가모델이 위험의 절반도 반영하지 못했다"고 말했다.[85] 국제신용평가사들의 그런 행위는 탐욕에 기인한 기회주의라고 보는 것이 마땅하다. 물론 신용평가사들의 탐욕은 경기변동의 원인이기보다는 변동을 증폭시킨 요인이라고 하겠다.

미국에서 경기변동의 원인으로 주목받고 있는 것은 탐욕보다는 차라리 어리석음이다. 주로 차용자들(borrowers) 또는 기업가들의 어리석음을 질타하는 목소리가 높다. 그러나 인간이 지닌 지식은 언제나 그런 것이다. 완전한 지식

85 한국경제신문 2008년 10월 23일자 인용.

을 소유한 사람은 아무도 없다. 만약 그렇다면 그는 더 이상 인간이 아니다. 물론 사람마다 지식이나 지혜의 정도의 차이가 있고 그 차이가 때로는 작을 수도 있고 때로는 클 수도 있다. 상업의 세계에서 정상적인 경우에 미래를 잘 예측하여 이윤을 내는 기업가들과 손실을 보는 기업가들이 언제나 다수 존재한다. 그러나 경기변동의 경우에 다수의 기업가가 큰 오류를 범하게 되는 일이 한꺼번에 발생하게 된다. 이 경우에 왜 다수의 기업가가 집단적으로 미래를 잘못 예측하는 일이 발생하는가 하는 것이다. 만약 어리석음이 문제가 된다면 경기변동이 일어나지 않는 경우는 어떻게 설명할 것인가. 인간의 지식이 하루아침에 크게 개선되지 않는 점을 고려하면 반복되는 경기변동의 원인을 어리석음으로 지목하는 것은 틀린 것이다. 어리석음은 인간이 가진 조건 또는 환경이지 경기변동의 직접적인 원인은 아니다.

이번 경기변동의 원인을 차용자들의 어리석음, 특히 경제지식의 부족 내지는 불완전에서 찾는 것은 차용자들, 더 나아가 일반인들의 경제지식을 교육해야 한다는 결론에 쉽게 이르게 된다. 실제로 우리나라에서는 1997년 경제위기 시에 사회 일각에서는 그런 경제지식 교육의 필요성을 강력하게 제기했고 그에 따라 일부 기관은 그런 일을 지금도 하고 있는 실정이다. 그러나 그 때 우리나라의 경기변동도 사실은 앞에서 보았듯이 인위적으로 낮게 규제된 이자율에 의한 과다한 통화량 증가에 의해 발생한 것이지 일반인들의 어리석음 때문은 아니다.

3 과도한 경제적 자유와 너무 적은 규제

이번 경제위기가 금융산업에서의 '과도한 경제적 자유'와 '너무 적은 규제' 때문이라는 주장이 있다. 이는 최근 오바마 미국 대통령과 다수의 정치인이 주장하는 것이다. 이 주장의 근저에는 이번 위기가 규제 완화를 추구했던 신자유주의 또는 자본주의 때문에 발생했다는 주장이나 비판이 놓여있다. 그리고 이 주장은 탐욕과 어리석음에도 닿아 있다. 예를 들어 헤지펀드와 같은 탐욕스러운 경제주체나 서브 프라임 대출자와 같은 어리석은 경제주체에게 과도한 자유가 주어졌기 때문에 큰 변괴가 일어난 것이고 그런 행동을 통제할 충분한 규제가 있었다면 현재와 같은 경제위기는 일어나지 않았을 것이라는 주장이다.

그러나 경제행위를 규제할 미국 연방정부의 정부 부처가 12개가 넘고, 연방 규제기관이 100개가 넘고, 85,000쪽이 넘는 연방등록부(Federal Register)가 있으며, 수없이 많은 주정부와 지방정부 차원의 규제기관과 통제기관 등이 있다. 정부가 서브프라임 모기지 대출을 보증함에 따라 도덕적 해이가 광범위하게 발생했다.[86] 서브프라임 모기지 대출 확대를 위한 주택도시개발부의 프레디맥과 페니메이에 대한 지원과 보증은 두 금융기관으로 하여금 대출에 따른 위험을 평가하지 않는, 묻지마 대출과 모기지 유동화증권을 무한정하게 발행하게 만들었다. 즉 '도덕적 해이' 현상이 일어난 것이다. 민간 금융기관도 서브프라임 모기지 대출에 관한 한 주택도시개발부의 지원과 보증을 받았기 때문에 도덕적 해이 현상이 발생했다. 도덕적 해이는 경기변동을 증폭시킨 요인이다. 여기에서 지원과 보증은 규제의 일종이다. 무엇보다도 미 연준이 이자율을 규제함으로써 통화량을 통제할 뿐만 아니라 사람들의 시간선호를 왜곡하여 저축보다는 소비를 촉진하는 방향으로 만들어 경기변동을 초래했다는 점을 앞에서 보았다.

규제라는 관점에서 보면, 이자율, 통화량, 화폐제도, 금융제도 등에 대한 수많은 규제와 정부의 지원과 보증 등과 같은 규제가 경기변동을 불러온 것이라는 결론에 도달한다. 다시 말하면, 미국 대통령 등의 주장과 반대로 '너무 적은 경제적 자유'와 '과도한 규제'로 인하여 이번 경기변동이 발생했음을 지적하지 않을 수 없다. 더 정확하게는, 정작 필요한 규제는 없고 불필요한 규제는 많은 현실이 경제위기를 불러온 것이다.

86 이번 경기변동에서 도덕적 해이가 한 역할에 대한 자세한 설명은 전용덕(2009a)을 참조.

4. 일본의 경험

1990년대 일본에서는 케인스 경제학과 통화주의가 제안한 정책을 실행했지만 경기 부양에 실패했다. 여기에서는 Powell(2002), Herbener(1999) 등을 참조하여 1990년대 일본 정부가 시행한 케인지언 정책과 통화주의 정책이 현실에서 어떤 결과를 초래했는가를 정성적인(qualitative) 방법으로 검토함으로써 두 정책이 경기변동을 해결하지 못했음을 보이고자 한다.[87]

1985년 9월 프라자 합의(Plaza Accord)에 의해 일본 화폐인 '엔'의 가치를 약 30% 상승시켰다. 엔화의 가치 상승은 수출에 타격을 가했고 〈표 6〉에서 보듯이 경제성장률을 1985년 6.43%에서 이듬해인 1986년 4.45%로 곤두박질치게 만들었다. 확장적인 통화정책이 붐을 초래하고 버스트가 뒤를 이었다. 1992년부터 주식과 부동산이 동시에 붕괴하기 시작하자 케인지언은 투자의 하락을 억제함으로써 총수요를 증가시키기 위하여 정부지출을 늘릴 것을 추천한다. 일본 정부는 실제로 엄청난 규모의 정부지출 증가를 단행했다. 1990년대 동안에 일본 정부는 대략 10회 정도의 재정지출 확대 조치를 취했다. 총 규모는 100조 엔 이상이다. 문제는 증가된 재정지출이 공공공사에 투입되거나 일자리를 유지하는 데 주는 보조금으로 사용되었다는 것이다. 예를 들어 기업들은 순전히 정부의 보조금 때문에 일자리를 유지하고 있는 경우가 많았다. 이 점은 〈표 6〉에서 보는 실업률 통계가 정확한 실상을 반영하고 있지 않다는 것을 의미한다. 1989~1990년 기간에 정부는 소비세를 처음으로 3% 부가했다. 1994년에 정부는 일시적으로 소득세를 경감했다. 1997년에 정부는 소비세를 3%에서 5%로 인상했다. 그러나 재정적자는 감소되지 않았다. 1998년에 다시 4조 엔의 세금을

87 Powell(2002)이 사용한 자료의 출처는 대부분 *Economist Intelligence Unit Country Profile Japan*, 1996 and 2001이다.

❁ 표 6 일본의 연도별 주요 경제 통계

연도	GDP 성장률 (%)	화폐증가율(%) (1)	화폐증가율(%) (2)	할인율 (%)	소비자 물가지수	실업률 (%)
1985	6.43	2.92	8.87	5.00	87.4	2.6
1986	4.45	9.40	9.29	3.00	88.0	2.8
1987	4.18	4.62	11.15	2.50	88.1	2.8
1988	6.75	7.93	9.84	2.50	88.7	2.5
1989	6.84	2.30	11.78	4.25	90.7	2.3
1990	7.31	4.31	8.17	6.00	93.4	2.1
1991	5.82	8.71	2.53	4.50	96.5	2.1
1992	2.56	3.75	−0.15	3.25	98.2	2.2
1993	1.01	6.50	2.25	1.75	99.4	2.5
1994	1.08	4.00	3.07	1.75	100.1	2.9
1995	1.19	11.58	2.71	0.50	100.0	3.2
1996	2.56	8.83	2.29	0.50	100.1	3.4
1997	2.12	7.90	3.07	0.50	101.8	3.4
1998	−1.17	4.72	4.13	0.50	102.5	4.1
1999	−0.64	10.50	3.41	0.50	102.2	4.7
2000	−0.14	3.37	1.10	0.50	101.5	−

자료: International Financial Statistics Yearbook 2001

주: (1) 좁은 의미의 화폐 = 이전 가능한 예금 + 예금을 제외한 현금

(2) 광의의 화폐 = (1) + 은행이 보유한 저축성 예금 + 은행이 보유한 외화예금

감면했다. 1999년 정부는 7.5조 엔의 공적자금을 15대 은행에 투입했다. 그 결과 일본 정부의 재정적자는 재정수지에 포함되지 않은 항목을 포함하면 연간 GDP의 200%가 넘게 되었다. 일본 정부는 케인지언이 제안하는 정책을 지난 10년간 대대적으로 시행했지만 약간의 회복이 없었던 것은 아니지만 전반적으로 예전의 일본 경제의 활력을 회복할 수 없었을 뿐 아니라 앞으로도 그럴 가능성은 희박해 보인다는 것이다.

프라자 합의에 의한 엔화 강세의 부정적인 효과를 상쇄하기 위하여 일본 중앙은행인 일본은행(Bank of Japan)은 확장적 통화정책을 적극적으로 시행했

다. 일본은행은 할인율을 1986년 1월 5%에서 불과 1여 년 만인 1987년 2월에 5%의 절반인 2.5%로 낮추었다. 소위 확장적 통화정책으로 국내 수요를 진작시킴으로써 경제성장을 촉진한다는 것이었다. 경제가 빠르게 성장했지만 주식과 부동산의 가격도 크게 상승하기 시작했다. 주식시장 버블과 부동산시장 버블이 동시에 진행되는 소위 붐 시기에 진입한 것이다. 이에 따라 일본은행은 인하했던 할인율을 1989년 4.25%, 1990년 6%까지 인상했다. 이러한 할인율 인상으로 1992년부터 버블의 붕괴와 함께 경제가 침체 국면으로 진입했다. 다시 일본은행은 할인율을 인하하기 시작하여 1991년 4.5%, 1992년 3.25%, 1993년과 1994년에는 1.75%, 1995년부터 2000년까지는 0.5%로 유지했다. 할인율의 이러한 지속적인 인하와 함께 일본은행은 화폐공급량을 거의 일정하게 증가시켰다. M2 개념의 통화공급량이 1991년 5,075,260억 엔에서 2001년 6,296,640억 엔으로 증가했다. 그 10년 동안 M2 통화량의 증가율은 약 25%이고 단순 연간 증가율은 약 2.5%이다. 물론 이러한 증가는 통화주의자의 준칙주의를 정확히 지킨 것은 아니다. 그러나 준칙주의를 어느 정도 시행했다고 보는 것이 정확하다. 그리고 안타깝게도 결과는 통화주의자의 정책이 실패하여 일본을 침체에서 탈출하게 만드는 데 실패했음을 보여준다. 통화주의자의 확장적 통화정책이 실패한 데는 통화주의자가 추천하는 정책이 침체를 종식할 수 없는 근본적이고도 이론적인 문제점을 가지고 있기 때문이다. 이 점은 앞에서 지적하였다. 확장적 통화정책이 일본 국내 경제를 성장하게 만드는 데 실패했지만 다른 부작용을 초래했다. 일본의 일부 은행은 '엔-캐리 트레이드(yen-carry trade)'를 통해 국가간 이자율 차이를 이용하여 수익을 얻고자 했다. 엔-캐리 트레이드는 물론 국내 통화량을 해외로 유출시켜 국내 통화량 증가를 억제하지만 엔 표시 자본이 들어가는 나라들의 통화량을 증가 또는 감소(엔-캐리 트레이드 자금이 그 나라를 빠져나가는 경우)시켜 해당 국가들에게 경기변동을 초래했다. 1990년대 후반 아시아 국가들의 경제

위기는 달러-캐리 트레이드와 함께 엔-캐리 트레이드가 큰 역할을 했다.[88]

1990년대 일본의 경험은 케인지언과 통화주의자의 처방이 효과가 없음을 입증하고 있다. 그 결과 일본 경제는 일부 부문에서 상당한 개혁이 있었음에도 불구하고 큰 성과가 나타나지 않고 있다. 1980년 말 이후의 일본의 상황과 변화는 오스트리아학파의 경기변동이론으로 잘 설명할 수 있을 것으로 여겨진다. 정밀한 실증 분석이 있어야 하겠지만 말이다. 이 일은 다음 장으로 연기한다.

5. 결론

좀 더 넓은 시각에서 정리하면, 이번 경기변동의 원인에 대한 몇 가지 '잘못된' 분석이나 주장은 명시적으로 또는 묵시적으로 이번 경기변동의 원인을 '시장실패' 또는 자본주의나 신자유주의 탓으로 돌리는 것이다. 큰 경제위기가 발생할 때마다 정부, 관변 경제학자들, 케인스주의자들과 마르크스주의자들과 같은 통칭 반시장주의자들 등은 그런 위기를 언제나 시장 또는 자본주의 탓으로 돌려왔다.

그러나 앞에서 보았듯이 반복되는 경기변동은 직접적으로는 거의 언제나 화폐량 증가로 인한 정부의 이자율 규제 때문에 발생해왔다. 그리고 그런 증가의 근저에는 화폐제도와 금융제도의 결합이 자리하고 있다. 다시 말하면, 이번 경기변동의 정확한 원인은 '정부실패'라는 것이다. 그리고 경기변동의 원인은 아니지만 경기변동을 증폭시킨 원인은 몇 가지 있을 뿐 아니라 증폭시켰다는 점에서 그 원인들의 규명과 그에 따른 대책도 중요하다.[89]

88 1990년대 후반, 우리나라를 포함한 일부 아시아 국가의 위기는 각국의 통화정책과 '엔-캐리 트레이드'와 맞물려 있는 것처럼 보인다. 물론 이 때 '달러-캐리 트레이드'도 없었던 것은 아니지만 말이다. 이 점에 대해서는 제4장을 참조.

89 이 점에 대한 자세한 분석은 전용덕(2009a), pp.43~51 참조.

Chapter 04

경기변동과 국제지폐제도

미국발 경기변동이 미국 내에만 머무르지 않은 이유는 여러 가지가 있다. 이 부분은 정교한 이론과 실증 분석보다는 직관 의존에 하여 주요국의 거시 자료 등을 이용하여 정성적 분석을 할 예정이다. 분석에 들어가 전에, 한 가지 유의할 점이 있다. 우리나라를 포함한 세계 각국이 비슷한 시기에 경기변동을 겪고 있는 것은 각국의 통화공급 증가에도 원인이 있다. 세계적 경기변동에는 사실은 각국 자신이 초래한 경기변동도 포함되어 있다는 것이다. 예를 들어, 여기에서 자세히 다루지는 않지만 우리나라도 주택버블과 조선산업 등에서 과잉투자가 발생했다. 전자는 순전히 국내 통화량 증가가 원인이고 후자는 세계적 경기변동과 더 많은 관련이 있다.[90] 이 장에서는 먼저 그 점을 염두에 둘 필요가 있다.

각국의 환율 정책은 미국의 통화량이 각국으로 확산되는 데 기여하는 전달 메커니즘이다. 만약 '순수한' 변동환율제를 채택한다면 변동환율제의 특성상 미

90 우리나라에서 발생한 경기변동에 대한 추가적인 설명은 전용덕(2009c) 참조.

국의 경상수지 불균형은 장기간 지속되지 않았을 것이다. 또 현재 일부 국가는 고정환율제를 채택하고 있다. 중국의 고정환율 정책은 미국의 경상수지 적자가 지속되는 데 결정적인 역할을 해왔다. 〈표 4〉와 〈그림 12〉는 미국의 대(對) 중국 환율과 경상수지를 보여주고 있다. 물론 미국의 달러는 중국으로 이전되어 중국의 통화량 증가와 경기변동에 기여해왔다. 다른 나라도 지난 몇 년간 중국과 대동소이한 상태이다. 대미 경상수지 흑자를 가지게 된, 중국을 제외한 몇몇 나라의 환율과 경상수지에 대해서는 〈부록 B〉를 참조할 수 있다. 이제 미국을 제외한 각국은 사실상 미국의 달러를 표준화폐로 하여 그 위에 자신의 화폐를 쌓고(stack up) 있는 것이다.

미국은 국제지폐 본위제 국가 중의 중심 국가로서 경상수지 적자를 기피해야 할 이유가 없다. 국제지폐 본위제에 대한 자세한 설명은 아래에서 하고자 한다. 미국은 경상수지 적자를 통해 사실상 외국인을 약탈한다. 국제지폐 본위제는 국제본위화폐인 지폐를 생산함으로써 화폐주조차익을 외국인으로부터 징수하기 때문이다. 예를 들어, 아이슬란드의 경우에 미국의 경상수지 적자가 그토록 문제가 된다면 회피하려는 노력을 했을 것이다. 미국의 달러가 과다하게 발행됨에 따라 각국이 '달러-캐리' 자금을 상대적으로 저렴하게 획득할 수 있게 되었다. 이러한 자금은 미국을 제외한 다른 나라로 흘러들어가 투자자금이 되고 그런 투자자금에 대한 원리금 상환 형식으로 나중에 미국 경상수지 적자의 일부가 되는 것이다. 주지하듯이, 경상수지는 이지의 송금과 같은 항목도 포함하고 있다.

정보통신 기술의 발달은 국제 간 거래에서 거래비용의 감소를 촉진해왔다. 거래비용의 감소는 국제분업의 정도를 심화시켜 왔다. 경제 세계에서 글로벌화란 분업의 영역이 과거에는 국내에만 머무르던 것이 국경을 넘어 예전보다 넓어진다는 것이다. 특히 최근에 시장경제 체제로 전환하고 있는 후발국, 예를 들어 중국, 인도 등은 선발 산업국가에 비해 체제 전환 초기부터 적극적으로 국제

분업에 참여하고 있다. 정보통신 기술의 발달에 의한 거래비용의 감소는 그런 분업을 강화하는 방향으로 작용한다. 정보통신 기술 발달의 긍정적인 측면이다. 그러나 정보통신 기술 발달의 부정적 측면도 있다. 한 나라에서 경기변동이 발생하면 그런 변동의 폐해는 즉각 다른 나라로 전달된다. 발달된 정보통신 기술로 인해 거래비용이 감소하고 그 결과 분업의 정도가 예전보다 심화되고 있기 때문이기도 하다. 이러한 환경하에서 미국 경제의 세계 경제에서의 높은 비중은 미국발 경기변동의 세계적 확산에 일정 부분 기여하고 있다.

신종 채권과 파생상품의 국제적 확산도 동일한 과정을 거친 것이다. 물론 여기에는 각국의 자본시장이 예전보다 더 개방적이 된 것도 한몫을 했다. 예를 들어, 아이슬란드는 '달러-캐리' 자금의 과다한 유입과 미국 경제 버스트 시기의 신속한 유출로 인한 환율 상승 때문에 아이슬란드의 경제주체는 이제 엄청난 빚더미 위에 앉게 되었다. 자본시장 개방이 해외자본을 쉽게 조달할 수도 있게 해주는 긍정적인 면도 있지만 아이슬란드의 경우와 같은 부정적인 측면도 있다. 우리나라의 경우에 주식에 투자된 외국인 자금이 빠져 나가면서 환율의 변동이 증폭되었다.

그러나 신종 채권과 파생상품이 국제적으로 확산되게 된 궁극적 원인은 〈표 1〉에서 보듯이 미국에서 발행된 과다한 통화량에 있다. 만약 미국 민간 금융기관의 신용창출이 엄격히 제한되어 있었다면 그런 일은 가능했다 하더라도 그 영향은 크지 않았을 것이다. 국제 분업의 확대, 정보통신 기술의 발달, 자본시장의 개방, 거래비용의 감소 등은 미국에서 과다 발행된 달러가 전달되는 통로이거나 그런 전달을 효율적이게 만드는 것이고 바로 그 이유로 경기변동 국제 확산의 궁극적 원인으로 보아서는 안 된다.

제도적 관점에서 보면, 1971년 미국이 국제적으로 금태환을 중지함으로써 세계는 무수히 많은 지폐로만 이루어진 체제, 즉 국제지폐제도(international paper-money systems)로 들어갔다(Hülsmann(2008a), 제17장). 그 이전까지 각국의 화폐는 기본적으로 미국의 달러를 통해 부분적으로 금 청구권을 가진 증서(fractional-reserve certificates for gold via the U.S. Dollar)였다. 왜냐하면 외국 화폐는 달러를 통해 금에 대한 청구권을 행사할 수 있지만 미국은 실제로 금의 보유를 필요한 양의 아주 일부만 보관했기 때문이다. 그 때 많은 논평자는 세계의 화폐 제도는 이렇게 조각이 난 채로 각국이 통화정책에 관한 한 드디어 자율권을 가지게 되었다고 기뻐했다. 국제 금 태환 중지를 반대했던 논평자들은 극심한 변동환율이 국제분업을 훼손하여 그 결과 수많은 사람이 경제적으로 곤경에 처할 것을 예측했다.

그러나 화폐제도는 사실상 그렇게 오랫동안 조각난 채로 있지 않았다. 지난 40여 년의 경험이 보여주는 바는 국제지폐 본위제(international paper-money standard)가 서서히 출현해 왔다는 것이다. Hülsmann(2008a)은 그런 출현을 초래하는 여러 가지 원인을 제시하고 있다. 여기에서 그 내용을 전부 다룰 수 없지만 간단히 요약해 보기로 한다. 여러 나라에서 활동하는 개인이나 민간 기업이 늘어나면서 화폐 보유 비용을 최소화하는 길을 끊임없이 찾는다는 것이다. 이렇게 하는 방법 중의 하나는 현금보유의 대부분을 주로 하나의 화폐로 보유하는 것이다. 그러나 민간, 특히 다국적기업은 화폐 본위제, 즉 지폐 본위제가 일단 확립되고 난 뒤에 그런 화폐 본위제를 공고히 하는 역할을 하고 있다고 보는 것이 정확한 실상일 것이다. 물론 다국적기업이 국제지폐 본위제의 출현에 전혀 기여를 하지 않는 것은 아니지만 말이다.

국제지폐 본위제의 출현에는 전 세계 정부의 확장 욕구, 즉 세계의 모든 정부가 추가적인 수익을 얻고자 하는 욕구가 가장 중요하게 작용하고 있다고 보여진다. 〈표 7〉은 한국, 미국, 일본 등의 조세부담률과 중앙정부의 부채를 보여주고 있다. 세 나라 모두 사회보장 기여금을 포함한 조세부담률은 30%에 육

❁ 표 7 한·미·일의 조세부담률과 중앙정부의 재정적자

국가 구분	조세부담률(%)	(중앙정부의 재정적자/GDP)×100 (%)
한국	26.8(2006년)	32.1(2007년)
일본	27.4(2005년)	161.4(2006년)
미국	28.2(2006년)	36.2(2007년)

자료: www.kosis.kr

주: 조세부담률은 사회보장 기여금 포함

박하고 있다. 그런데 한국의 경우에는 준조세가 많을 뿐 아니라 현물납으로 하는 징병으로 인한 조세를 포함하면 실제 조세부담률은 〈표 7〉에 나와 있는 수치보다 더 클 것이다. 중앙정부의 부채는 GDP 대비 한국 32.1%(2007년), 일본 161.4%(2006년), 미국 36.2%(2007년)에 이른다. 그러나 최근의 경기변동으로 정부의 재정적자는 큰 폭으로 증가하고 있다. 특히 일본과 미국의 재정적자가 큰 폭으로 증가하고 있다. 이와 함께 지방정부의 재정적자도 무시할 수 없을 정도로 증가하고 있다. 미국의 경우에 캘리포니아주, 뉴저지주 등이 이미 재정 파탄 지경에 이르렀다.

그러나 각국 정부는 국내에서 세금의 인상이나 인플레이션을 통한 방법은 한계가 있기 때문에 해외에서 자금을 획득할 수 있는데, 바로 그런 욕구가 국제 지폐 본위제의 출현에 기여한다는 것이다. 그런데 자본의 축적은 하루 아침에 이루어지지 않는다. 그리고 축적된 해외 자본을 국내로 유인하기 위해서는 충분한 제도적인 안전장치가 필요하다. 휠스만은 제도적인 안전장치를 위해 지난 40여 년 동안 4가지 제도가 역할을 해왔다고 주장한다. '채무자-정부'(공기업 또는 국영 은행 포함)는 주로 채권자들이 사용하는 화폐로 채권을 발행하는 경우가 증가해왔다. 오늘날 각국 정부는 달러, 유로, 엔 표시 채권을 발행한다. 1990년대 멕시코 위기 이전까지 미국 연방준비위원회는 자국민 채권자들을 위하여 명시적으로 또는 묵시적으로 대미 환율을 보장했다. 물론 이러한 보증은 멕시코

위기 이후에 폐지되었지만 국제지폐 본위제의 확립에 일정 부분 기여한 것이 사실이다. 홍콩과 같은 나라에서는 통화위원회(currency board)를 설립하여 자신의 통화를 외국 지폐, 예를 들어 달러의 대용물로 환원하는 정책을 취하고 있다. 일부 국가는 달러라이제이션(dollarization)을 통해 아예 국내 화폐를 폐지했다. 요약하면, 각국 정부의 추가적인 자원에 대한 욕구, 즉 정부의 확장 욕구가 국제지폐 본위제의 출현을 초래한 주요 동력이다. 그리고 달러, 엔 등이 지폐로서 국제 본위제의 하나로 천천히 선택되었다. 왜냐하면 그들 나라의 자본 시장이 잘 발달되어 있어서 자본이 풍부하기 때문이다. 이제 달러와 엔은 세계 경제에서 일정 지역의 화폐 표준(regional monetary standard)으로 출현한 것이다.[91] 유럽의 공동 화폐인 '유로'도 국제지폐 본위제의 하나가 되었지만 달러나 엔과는 다른 과정을 거쳤기 때문에 추가적인 설명이 필요하지만 연구의 목적상 생략한다.[92][93]

국제지폐 본위제의 하나가 된다는 것은 해당 화폐를 사용하는 외국인을 지속적으로 약탈할 수 있는 제도이다. 왜냐하면 국제지폐 발행국가는 자국의 국제수지 적자가 초래할 부정적 효과를 결코 염려하지 못할 것 또는 느끼지 못할 것이기 때문이다. 국제지폐 발행국가가 적어도 자국 통화로 거래하는 경우에서

---

91 미제스는 금본위제와 다른 화폐 제도, 예를 들어 금환본위제(gold exchange standard)를 비교하면서 금환본위제가 안정적인 화폐 체제가 아닌데, 왜냐하면 조만간 금환본위제는 화폐발행에 국가가 더 많이 간섭하는 방향으로 나아갈 것이라고 지적했다. 금환본위제는 화폐에 있어서 국제적으로 지배적인 지위를 가지게 되는 것, 즉 기축통화(key-currency)의 등장을 막지는 못한다는 것이다. 실제로 1971년에 미국은 국제간 거래에서마저도 금환본위제를 포기했다. 기축통화의 등장과 금환본위제의 관계에 대해서는 Gertchev(2003), p.122 참조.

92 유로가 유럽 지역의 표준화폐로 채택된 과정에 대해서는 Hülsmann(2008a), pp.228~230 참조.

93 달러, 엔, 유로 등을 일정 지역에서의 '기축통화'(key-currency)라고 부를 수 있다. 기축통화라는 용어는 세 종류의 화폐가 지폐이면서 국제적으로 표준화폐인 점을 모두 포함하고 있는 것 같지는 않기 때문에 적절한 용어가 아니다. 그리고 현재의 국제적인 표준화폐는 '복수'이기 때문에 단순히 기축통화라고 말하는 것도 적절하지 않다.

만은 그렇다는 것이다. 앞에서 지적했듯이, 미국과 일본 정부의 확대도 다른 나라 정부와 이해를 같이한다. 예를 들어, 국제지폐 본위제 국가들 중의 가장 중요한 국가인 미국 정부의 재정적자는 〈표 3〉에 나와 있는 것처럼 2000년대에 들어와서 급속도로 증가하기 시작했다.

미국 정부, 일본 정부 등은 국채를 발행하여 자기 나라의 재정적자를 해결한다. 외국 정부로 하여금 대미 경상수지 흑자로 만들어진 달러나 엔을 다시 국채에 투자하게 한다. 국제지폐 본위제 국가들은 이러한 방법으로 외국으로부터의 투자가 없을 때와 비교하여 상대적으로 저렴한 비용으로 재정적자에 필요한 자금을 마련해왔다. 〈표 8〉은 미국 재무성 채권의 국가별 보유현황을 1994년과 2008년을 대비하여 보인 것이다. 1994년에 미국을 제외한 외국이 미국 재무성 채권을 보유한 비율은 19%였으나 2008년에는 61%까지 급증했다. 〈부록 A〉는 미국 정부 발행 채권과 증권을 외국 정부가 연도별로 얼마나 보유하고 있는가를 보여주는 세부 자료이다. 미국 재무성 발행 채권의 경우에 2008년 말 현재 일본이 약 5681억 6천만 달러, 중국이 약 5219억 1천만 달러를 각각 보유하고 있다. 재무성을 제외한 미국 정부의 증권을 2008년 말 현재 중국이 5,270억 5천만 달러, 일본이 2,696억 2천만 달러를 각각 보유하고 있다. 중국과 일본, 두 나라가 2008년 말 현재 보유하고 있는 대미 달러 표시 채권과 증권은 약 1조 9천억에 이르고 있다. 〈부록 A〉는 최근으로 가까워질수록 미국 정부를 제외한 외국 정부가 미국 정부 발행 채권과 증권을 더 많이 보유하고 있음을 보여준다.

※ 표 8 미국 재무성 채권 국가별 보유현황 (단위: 십억 달러)

구분	1994	2008
미국 총보유액(A)	2,392	3,621
해외 총보유액(B)	464	2,311
(B/A) X 100	19%	61%

결론적으로, 이제 세계는 복수의 지폐 본위제(multiple paper-money standards) 제도로 들어가게 된 것이다.

그러면 국제적인 복수지폐 본위제라는 제도가 어떤 결과를 초래할 것인가? 국제적으로 복수의 지폐본위 제도라는 것의 본질은 표준화폐가 지폐라는 것이다. 지폐가 표준화폐인 이상 지폐가 초래할 모든 폐해를 초래한다. 인플레이션과 경기변동을 초래하는 것을 억제할 수는 없다. 그런 문제점 위에, 국제지폐 본위제는 외국인을 약탈하는 제도라는 점을 앞에서 지적했다. 상품화폐는 지폐가 초래할 각종 문제점을 억제하는 장치로서 기능한다는 점과 비교하면 국제지폐 본위제의 문제점은 더욱 두드러진다.

둘째, 국내지폐 본위제에서는 법적 수단을 사용하여 금융기관을 통제할 수 있지만 국제지폐 본위제에서는 그런 일이 가능하지 않다. BIS비율과 같은 수단이 세계 수준에서 만들어져서 적용되고 있지만 현재로서는 예외적인 것이라고 보는 것이 옳다.

셋째, 국제지폐 생산자들 간에 담합이 일어날 것이다. 한편으로 그들은 각자의 지폐 생산을 확대하기로 하고, 다른 한편으로 위기가 오면 다른 지폐 생산자들을 구제하고 한다. 마치 이것은 부분지급준비은행 제도에서 민간 은행과 중앙은행이 담합하는 것과 같다. 실제로 이번 위기에서 미국은 달러 자산을 보유한 나라에게 달러를 '스왑' 형식으로 빌려주어 환율변동이 증폭되는 데 따르는 위험을 막았다. 그런데 그것은 사실상 국내지폐 생산자들의 일부, 특히 달러 자산을 많이 보유한 나라와 국제지폐 생산자 간 담합을 실행한 것을 의미한다.

넷째, 지폐는 필연적으로 '화폐제국주의(monetary imperialism)'를 향하게 되어 있다(Gertchev 2013). 국가가 지폐의 발행을 독점하는 것을 '화폐국가주의(monetary nationalism)'라 한다. 국가가 지폐의 생산으로부터 발생하는 시뇨리지를 획득하기 위하여 그 발행 영역을 다른 나라로 넓히려는 성향을 가지게 되는 것은 화폐제국주의라고 한다. 이것은 지폐의 본질에 포함된 것이다. 그 본질이란 지폐의 발행에는 비용이 거의 들지 않는다는 것이다. 그러므로 국가는 화폐 발행 영역을 넓힘으로써 더 많은 시뇨리지를 획득하려고 한다. 일단 국제화폐가 되면 다른 나라의 화폐가 국제화폐가 되는 것을 저지하려는 경향을 띠게 되는 것도 화폐제국주의 때문이다.

다섯째, 경기변동이 여러 나라에서 동시 다발적으로 발생하거나 2008년 경제위기처럼 국제지폐 발행 국가에서 위기가 발생하여 다른 나라로 크게 확산되면 각국은 환율을 조작하여 상대방 국가의 희생을 대가로 자국의 이익을 도모하고자 한다. 이러한 환경에서는 건전한 화폐(sound money) 정책을 취하고자 하는 나라는 더 이상 그런 건전한 정책을 유지할 수 없다. 자국 화폐를 지속적으로 고평가되게 둘 수 없기 때문이다. 2008년 이후 스위스가 대표적인 예이다. 이것이 소위 환율전쟁 또는 화폐전쟁(currency war)이라는 것이다. 이 전쟁은 지폐제도에서만 일어날 수 있는 것이다. 화폐전쟁이 심화되면 실제의 전쟁으로 치달을 수 있다. 2008년 경제위기에 미국과 중국이 치른 일종의 환율전쟁에 대해서는 제2부에서는 자세히 서술할 것이다.

여섯째, 국제지폐 본위제가 경기변동과 관련된 점을 여기에서 언급하고자 한다. 국제지폐 본위제하에서 국제 표준화폐의 발행국가는 경상수지 적자를 통해 자급자족할 때에 비해 PPF를 경상수지 적자액만큼 바깥쪽으로 이동시킨다. 즉 경상수지 적자가 가용한 국내 생산요소의 한계를 어느 정도 벗어나게 해준다. 국제지폐 본위제하에서 국제지폐 피발행 국가 또는 국제지폐 사용 국가는 불확실성을 대비하여 국제지폐를 축적하지 않을 수 없다. 그 경우에 경상수지의 흑자액만큼 PPF를 안쪽으로 이동하게 만든다. 그것이 그렇게 되는 이유는 다음과 같다. 단기에는, 국제지폐 피발행국이자 경상수지 흑자국은 쓸모가 없는 지폐와 재화를 교환한다. 그러므로 사실상 PPF가 그만큼 안쪽으로 이동하는 것이다. 장기에서는, 달러로 표시한 경상수지의 흑자는 달러 가치의 하락으로 인하여 보유달러 자산은 사실상 가치가 크게 떨어지거나 휴지 조각이 된다. 예를 들어, 달러를 사용하는 시점까지 달러의 가치가 50% 하락한다면, 달러를 사용하는 시점이 달러를 받고나서 10년이라면 단순 계산으로 1년에 5%씩 달러 가치가 감소하고 그만큼 PPF가 안쪽으로 이동하는 것이다.

여기에 추가하여, 과다 발행된 채권을 구입한다는 것은 이자율이 그만큼 낮아진다는 것을 의미하고 과다 발행된 채권이 없을 때의 이자율과 현실 이자율의 차이만큼 채권 보유국은 손해를 본다. 이 점도 국제지폐 피발행국의 PPF를 안쪽으로 이동하게 만든다. 이번 미국 경기변동에서 달러를 가장 많이 보유한 중국이 미국 달러에 대하여 큰 불만을 가지게 된 것은 바로 그 점 때문이다. 그렇다면 경기변동을 PPF와 연결하여 설명하는 경우에 국제지폐 발행국가인 경우에는 경상수지 적자액의 전부 또는 일부만큼 PPF를 바깥쪽으로 이동하게 만들 것이고, 다른 나라, 예를 들어 중국, 한국 등은 경상수지 흑자액의 전부 또는 일부만큼 PPF를 안쪽으로 이동하게 처리해야 할 것이다. Garrison(2004) 등은 그 점을 고려하지 않았기 때문에 약간의 오류가 있다고 보아야 할 것이다. 즉 Garrison(2004) 등은 마치 폐쇄경제하에서의 경기변동 과정을 설명하고 있다는 것이고, 만약 대외 부문을 고려하는 경우에도 국제지폐 발행국 여부에 따라 다르게 다루어야 한다는 것이다. 이 점은 추가적인 연구가 필요하다.

요약하면, 국제지폐제도는 장기적으로는 지폐제국주의의 확산을 통해 세계경제를 환율전쟁, 무질서, 갈등, 국제분업의 파괴로 인한 경제성장의 후퇴 등을 초래하고 궁극적으로는 모든 국가의 경제를 파멸로 이끌 것이다. 물론 현실에서는 반대의 힘도 작용하고 있기 때문에 모든 국가가 일시에 파멸에 이르지는 않고 있는 것이다. 우리가 제도를 어떻게 개혁할 것인가 하는 문제는 다음 장에서 자세히 다루고자 한다.

Chapter

05 시사점과 결론

이번 경기변동이 직접적으로는 화폐공급의 증가에 의한 이자율의 인위적인 하락과 제도적으로는 화폐제도와 금융제도의 문제점 때문에 발생했다. 1920년대의 대공황도 금본위제하에 있었다는 점만을 제외한다면 이번 경기변동과 큰 차이가 없는, 직접적 원인과 제도적 원인 때문에 발생했다. 그리고 화폐공급양의 결정과 화폐제도와 금융제도를 만드는 일은 지금이나 그 당시나 정부의 몫이다. 즉 이번 경기변동이나 대공황이나 모두 정부 실패에서 연유했다는 것이다.

두 시기의 상황이 이러함에도, 지금이나 대공황 당시나 상당수 경제전문가와 여론은 자본주의, 신자유주의, 시장 등의 결함에서 그 원인을 찾고 있다. 당연히 그들은 정부가 개입하여 시장의 결함을 시정해 줄 것을 제안하거나 주장해왔다. 그 점을 라스바드는 다음과 같이 적고 있다.

> "대공황이 미국인의 사고에 미친 가장 주요한 영향은 '자유방임' 자본주의가 문제라는 생각이 일반적으로 받아들여진 것이었다. 경제학자들이나 일반 대중이나 할 것 없이, 다 같이 가진 공통적인 견해는 1920년대는 '개조되지 않은(un-

reconstructed) 자본주의'가 지배했고 이 비참한 공황이 구식의 자유방임이 더 이상 작동할 수 없다는 점을 보여준다는 것이다. 19세기에 자유방임 자본주의는 언제나 불안정과 침체를 가져왔다; 그러나 지금은 그 자본주의가 더 나빠져 왔고 전적으로 용납할 수 없을 정도로 되어져 왔다. 정부가 경제를 안정시키고 경기변동을 억제하기 위하여 개입해야 한다. 오늘날까지도[라스바드가 이 글을 쓰는 시점인 1960년대 초반, 역자주] 다수의 사람은 자본주의를 거의 영원히 심판해야 한다고 생각한다. 만약 현대판 화폐정책-재정정책과 안정화정책이 다음의 심각한 침체로부터 자본주의를 구제하지 못한다면 이 다수의 사람은 최종적인 해결책으로서 사회주의로 눈을 돌릴 것이다. 그들에게는 다음의 침체는 심지어 개혁되고 진보된 자본주의마저도 번영할 수 없다는 점을 최종적으로 입증하는 것이 될 것이다."
Rothbard(1975), p.2[94]

1. 경기변동의 직접적 원인으로부터 유도한 시사점

1 침체기의 정부 정책: 소극적 정책

'버스트-침체기'는 경제가 정상으로 돌아가는 데 반드시 필요한 회복의 시간이다. 그렇지만 침체기는 짧을수록 좋다. 침제기를 단축시키기 위하여 정부가 해야 할 일 또는 정부가 취해야 할 수단은 무엇인가? 침체기를 단축시키기 위한 가장 명확한 방법은 정부가 시장의 조정과정(market's adjustment process)에 간섭하거나 개입하지 않는 것이다. 사실 이 점이 가장 중요하다. 거의 모든 정부는 이 시기에 적극적으로 무엇인가를 해야 한다고 생각하고, 실제로 그렇게 한다. 그러나 정부의 시장 개입 또는 간섭은—그것이 어떤 형태의 것이든—'완전한' 회복으로 가는 길을 방해하고 어렵게 한다. 정부가 시장의 구조조정 과정에 개입할수록 침체를 악화시키고 영구화시킨다. 결국 정부의 시장 개입이나

94 라스바드가 50여 년 전에 다음의 침체, 즉 이번 침체에는 일단의 지식인과 대중의 여론이 정부의 개입을 더 촉구하는 방향으로 흐를 것이라는 예측을 했다는 사실은 우리를 놀라게 한다.

간섭은 정부가 해결하겠다고 하는 바로 그 문제점을 언제나 악화시킨다.

정부가 행하는 시장 간섭을 열거하면 그것이 바로 정부가 하지 말아야 할, 훌륭한 '반침체'(anti-depression) 정책이 된다. 정부가 행하는 시장 간섭은 재정 정책과 통화 정책으로 크게 구분할 수 있다.[95] 통화 정책은 세 가지로 나눌 수 있다. 첫째, 정부가 확장적 통화 정책을 실천하지 않는 것이다. 침체 이전보다 이자율을 더 낮추어 통화량을 더 증가시키면 통화량 증가는 재화들의 가격 하락을 방해한다. 그런 가격 하락 억제는 구조조정을 연기하고 침체를 더 길어지게 한다. 통화량 증가가 없을 때 비하면 그렇다는 것이다. 통화량 증가에 의한 추가적인 신용팽창은 더 많은 과오투자를 초래하고 이런 과오투자는 미래 언젠가 침체를 유발할 뿐 아니라 청산되어야 한다. 궁극적으로, 정부의 확장적 통화 정책은 시장이 정상적으로 돌아가는 데 필요한, 더 높은 이자율의 출현을 방해하기 때문이다.

둘째, 은행이 구조조정 대상인 기업에게 자금을 빌려주는 행위에 대하여 정부가 간섭하지 않는 것이다. 정부는 은행을 직접 소유하고 있을 뿐 아니라 그렇지 않는 경우에도 민간 은행에 대하여 상당한 통제력을 가지고 있다. 그것은 정부가 은행의 신용대출 행위에 쉽게 간섭할 수 있음을 의미한다. 정부가 은행의 신용대출 행위에 간섭하면 정부는 정부에게 '잘 보인' 기업에게 대출을 지시할 가능성이 높다. 그러므로 정부는 민간 은행의 자금 중개 행위에 간섭하지 말아야 한다. 은행을 소유하고 있는 경우에는 최대한 빨리 민영화해야 한다.

셋째, 정부가 민간 은행의 신용축소를 방해하지 말아야 한다. 위기가 도래하면 민간 은행은 신용을 축소하고자 한다. 신용의 축소가 바로 다름 아닌 디

95 현재 우리나라 정부도 경기변동에 대한 대응책으로 아래에서 열거하는 각종 시장 간섭 정책을 시행하고 있거나 시행할 예정으로 있다. 그 점에서 우리나라 정부의 정책이 초래할 폐해도 아래에서 논의하는 내용과 대동소이하다. 다만 이 절이 일반 이론에 대한 설명이기 때문에 우리나라 정부의 현재 반침체 정책에 대한 구체적인 언급은 생략한다.

플레이션이다. 은행은 자신이 파산함으로써 사회 전체의 신용을 축소케 할 뿐만 아니라 은행쇄도를 대비하거나 위험한 프로젝트에 투자한 신용을 회수함으로써 신용을 축소시킨다.[96] 신용의 축소 또는 디플레이션이 경기 회복을 지연시키는 것이 아니라 오히려 단축한다.[97] 정부가 민간 은행의 신용축소를 방해하는 것은 경기회복을 인위적으로 지연시킨다는 것을 의미한다.

재정 정책은 크게 네 가지로 나눌 수 있다. 첫째, 실업보조금을 중단하는 것이다. 실업보조금의 종류가 무엇이든지, 모든 실업보조금은 실업을 영구화할 뿐만 아니라 노동자가 일자리가 있는 곳으로 이동하는 것을 방해한다. 실업보조금이 일할 인센티브를 없앨 뿐 아니라 서둘러 일자리를 찾는 것을 방해하기 때문이다.

둘째, 가격을 시장에서 결정되는 수준보다 높게 유지하도록 유도하는 것을 하지 않는 것이다. 미국이 후버 대통령 시대에 기업의 임금을 의도적으로 높게 유지하도록 정부가 강제한 것이 좋은 사례이다. 가격을 시장에서 결정되는 수준보다 인위적으로 높게 유지하면 재고가 쌓이게 되고 경제의 빠른 회복을 방해한다. 실업보조금, 인턴제 보조금, 최저임금제 등과 같은 제도는 임금 하락을 억제하거나 임금의 상승을 추구하는 제도이다.

셋째, 정부가 소비를 촉진하고 그에 따라 저축을 억제하는 행위를 하지 않는 것이다. 적자 재정의 편성 또는 증세 등이 소비를 촉진하는 정책의 좋은 예이다. 정부의 지출은 모두 소비이기 때문에 정부가 적자 재정을 편성한다는 것은 그만큼 소비를 늘리고 저축을 줄이는 것이다. 일반적으로 말하면, 정부의 크기가 조금이라도 커지면 그 만큼 사회 전체의 '소비/투자' 비율을 끌어올리고

96 은행쇄도와 관련한 내용은 다음 절을 참조.

97 Hülsmann(2008b)은 디플레이션을 경기변동에 대응하는 적극적인 정책으로 삼아야 한다는 제안을 한다.

그런 소비 증가는 침체를 연장시킬 뿐이다. 서양에서 '푸드스탬프'를 지급하거나 각종 구제금 지급 프로그램은 소비를 촉진하고 그만큼 저축을 억제한다. 이와 유사한 프로그램은 많다. 각종 보장성 지출도 여기에 해당한다. 심지어 일본은 이번 위기에 현금을 소비자에게 직접 지불하기까지 했다. 소비 촉진과 그 결과 저축 억제는 침체를 악화시킨다는 사실과 그와 반대로 저축의 증가와 소비의 감소만이 침체를 단축하는 길이라는 것을 앞에서 보았다.

요약하면, 침체에 빠져 들고 있는 경제를 그 기간을 단축시키는 최선의 방법은 정부가 시장에 어떤 종류의 '개입'이나 '간섭'도 하지 않는 것이다. '확장적' 재정 정책과 '확장적' 통화 정책은 사람들이 그토록 바라는 경기의 회복을 지연시키고 다음 경기변동의 씨앗을 뿌리는 것이다. 무엇보다도 정부의 각종 지원 정책은 시장에서 도태되어야 할 '무능한' 기업가를 생존하게 만듦으로써 국가 경제를 비효율적으로 만든다. 그리고 일반적으로 그런 기업가는 다음 경기변동에 잘 대처할 수 없다. 지폐제도와 부분지급준비제도하에서는 경기변동이 반복될 것이라는 점은 제도 자체에 내재된 것이라는 점을 앞에서 지적하였다. 침체기에 행하는 정부의 각종 지원 정책은 소비자의 욕구를 만족시키는 일에 있어서도 비효율적이기 때문에 소비자 전체의 효용은 후퇴한다. 침체기에 행하는 정부의 각종 지원 정책은 인기에 영합은 하겠지만 장기적으로는 그 정책이 돕고자 하는 국민을 더 나쁘게 만드는 것이다.

2 침체기의 정부 정책: 적극적 정책

앞에서 시장의 조정과정에 맡기는 것이 침체가 발생했을 때 취해야 할 정부의 태도 또는 정책임을 지적했다. 그러나 그것은 소극적 정책이라고 하겠다. 정부가 침체를 예방 또는 방지하기 위하여 적극적으로 시행해야 할 정책은 없는가? 경기변동을 예방 또는 방지하는 것이 침체를 겪는 것보다는 좋은 방법인 것이 분명하기 때문이다. 정부가 경기변동을 예방 또는 방지하기 위한 정책과 관련하여 제도를 고치는 일은 다음 절로 미루고, 여기에서는 제도를 개혁하는 것을 제외한 내용만을 다룬다.

첫째, 가장 먼저 해야 할 일은 정부의 크기를 줄이는 것이다. 재정적자가 없다고 가정하면, 정부는 세금을 감면함으로써 정부의 지출을 줄일 수 있다. 세금은 어떤 종류의 것이든 소득에 부정적으로 작용하여, 그 결과 '저축/투자'에 부정적으로 작용한다. 먼저 경제가 침체기에 진입했다고 가정하자. 감세는 사회 전체의 '저축/소비' 또는 '투자/소비' 비율을 자동적으로 증가시키는 방향으로 작용하여 경제가 침체를 벗어나는데 필요한 시간을 단축시킨다. 장기적으로는, 세금을 줄여주는 것은 사회의 시간선호를 하락하게 만들고, 그 결과 경기침체를 벗어나는 데 없어서는 안 되는 '저축/투자'를 증가하게 만든다. 경제가 침체기에 진입해 있지 않다고 가정하자. 감세는 앞에서 제시한 이유로 경제 침체의 발생을 상당히 억제할 것이다. 감세는 또한 다른 건전한 경제행위를 자극하게 된다. 예를 들어, 앞에서 보았듯이 일본은 1990년대 침체기에 감세는 조금하고 증세는 상대적으로 크게 하였다. 물론 이러한 정책이 일본을 장기 침체에서 벗어나지 못하게 하고 있는 부분적인 이유이다.

둘째, 현존하는 재정적자를 줄이는 것도 침체 기간을 단축시키고 경제를 빠르게 회복시킬 수 있는 방법이다. 현실에서 많은 나라의 정부가 엄청난 액수의 재정적자를 국민에게 부담시키고 있나. 재정적자는 사실상 정부를 크게 만드는 방법이다. 재정적자의 조달을 어떤 방법으로 하느냐에 따라 그 경제적 효과는 조금씩 차이가 있다. 그러나 대부분의 경우에 재정적자는 새로운 화폐를 발권하여 조달된다. 새로운 화폐를 발행하는 것은 앞에서 지적한 인플레이션을 포함한 경기변동 등과 같은 각종 부작용을 초래한다. 그 결과 국민은 그만큼 가난해진다. 그러므로 흔히 재정적자는 다음 세대에게 빚을 부담시킨다고 말하는 것은 틀린 것이다. 인플레이션과 경기변동으로 현 세대도 일정 부분 빚을 부담하게 되기 때문이다. 그러므로 재정적자를 늘릴 것이 아니라 존재하는 재정적자를 줄이는 것이거나 최대한 없애는 것이 경기침체를 예방하거나 방지하는 방법 중의 하나이다. 일본의 경우처럼, 이미 재정적자가 엄청난 규모일 때는 상당한 재정적자의 축소도 외형적으로는 그 효과가 미미하게 나타날 수 있다. 그러나 그 효과가 없는 것은 아니다.

셋째, 정부의 규제를 폐지하는 것이다. 시장경제를 추구한다는 나라들이라 하더라도 실제로는 건전한 경제 행위를 억제하는 규제가 많은 것은 현실이다. 정부가 그런 규제를 폐지함으로써 건전한 경제활동을 장려할 뿐만 아니라 규제로 인한 각종 부작용과 폐해를 줄여 경제를 효율적으로 만들 수 있기 때문이다. 물론 여기에서 자본주의의 근간인 재산권을 보호하는 각종 제도와 규제는 자본주의에 맞게 잘 손질하여 존속되어야 한다.

요약하면, 경기변동에 대한 정부의 적극적인 정책은 정부의 크기를 실질적으로 줄이는 것이다. 정부의 크기라는 관점에서 보면, 큰 정부가 경기변동을 만들어낸 것이라고 할 수 있다. 특히 다음 절에서 논의할 제도적 관점에서는 더욱 그렇다. 정부를 크게 만드는 어떤 공공정책도 다음 경기변동을 초래하거나 경기변동의 영향을 악화시키는 방향으로 나아가는 것이다.

2. 경기변동의 제도적 원인으로부터 유도한 시사점

화폐제도와 금융제도가 화폐 관련 정책과 목표보다 훨씬 중요

화폐와 금융에 관한 한, 미제스와 하이에크는 우리가 어떤 정책과 목표를 추구하느냐 하는 것은 그다지 중요하지 않다고 주장한다. 화폐와 금융에 관한 정책과 목표보다 더 중요한 것은 화폐제도와 금융제도라는 틀 그 자체라는 것이다. 다시 말하면, 화폐와 금융에 관한 규칙과 제도가 어떤 정책과 그것을 실천하려는 의도보다 더 중요하다는 것이다. 그 점이 이번 위기에서 여지없이 입증되었다.

여기에서는 지금까지 분석한 내용을 토대로 경기변동을 방지 또는 예방할 수 있는 화폐제도와 금융제도의 틀을 제안하고자 한다.[98] 화폐의 생산 관련한 몇 가지 쟁점을 논의하기 위하여, 먼저 화폐시장에 있어서도 우리의 궁극적 목적은 희소성을 줄이는 것 또는 부의 증가라고 전제한다. 물론 이 전제는 환경 문제와 관련하여 미묘한 쟁점이 없는 것은 아니지만 일반적으로 받아들이는 것이다. 중앙은행이나 정부도 여기에서 예외는 아니다. 그것이 의미하는 바는 인플레이션 목표치, 화폐공급량의 증가율 목표 등과 같은 것은 인간 사회의 중간단계의 목표 또는 궁극적 목적의 수단일 뿐이다. 주어진 목표를 달성하기 위하여 화폐제도는 인플레이션 목표치 등과 같은 다른 어떤 수단보다도 중요한 수단이다. 그리고 궁극적 목적을 달성하기 위하여 수단으로서 화폐제도를 취사선택할 수 있고 그렇게 할 수 있어야 한다. 다시 말하면, 화폐제도의 선택은 인간의 의지의 문제이지 궁극적으로 주어진 것이 아니라는 것이고 역사적으로도 그러하다.

화폐 발행에는 두 개의 제도가 존재한다. 자유시장과 정부의 특혜와 보호를 받는 시장으로 구분할 수 있다. 화폐 발행에 있어서 자유시장이란 화폐의 생산과 사용에 있어서 정부가 누구에게도 어떤 특권 또는 특혜를 부여하지 않는 것을 의미한다. 여기에서 분명히 할 것은 정부 발행의 상품화폐도 정부의 특혜와 보호를 받는다는 점에서 자유시장이 아니다. 정부 또는 중앙은행이 상품화폐를 발행하면 필연적으로 그 상품화폐는 함량이 부족한(debasement) 화폐가

98 여기에서 제안하는 개혁보다 더 구체적이고 넓은 범위의 개혁을 다룬 문헌으로는 Mises(1980), 제4부, Rothbard(1994), Huerta de Soto(2006), 제9장, Hülsmann(2008a) 등 참조. 국내 문헌으로는 안재욱(2008), 전용덕(2007) 등이 있다.

되고 궁극적으로는 지폐로 바뀔 것이고 역사적으로도 실제로 그렇게 되었다.[99] 이 점에서 19세기 말의 금본위제는 불환본위제(fiat standard)이지 자유시장이 아니었다. 그 결과로 Hülsmann(2003b, p.59)은 19세기 고전적 자유주의자의 표준화(standardization)운동은 문제가 있다고 지적했다.

자유시장이란 물론 민간이 상품화폐, 지폐, 다른 화폐 등, 어느 것이라도 발행할 수 있는 시장을 말한다. 자유시장이란 화폐의 발행에 있어서 화폐 간 경쟁을 허용하는 시장을 의미한다. 이때 물론 상품화폐가 종국적으로 선택될 것이다. 민간 발행의 지폐 등이 경쟁에서 존립할 수 없는 본질적인 이유는 상품화폐에 비해 비화폐적(nonmonetary) 수요가 없다는 것이다(Hülsmann(2003b), p.39). 지폐는 화폐 용도를 제외하고는 쓰레기나 다름없다. 이 점은 하이퍼인플레이션이 시작되면 지폐의 운명이 어떻게 되는가를 보면 알 수 있다. 역사적 경험도 지폐는 언제나 정부의 보호와 특혜 때문에 존립했다.

자유시장에서 화폐 간 경쟁은 상품화폐 간 경쟁으로 국한될 것이다. 이 때 만약 경제가 성장한다고 가정하자. 그리고 기술적인 이유로 금과 같은 상품화폐의 공급이 충분하지 않다면 그 상품화폐의 구매력은 상승할 것이다. 이런 상황이 발생하면 제2, 제3의 상품화폐, 예를 들어 은, 동 등이 민간에 의해 발행될 것이다.[100] 민간이 상품화폐를 자유롭게 발행하는 것은 시장경제 원리에 아주 잘 일치하는 것이다.[101] 이 때 시장경제 원리란 자유시장에서는 소비자가 모든 투자 결정의 최종 심판자가 된다는 것을 의미한다. 이러한 원리는 재화시장에 적용되는 것이기도 한데 화폐시장에 적용하지 말아야 할 이유가 없다. 여기

99 정부가 어떻게 화폐제도를 파괴해 왔는가를 다룬 개론서로는 Rothbrad(1990)가 있다.

100 여러 상품화폐가 동시에 사용되는 상황에 대한 자세한 설명은 Hülsmann(2003b), pp.39~40 참조.

101 화폐발행시장을 자유시장으로 만드는 데 관련된 기술적인 문제는 그런 결정을 하고 난 이후에 논의해도 늦지 않을 것이다.

에서 나오는 결론은, 우리가 자유시장에서 민간 발행의 화폐보다 더 중요한 다른 재화를 보유하는 것을 방해하지 않는 한 그 화폐를 보유하고 사용할 것이다. 지금까지 화폐발행을 자유롭게 했을 때 일어날 결과를 아주 간략히 설명했다.

화폐의 자유로운 발행이 지니는 규범적 문제는 어떻게 되는가? 즉 자유로운 화폐 발행(monetary laissez-faire)이 사회에 좋은 것인가 나쁜 것인가 하는 것이다. 예를 들어, 만약 금과 은이라는 복수 상품화폐가 사용되는 경우에 두 화폐의 공급량에 따라 두 화폐의 구매력이 결정되고, 두 화폐의 사용범위에 따라 두 화폐의 효용이 결정될 것이기 때문에, 금과 은의 생산자와 보유자 간에 이해의 갈등이 발생한다. 이 질문에 대한 가장 통상적인 접근법은 최종적인 또는 궁극적인 심판자로는 사회구성원들로 하고 그들의 판단에 따르도록 하는 것이다. 그러나 인간의 효용에 의존하는 방법은 그런 효용이 모두 주관적인 것이기 때문에 공통분모가 없고, 그 결과 우리는 판단을 위한 기준을 마련할 수 없게 된다. 이러한 문제를 해결할 수 있는, 모순이 없는 유일한 방법은 재산권을 존중하는 것이다.[102]

그리고 우리가 이러한 기준을 화폐의 제조와 화폐의 생산량에 적용하면 민간 재산권을 존중한다는 전제하에 사회 구성원이 자유롭게 결정한 화폐의 종류와 화폐의 생산량은 언제나 최적이라는 결론에 도달한다. 즉 사전적인(ex ante) 관점에서 보면 시장 참여자들의 자유로운 선택에 의해 결정된 화폐의 종류는 최적이고 화폐의 구체적인 생산량도 최적이다.[103] 이런 결론이 의미하는 바는, 얼마나 많은 화폐량을 생산할 것인가 하는 질문은 적절한 것이 아니고, 화폐와 관련한 적절한 질문은 화폐의 경쟁적인 생산을 방해하는 어떤 법적 제한이나

102 재산권을 복지 기준으로 사용하는 데 대한 자세한 설명은 Hoppe(1989), Rothbard(1997b, 2002) 등이 있다.

103 사전적인 계획과 사후적인 현실 간의 비교 문제를 일반적으로 다룬 문헌으로는 Rothbard(1977), 제2장 참조.

규제가 있는가 하는 것이 된다.

이제 화폐의 자유로운 생산이라는 하나의 제도와 현실의 다른 하나의 제도인 국가에 의한 화폐의 독점 생산이라는 제도를 비교할 필요가 있다. 여기에서 국가에 의한 지폐의 생산이 가져올 폐해는 앞에서 충분하지는 않지만 상당히 다루었기 때문에 다시 언급할 필요는 없을 것이다.[104] 오히려 지폐의 독점 생산을 찬성할 만한 이론적인 이유가 있는가를 몇 가지 주요한 것만 간추려서 다루어보고자 한다(Hülsmann(2003b, 2008a)).

첫째, 지폐의 생산자는 매우 쉽게 화폐의 생산량을 증가시킴으로써 시장 참가자들의 동기를 자극할 수 있다는 것이다. 지폐의 생산량을 증가시킴으로써 재화들의 가격이 상승하기 때문이다. 이것이 흄(Hume)이 주장한 소위 '동기' 이론이다(Hume(1985), p.286 이후). 그러나 동기 이론의 문제점은 지폐공급의 증가가 동기를 파괴하는 집단도 있다는 점을 간과한 것이다. 우리가 지폐의 증가가 소득재분배를 초래한다는 점을 앞에서 보았는데 그것은 소득재분배에서 손해를 보는 집단은 그만큼 동기를 잃는다는 것이다. 지폐공급의 증가는 사회에 시간을 두고 퍼져나간다. 물론 얼마나 빨리 퍼져나가는가 하는 것은 당시의 경제 상황과 경제 주체들의 기대에 달려있을 것이다. 이 과정에서 초기에 새로운 지폐를 받은 기업가는 예전보다 더 많은 생산요소를 고용할 수 있을 것이고 상대적으로 그런 지폐를 받을 수 없는 기업가는 생산요소의 고용을 줄여야 할 것이다. 즉 지폐공급의 증가는 일부 기업가의 동기를 자극하지만 다른 기업가를 실망시킨다. 앞에서 지적한 점 이외에도 동기 이론이 진실이라는 주장이 있지만 여기에서는 생략한다. 결론적으로 동기이론이 지폐의 생산을 정당화시킨다는 것은 틀린 것이다.

---

104 지폐가 시장에서 자생적으로 생산된 것이 아니라는 견해에 대한 역사적 증거로는 Selgin(1994), Dowd(2001) 참조.

둘째, 지폐공급의 증가가 소득재분배를 가져오는데 이 때 국가 내의 유능한 기업가들에게 자원이 이동한다는 것이다. 이 점은 앞에서도 검토하였으나 충분하지 못하기 때문에 추가 논의한다. 이런 가능성이 '강요된 저축' 학설(doctrine of forced savings)에서 강조된 것이다.[105] 상대적으로 유능하지 못한 기업가들은 지폐공급이 증가하기 이전에 비해 자원배분에 있어서 비중이 작아지고 그 결과 경제는 긍정적인 영향을 받는다는 것이다. 그러나 현실에서 반대의 경우도 일어날 수 있을 뿐 아니라 실제로 더 자주 일어난다. 위기에 빠진 기업을 구제하기 위하여 화폐공급을 증가시키는 경우를 생각해보라. 이 경우에는 상대적으로 유능한 기업가를 희생하여 무능한 기업가에게 혜택을 주는 것이다. 복지국가를 추구하는 경우에 그런 비용을 위하여 국가가 지폐공급을 증가시키는 경우는 상대적으로 무능한 경제주체에게 단순히 소득을 재분배할 뿐이고 유능한 기업가에게 자원이 배분된다는 주장은 틀린 것이다. 만약 인플레이션으로 유도한 강요된 저축이 현실에서 실제로 발생했다 하더라도 그것은 순전히 우연일 뿐이다. 원인과 결과의 관계가 우연한 것을 토대로 화폐 정책이나 제도를 결정할 수는 없다.

셋째, 노동시장에 있어서 임금의 경직성을 극복하기 위하여 화폐공급의 증가가 필요하다는 것이다. 화폐공급의 증가를 통해 유도된 인플레이션이 노동시장에 완전고용을 초래하고 모든 가용 자원을 사용하는 균형점까지 실질임금의 하락을 유도한다는 것이다. 특히 1920년대 이후에 이 주장은 유럽에서 교조적인 단계에 이르렀다. 이 주장은 화폐정책과 다른 시장, 예를 들어 노동시장의 임금결정 과정이 독립적이라는 가정을 하고 있다. 그러나 그런 가정은 비현실적이다. 노동시장에서 물가상승에 연동하는 임금 결정 방법은 불완전하다. 그 결과 많은 경우에 노동조합은 인플레이션으로 인한 화폐의 구매력의 상실을 과

105 여기에서 말하는 강요된 저축은 앞의 '경기변동과 인플레이션' 항에서 서술된 강요된 저축과 동일한 것이다.

다하게 추정한다. 그리고 그런 과다 추정은 더 많은 실업을 초래한다. 1970년대 이후에 독일, 프랑스, 스페인 등에서 이러한 결과는 두드러지게 나타나고 있다. 그러므로 이 주장도 틀린 것이다.

넷째, 화폐수요와 화폐공급의 변화에 따라 조정이 필요하기 때문에 화폐의 생산을 국가가 독점해야 한다는 주장이다. 이 주장의 핵심은 화폐의 명목 수량을 현재의 경제조건에 맞게 조정해야 하기 때문에 화폐공급을 국가가 독점해야 한다는 것이다. 이 주장은 크게 두 가지로 구분할 수 있다. 하나는 변화된 화폐의 수요에 맞게 화폐의 공급을 조정해야 한다는 주장이다. 다른 하나는 화폐의 수요와 공급을 다함께 상품시장의 변화에 맞게 조정해야 한다는 주장이다. 화폐의 수요 또는 화폐의 공급 또는 두 가지 모두를 조정하는 문제는 매우 복잡할 뿐 아니라 여러 가지 경우가 있기 때문에 여기에서 모두 다루는 것은 본 연구의 목적상 적절하지 못하다. 다만 지적해야 할 것은 국가가 지폐를 독점 생산하면 화폐수요에 비해 화폐공급이 언제나 초과하여 발행된다는 것이 역사적 경험이다. 지폐의 최적 공급량을 인간의 지식으로는 찾아낼 수 없다는 본질적인 한계에 직면하게 된다는 점은 앞에서 지적했다. 경기변동, 특히 침체기에 화폐공급이 급격히 감소하는 경우가 발생할 수 있다. 그것은 금융제도의 문제와 직접적으로 관련이 있다. 만약 100% 지급준비를 법률로 규제한다면 그러한 경기변동에 의한 화폐공급의 축소는 발생하지 않을 것이다. 그리고 상품화폐와 100% 지급준비제도하에서는 현재와 같은 대규모의 경기변동은 발생하지 않을 것이기 때문에 화폐공급의 급격한 변화를 염려할 필요가 없다. 다만 상품화폐의 생산과 관련된 기술적인 문제로 인해 발생할 수 있는 약간의 문제는 화폐가 자유시장이 되면 화폐를 발행하는 기업가의 이윤 동기에 의해 적절히 해결될 수 있을 뿐 아니라 그런 이윤 동기에 의해 제거할 수 없는 문제가 없는 것은 아니지만 지폐의 독점 생산에 의해 야기되는 경기변동의 폐해에 비하면 아주 작은 것이다.

요약하면, 지폐 발행의 정부 독점을 폐지하고 화폐의 자유로운 발행을 민간에게 허용한다.[106] 민간은 누구나 어떤 종류의 화폐라도 그리고 얼마의 양이라도 자유롭게 발행할 수 있어야 한다. 즉 화폐 발행 시장을 자유시장으로 만들어야 한다는 것이다. 왜냐하면 그런 시장은 필연적으로 상품화폐의 발행으로 귀결될 것이라는 점을 경제이론은 보여주고 상품화폐는 역사적으로도 민간에 의해 시장에서 발견되고 진화한 것이기 때문이다(Menger 1950). 경제이론과 역사, 모두가 보여주는 바는 화폐시장을 자유시장으로 하면 그 결과는 상품화폐가 표준화폐가 된다는 것이다.

앞에서 지적했듯이 민간에 의한 상품화폐의 발행은 정부에 의한 지폐의 독점 발행으로 인한 경기변동을 포함한 각종 폐해를 거의 대부분 해결할 것이다. 다시 말하면, 상품화폐의 사용이 정부의 지폐 발행의 남용으로부터 화폐 가치를 보호하고 각종 폐해를 억제할 수 있는 확실한 방법이라는 것이다(Menger(1950), p.258). 물론 상품화폐도 완전한 것이 아니기 때문에 생산과 관련한 기술적인 제약도 약간의 문제를 일으킬 뿐 아니라 상품화폐의 증가도 실물부문에 영향을 미칠 것이다.[107 108] 그리고 국가에 의한 지폐의 독점 생산을 찬

106 제본스(Jevons), 밀(Mill), 리카도(Ricardo), 맬서스(Malthus) 등과 같은 고전파 경제학자는 상품화폐 제도를 찬성했지만 그중 일부는 지폐제도도 찬성하는 잘못을 범했다. 그들이 그렇게 이중적인 태도를 취하게 된 이유로는 앞에서 제시한 이유들 가운데 하나 또는 둘 이상의 주장에 친성했기 때문이다. 고전파 경제학자들의 화폐제도에 대한 견해를 간략히 검토한 것으로는 Gertchev(2003) 참조.

107 물론 상품화폐 또는 금은 우리가 바라는 완전한 화폐는 아니다. 그러나 금에 대한 유일한 대안은 정부 발행의 지폐라는 점이다. 이 점을 미제스는 1924년 "금본위제로의 회귀"(Return to the Gold Standard)라는 논문에서 이렇게 지적하고 있다. "우리는 금본위제와 정부에 의해 조작되는 화폐, 둘 중의 하나만 선택해야 한다. 금본위제의 경우에 우리가 금 생산의 이윤 여부에 의존하게 된다. 독립화폐[정부 발행의 지폐를 말함, 역자주]의 경우에 우리는 변화하는 정치적 분위기에 의존하게 된다. (중략) 금본위제는 이상적인 화폐제도는 아니다. 그러나 현재의 여건에서 금본위제가 가능한 최선의 제도이다"(Ebeling(2002), p.153).

108 이 점은 연구자마다 약간씩 다른 주장을 하기 때문에 추가적인 연구가 필요하다.

성할 긍정적인 효과는 없다는 것을 알았다. 화폐 발행을 자유시장으로 만드는 것 또는 화폐의 생산에 어떤 법적인 특혜나 규제를 가하지 않는 것, 즉 자유로운 화폐제도는 잘 작동할 수 있고 역사적으로도 잘 작동했다.

지속가능한 성장 또는 경기변동을 방지 또는 억제하기 위해서는 화폐 발행을 자유시장으로 만드는 일은 필수이다. 그리고 그렇게 하기 위해서는 몇 가지 제도를 개혁 또는 개선해야 한다. 다만 여기에서는 시급하고 중요한 것만 몇 가지 지적하고자 한다.

첫째, 화폐 발행을 자유시장으로 만들기 위해서는 중앙은행을 폐지해야 한다.[109][110][111] 중앙은행은 자신이 발권한 화폐를 사용하는 과정에서 각 민간 금융기관에게 법정지급준비금을 강제하는데 그것이 민간 금융기관이 신용을 확장할 수 있는 연결 고리가 된다. 그 점에서 중앙은행은 발권시장에서 민간 금융기관을 협력하게 만드는 암묵적 그리고 '비자발적'(involuntary) 카르텔 기구이다. 이러한 협력의 대가로 민간 금융기관은 지급준비제도를 통해 문제없이 신용을 확대할 수 있다.[112] 추가적으로 민간 금융기관이 지급불능의 상태에 놓이면 중

109 중앙은행의 기능은 각국마다 대동소이하다고 하겠다. 폐해도 역시 그러하다. 그러므로 주요 폐해만을 다루고자 한다. 중앙은행의 자세한 기능에 대해서는 전용덕(2007), pp.93~101 참조.

110 이 글에서는 다루지 않겠지만 중앙은행 제도가, 왜 그리고 어떻게 생겨났는가 하는 질문도 매우 의의 있는 것이다. 미국 연방준비이사회는 19세기 말 20세기 초 민간 상업은행의 문제점을 해결하기 위하여 만들어졌다는 것이다. 다시 말하면, 이익집단의 이해를 돌보기 위하여 연방준비이사회가 만들어진 것이지 공공의 이익(public interest)을 위한 것이 아니라는 점이다. 미국 연방준비이사회의 성립 동기와 과정은 Rothbard(1983, 1984, 1999) 참조. 영국의 중앙은행이라 할 수 있는 영국은행(Bank of England)의 기원에 대해서는 Rothbard(1983)을 참조.

111 한국은행과 미국 연방준비위원회의 차이에 대해서는 한국은행 조사국 금융제도팀, '미국 연준과 한국은행, 어떻게 다른가?' 한국은행 홈페이지, 2001. 3을 참고.

112 Salin(1996)에 의하면 자유은행업제도(free banking system)하에서도 자생적인 조정(spontaneous coordination), 즉 자발적 카르텔이 형성된다는 것이다. 예를 들면, 자유은행업제도하에서 은행들이 '태환이 보증되는 화폐'를 발행하는 경우에 자생적 조정 시스템은 모든 화폐를 완전히 대체 가능한 것으로 만든다는 것이다. 이렇게 자발적 협력이 가능한 것은 지폐가 아닌 태환이 보증되는 화폐를 사용하기 때문이다. 이러한 자발적 카르텔과 비자발적 카르텔인 현재의

앙은행은 최종대부자(lender of last resort)로서 민간 금융기관을 구제함으로써 신용수단 확대를 음성적으로 돕는다. 그리고 중앙은행이 최종 대부자의 역할을 하는 순간부터 민간 금융기관의 도덕적 해이 문제가 발생할 것이라는 점도 중앙은행 제도의 문제점으로 지적되어야 한다. 중앙은행의 발권력 독점과 중앙은행의 지원을 받는 금융제도가 경기변동의 원인임을 앞에서 지적하였다. 더 구체적으로, 중앙은행은 신용수단 확대의 구조적이고 비자발적인 카르텔 장치일 뿐만 아니라 정부는 이러한 장치를 이용하여 경기의 상승이라는 자신에게 유리한 정책을 유도한다. 그리고 신용수단의 확대를 통한 경기 상승은 그 다음 단계에 필연적으로 불황을 초래한다. 그러므로 중앙은행을 폐지하는 것이 바람직하다.[113]

둘째, 민간은행으로 하여금 100%지급준비를 의무화해야 한다. 과거에 존재했거나 현존하는 금융제도로는 크게 세 가지다. 라스바드는 좋은 제도의 순위를 암묵적으로 100퍼센트지급준비은행업, 자유은행업, 중앙은행업의 차례로 매기고 있다. 다만 상품화폐를 채택한다면 자유은행업도 궁극적으로 100퍼센트지급준비은행업과 비슷한 결과를 가져올 것으로 보고 있다(Rothbard(1993), pp.870~871). 적어도 경제적인 면에서는 그렇다는 것이다. 그러나 자유은행업과 100퍼센트지급준비은행업은 여전히 법적, 윤리적 문제 등에 있어서 결정적인 차이가 있다. 법적, 윤리적, 경제적 문제가 없는 제도는 100퍼센트지급준비

중앙은행제도와 구별해야 함은 당연하다.

113 중앙은행이 지폐의 발행을 독점하는 상황에서는 통화주의자가 주장하는 준칙주의는 중앙은행의 재량적 정책보다는 폐해가 적은 것이 분명하다. 그러나 준칙주의는 민간이 화폐를 자유롭게 발행하는 제도에 비한다면 매우 열등한 것이 사실이다. 그렇기 때문에 준칙주의 아래에서는 여러 가지 폐해가 발생할 여지도 크다. 그 점에서 준칙주의는 화폐제도 개혁의 궁극적 목표가 될 수 없다. 이 연구는 제도 개혁의 궁극적 목표를 제안하는 데 주안점을 두고 있다. 그리고 준칙주의는 화폐와 금융에 관한 정책과 목표에 해당한다. 그러나 미제스와 하이에크는 정책과 목표보다 화폐제도와 금융제도의 틀이 더 중요하다는 점을 지적했음을 이 절의 서두에서 언급했다. 준칙주의에 대한 자세한 설명은 안재욱(2008), pp.135~136, p.217 참조.

은행업뿐이다. 그것은 보관이나 청산을 목적으로 하는 요구불 예금에 대하여 지급준비금을 100% 준비할 것을 의무화해야 한다는 것을 말한다. 물론 저축성 예금에 대하여는 100%지급준비를 의무화할 필요는 없다. 저축성 예금에 대한 지급준비의 정도는 각 금융기관에 일임하면 될 것이다. 그러나 저축성 예금이라 하더라도 즉각 현금을 반환해주는 경우에는 사실상 요구불 예금과 같은 것이기 때문에 100%지급준비를 의무화해야 한다. 민간은행이 예금자나 저축자에게 징수하는 수수료를 포함함 각종 비용에 대한 규제는 폐지하여 민간 은행의 자율에 맡겨야 한다.

셋째, 금융시장에 가해진 불필요한 규제와 잘못된 규제를 개혁하는 것도 긴요하다. 무엇보다도 강제성 예금보험제도는 폐지하고 은행쇄도를 제도적으로 허용해야 한다.[114] 은행쇄도도 여러 가지 방식이 있는 만큼 연구가 필요하다. 은행쇄도를 허용함은 금융기관이 고객의 요구에 응할 수 없다면 언제든지 파산해야 한다는 것을 의미한다. 이와 함께, 현행 파산 관련법은 진정한 의미의 파산보다는 오히려 파산을 지연시키는 장치다. 그 점에서 파산 관련법의 대폭적인 정비가 필요하다. 그리고 민간 금융기관이 자발적으로 시행하는 예금보험제도를 금지할 필요는 없다. 은행이 거래소를 중심으로 협력하는 일도 적극적으로 허용하는 것이 옳다.

넷째, 국제적으로 화폐제도를 개혁하는 일도 매우 중요하다. 국제적으로 현재의 복수 지폐 본위제에 대한 대안은 두 가지가 있다. 하나는 자급자족으로 돌아가는 방법, 즉 자국 내에서 지폐를 사용하고 자본의 이동 등을 금지하는 것이다. 그러나 이 방법은 경제 전체의 몰락을 초래할 것이 예상된다. 물론 자국 내에서 지폐를 사용하는 것은 지폐의 문제점을 그대로 지닐 것임은 당연하다. 자급자족은 현재의 지폐제도보다 더 나쁜 제도라는 것이다. 다른 하나는 세

114 현행 강제 예금보험제도가 초래할 폐해에 대한 자세한 설명은 전용덕(2007), pp.108~131 참조.

계적 차원의 지폐 공동체(world paper-money union) 등을 만드는 방법 등이 있다. 이 방법은 현재로서는 정치적으로도 실현이 매우 어려운 것이지만 지폐 본위제의 폐해를 거의 그대로 가지게 될 것이라는 점에서 결코 좋은 대안이 아니다. 국제적으로도 유일한 대안은 모든 나라가 화폐의 발행시장을 자유시장으로 만드는 것이다. 특히 현재의 국제지폐 생산자들이 화폐의 발행을 자유시장으로 만들어 경쟁에 의해 화폐를 발행할 수 있도록 하면 국제지폐 생산자들이 아닌 나라들은 쉽게 제도를 변경할 수 있을 것이다.

3. 결론

경기변동이 인간의 삶에 미치는 영향은 자원배분만이 아니다. 경기변동은 인간의 삶, 전부에 영향을 미친다고 해도 결코 과언이 아니다. 그러나 경제학자들은 일반적으로 경기변동 국면에서 발생하는 자원 배분에만 관심을 기울인다. 불황, 특히 길고 혹독한 불황은 인간의 삶을 송두리째 흔들어 놓는다. 불황은 노숙자와 가족 붕괴의 증가, 살인과 성범죄와 같은 잔혹한 범죄의 증가, 결혼과 출산의 감소, 이혼과 자살의 증가, 영아 유기의 증가 등과 같은 사회병리적 현상을 초래한다.[115] 우리나라에서 1990년대 초에 부동산 가격이 폭등하자 혼자 또는 가족 단위로 자살하는 사람이 속출한 것이 좋은 사례이다. 인플레이션과 실업이 동시에 진행되는 스태그플레이션 상태에서 직장을 잃은 가장이나 가족이 증가하면서 자살자 등이 급증한 것이다. 불황은 테러와 같은 불특정 다수를

115 사회학자들과 정치학자들과 같은 비경제학자들은 시간선호를 무시한다. 그러나 예외도 있는데 Banfield(1974)가 그렇다. Banfield는 가족붕괴, 난혼, 성병, 알코올중독, 마약중독, 폭력, 범죄, 높은 유아사망률, 낮은 평균 수명 등은 높은 시간선호도의 결과라는 것이다. 여기에서는 정부가 경기변동을 통해 재산권을 파괴함으로써 반문명화 과정으로 진행된다는 점을 보인 것이다. 이 점에 대한 자세한 설명은 Hoppe(2001), 제1장 참조.

향한 분노 표출 행위도 증가하게 만든다. 특히 불황이 장기화되는 경우에 이러한 현상은 두드러진다. 1990년대 초부터 장기 불황이 계속되고 있는 일본에서 테러가 점증하는 양상을 보이고 있는 것이 좋은 예이다. 불황의 골이 깊을수록 폭력적이고 부도덕한 행위는 비례하여 증가하고 있다. 불황은 공무원의 부정부패를 부추기는 경향도 감지되는 것 같다. 사기와 같은 범죄가 증가하는 것도 경기변동과 밀접한 관련이 있다. 불황의 정도가 용인할 수 있는 극한 상황을 넘으면 국가 간 분쟁, 즉 전쟁이 일어나거나 국가 자체가 붕괴한다. 앞에서 나열한 현상을 총칭하여 '반문명화'(decivilization) 또는 '문명 파괴'라고 한다. 다시 말하면 경기변동의 지속과 반복, 그로 인한 누적적 효과는 종국적으로는 반문명화 또는 문명파괴에 이르게 된다는 것이다. 그리고 미국의 경기변동이 우리에게 가르쳐 준 다른 한 가지는, 모든 제도가 현재와 같은 상황하에서는 경기변동의 영향으로부터 지구상에서는 누구도 도망쳐서 숨을 곳이 없다는 점과 개인에게 남은 유일한 길은 제로섬게임인 머니게임(money game)에 참여하는 것뿐이라는 점이다.

만약 정부가 통화에 대한 간섭을 없애고 화폐제도와 금융제도를 앞에서 제시한 바대로 개혁한다면 어떤 일이 일어날 것인가? 다시 말하면, 만약 화폐 발행시장과 유통시장이 정부의 간섭이 없는 자유시장이 되면 어떻게 될 것인가? 그런 경제에서는 경기변동이 발생하지 않을 것이다. 금융위기를 포함한 경기변동이 반복되는 것은 정부에 의한 시장 간섭의 결과이기 때문이다. 만약 화폐제도와 금융제도를 자유시장에 맞게 개혁하면 국가적 차원의 위기와 국제적 차원의 위기는 발생하지 않을 것이다.[116] 그러나 경기변동이 아닌 경기변화는

116 상품화폐제도하에서 화폐공급의 증가가 자발적으로 이루어지는 경우에 경기변동의 발생 여부와 그 정도에 대해서는 연구가 필요하다. 분명한 것은 만약 상품화폐제도하에서 경기변동이 발생한다 하더라도 그런 경기변동은 지폐제도하에서의 경기변동에 비해 아주 영향이 작고 매우 일시적일 것이라는 점이다.

언제 어디에서나 일어날 것이다. 즉 국지적 차원의 혼란이나 불황, 그것도 아주 일시적인 불황이나 혼란은 발생할 수 있을 것이다. 천재지변, 인간의 예측능력의 한계 등으로 인간세계에 약간의 문제는 언제나 발생할 수 있기 때문이다. 요컨대, 경기변동의 반복과 문명파괴를 막고자 한다면 화폐제도와 금융제도를 포함한 각종 반자본주의적 제도를 시장원리 또는 자본주의와 일치하게 개혁해야 한다.

그리고 화폐제도와 금융제도를 자유시장으로 개혁하면, 평화, 협력, 질서, 지속적인 번영 등은 늘어날 것이고 분쟁, 갈등, 테러, 무질서, 불황, 경제 몰락, 반문명화 등은 줄어들 것이다.

하이에크는 언젠가 다음과 같이 경고한 적이 있다. 만약 사람들이 가격체계의 작동을 이해하지 못한다면 그 가격체계를 작동시킬 수 있을 것 같지 않다고 말이다. 저자는 여기에서 한 걸음 더 나아가 다음과 같이 주장한다. 이자율은 교환경제에서 매우 중요한 가격체계 중의 일부이고 이자율을 포함한 모든 가격체계의 중심에는 화폐가 있다. 가격체계의 작동을 이해하기 위해서는 화폐뿐 아니라 화폐와 관련된 모든 현상을 이해하는 것이 필연적으로 요구된다.

Part 2

오스트리아학파 경기변동이론과 화폐·금융 이론의 응용

1. 대공황과 통화주의자가 만들어낸 미신[1]

1 서론: 통화주의자가 만들어낸 미신

미국 대통령 후버가 대공황을 맞아 재정정책적 관점에서 아무런 조치를 취하지 않았다는 주장이 크루그먼을 포함한 다수 경제학자와 역사가가 지닌 미신이다. 통화정책적 관점에서도 그런 미신과 쌍벽을 이루는 미신이 있다. 대공황 초기(1929~1933)에 미국 연방준비위원회(이하 '연준'으로 약칭)가 '아무런 조치'를 취하지 않았다거나 심지어 통화량을 '축소'했다는 미신이 바로 그것이다. 그리고 연준의 그런 잘못된 정책이 통상적인 침체가 되었을 것을 '대공황'으로 빠져들게 만들었다는 것이다.

통화주의(monetarism)를 신봉하는 일단의 경제학자는 미 연준이 대공황 초기에 통화량을 줄였다는 미신이 만들어지는 데 큰 역할을 해왔다. 통화주의를 주창한 밀튼 프리드먼(Milton Friedman)이 그런 경제학자들의 중심에 있다. 실제로 그는 이제는 고전이 된 『선택할 자유』(*Free to Choose*)라는 책에서 대공황 당시 연방준비위원회의 통화정책에 대하여 다음과 같이 썼다. "화폐량 축소를 상쇄하기 위하여 통상적으로 필요한 양보다 더 많은 양의 통화공급을 적극적으로 확대하는 대신에 시스템[미 연준을 말함]은 1930년 동안 내내 화폐의 양이 천천히 감소하는 것을 허용했다."[2] 그리고 현재의 연준 의장인 밴 버냉키(Ben Bernanke)는 프리드만의 2002년 생일 축사에서 나음과 같이 말했다. "연준의 공식적인 대표인 나의 직위를 약간 비난하는 것으로 내 말을 끝내고자 한다. 대공황

1 이 글은 전용덕, "대공황과 통화주의자가 만들어낸 미신", 『자유와 시장』, 제2권 제1호, 2010. 10. pp.39~90에서 발췌·수정한 것이다.

2 Milton Friedman, *Free to Choose: A Personal Statement*, New York: Harcourt Books, 1990, p.80에서 인용.

에 대한 밀튼과 안나의 업적[두 사람이 공저한 『미국의 화폐역사 1867~1960』(*A Monetary History of the United States* 1867~1960(1963))을 지칭함]에 대해 말하고자 한다. 당신들이 옳다. 우리가 그렇게 했다[연준이 통화량을 감소시킨 것을 말함]. 우리가 두 분에게 미안하게 생각한다. 그러나 당신들 덕분에 우리는 두 번 다시 그렇게 하지 않을 것이다."[3] 그리고 역사학자 짐 파월(Jim Powell)도 프리드만을 옹호하면서 화폐 재고의 심각한 축소가 경제를 대공황으로 빠져들게 만들었다는 주장을 했다.[4]

이런 미신에 근거하여 미 연준은 2008년을 전후하여 발생한 대규모 경기변동에 연방기금 금리를 역사적 최저치로 낮추어 전대미문의 통화증발 정책을 실시하고 있다. 2008년 마지막 3개월 동안에 버냉키가 은행의 지급준비금을 연간으로 환산하여 4십만 퍼센트 이상을 증가시켰다.[5] 우리나라를 포함한 다수의 다른 나라도 상황은 미국과 대동소이하다.[6] 만약 대공황 초기 연준의 통화정책에 대한 통화주의자의 주장이 옳다면 2008년 위기 이후 연준의 전례가 없는 통화증발은 적절하고 옳은 선택이다. 그러나 통화주의자의 주장이 틀린다면 미국과 전 세계는 미래의 언젠가 다시 한 번 큰 어려움을 겪거나 침체의 탈출이 쉽지 않을 가능성이 크다.

본론으로 들어가기 전에 여기에서 대공황 초기 화폐 재고의 감소가 연준의

3 버냉키 연설문에 대해서는 http://www.federalreserve.gov/BOARDDOCS/ SPEECHES/2002/20021108/dafault.htm

4 Jim Powell, *FDR's Folly: How Roosevelt and His New Deal Prolonged the Great Depression*, New York: Three Rivers Press, 2003, pp.29~30 참조.

5 은행의 지급준비금에 대한 자료는 http://research.stlouisfed.org/fred2/ categories/123

6 1929년 붐이 끝나고 침체가 시작되자 미국을 포함한 세계의 중앙은행은 명시적으로 협력하여 확장적 통화정책을 시행했다. 그리고 주지하듯이 미국을 포함한 세계 각국은 대공황으로 빠져들었다. 이번 경제위기에 각국 정부와 중앙은행이 명시적으로 협력하여 확장적 통화정책과 재정정책을 펼치고 있는 것도 1920년대 말의 경제위기와 매우 비슷하다. 1920년대 중앙은행들의 협력에 대해서는 Robbins(2007), p.73 참조.

❁ 표 9 연도별 총화폐공급량과 증감률 (단위: 억 달러)

연도	총화폐공급량	전년대비 증감률
1929	735.2	–
1930	732.7	–0.34%
1931	682.5	–6.85%
1932	647.2	–5.17%
1933	616.1	–4.81%

자료: Rothbard(1975), 전게서, pp.191~193, 212~213, 230~233, 284~289에서 작성
주: 총화폐공급량은 연말 기준임

잘못된 통화정책에 기인한 것이라는 주장에 대한 결론을 먼저 내리고자 한다. 미국의 연방준비위원회와 후버 대통령은 대공황 초기에 확장적 통화정책을 적극적으로 시행했다. 그럼에도 불구하고 〈표 9〉에서 알 수 있듯이 대공황 초기에 화폐 재고는 감소했다.[7] 그렇게 된 것은 화폐 재고를 감소하게 만드는 힘에 의한 화폐 재고 감소분이 연준에 의한 통화공급 증가분보다 더 컸기 때문이다. 이러한 결론이 2008년을 전후한 경기변동에 시사하는 바는 전 세계 경제, 특히 미국 경제는 2008년 위기 이후에 연준의 엄청난 통화 공급 증가로 대공황 초기처럼 미래 언젠가 지금은 예측할 수 없는 곤경에 처하게 될 것이라는 점이다.[8]

이 글은 세 가지 목적을 위해서 작성된 것이다. 첫째, 이 글은 상당수 고전적 자유주의자 또는 신자유주의자마저도 지니고 있는 잘못된 견해를 바로잡는 것이 일차적인 목적이다. 왜냐하면 시장을 신봉하는 경제학자들도 대공황 당시

7 〈표 9〉에 대한 자세한 설명은 다음 절에서 하고자 한다.

8 작금의 미국이 어느 정도 어려움을 겪을 것인가를 예측하는 것은 쉽지 않다. 지금과 그 때의 환경이 너무 다르기 때문이다. 연준이 달러를 대량으로 발행한 점은 부정적인 요인이다. 또 중국이 달러 보유를 줄일 뿐 아니라 자국 화폐를 국제결제 수단으로 사용하려는 움직임도 부정적인 요인이다. 그러나 세계 경제 거래를 위한 지불수단으로서의 달러의 중요성이 크게 증가한 것, 정보기술 혁명이 진행 중인 것, 시장경제로 전환한 나라들의 약진 등은 미국으로서는 긍정적인 요인이다.

연준의 정책에 대해서는 주류 견해인 통화주의를 대부분 받아들이고 있지만 이 글은 그것이 잘못되었음을 과거 연구자의 자료를 이용하여 증명하는 것이기 때문이다. 이 글이 통화주의 전체를 검토하는 것이 아니라 대공황 당시의 연준이 축소적 통화정책을 실시했거나 또는 확장적 통화정책을 실시하지 않았다는 주장을 반박하고자 하는 것을 목적으로 한다는 점을 다시 한 번 강조하고자 한다. 둘째, 대공황 당시의 연준의 정책에 대해 주류 견해인 통화주의가 잘못되었음을 다시 한 번 강조함으로써 미래에 통화정책이 잘못되는 것을 막기 위함이다. 물론 이 연구는 하나의 역사적 사례만을 다룬다는 한계를 인정하지 않을 수 없지만 그 사례가 매우 중요한 것이라는 관점에서 연구 결과를 가볍게 볼 수는 없다고 하겠다. 셋째, 이 글은 통화주의를 신봉하는 연구자들의 견해에 기초한 작금의 연준의 통화정책, 즉 확장적 통화정책이 불러올 폐해를 어느 정도 예상해 보는 것이 목적이다. 비록 그 예상은 간접적이지만 말이다. 넷째, 이 글은 최근에 발전된 경제이론, 특히 인플레이션 또는 디플레이션과 관련한 경제이론을 이용하여 대공황 당시의 상황을 통화주의자보다 더 정확히 이해하는 것이 목적이다. 그러므로 이 글이 새로운 이론이나 새로운 실증적 증거를 제시하는 것은 아니지만 앞에서 제시한 이유로 충분한 의의가 있을 것으로 여겨진다.

2 대공황 초기의 화폐재고 감소

먼저 대공황 초기의 총화폐공급량(total money supply)을 자세히 보기로 한다.[9] 〈표 9〉는 라스바드가 대공황을 다룬 그의 명저 『미국의 대공황』(*America's*

9 화폐의 수요와 공급을 다룰 때 저량(stock)과 유량(flow)이라는 두 가지 개념을 사용할 수 있다. 화폐 공급을 예로 들면, 일정한 기간에 증감하는 화폐량은 전체 재고에 비하면 적은 양이다. 그러므로 시장 전체의 모습을 이해하는 데 더 용이한 개념인 재고 개념을 유량 개념보다 통상적으로 더 자주 사용한다. 그러나 두 개념에 의한 분석이 언제나 일치하고 일치해야 한다. 이 글에서는 특별한 언급이 없는 한 화폐의 공급과 수요, 모두에 있어서 재고 개념을 사용하고자 한다. 그

Great Depression)에서 제시한 총화폐공급량과 그 증감률이다.[10] [11] 전년 대비 화폐재고(stock of money) 감소율은 1930년 0.34%, 1931년 6.85%, 1932년 5.17%, 1933년 4.81% 등이다. 침체 국면으로 본격적으로 진입한 1931년은 총화폐공급량이 최고로 감소한 연도였다. 1930년 말 대비 1933년 말의 화폐재고 감소율은 15.91%이다. 그러나 프리드먼은 상기 책에서 1930년 말 대비 1933년 초의 총화폐공급량은 대략 3분의 1만큼 감소했다고 지적했다.[12] 그는 또한 전년 대비 연평균 화폐재고 감소율을 1930년 2%, 1931년 7%, 1932년 17%, 1933년 12% 등으로 제시하고 있다.[13] 이렇게 두 연구자의 화폐재고 감소율이 크게 차이가 나는 것은 두 연구자의 화폐공급에 대한 정의가 다르기 때문이다.[14] [15] 구체적으로 프리드만은 총화폐공급량으로 민간 소유의 현금, 요구불예금(demand deposits adjusted), 저축예금(time deposits) 등을 합산하였고, 라스바드는 앞의 세 가지 요소에 저축대부조합 자본금(savings and loan capital)과 생명보험순정책지급준비금(life insurance net policy reserves)을 추가했다. 결국 지불수단으로서 화폐를 인성함에 있어서 라스바드가 프리드만보다 더 넓다고 하겠다. 그럼에도 불구하고 두 연구자 모두가 대공황 초기에 화폐재고가 감소했다는 통계치를 제시하

리고 총화폐공급량과 화폐재고라는 용어는 동일한 의미를 가진 것으로 서로 대체하여 사용한다.

10 Murray N. Rothbard, *America's Great Depression*, Sheed and Ward, Inc., Kansas City, 1975

11 라스바드가 저술한 책은 프리드만과 안나가 공저한 책과 거의 비슷한 시기에 출판되었다. 그러나 라스바드의 수상은 소수 견해기 되었고 프리드만의 주장이 다수 견해가 됨으로써 두 사람이 논쟁할 기회를 놓친 것으로 보인다. 학문의 발전과 역사의 이해라는 점에서 불행한 일이 아닐 수 없다.

12 Friedman(1990), p.80 참조.

13 Milton Friedman and Anna Schwartz, *A Monetary History of the United States 1867~1960*, Princeton University Press, 1963, pp.301~302 참조.

14 라스바드의 화폐공급에 대한 정의는 Rothbard(1975), pp.83~86 참조.

15 화폐공급의 정의에 대한 두 연구자의 차이는 연구의 가치가 있지만 이 글에서는 그런 차이가 상대적으로 중요하지 않기 때문에 자세한 논의는 생략한다.

고 있다는 점에서 일치한다. 화폐재고의 크기만을 놓고 보면 연준은 소극적 또는 축소적 통화정책을 시행한 것처럼 보인다. 그러나 화폐재고의 크기는 연준의 통화정책뿐 아니라 다른 요인들에 의해서도 영향을 받기 때문에 대공황 직후 미 연준의 통화정책을 정확히 평가하기 위해서는 화폐의 공급과 수요에 대한 정밀한 분석이 필요하다.

3 연방준비위원회의 할인율 인하

화폐공급의 증가는 크게 구분하여 두 가지 경로에 달려 있다. 두 가지란 중앙은행의 발권과 민간은행의 지급준비금 증가에 의한 신용수단의 증가를 지칭한다. 민간은행의 신용수단 증가는 다시 세 가지 요인에 의해 결정된다. 중앙은행이 정한 법정지급준비율, 화폐수요의 변화, 민간 금융기관의 지급 능력과 초과지급준비금 보유 정도 등이다.[16] 지폐제도하에서라면 앞에서 설명한 것이 화폐공급에 관한 전부이다. 그러나 대공황 당시 미국이 취한 화폐제도는 1933년 이전까지 고전적인 금본위제(classical gold standard)를 유지하다가 1933~1934년에 일시적으로 금본위제를 이탈했다.[17] 이 때 미국인에게는 금 태환과 금 보유(국내뿐 아니라 해외에서도)가 전적으로 금지되었다. 1934년부터는 달러의 값을 재규정하고 외국 정부와 외국 중앙은행에게만 달러의 금으로의 태환이 허용되었다. 1934년부터 미국은 금환본위제(gold exchange standard)를 채택했지만 개인(내국인과 외국인 모두 포함)에게는 금 태환이 허용되지 않는 이상한 형태의 금환본위제였다. 여기에서의 연구 대상 기간이 1933년까지인 만큼 외국인이 보유한 달러의 금(gold)으로의 교환 요구 또는 외국인이 보유한 예금의 현금으로

16 자유은행업하에서는 다른 금융기관의 상환요구로 인한 파산 위험으로 무한정한 신용수단의 창출이 불가능하다. 그러나 중앙은행제도하에서는 이런 일은 제도적으로 차단된다. 그러므로 이 점을 고려할 필요가 없다.

17 국제화폐제도의 변천에 대한 개관으로는 Rothbard(1990) 참조.

의 교환요구는 고려하는 것이 마땅하다. 외국인의 금 태환은 금의 재고 감소를 초래하여 화폐재고를 감소하게 만드는 요인임에는 틀림없다. 외국인의 은행으로부터의 현금 인출은 미국인의 현금 인출과 차이가 없다. 이제부터 화폐재고에 영향을 미치는 요인들을 자세히 검토하기로 한다.

정상적인 상황이라면 미 연준의 통화정책이 통화 공급에 가장 중요한 역할을 한다. 그러므로 연준의 통화정책을 가장 먼저 검토하는 것은 어쩌면 당연하다. 연준이 얼마나 통화를 공급했는가를 보기 위해서는 연준이 증가시킨 통화량 또는 지급준비금(reserve)을 계산하는 방법이 있다. 다른 하나는 연준이 할인율을 어떻게 변화시켰는가 하는 것을 검토하는 것이다. 할인율이란 연준이 담보물을 잡고 은행에 직접 대출을 해 줄 때 요구하는 이자율을 말한다. 여기에서는 할인율 변화를 먼저 보기로 한다.

대공황 당시 미 연방준비위원회의 중심은 뉴욕 연방준비은행(이하는 '뉴욕 연준'으로 약칭)이었다. 그러므로 뉴욕 연준의 할인율이 연준의 통화정책을 평가하는 가장 의미 있는 자료로 여겨진다.[18] 경제가 침체 국면으로 진입하기 직전인 1929년 10월에 할인율은 6%였다. 그러나 연준은 주식시장이 폭락한 블랙 튜스데이(Tuesday) 이후 3일이 지난 11월 1일에 할인율을 5%로 전격 인하했다. 연준은 11월 중순에 할인율을 4.5%로 거듭 인하했다. 다시 말하면 연준이 할인율을 1.5%포인트 인하하는 데 한 달이 걸리지 않았다는 것이다. 연준은 상황이 심각하게 돌이가고 있다는 판단이 서자 신속하게 확장적 통화정책을 시행한 것이다.

연준은 할인율을 1930년 3월 15일에 3.5%, 5월 1일에 3.0%로 인하했다.

---

18 할인율 자료는 Robert P.Murphy, *The Politically Incorrect Guide to the Great Depression and the New Deal*, Regnery Publishing, Inc., 2009, p.76, Rothbard(1975), pp.191~193, p.232에서 인용. http://fraser.stlouisfed.org/ publications/bms/issue/61/download/132/section12.pdf

이후 연준은 3차례에 걸쳐 추가 인하하여 1930년 12월에 할인율을 2%에 이르게 했다. 연준은 1931년 5월에 1.5%로 추가 인하했다. 이때의 할인율 1.5%라는 수치는 1914년 연준이 업무를 개시한 이래로 역사상 최저치이다. 대공황 이전까지 연준은 할인율을 3% 이하로 인하한 적이 없었다. 그러나 연준은 그렇게 낮은 할인율을 오래 지속할 수 없었다. 할인율을 인하하여 통화량을 증가시키자 화폐위기가 발생하고 있다는 징조가 곳곳에서 발생했다. 연준은 1931년 10월 8일에 할인율을 단번에 1.5%에서 2.5%로 인상했다. 영국이 금본위제를 포기한 직후에 낮은 할인율로 인하여 금이 미국에서 빠져나가는 것을 막기 위하여 할인율을 한꺼번에 1%포인트나 인상했다. 후버 대통령은 자신의 재선운동에서 1931년 11월 위기시에 금본위제 이탈을 거의 결정했다고 말함으로써 이 당시의 심각한 상황을 드러냈다.[19] 연준은 1931년 연말에 할인율을 다시 3.5%로 인상했다.

요약하면, 연준은 1929년 11월부터 할인율을 인하하기 시작했고 약 6개월 만에 당시까지 최저 수준으로 낮추었다. 그러나 그런 상황을 오래 지속할 수는 없었다. 연준은 6개월을 넘기지 못하고 할인율을 빠르게 다시 인상하기 시작했다. 그리하여 라스바드는 1931년 말 부근의 상황을 다음과 같이 적고 있다. "1931년 마지막 분기에 몇몇 경제학자는 연방준비제도가 '엄격한' 통화정책을 시행해왔다고 비판했다. 모든 것을 고려할 때 실제로 연준의 정책은 여전히 인플레이션적이었다. 왜냐하면 연준은 여전히 [연준에 의해] 통제되는 지급준비금(controlled reserves)을 증가시켰기 때문이다. 그리고 인플레이션이 조금만 더 커지면 금본위제 자체를 위태롭게 했을 것이다"(Rothbard(1975), p.232). 한 마디로, 할인율이라는 관점에서 보면 그 때까지 역사에서 연준은 대공황 초기에 확장적 통화정책을 가장 공격적으로 시행한 것이다.

19 Rothbard(1975), p.284 참조.

4 연방준비위원회의 지급준비금 증가[20] [21]

연준이 대공황 초기에 할인율을 전격적으로 인하했음을 보여주는 것만으로 연준이 확장적 통화정책을 실시했음을 입증하는 데 별로 모자람이 없다. 그러나 우리는 여기에서 연준이 어느 정도의 지급준비금을 증가시켰고 통화량을 증가시킬 수 있는 제도나 정부 기관을 만들었는가를 보기로 한다. 물론 이러한 자료는 연준의 통화정책을 입증하는 추가적인 자료가 될 것이다.

1920~1930년대 붐과 버스트로 이어지는 경기변동은 연준이 통화량을 증가시켜 이자율을 인위적으로 인하했기 때문에 발생했다.[22] 화폐공급량 증가에 의해 초래된 붐은 지속가능한 것이 아니기 때문에 버스트는 붐 다음에 필연적으로 뒤따른다. 1929년 후반 경제가 본격적으로 침체국면으로 진입하기 시작하자 연준은 다시 한 번 통화량을 증가시켜 경제를 붐 국면 또는 정상 국면으로 되돌리려고 했다. 적어도 명시적으로는 그렇다. 그러나 미국인, 은행, 외국인 등의 대응으로 연준의 확장적 통화정책은 실패했을 뿐 아니라 그런 정책이 사태를 더 악화시켰다는 것이 진실이다. 이것이 당시의 전체 상황에 대한 간략한 요약이다. 아래에서는 연도별로 나누어 연준의 정책과 그런 정책 효과를 상쇄시킨 요인들을 검토하기로 한다.

1929년 10월 마지막 주간에 연준은 3억 달러의 지급준비금을 연준회원은행(Federal Reserve member bank, 이하에서는 '회원은행'으로 약칭)에 지원했다. 그 결과 회원은행의 예금이 18억 달러 증가했다. 1929년 6월 29일 현재 회원은행의 총지급준비금이 23억6천만 달러였다는 점에서 일주일 만에 3억 달러라는 지

20 이 부분은 Rothbard(1975), pp.191~193, 212~213, 230~233, 284~289를 전적으로 참조.

21 연준이 민간은행에게 일정한 액수의 금액을 연준에 보관할 것을 강제하는 준비금을 '법정지급준비금'이라고 지칭하고 지급준비금과 구분한다. 지급준비금의 증가와 달리 법정지급준비금의 증가는 축소적 통화정책을 의미한다.

22 경기변동이론에 대한 자세한 설명은 Rothbard(1975), 제1부, Rothbard(1993), 제11장 참조.

급준비금의 증가는 엄청난 것이었음을 짐작할 수 있다(Rothbard(1975), p.95). 그러나 주식시장이 최저점을 찍고 일시적으로 반등하자 회원은행의 총지급준비금은 다시 10월 23일 이전 수준으로 돌아갔다. 1929년 10월 23일부터 12월 31일까지 연준은 회원은행이 보유하고 있는, 연준에 의해 '통제되는 지급준비금'(controlled reserves)을 약 3억5천9백만 달러 증가시켰지만 연준에 의해 '통제되지 않는 지급준비금'(uncontrolled reserves), 즉 민간에 의해 결정되는 지급준비금은 약 3억8천1백만 달러 감소했다.[23] 그 결과 1929년 제4분기 동안에 총화폐공급은 약 3억 달러 증가했다. 그리고 그런 증가는 아주 작은 것이다. 사실상 회원은행의 총지급준비금은 10월 23일과 12월 31일에 거의 동일한 수준이지만 지급준비금의 구성은 달라졌다. 연준은 회원은행 보유의 국채를 매입하는 등의 방법으로 은행의 지급준비금 증가를 지원했다. 다른 한편 민간은 현금 보유를 증가시켰고 금 재고를 감소하게 만듦으로써 은행의 지급준비금을 감소하게 만들었다.[24] 이러한 사실은 1929년 제4분기 동안에 연준이 화폐공급량을 증가시키려고 적극적으로 노력했음에도 불구하고 민간의 자발적인 행동에 의해 그런 노력이 상쇄됨으로써 화폐공급이 거의 증가하지 않았다는 것을 의미한다.

라스바드는 연준의 노력에 대해 다음과 같이 지적했다. "후버 대통령은 화폐를 많이 공급한다는 그의 노력을 자랑스럽게 여겼다. [1929년] 12월 5일 재계회의에서 행한 연설에서 그는 국가가 훌륭한 연방준비제도를 가지게 된 행운을 축하했다. 그는 연방준비제도가 흔들리는 은행들을 구제했고, 신뢰를 복원했

23 단기에 회원은행의 지급준비금은 연준의 영향을 받는 항목과 연준의 영향을 받지 않는 항목으로 구분할 수 있다. 후자는 예금자와 은행 자신의 정책에 따라 결정된다. 이러한 구분은 회원은행 지급준비금의 변동이 어디에서 발생하고 있는가를 보는 데는 적절하다. 그러나 장기에서는 연준의 정책이 통제되지 않는 지급준비금에도 영향을 미친다. 이 연구의 대상 기간이 1929~1933년이기 때문에 연준의 정책이 통제되지 않은 지급준비금에 영향을 미친다고 볼 필요는 없다.

24 이 점은 아래에서 자세히 논의하고자 한다.

으며, 이자율을 인하하여 자본을 더 풍부하게 만드는 데 성공했다고 칭찬했다" Rothbard(1975), p.192). 요컨대 경제가 침체국면에 진입하는 초기인 1929년 말에 후버 대통령과 연준은 확장적 통화정책을 시행했음을 알 수 있다. 그러나 그런 정책의 효과가 민간의 행동에 의해 거의 대부분 상쇄되었음도 또한 부인할 수 없다.

라스바드는 1929년 12월말에만 하더라도 연준의 주요 공직자들은 자유방임적(laissez-faire) 통화정책을 취하기를 원했다고 앤더슨(Anderson) 박사의 저서를 인용하여 서술했다.[25] 그러나 1930년 초에 들어오자 정부는 확장적 통화정책을 실시할 것을 요구했다. 이에 따라 연준은 앞에서 보았듯이 1930년 초에 할인율을 추가적으로 인하했다. 연준은 1930년 한 해 동안 연준 회원은행의 지급준비금을 총계 1억1천6백만 달러를 증가시켜 주었다. 앞에서 지적했듯이 1929년 6월 29일 현재 회원은행의 총지급준비금이 23억6천만 달러였다는 점에서 1억1천6백만 달러라는 지급준비금의 증가도 결코 작은 것이 아니었음을 짐작할 수 있다(Rothbard(1975), p.95).

연준회원은행의 총지급준비금 증가를 당시의 통화승수로 곱해보면 그로 인한 화폐재고의 증가를 예상해 볼 수 있다. 여기에서 통화승수란 회원은행이 보유한 요구불예금과 저축예금의 합계 금액을 은행이 연준에 보관하고 있는 법정지급준비금으로 나눈 비율을 말한다. 라스바드는 1921년 6월말 현재의 통화승수가 11.6이고 1929년 6월 말 현재의 통화승수는 12.5라고 계산하고 있다.[26] 결국 예상되는 통화공급 증가는 약 13억5천만 달러에서 약 14억5천만 달러이고 이것은 1930년 말 총화폐공급량의 약 1.84%에서 약 1.98%가 된다. 1930년에 실제로는 통화승수가 약간 작아지고 있었기 때문에 예상되는 총화폐공급량

25 앤더슨 박사의 서술에 대해서는 Rothbard(1975), 전게서, p.212에서 재인용.

26 통화승수에 대해서는 Rothbard(1975), 전게서, p.95 참조.

의 증가는 앞에서 제시한 수치보다 약간 작을 것이다. 그 점을 고려하더라도 생산, 고용 등을 포함하는 경제 상태가 급격히 침제 국면으로 빠져들고 있는 점을 감안하면 연준의 통화정책은 확장적이었음이 분명한 것처럼 보인다. 비록 1930년 통화 확장이 1929년 말엽 부근의 통화 확장보다 작은 것일 뿐 아니라 1931년과 1932년의 통화 확장보다도 작은 것이지만 말이다.

1931년의 경제는 점점 더 나빠지고 있었다. 생산, 물가, 무역 등은 지속적으로 하락했고 실업률은 거의 16% 가까이 치솟았다. 제조업만을 놓고 볼 때 연준이 작성한 제조업 생산 지수는 1929년 110, 1930년 90, 1931년 75로 급격히 하락했다. 이러한 상황에서 〈표 10〉은 1931년 한 해 동안 연준회원은행 지급준비금의 변화를 두 시기로 구분하여 제시하고 있다. 1931년 1월부터 9월 말까지 연준은 통제되는 지급준비금을 1억9천5백만 달러를 증가시켰지만 통제되지 않는 지급준비금은 3억2백만 달러나 감소했다. 그 결과 회원은행의 총지급준비금은 1억7백만 달러가 감소했다. 이러한 감소는 민간이 3억5천6백만 달러나 되는 엄청난 액수의 현금 보유를 증가시켰기 때문이다. 그리고 예금에서 현금으로의 전환이 엄청났던 것은 외국 은행의 파산과 아래의 〈표 13〉에서 보듯이 국내 은행의 파산이 점증한데 따른 예금자들의 은행에 대한 불신에 기인한 것이다. 영국이 금본위제를 포기함에 따라 달러에 대한 불신이 점증한 요인도 예금에서 현금으로의 전환을 촉진했다.

10월에서 12월까지 현금 보유 증가 등과 같은 현상은 가중되었다. 1931년 제4분기에 통화위기가 누적되자 연준은 회원은행의 지급준비금을 2억6천8백만 달러 증가시켰다. 그러나 같은 기간에 통제되지 않는 지급준비금은 6억6천8백만 달러나 감소했다. 이러한 극적인 감소는 두 가지 요인에 의해 발생했다. 첫째, 영국의 금융위기는 달러에 대한 불신으로 이어져 9월부터 금 재고가 크게 감소하기 시작했다. 9월 이전에 일시적으로 금 재고가 증가한 적이 있었지만 9

❁ 표 10 1931년 연준회원은행 지급준비금의 시기별 변화

시기구분	통제되는 지급 준비금의 변화(A)	통제되지 않는 지급 준비금의 변화(B)	연준 회원은행 총지급 준비금의 변화(A+B)
1931년 1월~9월	1억9천5백만 달러 증가	3억2백만 달러 감소	1억7백만 달러 감소
1931년 10월~12월	2억6천8백만 달러 증가	6억6천8백만 달러 감소	4억 달러 감소
計(1931년)	4억6천3백만 달러 증가	9억7천만 달러 감소	5억7백만 달러 감소

자료: Rothbard(1975), 전게서, pp.230~233에서 작성
주: 시기구분은 시작 시점은 '월 초', 마지막 시점은 '월 말'을 지칭

월부터 달러에 대한 불신이 본격적으로 시작된 것이라고 볼 수 있다. 이 때 민간이 예금을 찾아 현금으로 보유하는 금액도 크게 증가했다. 물론 연도 후반에 계절적 수요가 증가한 요인이 없지는 않지만 그 효과는 그리 크지 않았을 것이다. 그 결과 회원은행의 총지급준비금은 4억 달러나 감소했다. 이러한 감소는 사상 최대였다. 앞에서 보았듯이 1929년 6월 29일 현재 연준회원은행의 지급준비금 총액이 23억6천만 달러라는 점을 상기하면 3개월 동안에 4억 달러의 지급준비금이 감소한 것은 전대미문의 액수였다. 이에 따라 같은 기간에 총화폐공급은 약 40억 달러나 감소했다.

1931년 한 해 동안에 연준은 회원은행의 지급준비금을 4억6천3백만 달러나 증가시켰다. 연준이 1929년 10월 마지막 주간에 3억 달러의 지급준비금을 증가시킨 것을 제외하면 가장 많은 액수의 지급준비금을 증가시켰다. 그러나 민간에서 금을 대환하거나 예금을 현금으로 전환하는 방법으로 지급준비금을 감소하게 만든 액수는 6억6천8백만 달러로서 이것 역시 사상 최대인 것처럼 여겨진다. 이에 따라 1931년 한 해 동안에 연준회원은행의 총지급준비금은 5억7백만 달러 감소했다. 총지급준비금의 감소에 따른 총화폐공급량의 감소는 1931년 마지막 분기에 디플레이션을 다른 시기에 비해 크게 나타나게 만들었다. 앞에서도 지적했듯이 1931년 말의 상황은 금환본위제도를 위태롭게 했다. 요컨대

경제가 계속 악화되고 있는 현실에서 연준은 지급준비금을 크게 증가시키는 방향으로 통화정책을 실시했다는 사실을 알 수 있다.

1932년 경제는 더욱 악화되고 있었다. 실업률은 1930년 8.9%, 1931년 약 16%, 1932년 약 23%, 1933 25%에 이르렀다. 실업률은 1933년 3월에 28%로 정점에 달했다. 후버 행정부는 2월에 글래스-스티걸 법(Glass-Steagall Act)을 통과시킴으로써 통화를 예전보다 좀 더 확대 공급할 수 있는 길을 마련했다. 그 법은 통화 공급이라는 관점에서 두 가지를 포함하고 있었다. 첫째, 연준이 재할인해 줄 수 있는 담보물의 범위를 크게 넓혔다. 둘째, 연준이 회사채(commercial paper)뿐 아니라 정부공채(government bond)를 달러를 발행할 수 있는 담보물로 사용할 수 있도록 허가했다. 후버 행정부는 이 법을 통과시킴으로써 연준으로 하여금 그 어느 때보다 통화를 확장할 수 있는 길을 열었다.

〈표 11〉은 1932년 한 해 동안 연준회원은행 지급준비금의 변화를 두 시기로 구분하여 제시하고 있다. 1932년 7월 말까지 연준은 회원은행의 지급준비금을 10억 달러나 증가시켜 주었다. 글래스-스티걸 법이 효과를 발휘한 것이다. 이때 정부가 은행 보유 국채를 대량으로 매입했기 때문이다. 정부는 재정적자의 재원을 조달하기 위하여 은행의 지급준비금을 근본적으로 증가시켜 주지 않을 수 없었기 때문이다. 그러나 동일한 시기에 민간에서 7억8천8백만 달러의 지급준비금을 감소시켰다. 이렇게 민간에 의한 지급준비금이 감소한 것은 세 가지 이유 때문이다. 첫째, 은행이 연준에 진 빚을 상환했기 때문이다. 회원은행은 자신의 생존을 위하여 연준에 대한 부채를 상환했다. 둘째, 금 재고가 감소했다. 미국인과 외국인이 현금의 금으로의 태환을 요구했기 때문이다. 셋째, 민간의 현금 보유가 늘어났기 때문이다. 그 결과 같은 시기에 연준회원은행의 총지급준비금은 2억1천3백만 달러나 증가했다. 연준회원은행의 총지급준비금이 증가한 것은 경제가 침체국면으로 본격적으로 진입한 이후 처음이었

❁ 표 11 1932년 연준회원은행 지급준비금의 시기별 변화

시기구분	통제되는 지급 준비금의 변화(A)	통제되지 않는 지급 준비금의 변화(B)	연준회원은행 총지급 준비금의 변화(A+B)
1932년 3월~7월	10억 달러 증가	7억8천8백만 달러 감소	2억1천3백만 달러 증가
1932년 8월~12월	1억6천5백만 달러 증가	2억9천3백만 달러 증가	4억5천7백만 달러 증가
계(1932년)	11억6천5백만 달러 증가	4억9천5백만 달러 감소	6억7천만 달러 증가

자료: Rothbard(1975), 전게서, pp.266~281 참조
주: 시기구분은 모두 '월 말'을 지칭

다. 그럼에도 불구하고 연준회원은행의 예금총액, 즉 화폐공급은 31억 달러나 감소했다. 왜냐하면 이 시기에 은행들은 생존을 위하여 초과지급준비금(excess reserves)을 쌓았다. 커리(Currie)는 회원은행의 총지급준비금 대비 초과지급준비금의 비율을 1932년 1/4분기 2.4%에서 2/4분기에 10.7%로 증가한 것으로 추정했다.[27]

1932년 후반기에 연준은 인플레이션적 정책이 효과가 없다는 이유로 그 정책을 상당히 포기했다. 통제되는 지급준비금은 1억6천5백만 달러밖에 증가되지 않았다. 후버 대통령의 인플레이션적 정책이 끝났다는 인식하에 민간은 화폐보유를 축소했다. 그 결과 통제된 지급준비금은 1929년 10월 이후 처음으로 2억9천3백만 달러 증가했다. 아마도 통제된 지급준비금의 증가는 일시적인 현상으로 여겨진다. 외국인과 미국인에 의한 금 재고도 동시에 증가했다. 연준회원은행은 연준에 대한 부채를 상환했을 뿐 아니라 초과지급준비금을 증가시켰다. 커리는 회원은행의 총지급준비금 대비 초과지급준비금의 비율을 1932년 4/4분기에 20.3%로 추정했다.[28] 이 비율은 2/4분기 비율보다 거의 두 배나 증가한 것이다. 이러한 이유와 다른 이유가 겹쳐 1932년 후반기에 회원은행의 총지급준비금이 증가했지만 화폐공급량은 증가하지 않았다.

27 커리의 추정치는 Rothbard(1975), 전게서, p.267에서 재인용.
28 커리의 추정치는 Rothbard(1975), 전게서, p.269에서 재인용.

1932년 한 해로는 연준은 회원은행의 지급준비금을 11억6천5백만 달러나 증가시켜 주었다. 그러나 예금자와 은행은 4억9천5백만 달러의 지급준비금을 감소시켰다. 그 결과 연준회원은행의 총지급준비금은 1932년 한 해 동안에 6억 7천만 달러나 증가했다. 총지급준비금이 증가했지만 은행이 초과지급준비금의 보유를 증가시키는 등으로 인하여 총화폐공급은 전반기에 오히려 감소했고 후반기의 화폐공급은 변화가 없었다. 그리고 후버 대통령은 1932년 10월에 연방주택대출은행제도(Federal Home Loan Bank System)를 창설하여 중소기업과 주택 구입자들을 지원할 수 있게 했다. 연방주택대출은행제도는 1933년 말까지 9천4백만 달러를 대출했다. 이것도 후버 대통령의 확장적인 통화정책을 보여주는 하나의 증거이다.

특기할 만한 사실은 후버 대통령이 1932년 초에 대중의 현금 보유 증가를 경제에 나쁘다는 이유로 공개적으로 비난했을 뿐 아니라 그런 현금 보유를 억제하기 위한 시민단체도 조직했다는 것이다.[29] 후버 대통령은 또한 신용을 확장하는 않는다는 이유로 은행들을 비난했다. 요컨대, 후버 대통령은 통화공급의 증대에 찬물을 끼얹는 대중과 은행의 행위를 통제하려 노력했다는 것이다. 1932년은 다른 어느 때보다도 신용을 확장해야 한다는 운동이나 물가수준을 대공황 이전 수준으로 올려서 안정시켜야 한다는 목소리가 높았다. 국회의원들, 은행가를 포함한 기업인들, 경제학자들이 이런 목적을 염두에 둔 각종 운동에 동참했다. 특히 1932년 1월 시카고에서 24명의 국내 저명 경제학자가 회합을 갖고 대통령에게 몇 가지의 정책을 제안했다. 이 회합은 사회의 상당한 관심을 받았다고 한다(Rothbard(1975), p.276). 통화정책과 관련해서는 앞에서 이미 서술했던 글래스-스티걸 법에 포함된 내용이 제안되었다. 그런 제안에는 그 이

29 뒤에서 이러한 현금 보유가 비난의 의미를 내포하고 있는 퇴장(hoarding)이라는 말로 잘못 사용되고 있음을 설명할 것이다.

외에도 확장적 통화정책과 재정정책을 추천하는 내용이 포함되어 있었다. 물론 확장적 통화정책은 화폐의 가치를 떨어뜨릴 뿐 아니라 생산구조를 왜곡하여 침체를 지연시키기 때문에 실시해서는 안 된다는 주장을 하는 경제학자와 민간이 없었던 것은 아니다. 특히 H. 파크 윌리스(H. Parker Willis) 교수와 가트프리드 폰 하벌러(Gottfried von Haberler) 교수가 시카고 회합의 선언문에 서명을 거부했다. 그들은 연준의 확장적 통화정책이 그 이후에 미국 역사에서 전개되었던 경제적 결과를 이미 당시에 대부분 예측하고 연준의 확장적 통화정책을 반대했다.[30] 그러나 그들은 당시 아주 소수였다.

라스바드는 통화정책에 대하여 1933년 초까지만 다루고 있다. 1933년 초에 후버 대통령이 대통령직에서 물러났는데 라스바드는 기본적으로 후버 대통령 시대에만 초점을 맞추고 있기 때문이다. 2월 말까지 연준은 회원은행에게 지급준비금을 7억8천5백만 달러나 증가시켜 주었지만 통제되지 않는 지급준비금이 10억8천9백만 달러가 감소했다. 그 결과 회원은행의 총지급준비금은 3억 5백만 달러가 감소했다. 민간보유 현금과 예금의 합계가 1932년 말에 454억 달러에서 1933년 중반에 417억 달러로 감소했다. 그 결과 총화폐공급량은 1933년 초 647억2천만 달러에서 1933년 말 616억1천만 달러로 감소했다. 이 당시 대부분의 감소는 1933년 전반에 발생한 것이다. 〈표 12〉에서 알 수 있듯이 1933년 2월 한 달 동안에 현금이 9억 달러나 증가했다. 현금보유가 증가하게 된 것은 정부가 은행휴일(bank holidays)과 같은 방법으로 예금자의 재산을 침해했기 때문이다. 그 결과 외국인의 달러에 대한 불신과 겹쳐 루즈벨트가 취임하기 직전인 1933년 2월에 달러에 대한 불신이 정점에 달했다.

30 Rothbard(1975), pp.276~277 참조. 특히 하벌러 교수는 미국 내에서 처음으로 오스트리아학파의 경기변동이론을 응용하여 당시 연준의 확장적 통화정책이 초래할 결과를 정확히 예측했다고 한다.

❋ 표 12 시점별 민간의 현금보유 (단위: 억 달러)

시점	현금보유량
1921년 6월 30일	36.8
1929년 6월 30일	36.4
1933년 1월 말	54
1933년 2월 말	63

자료: Rothbard(1975), 전게서, p.88, p.285에서 인용

5 은행의 신용축소

한 국가의 화폐재고 또는 총화폐공급량은 연준에 의해서만 결정되는 것이 아닐 뿐 아니라 경우에 따라서는 연준이 결정적인 힘을 가지고 있는 것도 아니다. 부분지급준비제도하에서는 민간은행이 화폐재고의 결정에 있어서 중요한 역할을 한다. 특히 경기변동이 발생하여 침체국면으로 진입하면 차용인들(borrowers)의 상당수가 재무상으로 어려움을 겪거나 파산하기 때문에 은행들은 대출한 신용을 축소하지 않을 수 없다. 만약 부분지급준비제도하에서 은행쇄도가 발생하면 어려운 처지에 놓일 것이기 때문이다. 또는 예금자의 요구에 응하기 위하여 초과지급준비금을 준비하지 않을 수 없다. 라스바드는 커리(Currie)의 추정을 인용하고 있다. 초과지급준비금을 은행의 총지급준비금으로 나눈 비율은 1932년 1분기에 2.4%에서 2분기에 10.7%로 크게 증가했다.[31] 이 비율은 1932년 4분기에 20.3%로 2분기에 비해 거의 두 배나 상승했다. 1932년 후반으로 갈수록 은행은 자신의 생존을 위하여 초과지준금을 보유하지 않을 수 없었다. 초과지급준비금을 이용하여 은행은 연준으로부터 빌려온 원금과 이자를 갚기도 했다. 특히 1932년에 은행의 신용축소가 본격적으로 이루어졌다. 이러한 상황을 맞아 후버 대통령은 신용대출을 꺼리고 있는 은행들을 비난했음을 앞에

31 Rothbard(1975), 전게서, p.267에서 재인용.

서 지적했다. 이 점도 후버 정부가 확장적 통화정책을 취했음을 보여주는 하나의 증거이다. 그 이전까지 은행은 신용을 최대한 확장했다. 이러한 모든 것은 경기침제기에 은행이 적극적으로 신용을 축소한다는 사실을 보여준다. 은행들의 신용축소는 승수효과만큼 통화공급량 또는 통화재고를 감소시킨다. 그리고 통화재고의 감소만큼 디플레이션을 초래한다. Salerno(2003, pp.81~109)는 은행의 신용축소에 의한 디플레이션을 '은행신용디플레이션'(bank credit deflation)이라고 부를 것을 제안했다.[32]

6 화폐수요의 변화

화폐재고에 영향을 미치는 화폐수요의 변화를 보기로 한다. 대공황과 같은 침체기에는 화폐에 대한 수요가 극적으로 변한다. 화폐수요에 대한 최초의 변화는 화폐수요의 증가로 나타난다. 사람들은 침체와 디플레이션의 영향으로 재화들의 가격이 하락할 것을 예상하면서 재화에 대한 지출을 줄이고 예전보다 많은 화폐를 보유한다. 특히 가격의 변화가 큰, 내구 소비재인 주택, 자동차 등에서 그런 일이 일어난다. 은행들과 대출자들은 차용자들이 유용한 다른 자산을 처분하여 원리금을 상환할 것을 종용하기 때문에도 예전에 비해 화폐에 대한 수요가 또한 증가한다. 구조조정이 끝날 때까지 상당수 기업은 많은 액수의 손실을 보거나 파산하기 때문에 문제가 없는 기업들도 신규 투자를 연기하거나 중단하게 만든다. 나시 밀하면 그들은 불확실성이 어느 정도 사라질 때까지 투자를 유보하고 현금을 보유하게 된다. 이것이 경기침제기에 일어나는 최초의 화폐수요 변화이다. 그리고 화폐수요의 증가는 재화들에 대한 수요를 감소하게 만들기 때문에 재화들의 가격을 일반적으로 하락하게 만든다. 즉 화폐수요의

32 Salerno(2003), pp.81~109 참조.

증가는 디플레이션을 초래한다. 그리고 Salerno(2003)는 화폐수요의 증가를 퇴장이라는 용어 대신에 '현금축적'(cash building)이라는 용어를 사용할 것을 제안하고 이러한 경우에 발생하는 디플레이션을 '현금축적디플레이션'(cash-building deflation)으로 부를 것을 제안한다.

대공황기에 발생했던 화폐수요의 증가는 달러라는 화폐에 대한 불신과 은행의 지급 능력에 대한 불신에서 비롯된 것이 더 중요하다. 달러라는 지폐에 대한 불신은 금으로의 태환을 요구하게 만들고 금 태환은 다시 화폐재고의 일부를 이루는 금의 재고를 감소하게 만든다. 1931년 영국의 금본위제 포기는 미국인이 자신들의 화폐인 달러라는 지폐에 대한 일반적인 불신을 초래한 것이 좋은 예이다(Rothbard(1973), p.231). 이 점은 외국인의 달러라는 지폐에 대한 불신에도 동일하게 작용한다(Rothbard(1973), p.268). 은행의 지급 능력에 대한 불신도 화폐에 대한 수요를 증가시킨다. 부분지급준비제도하에서 은행의 지급 능력은 매우 취약하다. 아주 작은 액수의 화폐수요 증가 또는 신용축소는 통화승수의 크기만큼 은행의 지급여력을 감소시키기 때문이다. 지급여력의 감소는 다시 화폐수요를 증가시킨다. 악순환이 시작되는 것이다. 호황국면에 많은 대출을 했던 은행은 침체기에 그 대출의 일부 또는 전부를 회수할 수 없기 때문에 지급 능력이 또한 취약해진다. 이러한 상황을 눈치 챈 예금자들은 자신의 예금을 현금으로 찾아 보관하고자 한다. 요컨대, 은행의 지급 능력에 대한 불신은 화폐수요를 증가하게 만드는 것이다.

우리는 이러한 화폐수요의 증가를 '퇴장'이라는 말로 비난하는 행위를 흔히 목격한다. 그러나 얼마의 실질현금잔고(real cash balance)를 유지할 것인가를 결정하는 주체는 화폐의 수요자 자신이다. 화폐의 수요자를 제외한 다른 사람이 현금잔고의 크기를 결정할 수는 없다. 특히 상업세계에서 파산하는 기업이 발생하고 재화들의 가격이 하락할 것이 예상되면, 현금을 보유하여 위험을 낮추고 자신이 소지한 화폐의 구매력이 높아졌을 때 재화들을 구매하는 것은 너무나 '합리적인' 행동이다. 누가 이런 행위를 퇴장이라는 비난조의 말로 지칭할 수 있는가? 이 때의 화폐수요 증가는 개인들의 효용을 감소시키기보다는 증가시키는 행위이다.[33]

〈표 12〉는 일정 시점별로 민간의 현금보유 크기를 보여준다. 민간의 현금보유액은 1921년 6월 30일 현재 36억8천만 달러이던 것이 1929년 6월 30일에도 36억4천만 달러이다. 비록 1921년부터 1929년까지 현금보유가 약간의 증감이 없었던 것은 아니지만 현금보유 습관이 크게 변하지는 않았다는 것이다. 경제가 침체국면으로 진입하기 시작한 시점인 1929년 10월 이후에 민간의 현금보유는 점차 증대하기 시작했다. 1933년 1월 말에 현금보유는 54억 달러로 증가했다. 1921년 6월 말을 기준으로 하면 1933년 1월말에 현금보유는 약 48% 증가했다. 그리고 금융위기라고 할 수 있는 시점인 1933년 2월 말에는 민간인의 현금보유는 약 63억 달러로 상승했다. 1921년 6월 말을 기준으로 하면 1933년 2월 말에 현금보유는 약 73%나 크게 증가했다. 특히 금융위기가 고조되었던 1933년 1월 말에서 2월 말까지 현금보유는 약 17% 증가했다.

지금까지 미국 국내 예금자가 예금을 현금으로 전환하는 과정과 결과를 설명했다. 달러 가치와 미국 은행에 대해 불안을 느낀 외국인은 달러라는 지폐를 금으로 전환했거나 예금을 현금으로 전환했다. 금의 이러한 유출은 미국 국내 예금자가 현금을 증가시킨 것과 효과 면에서 같다. 그러나 외국인이 미국 국내 화폐·금융시장에 미친 영향은 정확히 어느 정도인가를 알 수 없다.

33 그러나 경기침체기의 화폐수요의 제1단계 변화는 일정한 시간이 지나면 다시 변화하게 된다. 제2단계로 넘어가는 것이다. 제2단계는 화폐수요가 경기변동이 있기 이전 상태로 돌아가는 것이다. 즉 화폐수요가 감소하는 것이다. 그러나 1929~1933년까지 화폐수요는 제2단계로 넘어가지 않았다고 보는 것이 타당하다. 1933년까지 화폐수요는 일시적인 기간을 제외하고는 지속적으로 증가했기 때문이다.

7 은행의 파산

화폐수요의 증가, 은행의 신용축소 등은 다른 요인과 합쳐져서 은행의 파산을 촉진한다. 〈표 13〉은 대공황 초기에 미국 은행이 얼마나 파산했는가를 보여준다. 파산한 은행의 수라는 관점에서, 호황국면에 있었던 1920년대 평균과 비교하면 1930~1933년 기간에 작게는 약 2배, 크게는 약 5.7배나 증가했다. 예금 금액이라는 관점에서는, 호황국면에 있었던 1920년대 평균과 비교하면 1930~1933년 기간에 작게는 약 4.2배, 크게는 약 21.2배 증가했다. 여기에서 예금 금액이란 파산한 은행이 보유했던 금액을 지칭한다. 파산 은행이 크게 증가한 것은 앞에서 설명한 화폐수요의 증가, 은행의 신용축소, 경기 침체로 인한 은행의 대출금 회수 저하에 따르는 은행의 수익성 악화 등이다.

1933년에 특히 파산한 은행 수와 예금 금액이 크게 증가한 이유는 다음과 같다. 첫째, 루즈벨트 취임 직전에 루즈벨트 참모진의 좌파 급진주의적 성향으로 인한 달러에 대한 불신이 최고조에 달하여 민간의 현금보유가 증가했기 때문이다. 둘째, 후버와 루즈벨트가 은행휴일과 같은 방법으로 정부가 은행으로 하여금 일시적으로 예금을 지급하지 못하도록 하는 방법을 시행했기 때문이다. 1933년 초에는 많은 주(state)에서 은행휴일을 실시했다. 루즈벨트가 취임하여 1933년 3월 6일부터 3월 13일까지 국가은행휴일(national bank holidays)을 지정

❋ 표 13 대공황 초기 파산한 은행의 수와 예금 금액

연도	은행 수(개)	예금 금액(백만 달러)
1920년대 평균	700	170
1930	1,350	837
1931	2,293	1,690
1932	1,453	706
1933	4,000	3,600

자료: Rothbard(1975), 전게서, p.268과 p.286에서 인용
주: 여기에서 예금 금액이란 파산한 은행이 보유했던 금액을 말함

하고 민간상업은행과 연준회원은행을 폐쇄했다. 이러한 일시적인 예금지급 금지는 예금자들의 재산을 침해하는 것이고 그런 일을 예방하기 위하여 예금자들은 예금을 찾아서 현금으로 보유하는 방법으로 대처했기 때문에 화폐수요가 증가했다. 화폐수요의 증가는 승수효과를 통해 은행의 신용을 축소하게 만들고 그런 축소는 은행의 경영을 압박하게 만든다.

요약하면, 침체기에 파산한 은행의 수가 극적으로 증가한 것은 화폐수요의 증가, 은행 자신의 자발적인 신용축소, 대출금 회수 부진으로 인한 은행 경영의 어려움 등이 가중된 때문이다. 화폐수요의 증가는 더 근본적으로는 지폐와 은행에 대한 불신 때문이다. 그리고 일반인의 지폐와 은행에 대한 불신은 궁극적으로는 과다한 통화량 증가로 인한 달러 가치의 하락과 지급능력이 근본적으로 취약한 부분지급준비제도 자체에 있다.

8 디플레이션: 원인과 평가[34]

1929~1933년 기간의 디플레이션을 검토하기 전에 1926~1928년 기간의 디플레이션 정도를 간략히 보기로 한다. 대공황 이전에 소비자 물가는 1926년 2.2% 하락, 1927년 1.1% 하락, 1928년 1.2% 하락했다. 이 기간의 디플레이션의 원인에 대해 결론만 요약하면, 화폐의 공급이 증가함에 따라 인플레이션이 발생했음에도 불구하고 기술 진보에 따르는 생산성의 증가 등으로 인한 디플레이션이 발생했을 뿐 아니라 디플레이션이 인플레이션보다 컸기 때문에 표면적으로는 디플레이션만 가시화되었다. 이 점이 시사하는 바는 역사적 기록으로서의 디플레이션이나 인플레이션은 서로 다른 힘이 미친 결과라는 것이다. 그리

34 디플레이션을 다룬 연구자와 문헌은 상당수 있다. 그러나 Salerno(2003)는 아마도 처음으로 디플레이션을 발생 원인에 따라 크게 4가지로 나누고 개관했다. 주로 미국 사례를 이용하여 유익한 디플레이션과 유해한 디플레이션으로 나누고 적절한 통화 정책 방향을 제시했다. 미국 디플레이션 사례에 대한 자세한 내용은 Salerno(2003) 참조.

고 아래에서 자세히 보겠지만 이 점은 1929~1933년 기간에 발생한 디플레이션에도 해당한다.

1929년 11월부터 1930년 11월까지 소비자 물가는 5.2% 하락, 1930년 11월부터 1931년 11월까지 10.4% 하락, 1931년 11월부터 1932년 11월까지 10.2% 하락했다. 1933년 3월에 물가는 최저점을 찍고 곧바로 상승하기 시작했다(Murphy(2009), p.71). 요컨대, 1929년 11월부터 1933년 3월까지 디플레이션이 진행되었고 1933년 3월 이후 인플레이션이 시작되었다. 즉 후버 대통령 시대가 디플레이션 시대라는 것이다.

1929년 11월부터 1933년 3월까지의 디플레이션은 화폐의 공급과 수요가 모두 변화할 때 발생한 것이기 때문에 화폐의 공급과 수요가 재화 일반의 가격에 미치는 영향을 검토할 필요가 있다. 다른 조건이 같다면, 화폐공급의 증가는 재화 일반의 가격을 인상시키는 것, 즉 인플레이션을 초래한다. 다른 조건이 같다면, 화폐수요의 증가는 재화 일반의 가격을 하락시키는 것, 즉 디플레이션을 초래한다. 다른 조건이 같다면, 반대의 경우, 즉 화폐공급의 감소는 디플레이션, 화폐수요의 감소는 인플레이션을 초래한다. 화폐의 구매력과 인플레이션, 화폐의 구매력과 디플레이션의 관계는 무엇인가. 일반적으로 화폐의 구매력과 재화들의 일반적인 가격은 반대의 관계를 가진다. 다시 말하면, 재화들의 일반적인 가격이 하락하면 화폐의 구매력이 상승하고 재화들의 일반적인 가격이 상승하면 화폐의 구매력이 하락한다. 즉 인플레이션은 화폐의 구매력이 하락하는 것이고 디플레이션은 화폐의 구매력이 상승하는 것이다.

앞에서 설명한 내용은, 다른 조건이 같다면 화폐의 수요와 공급의 변화와 재화 일반의 가격 변화 또는 인플레이션 또는 디플레이션의 관계를 보여준다. 어떤 특정 재화의 가격은 그 재화의 수요와 공급에 또한 영향을 받는다. 그러므로 어떤 특정 재화의 가격은 네 가지 요인, 즉 화폐의 수요와 공급, 그 재화의 수요와 공급에 의해 결정된다. 예를 들어, 개인용 컴퓨터와 그 주변기기의 가격은 지난 20여 년 동안 크게 하락해왔다. 그것은 다른 무엇보다도 그 부문에서의 기술 발전이 워낙 컸기 때문이다. 즉 개인용 컴퓨터와 그 주변기기의 공급이 큰 폭으로 증가했기 때문이라는 것이다. 그 결과 지난 20여 년 동안 화폐공급의 대폭적인 증가에도 불구하고 개인용 컴퓨터와 그 주변기기의 가격은 큰 폭으로 하락한 것이다.

문제는 1929년 11월부터 1933년 3월까지의 기간에 발생한 디플레이션은 연준에 의한 화폐공급의 증가, 민간은행의 신용축소에 의한 화폐공급 감소, 화폐수요의 증가 등이 동시에 영향을 미친 결과라는 점이다.[35] 다시 말하면, 연준에 의한 화폐공급의 증가는 인플레이션을 초래하고, 은행의 신용축소에 의한 화폐공급 감소와 화폐수요의 증가는 모두 디플레이션을 초래한다. 그리고 현실에서 가시화된 디플레이션은 세 가지 효과가 합쳐진 결과이다. 물론 이 모든 인과관계는 다른 조건이 동일하다는 가정하에서 유효한 것이다. 그 시기에 다른 조건이 전적으로 변하지 않았다고 말하기는 어려울 것이지만 앞의 인과관계를 부정할 수 있는 다른 조건의 큰 변화는 없다고 가정해도 무리가 없을 것이다. 우리의 디플레이션 기간이 대침체 또는 대공황 국면에 해당하기 때문이다.

지금까지 디플레이션의 발생 원인을 규명했다. 이제 디플레이션에 대한 부정적인 평가를 자세히 분석하기로 한다. 다시 말하면, 많은 연구자나 논평가가 디플레이션을 두려워하는 것을 목격한다. 그들의 주장대로 디플레이션은 경제에 해악만 끼치는가. 과연 디플레이션은 회피해야 할 대상인가. 디플레이션은 인간의 경제행위에 어떤 영향을 미치는가? 앞에서는 디플레이션의 발생 원인을 분석했다면 여기에서는 디플레이션이 인간의 경제행위에 미치는 영향을 평가

35 이론적으로는 디플레이션을 초래하는 요인이 더 있다. 그러나 우리의 분석과 관련이 없기 때문에 생략한다. 자세한 내용은 Salerno(2003) 참조.

하기로 한다.

앞에서 화폐수요의 증가와 신용의 축소에 의해 디플레이션이 발생한다는 것을 알았다. 그 경우에 화폐의 구매력은 상승한다. 화폐의 구매력이 상승한다는 것은 실질소득이 증가한다는 것이다. 소비자의 실질소득이 증가하는 것은 소비자로 하여금 예전보다 소득 대비 더 많은 저축을 하게 만들고 그런 저축은 이자율을 낮춤으로써 기업가로 하여금 더 많은 투자를 가능하게 만든다. 그리고 투자의 증가는 생산의 증가와 경제성장으로 이어진다. 소득 대비 저축의 증가는 소비자로 하여금 다음 단계에 소득 대비 소비를 증가시킬 수 있고 증가시키게 된다. 인간은 소비를 영원히 하지 않을 수는 없기 때문에 디플레이션 기간 중에는 자신의 실질 소득의 증가와 재화의 가격 하락에 대한 예상을 대비하여 적절한 소비를 할 것이다. 즉 디플레이션 초기에 소비를 할 수도 있고 디플레이션 후기에 소비를 할 수도 있다. 한마디로, 디플레이션은 저축과 투자, 생산과 경제성장에 긍정적인 영향을 미친다.

디플레이션을 비난하는 다른 주장은 디플레이션이 생산을 멈추게 할 것이라는 것이다. 디플레이션이 이윤을 없애버리기 때문에 기업은 생존할 수 없다는 것이다. 그러나 이 주장은 디플레이션을 너무 단순하게 간주하고 있다. 디플레이션이 재화들의 일반적인 가격 하락을 의미하지만 모든 재화가 동일한 시점에 동일한 크기로 가격이 하락하는 것을 의미하는 것은 아니다. 디플레이션을 초래한 화폐수요의 증가와 신용축소가 어느 재화에, 언제 그리고 얼마나 영향을 주느냐에 따라 재화들의 가격 하락이 결정된다. 그러므로 디플레이션이 기업의 이윤에 미치는 영향은 모두 다르다. 그리고 앞에서도 지적했듯이 인간은 생존을 위하여 소비를 하루라도 멈출 수는 없다. 다만 소비의 시기, 정도 등을 자신이 직면한 경제 상황에 따라 결정한다. 그러므로 디플레이션이 모든 기업의 모든 이윤을 날려버린다는 주장은 틀린 것이다. 디플레이션이 발생할 때 그런 환경을 잘 예상한 기업은 생존할 것이고 그렇지 못한 기업은 존립할 수 없을 것이다. 그리고 그런 환경을 적극적으로 이용하여 빠르게 성장하는 새로운 기업의 출현도 환경이 급변하는 시기라고 할 수 있는 디플레이션 기간에 가능성이 크다.

디플레이션을 비난하는 또 다른 주장은 디플레이션은 추가적인 디플레이션을 가져온다는 것이다. 이 주장의 다른 의미는 디플레이션보다는 인플레이션이 낫다는 것이다. 왜냐하면 현금을 보유하고 소비하지 않는다면 기업가는 재화를 팔 수 없고 그 결과 노동자를 고용할 수 없기 때문이라는 것이다. 그러나 앞에서 보았듯이 지난 20년간 지속적으로 가격이 하락한 컴퓨터와 컴퓨터 주변기기 산업은 번영을 구가해왔다. 비록 특정 기업들의 부침은 있었지만 말이다. 인간이 소비를 전혀 하지 않을 수는 없다. 그 점은 디플레이션이 추가적인 디플레이션을 가져온다는 주장이 성립할 수 없다는 것을 시사한다.

앞에서 보았듯이 디플레이션은 경제를 회복시키고 정상으로 돌아가게 만드는 데 기여를 한다. 그러나 디플레이션이 장점만 있는 것은 아니다. 디플레이션에는 다음과 같은 부정적인 측면도 있다. 즉 디플레이션은 인플레이션과 마찬가지로 소득재분배 효과를 초래한다. 물론 디플레이션이 경기변동으로 인한 침체국면에 발생하는 경우에 국한하여 디플레이션의 부정적인 측면이 존재한다. 디플레이션이 가져오는 소득재분배의 분명한 특징은 네 가지다. 첫째, 디플레이션이 인플레이션과 꼭 같이 영합(zero-sum)게임이라는 것이다. 이득을 보는 사람의 이득과 손해를 보는 사람의 손실이 동일하다는 것이다. 둘째, 이득을 보는 사람과 손해를 보는 사람을 구분하기가 상대적으로 쉽다는 것이다. 예를 들어, 기업의 구조조정이 일어나는 경우와 해고 노동자 등은 쉽게 식별할 수 있다. 다시 말하면, 디플레이션으로 인한 소득재분배는 눈으로 직접 목격하기가 쉽다는 것이다. 물론 모든 소득재분배를 명확히 관찰할 수는 없지만 말이다. 이 점이 인플레이션에 의한 소득재분배와 다른 것이다. 디플레이션에 의한 소득재분배의 세 번째 특징은 디플레이션에 의한 소득재분배가 인플레이션에 의한 소득재분배에 '추가'된다는 것이다(Mises(1980), p.262). 이 점이 중요하다. 붐과 버스트로 이어지는 경기변동에는 먼저 인플레이션으로 인한 소득재분배가 발생하고, 나중에 경기변동의 2차 특징, 즉 디플레이션으로 인한 소득재분배가 다시 발생한다는 것이다. 마지막으로, 디플레이션에 의한 소득재분배가 인플레이션이 초래하는 소득재분배 과정의 역순으로 진행되는가 하는 것이 의문이다. 그런데 이 쟁점에 대해서 라스바드와 휠스만은 견해를 달리한다. 라스바드는 역순으로 진행된다고 지적한다. 물론 이 과정이 언제나 정확하게 그렇게 되지는 않는다는 전제를 달고서 말이다. 라스바드는 디플레이션에 의한 소득재분배가 어느 정도가 될 것인가에 대해서도 특별한 언급을 하지 않았다. 그러나 휠스만은 디플레이션이 그 이전의 인플레이션의 역순의 일종은 확실히 아니라고 주장한다(Hülsmann(2008b), p.29). 이 부분은 더 많은 연구가 필요하다.

요약하면 경기변동기에 발생하는 디플레이션은 장점과 단점을 모두 지니고 있다. 그러나 단점에 비해 장점이 너무 크다. 그러므로 침체기에 디플레이션은 적극적으로 채택해야 할 통화정책임이 분명하다.

9 디플레이션: 역사적 증거들

역사적 사실은 당시에 '일어났던' 사건의 기록이다. 그런데 그런 역사적 사실과 비교해야 할 것은 '일어났을 그러나 실제로는 일어나지 않았던' 사건이다. 여기에서 일어났을 사건은 다른 길이나 진로를 선택할 경우에 일어날 것으로 예상되는 결과를 말한다. 통화량이 증대되고 난 다음, 그 결과 경기변동이 발생하고 난 다음, 연준이 취할 것으로 예상되는 길은 세 가지다. 연준이 통화량을 적극적으로 감축하는 것, 자유방임적 통화정책을 시행하는 것, 즉 통화량 증대와 감소, 어느 쪽도 하지 않는 것, 통화량을 증가시키는 것 등이다. 세 번째 경우는 역사적으로 일어났던 것으로 대공황 시기에 연준이 취했던 정책이다. 일어나지 않았던 일은 연준이 통화량을 적극적으로 감축하는 경우와 자유방임적 통화정책을 실시하는 것이다.

이제 역사에서 연준이 통화량을 감축하거나 통화량을 더 이상 증가시키지 않았다면 어떤 일이 일어났겠는가 하는 것을 이론에 의거 예상해보기로 한다. 만약 연준이 축소적 통화정책을 펼쳤다면 화폐수요의 증가에 의한 현금축적디플레이션과 은행의 신용축소에 의한 은행신용디플레이션에 연준의 통화정책에 의한 디플레이션이 추가되었을 것이다. 다시 말하면, 연준에 의한 디플레이션은 디플레이션의 크기를 역사적 기록보다 더 크게 했을 것이라는 것이다. 만약 연준이 침체기에 자유방임적 통화정책을 펼쳤다면 화폐수요의 증가에 의한 현금축적디플레이션과 은행의 신용축소에 의한 은행신용디플레이션은 연준의 통화공급 증가에 의한 인플레이션에 의해 일정 부분 상쇄되지 않았을 것이다. 다시 말하면, 연준에 의한 인플레이션이 없었다면 디플레이션의 크기는 역사적 기록보다 더 컸을 것이라는 것이다. 요약하면 연준의 두 가지 정책 모두는 실제 일어났던 디플레이션보다 더 큰 디플레이션을 초래했을 것이다. 그리고 그런 디플레이션은 경제를 실제보다 더 빠르게 회복하게 만들었을 뿐 아니라 소비자의 구매력도 더 크게 했을 것이다.[36] 디플레이션이 경제에 미치는 긍정적인 영향을 상기할 필요가 있다. 요약하면 1929~1933년에 연준의 확장적 통화정책은 민간의 자발적인 행위의 결과인 디플레이션의 긍정적인 영향을 상당 부분 삭감했다고 하겠다. 또는 연준이 축소적 통화정책을 펼쳤거나 자유방임적 통화정책을 펼쳤다면 민간의 자발적인 행위의 결과인 디플레이션의 긍정적인 영향

36 그러나 일어났을 사건과 일어났던 사건을 비교하는 일은 쉽게 이해할 수 있는 것이 아니다.

을 더 크게 했을 것이다. 그러나 삭감한 정도 또는 긍정적인 영향을 더 크게 한 정도를 구체적인 수치로 보여줄 수는 없다. 다만 연준이 당시 채택한 확장적 통화정책의 부정적인 효과를 정성적으로 보여줄 수 있을 뿐이다.

앞에서 설명한 내용을 이해하기 위하여 역사적인 사례를 들어보자.[37] 1839년부터 1843년까지 화폐공급은 34% 감소했다. 이 시기에 도매가격은 42% 하락했다. 은행의 수는 23% 감소했다. 이러한 하락, 즉 디플레이션은 잘못된 투자, 빚, 부실한 은행 등을 빠르고 급격하게 구조조정하게 만들었다. 그 결과 투자는 23% 하락했지만 실질소비는 21% 증가했고 실질국민총생산은 16% 상승했다. 즉 실질로 계산한 소비와 생산이 증가했다는 것이다. 물론 이 시기는 연준이 아직 설립되지 않았다. 이것은 연준이 통화공급을 증가시키지는 않았다는 의미이다. 그러므로 앞에서 제시한 통계치는 순수하게 화폐공급 감소 효과 또는 디플레이션 효과만을 보여주고 있다. 만약 통화주의자의 주장처럼 화폐공급이 감소하고 있을 때 연준이 화폐공급을 증가시키는 것이 좋은 정책이라면 1839~1843년 기간은 사실상 매우 어려운 상황이 되었어야 옳을 것이다. 그러나 역사적 결과는 앞에서 보았듯이 통화주의자가 예측한 것과 크게 다르게 나타났다. 그것은 통화주의자의 주장이 결코 옳지 않다는 것을 간접적으로 증명한다.

다른 한편, 1929~1933년 기간에 발생한 디플레이션이 실질생산에 미친 영향은 앞에서 제시한 사례와 다르다. 먼저 통화량은 27%, 물가는 31%, 은행의 수는 42% 감소했다. 이러한 수치는 1839~1843년 기간의 통계치와 다소간의 차이가 있지만 무시해도 될 정도이다. 두 시기에 통화량, 물가 등이 비슷하게 하락했다는 것이다. 그런데 1929~1933년 기간에 실질총투자(real gross invest-

37 Murray N. Rothbard, *A History of Money and Banking in the United States*, Ludwig von Mises Institute, 2005, p.103 참조, 이 부분의 내용은 테민(Temin) 교수의 연구를 라스바드가 인용한 것이다.

ment)는 91%나 감소했고 실질소비와 실질국민총생산은 각각 19%와 30% 감소했다. 만약 연준이 존재하지 않아서 은행신용디플레이션과 현금축적디플레이션 효과가 연준에 의해 상쇄되지 않았다면 역사적 결과보다 화폐공급은 더 많이 감소했을 것이고 그 결과 디플레이션 정도는 더 컸을 것이다. 즉 연준의 확장적 통화정책이 재화들의 가격 하락을 억제했다는 것이다. 여기에 후버 정부는 기업들에게 임금을 동결하거나 임금의 하락을 억제할 것을 요구했고 특히 대기업들이 그런 정책을 적극적으로 수용했다. 여기에 후버 대통령은 확장적 재정정책을 통해 임금 하락을 또한 억제했다. 이 점은 역사적 현실에서는 연준의 통화정책을 제외하고도 가격의 하락이 억제되었음을 의미한다. 만약 연준의 화폐공급 증가가 없었다면 그리고 정부의 임금 억제가 없었다면, 그 결과 더 크게 하락한 임금과 재화들의 가격은 실질투자를 덜 감소하게, 실질소비와 실질국민총생산은 더 상승하게 만들었을 것임을 예상할 수 있다. 또는 아무리 나쁘게 예측하더라도 역사적 결과보다 매우 좋았을 것이라는 것이다.

라스바드는 그런 상황을 이렇게 적고 있다.

> "테민[교수]는 다음과 같이 적절히 설명한다. [경제 상황이 좋아진] 이유는 19세기에 가격들의 하방 유연성에서 찾을 수 있다. 그 결과 엄청난 화폐[공급]의 축소는 가격들을 낮추지만 특별히 실질 생산 세계 또는 생활수준에 타격을 가하지는 않는다. 그와 대조적으로 1930년대에 정부는 가격들과 임금률의 하락을 막는 엄청난 장애물을 놓아두었고 그 결과 생산과 생활수준의 심각하고 지속적인 하락을 초래했다."
>
> Rothbard(2005), pp.103~104

또 다른 역사적 사례도 있다(Murphy(2009), p.71). 1920~1921년 기간의 침체가 여기에 해당한다. 제1차 세계대전 동안의 화폐공급의 증가가 극심한 인플레이션을 초래했다. 인플레이션을 억제하기 위하여 뉴욕 연준은 1920년 1

월에 할인율을 단번에 4.75%에서 6%로 인상했다. 1920년 6월에 할인율을 다시 7%로 인상했다. 이 때 할인율은 당시로서는 최고였다. 즉 이 시기에 연준은 축소적 통화정책을 실시했다. 1921년에 실업률이 11.7%로 심각했지만 연준은 1921년 5월까지 할인율을 낮추지 않았다. 연준은 7%라는 높은 할인율을 거의 1년이나 지속했다. 그 결과 재화들의 가격이 정점에 달했던 1920년 6월로부터 정확히 1년 만에 물가는 15.8%나 하락했다. 이 수치는 대공황 때 가장 높았던 연간 물가 상승률과 비교하면 50% 이상 디플레이션이 높았다는 것을 보여준다. 그럼에도 불구하고 1920~1921년 침체는 아주 짧게 끝났기 때문에 오늘날의 미국인 대부분은 그 때의 침체를 잘 기억하지 못한다. 만약 연준이 충분한 화폐를 공급하지 않았기 때문에 1930년대 초의 침체가 대공황으로 바뀌었다는 통화주의자의 주장이 옳다면 1920~1921년 기간의 연준의 할인율 인상으로 인한 통화 공급 축소는 1920년대를 비극으로 점철되게 만들었을 것임을 예상할 수 있다. 그러나 실제로 1920년대는 1920~1921년 기간을 제외한다면 미국 역사에서 가장 번영했던 시기이다. 비록 논쟁의 여지가 전혀 없는 것은 아니지만 말이다.

10 연준의 확장적 통화정책의 폐해

연준의 확장적 통화정책이 인플레이션을 초래했다. 비록 인플레이션은 디플레이션을 일정 부분 상쇄했지만 디플레이션보다 크지 않았기 때문에 명시적으로 드러나지는 않았다.[38] 그러나 육안으로 볼 수 없다고 존재하지 않는 것이 아니다. 존재하지만 식별할 수 없을 뿐이다. 인플레이션은 확장적 통화정책의 첫 번째 폐해이다.

그러면 인플레이션의 폐해는 무엇인가(Hayek 1996). 첫째, 인플레이션은 소

38 인플레이션을 재화의 가격 상승으로 정의하는 방법은 그런 점에서 문제가 있다. 이 점에 대해서는 아래에서 자세히 다루고자 한다.

득재분배를 초래한다. 새로운 화폐를 비교적 일찍 받는 사람은 이득을 얻고 새로운 화폐를 비교적 늦게 받거나 고정 소득자는 손해를 보게 된다. 화폐공급 증가에 의한 소득재분배는 재산을 침해하는 것이지만 대부분의 사람은 그런 침해를 침해로 인식하지 못한다. 인플레이션에 의한 소득재분배가 일반적인 재산 침해와 다른 점이다. 바로 그 이유로 정부가 반복적으로 통화공급을 증가시켜 인플레이션을 초래할 수 있다. 인플레이션의 두 번째 문제점은 재화의 가격 상승 시점과 속도 등이 모두 다르다는 것이다. 화폐 공급의 증가가 재화의 가격에 미치는 영향은 일률적이지 않다는 것을 의미한다. 그 점에서 물가수준이라는 개념은 틀린 것이다. 그리고 어떤 재화의 가격 상승이 다른 재화보다 더 먼저였다면 그런 상태는 지속된다. 그리고 인플레이션이 끝날 때 인플레이션에 의한 가격구조의 이러한 왜곡은 중지된다. 인플레이션의 세 번째 문제점은 경제계산을 어렵게 함으로써 계산비용(calculation cost)을 증대시킨다는 것이다. 여기에서 계산비용이란 계산의 부정확함으로 인하여 발생하는 각종 비용을 말한다. 인플레이션의 네 번째 문제점은 회계 관행의 신뢰성을 망가뜨리고 이윤을 부풀리게 만든다. 물론 기업가는 자본의 상각비용을 조정함으로써 화폐 가치의 하락을 회계에 어느 정도 반영할 수 있다. 그러나 세무 공무원은 부풀려진 이윤에 과세함으로써 그런 방법을 없앤다. 이러한 과세는 정부가 민간이 소유한 자본의 일부를 강제로 빼앗는 것과 다름없다. 그리고 인플레이션이 클 때 이러한 문제점은 작은 것이 아니다.

둘째, 통화공급을 증가시켜 이자율을 인위적으로 낮추면 정상적인 환경에서는 생존할 수 없는 비효율적인 기업들을 생존하게 만든다. 경기변동으로 인하여 과잉투자(overinvestment)된 산업이나 기업은 그런 과오투자(malinvestment)를 청산하지 않으면 안 된다. 자연 이자율보다 인위적으로 낮게 책정된 이자율은 청산되어야 할 비효율적인 기업들을 생존하게 만든다. 그리고 비효율적인 기업들이 생존한다는 것은 구조조정이 지연된다는 것이다. 여기에서 구조조정이란 노동, 자본 등과 같은 생산요소들을 가장 효율적인 용도로의 재배치를 의미한다. 그리고 그런 구조조정의 지연은 침체로부터 경제가 회복하는 것을 방해하고 지연시킨다.

셋째, 청산되어야 할 비효율적인 기업이 인위적으로 존립하게 되면 그런 기업은 새로운 기업이 진입하여 소비자의 욕구를 만족시켜야 할 기회를 빼앗는다. 그것은 소비자의 입장에서는 효용이 후퇴하는 것을 의미한다. 즉 비효율적인 기업을 인위적으로 존립하게 만들면 소비자의 효용도 낮아진다는 것이다.

넷째, 버스트 기간에는 수요가 크게 감소한 상황이기 때문에 생존 불가능한 기업 뿐 아니라 생존하고 있는 기업마저도 비용을 절감하지 않으면 안 된다. 그러나 인위적으로 낮아진 이자율 때문에 비용 절감 노력이 상당 부분 흐지부지 되기 쉽다. 화폐공급의 증가는 과오투자로 인한 비효율성을 제거함으로써 경제 전체의 생산성을 증가시킬 기회를 상당 부분 상실하게 만든다는 것이다. 이 점은 다음 경기변동을 초래할 수 있는 여건을 미리 만들어두는 셈이다.

다섯째, 확장적 통화정책은 경기변동을 초래한다. 주지하듯이 경기변동이란 붐과 버스트로 이루어지고 붐은 지속가능하지 않다. 디플레이션이 진행중인 경우라도 확장적 통화정책의 폐해인 경기변동이 발생하지 않는 것이 아니다. 그렇기 때문에 1933년부터 인플레이션이 발생했고 1937~1938년 기간에 대공황 속에 일시적인 붐이 일어났던 것이다.

대공황 초기에 연준의 통화공급 증가에 따라 확장적 통화정책의 폐해가 실제로 발생했지만 그 정도가 어느 정도인가를 계측해 볼 수는 없다. 앞에서도 지적했듯이 디플레이션에 의해 인플레이션으로 인한 부정적인 효과가 상쇄되었기 때문이다. 그러나 분명한 것은 확장적 통화 정책의 폐해가 발생했다는 것이다. 그런 폐해를 한마디로 요약하면 침체를 더 악화 내지는 심화시켰다는 것이다.

11 통화주의자의 주장이 오류를 지니게 된 배경

이 글의 목적은 대공황 초기에 연준이 통화공급을 줄였다거나 아무런 조치를 취하지 않았기 때문에 침체를 크게 악화시켜 소위 '대공황'을 만들었다는 통화주의자의 주장이 미신이라는 점을 입증하는 것이다. 그렇기 때문에 그런 미신을 만들어내는 데 중심적인 역할을 했다고 여겨지는 프리드만의 주장을 모두 분석 또는 비판할 필요는 없다. 여기에서는 프리드만이 '어떻게' 그런 주장을 했는가를 '추론'하는 일에 초점을 맞추어 통화주의자의 주장에 대한 약간의 논평을 하고자 한다. 즉 프리드만이 그런 주장을 하게 된 원인에 대한 정밀한 분석보다는 프리드만이 오류를 범하게 된 배경 또는 그런 주장이 나오게 된 배경에 대해 분석을 하고자 한다.

첫째, 통화주의에는 경기변동이론이 없다.[39] 1920년대 붐과 1920년대 말에 시작된 대공황은 경기변동 현상이기 때문에 경기변동이론이 꼭 필요하다. 당시 일어났던 디플레이션과 같은 화폐현상뿐 아니라 실업 등과 같은 현상까지도 종합적으로 이해할 수 있는 정확한 경제이론, 특히 경기변동이론이 필요하다. 그러나 당시의 통화주의에는 경기변동을 설명할 수 있는 이론이 없었다. 그 점은 지금도 큰 차이가 없다. 이론이 없는 상태에서 복잡한 경제 현상을 정확하게 분석할 수는 없다. 통화주의자가 연준의 통화정책을 분석함에 있어서 잘못을 범하게 된 첫 번째 이유라고 여겨진다.

둘째, 인플레이션과 디플레이션은 화폐공급 증가와 감소로 정의하는 것이 가장 정확하다. 만약 가격들의 일반적인 상승과 하락으로 정의하면 문제가 발

39 오스트리아학파는 경기변동이론을 일반 경제이론과 잘 통합하여 제시하고 있다. 그리고 그 점에서 학계에서 오스트리아학파의 경기변동이론이 유일하다. 오스트리아학파의 경기변동이론에 대한 자세한 설명은 이 책의 1부를 참조. 오스트리아학파의 경기변동이론을 실증분석한 것으로는 전용덕 · 김학수, 『정책실패와 국제금융위기』, 한국경제연구원, 2009를 참조.

생할 소지가 있다. 앞에서 보았듯이 디플레이션이라 하더라도 통화공급의 증가로 가격들의 일반적인 상승이 일어날 수 있을 뿐 아니라 대공황 시기의 디플레이션이라는 결과는 가격 하락 효과가 가격 상승 효과보다 크기 때문에 나타난 것이다. 제2차 세계대전 이후에 많은 연구자는 인플레이션과 디플레이션에 대한 부정확한 정의를 사용하기 시작했기 때문에 디플레이션이 일어나면 연준이 화폐공급을 감소시킨 것으로 주장하는 잘못을 범한 것으로 여겨진다.[40]

셋째, 통화주의자로 하여금 미신을 갖게 만든 가장 중요한 연구는 프리드만과 슈바르츠가 공저한 『미국의 화폐역사 1867~1960』(*A Monetary History of the United States* 1867~1960(1963))이다. 그런데 그 책에서 1929~1933년 기간에 대한 연구는 연준의 결정과정과 각종 관료주의의 폐해 등에 관한 서술이 풍부하다. 그러나 연준을 제외한 다른 경제주체인 일반인과 은행의 행위, 당시 대통령이 기대하는 통화정책의 바람직한 방향과 견해, 주요 경제학자, 국회의원, 언론인, 주요 은행가와 기업인 등, 여론 주도층의 움직임에 대한 서술은 매우 부족하다. 그것이 시사하는 바는 연준의 결정에 영향을 미치는 요인들에 대한 종합적인 검토가 취약하다는 것이다.

넷째, 통화주의자가 인과관계를 파악함에 있어서 너무 가시적 현상에만 주의를 기우렸다고 짐작할 수 있다. 연준은 1920~1921년 7%까지 인상했던 할인율을 약간의 기복이 있지만 1924~1925년 사이에 3%까지 인하했다. 연준이 설립된 이후로 대공황 초기 이전까지 할인율이 가장 낮았던 시기는 1916~1917

40 제2차 세계대전 이전까지 인플레이션과 디플레이션(뒤에서 다룸)이라는 용어는 화폐 재고의 증가와 감소라는 의미로 사용했다. 학문세계의 토론과 일상생활 모두에서 말이다. 그러나 소위 케인지언 혁명을 거치면서 두 용어의 의미는 근본적으로 변했다. 1950년대에는 인플레이션은 가격들의 일반적인 상승을, 디플레이션은 가격들의 일반적인 하락을 의미하는 것으로 고착되었다. Salerno(2003), p.82 참조. 그러나 Mises(1998)와 Rothbard(1993)는 1950년대 이후에 사용되게 된 두 용어의 정의는 과학적 토론을 위해서는 부적당한 것이라고 주장한다. Mises(1996), pp.422~424, Rothbard(1993), 번역본, pp.1161~1162 참조.

년 사이이고 그 때도 3%였다. 1924~1925년 이후 연준은 경기가 과열 양상을 보이자 할인율을 계속적으로 인상했다. 물론 1929년 10월 주식시장이 폭락하기 이전까지 할인율이 일시적으로 낮아진 경우도 있지만 크게 보아 할인율은 높아졌다. 1929년 10월에 대폭락이 있었을 때 할인율은 매우 높은 6%였고 그 수치는 1920~1921년 기간의 7% 다음으로 높은 것이었다. 이러한 움직임은 마치 낮은 할인율이 침체를 방지하고 높은 할인율이 침체와 폭락을 가져왔다고 생각했을 수 있다. 그러나 이런 움직임은 경기변동의 일환으로 이해해야 한다. 1929년 10월은 1924~1925년 시작된 지속 불가능한 붐이 자체적으로 역전을 시작하는 시점으로 이해해야 한다.

다섯째, 미국을 제외한 주요국은 금본위제를 미국보다 빨리 포기했다. 그리고 그들은 미국보다 빨리 침체를 탈출했다. 물론 그들의 침체 탈출이 금본위제 포기 때문이라고 할 수는 없지만 두 사건은 거의 동시에 일어났다. 미국의 경우에 루즈벨트 대통령이 1933년에 금본위제를 포기할 즈음에 비록 일시적이지만 미국의 주요 경세 지표가 호전되었다. 두 사건의 동시적인 발생이 인과관계에 의한 것이 아닐 수 있음을 주지할 필요가 있다.

한마디로, 통화주의자가 어떻게 잘못된 주장을 하게 되었는가에 대한 필자의 주장은 추론의 수준을 벗어나지 못한다. 통화주의자는 자신의 주장이 미신이라는 비판에 직면하여 그런 주장의 과학성을 스스로 검토해야 한다. 그 과정에서 자신들이 어디에 문제가 있었는가를 밝혀내야 한다. 문제의 소지가 어디에 있는가를 밝히는 일은 다른 연구자가 아닌 바로 자신들이기 때문이다.

12 결론

1920~1921년 침체기에 연준은 할인율을 높였다. 주지하듯이 1920~1921년 침체는 아주 짧게 끝났다. 그러나 1929~1933년 대공황기에 연준은 할인율

을 당시까지 역사상 최저 수준으로 낮추었다. 그런데도 침체는 깊어지고 길어졌다. 즉 문자 그대로 대공황이 된 것이다. 어떻게 높은 이자율에서 침체가 빨리 끝나고 낮은 이자율에서 침체가 길어지고 깊어질 수 있는가. 사정이 이러한데도 통화주의자는 어떻게 그런 심각한 침체를 연준의 탓으로 돌릴 수 있는가.

1929년부터 1933년까지 연준이 아무런 조치를 취하지 않았다는 통화주의자의 주장은 미신이다. 앞에서 보았듯이 당시 연준은 통화공급을 증가시키는 방향으로 통화정책을 펼쳤다. 즉 연준은 큰 침체에 직면하여 확장적 통화정책을 펼쳤다는 것이 진실이다. 연방준비위원회의 확장적인 통화정책이 미친 부정적인 영향은 침체되고 있는 당시 경제를 더 나쁘게 만들었지만 미국인, 은행, 외국인 등의 적극적인 대응에 따라 그 효과가 어느 정도 상쇄되었다. 그러므로 연준이 아무런 조치를 취하지 않았다는 주장은 전적으로 틀린 것이다. 이러한 비판을 감안하여 현대의 통화주의자들은 당시에 충분한 통화공급이 이루어지지 않았다고 주장할지도 모르겠다. 그러나 통화공급을 증가시켰음에도 불구하고 투자, 소비, 국민총생산, 다른 거시지표 등이 나쁜 방향으로 움직였다는 것은 현대 통화주의자들의 주장도 틀렸음을 의미한다.

연준의 통화정책을 포함한 당시 모든 경제주체에게 강력한 영향력을 행사했던 후버 대통령은 금본위제를 포기할 정도로 강력한 인플레이션 정책을 취하지는 않았지만 자유방임적 정책을 허용하지도 않았다. 그는 대체적으로 중도적인 인플레이션 정책을 취했지만 일시적으로는 강력한 인플레이션 정책을 유도했고 실제로 그렇게 했다. 1931년 11월 위기시에 금본위제를 포기하기 직전까지 갔었다는 후버 자신의 지적은 그 점을 입증한다. 1932년에는 후버 대통령이 은행과 예금자를 비난했다는 사실도 그 점을 잘 보여준다.

통화주의자는 연준의 잘못된 정책이 없었다면 통상적인 침체가 되었을 것을 그런 잘못된 정책이 대공황으로 만들었다는 이유로 연준을 비난한다. 연준이 경제를 더 심각하게 만든 것은 사실이다. 그러나 대공황 기간에 연준이 아무런 조치를 취하지 않았거나 통화량을 적게 공급했다는 통화주의자의 주장은 명백히 틀린 것이다. 통화주의자의 주장과 반대로 연준과 후버 대통령이 협조하여 오히려 확장적 통화정책을 시행함으로써 경제를 더 심각하게 만들었다는 것이 대공황 당시의 통화정책에 대한 진실이다. 통화주의자가 만들어내 미신은 작금의 경제위기에 대한 연준의 통화정책에 영향을 미치고 있다. 미국 경제와 세계 경제가 대공황 초기와 같은 진로를 반복하지 않을까 우려하지 않을 수 없다.

화폐공급을 축소하거나 정부지출을 줄이는 방법 등은 단기적으로는 아마도 고통을 심화시킬지도 모른다. 그러나 그런 축소적 정책은 장기적으로는 구조조정을 앞당겨서 경제의 진정한 회복을 촉진한다. 반대로, 화폐공급을 증가시키거나 정부지출을 증가시키는 방법 등은 단기적으로는 구조조정의 고통을 덜어주지만 장기적으로는 경제가 스스로를 치유하는 길을 막아서 회복을 지연·심화시키고 심지어는 다음 경기변동의 씨앗을 심는다.

여기에서 자세히 다루지 않았지만 1920~1930년대 미국은 붐과 버스트로 이어지는 경기변동을 겪었다. 경기변동은 연준이 통화량을 증가시켜 이자율을 인위적으로 인하한 결과로 발생한다. 원인과 결과라는 관점에서 2000년대도 1920~1930년대와 큰 차이가 없는 경기변동이 발생했다. 경기변동의 한 국면인 침체기에 통화공급을 증가시키는 것은 문제를 악화시킬 뿐이다. 지폐를 찍어서 부(wealth)를 창출할 수 있는 마술은 불가능하다. 부를 증가시킬 수 있는 길은 재화와 용역을 생산하는 것뿐이다.

마지막으로 이 연구가 지닌 취약점을 지적하고자 한다. 여기에서 인용한, 연방준비위원회가 연방회원은행의 지급준비금을 얼마나 증가시켰는가를 보여주는 통계는 1차 자료가 아니다. 그 점에서 이 글의 주장이 한계가 있다고 지적한다면 일리가 있는 것이다. 그러나 라스바드가 제시한 자료는 그렇게 허술한 것이 아닐 뿐 아니라 라스바드 자신이 천재적이고 매우 세심한 연구자라는 점에서 여기에서 내린 결론을 번복할 정도는 아니다. 라스바드가 작성한 1920년대 통화량 통계는 프리드만과 안나의 저술에 나오는 통계보다 더 정확하면 정확했지 덜 정확하지는 않기 때문이다.

이와 함께 이 글의 목적에 대한 오해의 소지가 발생할 수 있는 점을 분명히 하고자 한다. 서두에서 밝혔듯이 이 글은 대공황 당시의 연준의 통화정책이 축소적 또는 아무 것도 하지 않았음을 주장하는 프리드만을 포함하는 통화주의자의 주장을 검토하는 것을 목적으로 하고 있다. 바로 그 이유로 이 글은 통화주의 전체에 대한 논박이 아니라는 점을 분명히 한다. 그런 일은 이 글의 목적을 크게 벗어나는 것이다. 그리고 이 글이 대공황 당시의 사건만을 다루고 있다는 지적도 받아들인다. 그러나 대공황 당시의 사건이 너무 크고 중요해서 그 사건만을 다루는 것만으로도 위기 시의 통화정책의 함의를 이끌어내는 데 부족함이 없다고 여겨진다.

2. 미국과 중국의 환율 논쟁[41]

'치킨 게임' 양상으로 치닫던 미국과 중국 간의 환율 문제가 일단 진정 국면에 들어간 것처럼 보인다. 지난 [2010년] 4월 3일 티머시 가이트너 미 재무장관은 4월 15일로 예정돼 있던 환율정책보고서 발표를 연기하기로 했다고 밝혔기 때문이다. 가이트너 장관은 3일자 성명에서 "중국이 좀 더 시장친화적인 환율체제를 택한다면 세계 경제의 균형에 크게 기여할 것'이라고 말함으로써 위안화 절상 문제를 놓고 미국이 사실상 한 발 물러선 것처럼 보인다. 그러나 중국의 경상수지 흑자 누적이 작지 않기 때문에 문제의 불씨는 여전히 남아 있다고

41 이 글은 전용덕, "미국과 중국의 환율 논쟁", 『월간 조선』, 2010년 5월호에서 발췌·수정한 것이다.

보는 것이 적절할 것이다.

미국은 지난 [2010년] 2월 "위안화를 절상하지 않을 경우 중국을 환율조작국으로 지정할 수 있다"고 발표한 바 있다. 이에 대해 중국 원자바오 총리는 3월 14일 전국인민대표대회 폐막 연설에서 "각국이 위안화를 절상하라고 압력을 가하는 것에 반대한다"고 단호하게 말했다. 그리고 중국은 지난 [2009년] 11월 이후 최근까지 3~4개월 만에 약 5백억 달러 가량의 미국 국채를 시장에 내다 팔았다(물론 중국의 국채 판매는 다른 이유가 있을 수 있다).

위안화 절상 문제를 놓고 벌여왔던 두 나라 간 갈등의 중심에는 '글로벌 불균형(Global Imbalance)'이 이번 경제위기의 원인이라는 견해가 자리 잡고 있다. 글로벌 불균형을 초래한 원인은 여러 가지가 있지만 미국 정치가들과 일부 경제학자들은 특히 중국의 환율 조작을 문제 삼고 있다. 다른 나라에 비해 중국의 경상수지 흑자가 가장 클 뿐 아니라 중국은 위기가 가시화된 2008년 중반부터 위안화의 대미(對美) 환율을 고정하고 있기 때문이라는 것이다.

글로벌 불균형과 관련하여 여러 쟁점과 의문이 있다. 과연 글로벌 불균형이 이번 세계적인 경제위기의 원인인가?[42] 중국의 환율 고정이 미국과 중국에게 어떤 영향을 주고 있는가? 미국 정치가들이 바라는 것처럼 중국이 위안화를 평가절상한다면 미국에서 수출이 증가하여 일자리가 창출될 것인가? 그 결과 중국 지도자들이 생각하는 것처럼 평가절상이 중국에게 毒이 될 것인가? 평가절상이 대규모 핫머니(hot money)의 공격으로 이어진다면 그 해결책은 무엇인가? 1985년 플라자합의로 엔화를 평가절상했기 때문에 일본경제가 장기 침체의 늪으로 빠졌다는 중국 지도자들의 우려는 진실인가? 여기에서는 서로 밀접한 연관이 있는 두 번째 의문부터 다섯 번째 의문까지를 풀어보고자 한다.

42 이 질문은 이 책의 "12. 글로벌 불균형과 경기변동"에서 자세히 다룬다.

미국의 중국에 대한 경상수지 적자와 환율의 추이가 '제1부'의 〈표 4〉와 〈그림 12〉에 나와 있다. 중국이 연간 100억 달러 이상의 대미 경상수지 흑자를 기록하기 시작한 때는 1990년부터이고 2002년 이후에는 연간 1,000억 달러 이상의 대미 경상수지 흑자를 기록하고 있다. 중국의 대미 경상수지 흑자가 점증해 왔음에도 불구하고 중국은 '위안/달러' 환율을 1994년에 5.762위안에서 8.619위안으로 올려 큰 폭으로 평가절하를 단행했다. 중국은 그 이후 2005년까지 달러당 약 8.2위안에서 약 8.7위안 사이에서 변동하도록 함으로써 위안화의 가치를 거의 고정했다. 중국은 연간 대미 경상수지가 2,000억 달러 이상 발생한 2005년 다음 해인 2006년부터 지속적으로 평가절상을 해왔지만 경상수지 흑자의 규모에 비해 평가절상의 정도가 매우 작아 2009년에도 여전히 2,000억 달러 이상의 흑자를 낼 것으로 예측되고 있다. 요컨대 중국의 연간 경상수지 흑자가 본격적으로 증가하기 시작한 결정적인 시기는 1994년부터라고 하겠다. 그 이전에도 경상수지 흑자가 발생했지만 1994년의 대폭적인 평가절하가 그 이후의 경상수지 흑자 누적에 결정적이었다고 할 수 있기 때문이다.

중국 정부가 큰 폭의 평가절하를 단행함으로써 경상수지 흑자가 빠르게 증대하기 시작했다는 점이 중국 화폐인 위안화가 인위적으로 저평가된 것임을 간접적으로 증명한다. 실제로 위안화가 저평가된 점에 대해서는 대부분의 경제학자는 동의한다. 그러나 저평가 정도는 10%에서 40%까지 견해가 다양하다. 저평가의 경제적 의미가 무엇인가 하는 점은 아래에서 자세히 다루고자 한다.

그보다 먼저 다음과 같은 현상을 자세히 들여다보자. 〈표 4〉에서 알 수 있듯이 중국 정부가 '위안/달러' 환율을 1994년부터 2005년까지 약 8.6위안에서 8.2위안 수준으로 고정했음에도 불구하고 경상수지 흑자는 매년 큰 폭으로 증가했다. 만약 다른 조건이 일정하다면, 환율이 거의 고정되었기 때문에 경상수지 흑자는 그렇게 지속적으로 증가할 수 없을 것이다. 그러므로 중국의 경상수지 흑자를 증대시킨 다른 요인이 있을 것으로 여겨진다. 아마도 중국 재화의 인플레이션과 미국 재화의 인플레이션을 비교할 필요가 있을 것으로 생각된다. 직관적으로 볼 때 미국의 인플레이션이 중국의 인플레이션보다 클 것으로 판단된다. 1990년대와 2000년대 기간에 미국의 통화 팽창이 중국의 통화 팽창보다 클 것으로 여겨지기 때문이다. 이러한 요인이 환율을 고정했음에도 불구하고 중국의 대미 수출을 쉽게 만들고 중국의 대미 수입을 어렵게 만들었을 것이다. 즉 그 점이 경상수지 흑자의 지속적인 증가를 초래하는 데 일정 부분 기여했다는 것이다. 다시 말하면 1994년 이후 경상수지 흑자의 일부는 달러화의 구매력에 비해 위안화의 구매력이 크기 때문에 발생한 것으로 자연스러운 결과라는 것이다. 물론 경상수지 흑자를 두 화폐의 구매력의 차이에서 발생한 부분과 인위적인 저평가에 의해 발생한 부분으로 구분하는 것은 정밀한 실증분석이 필요하다.

이제 인위적인 평가절하가 초래할 영향을 분석하기로 한다. 인위적인 평가절하는 수출업자에게는 '보조금'을 지불하는 것이고, 수입업자에게는 '관세' 또는 '세금'을 물리는 것이다. 이렇게 보조금을 주어 수출을 촉진하고 관세를 징수하는 방식으로 수입을 억제하는 정책은 '중상주의'의 핵심적인 내용 중의 하나이다(무역에 있어서 통상적인 중상주의 정책은 실물적인 측면이다. 정부가 세금으로 수출업자에게 직접 보조금을 주고 수입 재화에 관세를 부과하는 것이다. 그러나 지폐제도하에서는 환율의 인위적인 조작도 실물적인 측면에서의 중상주의와 동일한 결과를 초래한다).

그렇다면 중상주의는 어떤 결과를 초래하는가? 다른 조건이 일정하다면, 수출보조금은 실제로는 해외 소비자에게 혜택을 주는 것이다. 그러므로 중국의 수출보조금은 해외 소비자, 특히 미국의 소비자에게 혜택을 준다. 수입관세는 수출보조금과 거의 반대의 과정을 일으킨다. 중국 소비자(원자재, 부품 등의 구입자 포함)는 관세만큼 비싼 미국 재화를 구입해야 하고, 미국 생산자는 그만큼 수출이 어려워진다. 이때 중국 내 수입대체 재화를 생산하는 기업에게는 관세만큼 보조금을 주는 것이다. 결국 수입관세는 미국 수출 재화 생산자(수입관세가 없었다면 생겨났을 수출 재화 생산자, 즉 잠재 생산자를 포함)와 중국 소비자를 희생하여 중국의 수입대체 재화 생산자에게 혜택을 주는 것이다. 종합하면 중상주의는 중국 수출업자와 소비자에게 희생을 강요하고 수입대체 재화 생산자에게는 혜택을 준다. 이것이 시사하는 바는 중국이 고도성장을 지속하면서도 중국인의 실질소득이 빠르게 증가하지 않는다는 볼멘소리가 근거 없는 것이 아니라는 점이다. 또 중상주의는 미국 소비자에게는 혜택을 주지만 미국 수출 재화 생산자(잠재 생산자 포함)에게는 희생을 강요하는 것이다.

중상주의가 각국의 생산자와 소비자 간에 보조금과 비용을 교차하게 만들지만 그것이 중상주의가 만들어내는 문제점의 전부가 아니다. 미국 생산자의 수출이 억제됨으로써 미국의 소득이 감소하고 그런 소득 감소는 중국 재화에 대한 수입을 감소하게 만든다. 인위적인 평가절하로 인하여 수입재화는 더 비싸지고 그 결과 중국 소비자의 실질소득은 감소한다. 중국 수입대체 재화 생산자는 관세의 보호를 받기 때문에 그만큼 경쟁력이 약화된다. 이런 모든 과정이 중국과 미국을 모두 가난하게 만든다. 중상주의 정책을 시행하지 않을 때와 비교하여 그렇다는 것이다. 이 경우에는 중국과 미국, 양국 모두 인위적인 평가절하 또는 중상주의의 희생자이다(여기에서는 중상주의가 초래할 결과를 환율 논쟁의 당사자인 중국과 미국에만 적용하였다. 엄밀히 말하면 한 나라의 중상주의는 그 나라를 포함한 모든 나라에게 영향을 미친다).

위안화의 인위적인 평가절하가 초래하는 부정적인 영향은 더 있다. 중국은 지난 20년 이상 환율을 인위적으로 평가절하한 상태를 유지해 왔다. 평가절하의 정도만 조금씩 달리했을 뿐이다. 그런 정책은 중국의 외환보유고를 2조4천억 달러나 이르게 만들었다. 지폐제도에서 지폐인 달러의 이러한 누적은 그 규모에 비례하여 중국 정부, 새로운 화폐를 늦게 받는 중국인 등이 시뇨리지를 미국의 정부, 중앙은행, 정부와 가까운 관계를 유지하는 협력자들(대부분 대기업), 금융부문, 새로운 화폐를 일찍 받는 사람들(대부분 미국인)에게 탈취당하는 것이다. 달리 표현하면 달러의 구매력이 하락하는 만큼 중국은 시뇨리지를 미국에게 탈취당하는 것이다. 그리고 미국은 달러를 많이 발행할수록 그와 비례하여 달러의 사용자 또는 소지자로부터 시뇨리지를 획득한다는 점이다. 주요 국제 교환수단인 달러의 해외 사용자 또는 소지자인 중국인을 포함한 외국인은 시뇨리지를 자신도 모르는 사이에 마치 세금처럼 징수 당한다(미국이 시뇨리지를 외국인으로부터 영원히 징수할 수는 없다. 지폐를 많이 발행할수록 시뇨리지는 비례하여 증가하지만 지폐제도 자체가 붕괴할 가능성이 커질 뿐 아니라 궁극에는 붕괴하기 때문이다. 그리고 지폐제도의 붕괴로 인한 충격이 매우 크면 국가도 붕괴할 수 있다. 그러나 이 점은 여기에서는 제외한다).

요컨대 위안화를 평가절상하는 것이, 중상주의적 정책과 시뇨리지라는 관점에서 중국의 이익을 위하는 것이고, 미국은 중상주의적 관점에서는 미국에게 이익이 되지만 시뇨리지라는 관점에서는 현재보다 불리해질 것이다. 그러므로 위안화 평가절상이 중국에게 독이 된다는 주장은 터무니없는 것이다. 그리고 위안화의 인위적인 평가절하가 이번 경제위기의 원인 중의 하나라는 주장은 사실상 정치적으로 경제위기의 원인을 중국의 탓으로 돌리는 것일 뿐이다(이번 경제위기의 원인을 한마디로 요약하면 연방준비은행과 민간은행들이 통화량을 증대시켜 이자율을 인위적으로 하락시킴으로써 경기변동이 발생했다는 것이다. 그 점에서 평가절하를 통한 글로벌 불균형이 이번 경제위기의 원인이라는 주장은 틀린 것이다). 왜냐하면 앞에서 지적했듯이 인위적인 평가절하가 미국에게는 이득을 주어왔기 때문이다(중상주의 정책으로 인한 미국의 손실과 시뇨리지로 인한 이득을 종합하는 일은 매우 어렵다. 그러나 중국을 포함한 다른 나라가 보유한 달러의 크기를 볼 때 미국의 이득이 손실보다 클 것으로 짐작된다). 미국이 1990년대 닷컴 버블과 2000년대 부동산 버블이라는, 긴 기간의 버블이 가능했던 것은 미국이 중국을 포함한 대미 경상수지 흑자국들(우리나라도 여기에 포함된다)로부터의 시뇨리지를 징수했기 때문으로 여겨진다.

미국의 정치가들과 일부 경제학자의 주장처럼 위안화의 평가절상으로 미국 재화의 수출이 증가하고 그 결과 미국 내 일자리가 창출될 수 있을까. 중상주의 원리대로라면 중상주의 정책을 폐지하는 것이 중국과 미국, 모두에게 이익이 될 것이다. 특히 위안화 절상은 미국 수출업자에게 가해졌던 관세를 제거하는 것이고 중국의 수입대체 재화 생산자에게는 관세만큼의 보호가 없어지는 것이다. 당연히 미국 수출업자에게는 위안화 절상이 수출 증가효과를 가져다 줄 것이고 그 부문에서 그만큼 미국 내 일자리가 창출될 것이다. 중국의 대미 수출은 감소할 것이지만 수입 재화 가격의 하락으로 중국의 소비자는 실질적으로 그만큼 부유해질 것이다.

그러나 그런 단계를 지나면—평가절상 효과가 소진되면—미국의 수출이 증가할 여지는 크지 않다. 지난 2년여 동안 중국보다 미국이 엄청나게 많은 화폐를 발행했다. 미국 연방준비위원회는 금융위기와 그에 따른 침체를 막기 위하여 연방 기준 금리를 역사적 최저점으로 낮추어 천문학적인 액수의 달러를 발행해왔다. 미국 행정부도 AIG 생명 등을 구제하기 위하여 엄청난 액수의 재정적자를 만들었는데 그런 재정적자도 궁극적으로는 화폐 발행으로 이어질 것이다. 화폐 공급의 증가는 인플레이션을 유발하고 그런 인플레이션은 미국 수출 재화들의 가격을 중국을 포함한 다른 나라 등과 비교하여 상대적으로 비싸게 만든다. 다시 말해 달러 공급의 극적인 증가로 인한 미국 재화들의 일반적인 가격 상승은 미국 수출 재화들의 가격 경쟁력을 떨어뜨려 미국의 대(對)중국 수출이 크게 증가하지 않을 것이라는 예측을 할 수 있다. 정부가 통화 공급을 증대시켜 대부 시장에서 결정되는 이자율을 인위적으로 낮게 유지하면 비효율적인 기업을 생존하게 만든다. 이 점도 미국 기업들의 경쟁력을 떨어뜨리기 때문에 미국 기업의 대 중국 수출을 어렵게 만들 것이다. 요약하면 위안화 평가절상의 긍정적인 효과가 단기적이라면 미국 달러 공급 증가의 부정적인 효과는 장기적일 것이라는 점이다. 그리고 부정적인 효과가 긍정적인 효과보다 클 것으로 여겨진다.

예측하기는 어렵지만, 위안화 절상의 긍정적인 효과는 다른 나라가 볼 가능성이 큰 것으로 여겨진다. 만약 그런 상황이 오면 미국은 다음 단계로 중국이 교묘하게 수입규제를 하고 있다는—예를 들어 중국 정부나 관련자들이 애국심에 호소하는 방법—주장을 펼칠 것이다. 다시 말해 위안화 절상을 요구하는 국면에서 중국의 보호무역 정책을 직접 문제 삼는 국면으로 넘어간다는 것이다. 마치 1980년대 미국이 일본에게 그렇게 했듯이. 그러나 그런 상황은 예전에 비해 수입규제가 증가한 것이 아니라 달러의 극적인 증가로 인한 인플레이션 때문에 미국 재화들의 가격이 일반적으로 상승할 뿐 아니라 비효율적인 기업의 생존으로 미국 수출 재화들이 경쟁력을 잃은 탓일 것이다. 요컨대 과다한 달러의 발행은 미국의 경상수지 적자를 증대하게 만들거나 적어도 감소하게 만들기가 어려울 것임을 예상할 수 있다.

중국의 지도층과 일부 경제전문가는 위안화의 평가절상이 대규모 핫머니의 공격으로 이어져 국내 경제가 혼란에 빠질 가능성을 우려한다. 그러나 핫머니가 건전한 경제를 공격하여 혼란에 빠뜨렸다는 증거나 자료는 없다. 핫머니는 이미 위기에 직면했거나 위기에 휩싸인 경제를 흔들어 기회를 만들어낸다. 결국 핫머니의 공격 가능성은 각 나라 경제의 건전성에 달려 있다. 그리고 각국 경제는 다시 그 나라의 정책에 달려 있다. 핫머니의 크기는 미국을 포함한 국제

지폐 발행국이 지폐를 얼마나 발행하느냐에 달려 있다. 그러므로 미국이 달러를 많이 발행할수록, 중국이 자국 화폐의 공급을 크게 늘려 경기변동을 겪을수록, 더 나아가 중국 경제가 건전하지 못한 부분이 많을수록—예를 들어, 중국 국영기업들의 적자가 증가하는 경우—대규모 핫머니의 공격 가능성은 커지지 않을 수 없다. 핫머니의 공격 가능성을 염려한다면 중국은 건전한 경제 정책을 시행해야 할 뿐 아니라 중국 자체의 구조적 모순점—반자본주의적 요소들—을 개혁해야 한다.

이와 함께 미국에게도 과다한 달러 발행을 자제해 줄 것을 요청해야 한다. 달러, 엔, 유로 등과 같은 국제지폐의 과다 발행이 각국의 빈발하고 있는 경제위기를 유발하거나 증폭시키는 구조적인 요인이다. 그 점에서 각국이 위기의 재발을 막고자 한다면 자국의 경제 정책을 건전하게 하는 것 못지않게 어떤 방법으로든지 국제지폐의 발행에 대한 국제적인 합의가 필요하다. 적어도 지폐제도하에서는 그렇다. 그러나 국제금융 개혁에서 이 점에 대한 논의는 실종되었고 그 결과 국내 경제 정책뿐 아니라 과다한 국제지폐의 발행으로 인한 경기변동의 길은 언제나 열려 있다고 하겠다.

중국은 위안화를 평가절상하는 것이 자국의 이익을 위하는 길임을 알아야 한다. 그리고 위안화 절상이 세계경제에도 도움이 될 것이다. 그러므로 "위안화 절하 정책이 전 세계 경제회복에 중대한 걸림돌이 되고 있다"는 폴 크루그먼 프린스턴대 교수의 주장은 옳다. 그러나 위안화 평가절상이 미국 수출 재화에 대한 큰 폭의 증대로 이어지지는 않을 것으로 짐작된다. 그 결과 미국 내 일자리 창출도 큰 변화를 기대하지 않는 것이 좋을 것으로 여겨진다. 그 점에서 "미국 정부가 행동에 나서지 않는다면 경제회복을 저해하고 미국 소기업들의 생산·영업·일자리창출을 훼손할 것이다"라는 마이크 미슈 의원의 주장은 옳다고 보기 어렵다. 오히려 미국이 "위안화 절상 문제를 정치화한다"는 중국 상무부의 야오젠 대변인의 주장이 옳은 것처럼 보인다. 그러나 "위안화 절상이 각국의 금융위기 극복 노력에 도움이 되지 않는다"는 그의 주장은 틀린 것이다. 미국이 진정으로 수출을 촉진하고자 한다면 증가된 화폐공급을 하루 빨리 줄여 미국 달러의 구매력을 높일 뿐 아니라 비효율적인 기업이 시장에서 자연스럽게 퇴출되도록 하는 데 노력을 기울여야 할 것이다. 그 길이야말로 미국이 수출을 늘려서 일자리를 창출할 수 있도록 해줄 것이다(미국은 재정적자의 감축, 세금의 감면 등으로 일자리를 창출할 수도 있을 것이다. 그러나 여기에서는 수출과 관련하여 일자리를 창출할 수 있는 길 중에서 가장 중요한 것 한 가지만 지적했다). 그리고 과다한 국제지폐의 축소는 세계경제에도 도움이 될 것이다. 그것이 미국과 중국이 충돌을 피하면서 양국의 이익을 극대화하는 길이다. 그리고 반복하지만 그 길은 미국과 중국을 제외한 다른 나라에게도 이익이 된다. 다른 길은 결코 소기의 목적을 달성할 수 없을 뿐 아니라 양국을 궁핍(두 나라를 제외한 다른 나라도 포함), 불화, 충돌 등으로 치닫게 만들 것이다. 위안화의 인위적인 평가절하, 양국 정부의 화폐시장에 대한 간섭 등은 모두 자유시장에 대한 정부 간섭이기 때문이다. 자유시장 원리만이 평화, 번영, 질서 등을 마찰 없이 실현할 수 있을 뿐 아니라 모두의 이익을 조화롭게 할 수 있을 것이다.

3. 중국의 위안화 절상과 일본의 경험[43]

미국 정치가들과 일부 경제학자는 중국이 위안화를 절상할 것을 강력하게 요구하고 있다. 위안화 절상이 미국의 대 중국 수출을 증가하게 만들고 그에 따라 미국 내 일자리를 창출하여 침체를 어느 정도 완화할 수 있을 것이기 때문이

43 이 글은 전용덕, "중국의 위안화 절상과 일본의 경험", 자유경제스쿨 홈페이지, 2010. 3. 2를 발췌·수정한 것이다.

라는 것이다. 다른 한편 중국 지도층과 일부 경제전문가는 위안화 절상에 완강히 반대한다. 그들이 반대하는 이유가 적지 않지만 그중의 하나는 위안화 절상이 일본의 전철을 밟지 않을까 하는 것이다. 짐작건대 중국 지도층과 경제전문가는 1985년 플라자합의(Plaza Accord)에 의한 일본 '엔'화의 가치 상승이 1992년부터 시작된 장기 침체를 촉발한 매개체가 되었다고 믿고 있는 것 같다. 과연 그들의 우려는 얼마나 진실인가. 그들의 주장대로 '엔/달러' 환율의 하락 또는 엔화의 가치 상승이 장기 침체를 촉발했는가. 여기에서는 위안화 평가절상에 대한 중국 지도층과 일부 경제전문가의 우려를 검토하기로 한다.[44]

〈표 14〉와 〈그림 13〉은 연도별 미국의 대일본 경상수지와 환율을 보여주고 있다. 주지하듯이 1985년 9월 플라자합의는 달러화 대비 '엔'의 가치를 약 30% 상승시켰다. 그리고 1995년까지 '엔/달러' 환율이 지속적으로 하락했음에도 불구하고 경상수지는 일시적인 기복이 없었던 것은 아니지만 흑자가 지속되었다. 1986년부터 1995년까지 미국의 대 일본 경상수지 흑자는 연평균 약 490억 달러이다. 1985년 환율 기준으로 1995년 환율은 약 40% 수준으로 하락했다. 즉 엔화의 가치가 같은 기간에 약 60% 상승했다는 것이다. 1995년 이후에는 엔의 가치가 다시 하락했지만 경상수지 흑자는 큰 폭으로 증가했다. 엔화의 가치 상승이 크게 이루어졌음에도 불구하고 경상수지 흑자가 크게 감소하지 않는 것은 변동환율제의 기본원리와 잘 맞지 않는다. 일본이 달러를 쌓기 위하여 의도적으로 시장에 개입하여 왔거나 다른 원인을 찾아야 할 것이다.[45] 이 점은 잠시

44 이 짧은 글에서 한 국가에서 일어난 경제적인 결과를 모두 분석하는 일은 쉽지 않다. 여기에서는 주요 내용만을 간략하게 분석하고자 한다.

45 이 점은 정밀한 분석이 필요하다. 만약 경상수지 흑자의 지속이 정부 개입의 결과라면 일본 정부와 국민은 그런 개입 정책으로 가난하게 된다. 그런 정책이 없을 때와 비교하여 말이다. 인위적인 평가절하는 중상주의 정책의 가장 중요한 것 중의 하나이고 그런 정책은 일차적으로는 당사국과 국민들을 가난하게 만들고 이차적으로는 다른 모든 나라를 가난하게 만든다. 거기에 추가하여 일본은 달러 누적으로 인한 시뇨리지를 지불해야 한다. 인위적인 평가절하가 초래할 폐해

❁ 표 14 미국의 대 일본 경상수지와 환율

(단위: 백만 달러, 엔)

연도	경상수지	환율	연도	경상수지	환율
1981	−14,081	220.536	1995	−51,681	94.062
1982	−15,584	249.077	1996	−41,763	108.781
1983	−20,843	237.512	1997	−58,650	120.992
1984	−38,116	237.523	1998	−71,160	130.905
1985	−46,254	238.536	1999	−80,569	113.908
1986	−57,222	168.520	2000	−90,705	107.766
1987	−59,592	144.638	2001	−77,713	121.530
1988	−54,600	128.152	2002	−79,992	125.389
1989	−49,618	137.964	2003	−74,364	115.935
1990	−37,302	144.793	2004	−90,223	108.193
1991	−26,680	134.707	2005	−95,972	110.218
1992	−38,907	126.652	2006	−112,186	116.300
1993	−51,126	111.198	2007	−110,634	117.755
1994	−60,468	102.208	2008	−90,532	103.360

자료: U.S. St. Louis Fed Website

❁ 그림 13 미국의 대 일본 경상수지와 환율

(단위: 백만 달러, 엔)

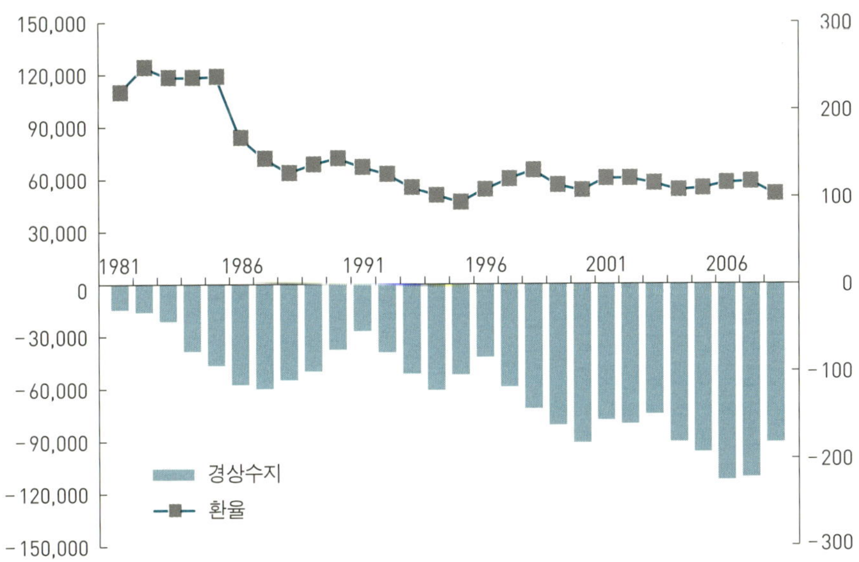

접어두기로 한다. 여기에서 염두에 두어야 할 것은 엔화의 가치가 상승했음에도 불구하고 경상수지 흑자가 크게 감소하거나 없어지지 않았다는 점이다.

1992년부터 시작된 일본의 장기 침체는 일본 국내의 통화정책과 재정정책에서 그 원인을 찾아야 할 것이다.[46 47 48] 먼저 통화정책을 보기로 한다. 플라자합의에 의한 엔화 강세의 부정적인 효과를 상쇄하기 위하여 일본 중앙은행인 일본은행(Bank of Japan)은 확장적 통화정책을 적극적으로 시행했다. '제1부'의 〈표 6〉에서 보듯이 일본은행은 할인율을 1986년 1월 5%에서 불과 1년여 만인 1987년 2월에 5%의 절반인 2.5%로 낮추었다. 2.5%라는 할인율은 그 때까지 일본 역사에서 가장 최저였다. 소위 확장적 통화정책으로 국내수요를 진작시킴으로써 경제성장을 촉진한다는 것이었다. 경제가 빠르게 성장했지만 주식과 부동산의 가격도 크게 상승하기 시작했다. 주식시장 버블과 부동산시장 버블이 동시에 진행되는 소위 붐 시기에 진입한 것이다. 이에 따라 일본은행은 인하했던 할인율을 1989년 4.25%에서 1990년 6%까지 인상했다. 그러나 6%라는 할인율이 너무 높다는 기업들과 소비자들, 특히 주택 구입자들의 아우성에 따라 다시 1991년에 4.5%, 1992년에 3.25%로 인하했다. 종합하면 1986년부터 시작된 할인율 인하에 따른 확장적 통화 정책은 경기변동과 인플레이션을 촉발했다. 1988년부터 1991년까지 경제성장률은 평균을 상회했다. 이 기간이 경기변동에서 붐 국면에 해당한다. 주식시장과 부동산 시장이 폭등하자 일본은행은 확장적 통화 정책을 지속할 수 없었다. 1990년 6%까지 할인율이 인상되자 경제는 이제 버스트 시기를 거쳐 침체 국면으로 진입하지 않을 수 없었다. 1992년부터

에 대한 자세한 설명은 이 책의 '2. 미국과 중국의 환율 논쟁' 참조.

46 여기에서 이론적인 부분을 제외한 실증적 자료는 주로 Powell(2002)와 Herbener(1999)를 참조.

47 이하의 내용 일부는 이 책의 1부를 참조.

48 각종 반자본주의적인 제도, 규제로 인한 비효율의 누적 등도 장기 침체에 가세했을 것으로 여겨지지만 이 점은 여기에서 제외하고 통화정책과 재정정책에만 초점을 맞추고자 한다.

버블의 급격한 붕괴와 함께 경제가 침체국면으로 진입했다.

일본은행은 다시 할인율을 인하하기 시작하여 1991년 4.5%, 1992년 3.25%, 1993년과 1994년에는 1.75%, 1995년부터 2000년까지는 0.5%로 유지했다. 할인율의 이러한 지속적인 인하와 함께 일본은행은 화폐공급량을 거의 일정하게 증가시켰다. M2 개념의 통화공급량이 1991년 507조5,260억 엔에서 2001년 629조6,640억 엔으로 증가했다. 그 10년 동안 M2 통화량의 상승률은 약 25%이고 단순 연간상승률은 약 2.5%이다. 물론 이러한 증가는 통화주의자의 준칙주의를 정확히 지킨 것은 아니다. 그러나 준칙주의를 어느 정도 시행했다고 보더라도 큰 무리가 없다. 그리고 안타깝게도 결과는 통화주의자의 정책이 실패하여 일본을 침체에서 탈출하게 만드는 데 실패했음을 보여준다. 경기변동의 침체기에는 디플레이션이 나타난다. 만약 중앙은행이 통화량을 증가시키지 않는다면 말이다. 민간은행의 신용 축소와 민간인의 화폐에 대한 수요가 증가하기 때문이다. 그러나 일본은행이 할인율을 인하하여 통화량을 증가시킴으로써 디플레이션으로 인한 긍정적인 효과를 대부분 상쇄시켰다. '제1부'의 〈표 6〉에서 1990년대 후반에 소비자물가가 약간 상승하고 경제성장률이 음(negative)으로 나타난 사실이 그 점을 보여준다. 만약 일본은행이 통화량을 증가시키지 않았다면 비록 투자는 감소했겠지만 소비자물가는 하락했을 것이고 GDP 성장률은 양(positive)으로 나타났을 것이다.[49] 통화주의자의 확장적 통화정책이 실패한 데는 통화주의자가 주전하는 정책이 침체를 중시할 수 없는 근본적인 이론적 문제점을 지니고 있기 때문이다.

확장적 통화정책이 1980년대 후반부터 1990년대 초반까지 일본 경제에 붐

49 미국의 경우에 1839~1843년, 1920~1921년 기간이 이와 같은 사례에 해당한다. 당시 미국은 화폐공급을 증가시키지 않았기 때문에 디플레이션이 발생했지만 실질소비와 실질생산은 증가했다. 이 점은 이 책의 "2부 1. 대공황과 통화주의가 만들어내 미신"을 참조.

을 초래했다. 그 이후 일본은 다시 확장적 통화정책을 실시했지만 일본 경제의 침체를 종식시키는 데 실패했다. 1998년 이후에는 경제성장이 음으로 돌아섰다. 1990년대 확장적 통화정책은 다른 부작용도 초래했다. 일본의 일부 은행은 '엔-캐리 트레이드'(yen-carry trade)를 통해 국가 간 이자율 차이를 이용하여 수익을 얻고자 했다. 엔-캐리 트레이드는 물론 국내 통화량을 해외로 유출시켜 국내 통화량 증가를 억제하지만 '엔' 표시 자본이 들어가는 나라들의 통화량을 증가시켜 해당 국가들에게 경기변동을 초래했다.[50] 경기변동을 직접적으로 초래하지 않는 경우에도 환율의 변동을 확대시킴으로써 경제주체의 행위를 위축하게 만들고 그런 위축은 투자와 소비의 감소로 이어진다. 1990년대 후반 아시아 국가들의 경제위기에는 자국의 잘못된 경제 정책과 함께 달러-캐리 트레이드와 엔-캐리 트레이드도 한몫을 했다.[51]

1992년부터 주식과 부동산이 동시에 붕괴하기 시작하자 케인지언은 투자의 감소를 억제함으로써 총수요를 진작하기 위한 일환으로 정부지출을 늘릴 것을 추천한다. 일본정부는 실제로 엄청난 규모의 정부지출 증가를 단행했다. 1990년대 동안에 일본정부는 대략 10회 정도의 재정지출 확대조치를 취했다. 총규모는 100조 엔 이상이다. 문제는 증가된 재정지출이 공공 공사에 투입되거나 일자리를 유지하는 데 주는 보조금으로 사용되었다는 것이다. 예를 들어 기업들은 순전히 정부의 보조금 때문에 일자리를 유지하고 있는 경우가 많았다. 이 점은 '제1부'의 〈표 6〉에서 보는 실업률 통계가 정확한 실상을 반영하고 있지 않다는 것을 의미한다. 1989~1990년 기간에 정부는 소비세를 처음으로 3% 부가했다. 1994년에 정부는 일시적으로 소득세를 경감했다. 1997년에 정부는 소

50 엔-캐리 트레이드 자금이 일본으로 되돌아가는 것은 엔-캐리 트레이드 자금의 유입으로 인한 경제 효과의 반대가 된다. 특별한 경우를 제외하면 말이다.

51 1990년대 후반, 우리나라를 포함한 일부 아시아국가의 위기는 각국의 잘못된 통화정책에 의해 촉발되고 '엔-캐리 트레이드'와 '달러-캐리 트레이드'가 그 위기를 증폭시켰다.

비세를 3%에서 5%로 인상했다. 그러나 재정적자는 감소되지 않았다. 1998년에 다시 4조 엔의 세금을 감면했다. 1999년 정부는 7.5조 엔의 공적자금을 15대 은행에 투입했다. 그 결과 일본정부의 재정적자는 재정수지에 포함되지 않은 항목을 포함하면 연간 GDP의 200%가 넘게 되었다. 일본 정부는 케인지언이 제안하는 정책을 1990년대에 대대적으로 시행했지만 약간의 회복이 없었던 것은 아니지만 전반적으로 예전 일본경제의 활력을 회복할 수 없었을 뿐 아니라 앞으로도 그럴 가능성은 희박해 보인다는 것이다.

일본에서 1980년대 후반에서 시작해서 1990년대 초반까지 이어진 붐과 그 이후의 장기 침체는 1985년 플라자 합의에 의한 엔화의 가치절상에서 연유한 것이 아니다. 가치절상의 어려움을 도와준다는 명목으로 정부가 시행한 확장적 통화정책과 확장적 재정정책이 그런 결과를 가져왔다. 다시 말하면 1990년대 초 이후의 일본의 장기 침체는 일본 국내 정책의 잘못이라는 것이다. 그리고 그런 통화정책은 아시아 국가들도 시차를 두고 경제위기에 빠뜨리는 데 일조했다.

요컨대 중국 지도층과 경제전문가의 우려는 모두 근거 없음을 알 수 있다. 일본이 잘못된 국내 정책을 실행함으로써 일시적인 붐과 그 이후에 이어지는 장기 침체에 빠지게 되었다는 것이 진실이다. 사실 위안화의 인위적 평가절하는 중국과 주요 교역 상대국인 미국을 포함한 전 세계 국가를 가난하게 만드는 중상주의적 정책이다. 물론 그런 정책은 소득을 재분배하는 결과를 또한 초래한다. 중국 지도층과 경제전문가는 위안화를 경상수지가 균형에 도달하는 시장환율에 근접하도록 평가절상하는 것이 모두에게 유익하다는 것을 알 필요가 있다. 무엇보다도 1992년 이후 일본의 장기 침체를 초래한 가장 중요한 요인은 평가절상이 아니라 일본 국내의 경제정책임이 분명해 보인다.

4. 중복투자의 두 가지 원인과 대책[52]

1997년 경제위기 시에 김대중 정부는 중복투자를 이유로 삼성그룹이 삼성자동차를 매각하도록 압력을 넣었고 LG반도체와 현대전자가 합병하도록 종용했다. 그 결과 삼성자동차는 르노자동차에 매각되었고 LG반도체와 현대전자는 합병하여 하이닉스가 되었다. 최근에는 미국과 한국의 부동산 부문에서 중복투자가 대규모로 발생하였고 지금 양국은 그런 중복투자를 청산하거나 구조조정하고 있는 중에 있다. 미국의 경우에 미분양 부동산 규모를 정확히 알 수 없지만 최고조에 달했을 때 어림잡아 2백만 가구이고 한국은 미분양 아파트가 최대 약 16만 가구라는 보도가 있었다. 이 글에서는 중복투자가 발생하는 두 가지 원인을 설명하고 그 해결을 어렵게 하는 요인과 함께 근본적인 해결책을 제시하고자 한다.

첫째, 자유시장에서 중복투자가 일어나는 경우를 생각해 본다. 이 때 자유시장이란 화폐와 금융 시장을 포함한 모든 시장이 정부의 간섭이 없는 상태를 말한다.[53] 기업가의 본질적인 기능은 미래를 예측하는 것이기 때문에 그가 훌륭한 기업가라도 잘못된 미래 예측에 의존하여 잘못된 투자를 할 수 있다. 그리고 그런 잘못된 투자가 한 산업에서 일어나면 우리는 그것을 중복투자라고 부를 수 있다.[54] 기업가는 이윤을 최대화하기 위하여 또는 자신의 잘못을 최소화하기

52 이 글은 전용덕, "중복투자의 두 가지 원인과 대책", 자유기업원 홈페이지, 2010. 6을 발췌·수정한 것이다.

53 정부의 간섭이 없다는 것이 정부의 모든 통제와 규제가 없는 상태를 말하는 것이 아니라, 재산권 보호를 위한 필요 최소한의 제도와 그 제도를 유지할 수 있는 무력을 합법적으로 유지하고 사용하는 상태를 말한다.

54 기업가의 투자도 소비자의 소비와 마찬가지로 주관적인 것이다. 그러므로 사전적으로(ex ante) 중복투자라는 개념은 성립하지 않는다. 그러나 투자가 현실화되었을 때 이윤을 창출하지 못하는 투자는 구조조정되어야 한다. 그 점에서 그것은 중복투자라고 할 수 있다. 언제나 그런 것은 아니지만 말이다.

위하여 언제나 노력하기 때문에 이 경우에 중복투자가 발생하더라도 빠르게 정리되어 없어지게 될 것이다. 적어도 시장이 정부의 간섭이 없는 '자유시장'인 한에서는 '기업가의 오류'에 의해 발생하는 중복투자를 걱정할 필요는 없다.

둘째, 시장이 정부에 의해 통제된 경우이다. 특히 화폐와 금융 제도가 정부에 의해 통제된 경우를 분석해 본다. 현재 화폐의 제조는 정부에 의해 독점되어 있고 은행의 이자율은 정부에 의해 규제되어 있다. 비록 이자율 규제는 간접적인 것이지만 말이다. 다시 말하면, 화폐의 제조와 유통과 관련한 시장이 자유시장이 아니라는 것이다. 이런 상황에서 중앙은행이 통화량을 증대시켜 이자율을 사람들의 시간선호에 의해 결정되는 이자율보다 인위적으로 낮추면 경기변동이 발생한다. 경기변동은 붐과 버스트로 이루어진다. 붐 기간에 기업가는 과오투자를 하게 되고 소비자는 과소비를 하게 된다. 특히 과오투자는 자본재 산업들에 집중으로 발생한다. 여기에서 과오투자가 한 산업에서 일어나는 것을 중복투자라고 할 수 있다. 이 때 중복투자는 정부의 화폐와 금융 제도에 의한 통제로부터 발생하는 것이라는 점에서 '제도 또는 정책 오류'이고 그 점에서 앞에서 언급한 기업가적 오류와 다르다.

미국의 경우에, 1990년대에 발생한 정보기술 분야에서의 버블, 즉 IT버블과 2000년대 후반에 발생한 부동산버블이 대표적인 예이다. 두 경우 모두 경기변동 현상이지만 IT와 부동산 부문에서 집중적으로 일어난 중복투자이다. 한국의 경우에 붐의 말기에 부동산 부문에서 중복투자가 일어났음이 거의 언제나 드러났다. 물론 두 나라 경우에 다른 부문에서도 경기변동으로 인한 과오투자가 발생했지만 IT나 부동산처럼 두드러지지 않았기 때문에 잘 알려지지 않았다.

정부에 의한 화폐와 금융 제도에 대한 통제 때문에 발생한 제도 또는 정책 오류는 반복적으로 발생하고 그 폐해는 대규모이다. 이것을 중복투자에 적용하면 제도 또는 정책 오류에 의한 중복투자는 반복적이고 대규모라는 것이다. 정

부가 화폐와 금융시장을 자유시장으로 만들 때만이 이 경우의 중복투자를 억제할 수 있을 것이다.[55]

제도 또는 정책 오류에 의해 중복투자가 발생하더라도 정부가 나서서 그런 중복투자를 해소할 것을 강요할 필요는 없다. 왜냐하면 시장에서 기업가는 생존을 위하여 가능한 모든 일을 할 것이기 때문이다. 그리고 중복투자의 해소를 정부가 강요해서도 안 된다. 정부의 지시나 종용은 또 다른 형태의 간섭으로 시장의 작동을 오히려 방해하기 때문이다. 중복투자를 방지하기 위하여 정부가 해야 할 일은 제도 또는 정책 오류가 발생하지 않도록 화폐와 금융제도를 자유시장에 맞게 만들고 간섭적인 정부 정책을 그만두는 것이다.

그러나 정부는 통화량을 증대시키고 이자율을 인위적으로 낮게 유지함으로써 경기변동으로 인한 과오투자 또는 중복투자의 청산을 시장 과정에 맡기지 않는다. 한국의 경우에 현재 정부가 나서서 상당수 미분양 아파트를 세금으로 사들이고 있다. 그렇게 하여 아파트 가격의 하락을 억제함으로써 구조조정을 지연시키거나 억제한다. 미국의 경우에 이자율을 오랫동안 낮게 유지함으로써 부동산 산업의 구조조정을 억제하거나 왜곡한다. 그리고 이 점은 한국도 미국과 큰 차이가 없다.

중복투자에 있어서 중요한 것은 중복투자 자체보다는 다른 곳에 있을지도 모른다. 삼성자동차와 하이닉스의 경우처럼 정부가 구조조정을 강요하는 것은 경기변동의 원인을—명시적으로 또는 묵시적으로—기업가의 잘못된 투자 탓으로 돌리는 것이다. 정부의 이러한 행위는 물론 경기변동의 원인을 위장함으로써 경기변동 또는 중복투자의 반복적 발생을 돕는 것이다.[56] 그 점에서 그런 행

55 화폐와 금융시장이 자유시장이 되더라도 경기변동이 발생한다는 주장이 있지만 그 규모가 커지지 않을 것이라는 점에서 자유시장이 중복투자를 억제할 수 있다고 주장하는 것은 큰 문제가 없다.

56 정부가 통화량을 증대시켜 이자율을 인위적으로 낮추면 경기변동과 함께 인플레이션도 발생한다. 예외가 없는 것은 아니지만 말이다. 이 때 정부는 인플레이션을 일으킨 원인으로 소위 '투기

위는 경기변동으로 인한 중복투자의 해결을 한 층 어렵게 만드는 것이다. 어쩌면 이 점이 장기적 관점에서 보면 중복투자 자체보다 더 중요한 것처럼 보인다.

5. 예금자보호와 금융위기[57]

최근 영업정지된 부실 저축은행 예금자들은 예금보호한도액인 5,000만원을 초과하는 금액의 예금에 대해서는 보호를 받을 수 없기 때문에 일정 부분 손실이 불가피해 보인다. 그리고 예금자보호법에 의하면 후순위채권 투자자들도 투자 금액 전액을 돌려받을 수 없을 것이다. 후순위채권도 예금자 보호 대상이 아니기 때문이다. 보도에 의하면 부실 저축은행 8곳의 5000만원 초과 예금액은 8,400억원(1만 2천 명), 후순위채권 투자액은 1,500억원(3,700명)으로 추산된다고 한다. 부실 저축은행의 자산이 남아 있지 않다면 5천만원을 초과하는 예금자들과 후순위채권 투자자들은 손실이 불가피할 수밖에 없는 형편이다.

한나라당 이진복 의원 등은 2012년까지 한시적으로 저축은행의 예금과 후순위채권 전액을 예금보험기금을 통해 보장해주는 내용을 담은 예금자보호법 개정안(이하 개정안)을 지난 [2011년] 4월 29일 국회에 제출했다. 개정안은 피해 예금자들과 투자자들을 지원하기 위한 것이다. 이 의원 등은 "저축은행 부실 문제는 정부 감독 및 정책 실패의 책임도 크다"는 이유로 피해 예금자들과 투자자들을 구제하자는 의도로 개정안을 제출한 것이다.

먼저 결론부터 내린다면 국회의원들이 이런 개정안을 제출하는 것이 염치가 없다는 것을 알아야 한다. 이 의원 등이 발의한 개정안은 누가 보아도 지역

꾼'을 지목한다. 정부의 이러한 행위는 인플레이션의 원인을 위장한다는 점에서 경기변동 또는 중복투자의 반복적 발생과 매우 유사하다.

57 이 글은 전용덕, "예금자 보호와 금융위기", 자유기업원 홈페이지, 2011. 1을 발췌·수정한 것이다.

구 국회의원들이 자신들이 지역민을 위하여 아무것도 하지 않는다는 비난을 면하기 위하여 제안한 것이라는 사실을 금방 눈치챌 수 있기 때문이다. 법을 제정하는 것이나 개정하는 것, 어느 경우에도 국회의원들은 소수의 이익이 아니라 국민 전체의 이익을 돌보는 입법자가 될 때 훌륭한 정치인으로 추앙받을 것이다. 우리 국회가 이제 그런 정치인들이 모인 장이 될 때도 되지 않았는가?

예금자를 보호하기 위한 예금자보호법이 제정된 지 어언 15년이 넘었다. 이제 그런 법의 존재를 모르는 사람은 없을 것이다. 그리고 예금보호 한도가 5,000만원이고 후순위채권과 같은 특수 채권은 예금자보호 대상이 아니라는 사실도 모르는 사람이 없을 것이다. 이번 부산저축은행 예금자들과 투자자들도 그 점을 모르는 상태에서 예금과 투자를 하지는 않았을 것이다. 오히려 그들은 그런 점에도 불구하고 높은 이자라는 과실을 우선적으로 고려하여 예금 또는 투자를 하였다고 할 것이다. 그러나 높은 과실은 언제나 그에 상응하는 높은 위험을 감당해야 한다. 그들은 스스로 위험을 감당하기로 결정한 것이다. 그런 사람들을 보호하겠다고 법을 개정하자는 것은 입법자들 스스로 '떼법'을 인정하는 것이다.

부산저축은행 그룹은 대주주에 대한 대출 금지 규정을 피하기 위하여 차명으로 회사들을 설립했고, 부동산 사업이 부실화되자 분식회계를 통해 허위 정보를 공시했고, 그런 허위 정보 공개를 통해 예금과 투자를 받아들였고, 분식회계를 통해 부당하게 배당금과 연봉·상여금 등을 챙겼고, 이 과정에서 금감원 출신 감사들을 불법 여신 집행에 끌어들이거나 분식회계에 공모토록 했으며, 영업정지가 예상되자 예금을 불법으로 인출했다. 한마디로 부산저축은행 대주주들은 도덕적 해이를 넘어서 총체적인 부정과 비리를 저지른 것이다.

금융감독원(이하 금감원)의 직무유기는 어떤가? 금감원은 금감원 출신 인사를 피감독기관인 저축은행의 감사로 내려 보냈다. 그런 낙하산 인사는 대주주들의 불법 여신 집행이나 분식회계를 감시하고 감독하기는커녕 불법과 비리에 참여하거나 공모하게 만들었다. 그리고 금감원은 지난 10년 동안 저축은행의 불법 대출 한 건도 적발하지 못했다. 금감원은 감사를 실시하기 직전에 피감독기관들에게 미리 통보해왔기 때문이다.

국회가 개정안을 통과시킨다면 어떤 일이 일어나겠는가? 그런 개정안은 전례가 될 것이다. 개정안은 사실상 예금보호 한도를 폐지하여 무한정으로 하고 모든 종류의 예금과 투자금을 보호하겠다고 선언하는 것과 다를 바가 없다. 그런 선언이 가져올 결과는 무엇인가? 그런 선언은 예금자와 투자자의 금융기관에 대한 미약한 감시와 감독을 없앨 것이다. 그나마 남아 있던, 예금자와 투자자의 감시와 감독 기능이 사라진다는 것은 그만큼 금융회사들의 도덕적 해이가 지금보다 심해질 가능성이 더 커진다는 것을 의미한다. 개정안이 아니더라도 예금자보호법은 건전하지 못한 금융기관을 보호하는 것이다. 개정안의 통과는 부산저축은행과 같은 건전하지 못한 금융회사들을 더 강력하게 보호한다는 신호를 시장에 보내는 것과 같다. 당연히 금융회사들의 도덕적 해이와 부정과 비리는 대규모화하고 빈번해질 것이다.

예금보험의 재정 상태는 어떤가? 현재도 예금보험의 요율은 매우 낮게 책정되어 있다. 예금보험공사가 만들어진 이래로 징수한 보험료 총수입은 약 12조원이고 지급한 보험금 총액은 약 30조원이다. 지난 15여 년 동안 세금으로 부실한 금융회사들에게 약 18조원의 보조금을 지불한 것이다. 이것만으로도 보험료가 턱없이 낮게 책정되었음을 알 수 있다. 그러나 예금보험공사는 상환기금으로 위기를 겪었거나 부실한 금융회사들에게 자금을 지원하고 있는데 그 지원 금액이 약 111조원, 그 금액에서 현재까지 회수한 금액이 약 48조원이다. 현재까지 미회수 금액 약 53조원 중에는 미래에 채권을 완전히 포기해야 하는 경우도 필히 발생할 것이다. 만약 경제위기가 다시 발생한다면 미회수 금액은 오히려 늘어날 가능성도 높다. 현재 프로젝트 파이낸싱 대출의 부실을 볼 때 부산저축은행을 제외한 저축은행들의 재정이 더 악화될 가능성도 높고 그런 악화는 예금보험공사에 부담으로 작용할 것이다.

여기에서 좀 더 근본적인 의문을 풀어보자. 예금보험은 정말로 시장경제 원리와 일치하는 제도인가? 예금보험 제도는 장점과 단점을 모두 지니고 있다. 먼저 예금보험 제도는 뱅크런을 방지해 준다. 뱅크런은 두 가지 종류가 있다. 건전하지 못한 금융회사들에게 예금자들이 쇄도하는 경우와 그러한 혼란을 전해 듣고 다른 건전한 금융기관들에 예금자들이 쇄도하는 경우가 있다. 전자는 권장해야 할 일이다. 부실한 기업처럼 건전하지 못한 금융회사도 망하도록 해야 하기 때문이다. 후자의 경우에 있어서 예금자의 쇄도가 다수 금융기관에 발생하는 것을 공황이라고 한다. 예금보험 제도는 공황을 방지하여 금융제도의 안정성을 보호하게 된다.

그러나 예금보험은 몇 가지 단점을 가지고 있다. 첫째, 불건전한 금융회사들일수록 위험추구 행위를 하게 되는데 예금보험은 그런 위험추구에 보조금을 주는 것과 같다. 한마디로 예금보험은 금융회사들의 도덕적 해이를 촉진한다. 둘째, 예금보험은 부실한 금융회사들을 보호하게 된다. 앞에서 지적했듯이 보험요율은 가격고정의 일종으로서 2단계의 소득재분배를 일으킨다. 1단계는 건전한 금융회사에서 부실한 금융회사로 소득재분배가 일어나고, 2단계는 세금이라는 방법으로 국민으로부터 부실 금융기관으로 소득재분배가 일어난다. 이 점은 이미 앞에서 지적했다. 그러므로 예금보험이 예금자를 보호한다는 조항은 명목상의 것일 뿐이다. 셋째, 주인-대리인 문제가 존재하게 된다. 금융회사들을 감독하는 금융감독원은 정부 조직과 유사하고 규제자로서 자신의 이익을 극대화하고자 한다. 이 점은 금감원의 낙하산 인사에서 잘 드러났다. 물론 이 문제는 예금보험 공사의 문제는 아니지만 금융기관들의 감독기관인 금감원의 문제는 사실상 예금보험 제도의 문제라고 볼 수밖에 없다. 결론적으로 예금보험 제도는 예금자보호라는 명목하에 지급불능의 부실 금융회사를 보호하는 제도이다.

예금보험을 폐지한다면 대안은 무엇인가? 그것은 뱅크런(뱅크런은 여러 가지 방법이 있으나 여기에서는 원칙적인 것만을 서술)을 자유롭게 허용하는 것이다. 만약 뱅크런을 허용한다면 패닉이 일어나지 않을 것인가. 대공황 당시에 일부 건전한 금융기관이 뱅크런의 어려움을 겪었지만 건전한 은행의 대다수는 뱅크런을 겪지 않았다. 당시 뱅크런을 겪었던 은행은 대부분 불건전한 은행들이었다. 그리고 뱅크런을 겪고 있는 건전한 일부 은행에게는 다른 건전한 은행들이 협력하여 일시적으로 자금을 빌려줌으로써 은행을 정상적으로 운영할 수 있게 했다. 은행 간 협력은 부산저축은행 사태 이후에 저축은행들 간에도 실시되고 있다. 그러므로 뱅크런이 개별 금융기관을 넘어 지급제도 또는 금융제도 전체를 마비시킨다는 주장은 틀린 것이다. 뱅크런은 금융기관을 감독하는 예금자에게 보상을 주는 제도로서 시장원리와 완전히 일치하는 것이다.

우리나라 예금보험 제도는 미국의 예금보험공사 제도를 상당 부분 모방한 것이다. 그러나 미국의 예금보험공사는 혼란 방지라는 경제적 동기보다는 소득재분배라는 정치적 동기에 의해 만들어졌다, 예금보험공사를 창립할 당시에 미국의 정치가들, 은행가들 등은 예금보험이 건실한 은행에서 취약한 은행으로 소득재분배를 하는 장치라는 점을 알고 있었다. 이 당시 건실한 은행은 대부분 규모가 큰 금융회사이고 부실한 은행은 규모가 작은 금융회사였다. 그런데 수적으로는 소규모 은행의 수가 대규모 은행의 수보다 압도적으로 많았다. 그리고 미국의 일부 주에서는 예금보험을 강제로 실시했을 뿐 아니라 실패했다는 사실도 이미 알고 있었다. 사정이 이런데도 우리는 미국의 예금보험 제도를 모방했다. 안타까운 일이다.

앞으로도 금융회사들의 부실과 위기의 발생을 막기는 어려워 보인다. 1997년 경제위기 시에 민간 은행들의 대규모 부실, 카드 사태, 저축은행 부실 등으로 이어지는 일련의 사건이 그러한 예측을 가능케 한다. 제도적 관점에서는, 금융회사들의 대규모 부실의 근저에는 과다한 통화발행이 있다. 즉 과다한 통화발행이 다수 금융회사의 동반 부실로 이어지게 만드는 환경적 요인이다. 현재의 화폐와 금융제도를 크게 바꾸지 않는 한, 과다한 통화발행에서 연유하는 금융회사들의 동반 부실과 경제위기를 해결할 수 있는 한 가지 방법은 뱅크런이다. 예금보험은 단기에는 유효한 대책이지만 장기에는 문제를 누적시킬 뿐이다. 이번 기회에 국회는 예금자보호법에 대한 예외를 규정할 것이 아니라 예금보험 제도 자체를 폐지하는 것을 신중하게 검토하기를 기대한다.

6. 에그플레이션? 피시플레이션? 문제는 정부야![58]

지난 1년 사이에 국제 상품시장에서 옥수수 가격은 90%, 밀과 콩 가격은 30~60% 정도 상승했다. 국제 유가도 상승세를 타고 있다. 물가상승도 세계적인 현상이다. 지난 1월 전년 대비 소비자물가 상승률은 중국 4.9%, 브라질 6.0%, 인도네시아 7.0%, 영국 4.0%, 미국 1.6%, 유로존 2.4%, 우리나라 4.5%(2월 상승률) 등이다. 이러한 세계 각국의 물가 동반 상승을 유가, 농산물 가격 등, 국제 원자재 가격의 빠른 상승이 원인이라고 분석한다. 농산물 가격을 포함한 국제 원자재 가격 상승이 이를 원료로 하는 각종 재화의 가격 상승을 초래하고 종국에는 전체 물가상승으로 이어진다는 논리다. 그러나 이러한 설명은 일견 그럴듯하게 보이지만 틀린 것이다.

58 이 글은 전용덕, "에그플레이션? 피시플레이션? 문제는 정부야!", 자유기업원 홈페이지, 2011. 4를 발췌·수정한 것이다.

몇 개의 재화, 예를 들어 옥수수, 밀, 콩, 원유 등의 국제 원자재 가격이 급격하게 오르는 이유는 크게 구분하여 두 가지다. 첫째, 재화 시장에서 수요 또는 공급(때로는 두 가지 모두)에서 변화가 발생하는 경우이다. 기상 악화로 인한 흉작으로 콩의 국제 가격이 오르고 콩을 원료로 하는 국내 식료품의 가격을 끌어올린다. 특기할 점은 각 재화 시장의 수요나 공급의 변화는 인플레이션을 초래하지 않는다. 국제 콩 가격이 오른다고 노트북PC의 가격이 오른다는 것은 상상하기 어렵다. 콩 가격이 오르면 소비자는 콩과 관련제품의 소비를 줄이고 생산자는 콩과 관련제품의 생산을 늘리고자 하기 때문에 콩과 관련제품 가격의 상승은 장기간 지속되지 않는다.

둘째, 통화공급의 증가가 재화와 용역 시장의 수요를 증가시키는 경우이다. 정의상 이 경우만을 인플레이션으로 지칭한다. 인플레이션이라도 모든 재화가 동시에 상승하는 것도 아닐 뿐 아니라 같은 속도와 정도로 상승하는 것은 더더욱 아니다. 증가된 화폐공급이 어떤 산업이나 시장으로 먼저 흘러들어가느냐에 따라 재화와 용역은 순차적이면서 불연속적으로 상승한다. 그러므로 '물가수준'이라는 말을 문자 그대로 받아들이는 것은 잘못된 것이다. 인플레이션의 정도와 지속 기간은 통화공급의 증가량과 증가의 지속 기간에 달려 있다. 인플레이션 중에도 일부 재화의 가격은 내릴 수 있다. 지난 20여 년 동안 컴퓨터를 포함한 정보통신 기기와 그 액세서리의 가격이 그렇다. 그러므로 에그플레이션, 피시플레이션이라는 용어는 잘못 만들어진 합성어이다.

그러면 다수 국제 곡물, 원유, 구리와 같은 원자재 가격과 국내 농수축산물 가격의 상승과 국내외 소비자 물가가 크게 오르고 있는 상황을 어떻게 이해해야 하는가? 2008년 세계 경제위기 이후에 불황을 극복하기 위하여 각국이 이자율을 사상 최저로 낮추어 지난 2년 이상 통화공급을 지속적으로 늘린 결과 원유, 곡물 등의 가격이 상승하고 있을 뿐 아니라 설상가상으로 흉작으로 공급이 감소하는 등의 각 재화 시장의 변화가 그 재화의 가격을 밀어 올리는 상황이 동시에 일어나고 있는 것이다. 지금은 소수의 재화 가격만 상승하는 인플레이션 초기를 지나서 서서히 다른 많은 재화와 용역의 가격이 순차적으로 상승하고 있는 인플레이션 중기 상황이다.

화폐공급의 증가로 유발된 인플레이션과 각 재화 시장의 변화가 초래한 해당 재화만의 가격 상승을 현실에서 구분하기는 어렵다. 두 힘이 동시에 작용하고 있기 때문이다. 이러한 경우는 연구자의 마음속에 지닌 경제이론, 그것도 정확한 경제이론으로만 이해할 수 있을 뿐이다.

작금의 전 세계적인 인플레이션을 에그플레이션 등으로 지칭되는 국제 원자재 가격, 유가 등의 상승 탓으로 돌리는 것은 문제의 원인을 잘못 분석한 것이다. 이러한 잘못된 분석은 중앙은행과 정부의 인플레이션 유발 책임을 부지불식간에 면제해 줌으로써 인플레이션 해결을 어렵게 할 뿐 아니라 인플레이션을 반복하게 만들 소지가 크다. 불행히도 역사적으로는 언제나 그렇게 되어 왔다. 인플레이션이 더 악화되면 한 걸음 더 나아가 정부(인플레이션 유발자)가 투기자(흔히 부동산의 경우), 원자재 생산자(흔히 산유국), 유통업자(흔히 담합), 모든 시민(흔히 인플레이션 기대심리) 등을 비난하고 단속하게 된다.

7. 경기변동과 사회적 이동성[59]

얼마 전 이명박 대통령은 가난한 사람이 교육을 통해 부를 포함한 사회적 지위를 향상시킬 수 있도록 정부가 교육 지원, 특히 공교육을 강화하겠다는 의사를 표명한 바 있다. 정부의 교육에 대한 지원이 집단으로서의 계층별 소득의

59 이 글은 전용덕, "경기변동과 사회적 이동성", 한국경제연구원 홈페이지, 2009. 12를 발췌·수정한 것이다.

분배 상태와 그에 따른 사회적 지위를 얼마나 개선할 수 있을지는 의심이 가지 않을 수 없다. 그러나 그런 지원을 발판으로 자신의 노력에 따라 일부 개인은 사회적 지위를 개선할 수 있을 것이다. 부를 포함한 사회적 지위 향상을 위해서는 무엇보다도 사회적 이동(social mobility)이 쉬워야 할 것이다.

우리 사회의 사회적 이동이 얼마나 어려운가 하는 점은 부의 순위에서 잘 나타난다. 2006년 말 현재 미국의 부자 1위와 2위는 빌 게이츠와 워런 버핏이다. 그들은 또한 같은 시점에 세계에서 부자 순위 1위와 2위이다. 같은 시점에 한국 부자 순위는 이건희, 신동빈, 신동주, 정몽구, 신격호, 이재용, 이명희, 구본무 등이다. 미국 부자와 한국 부자의 가장 중요한 차이는 한국 부자는 모두 상속을 받았지만 미국 부자는 자신의 노력으로 그 위치까지 도달했다는 점이다. 이것이 의미하는 바는 우리 사회가 미국보다 상대적으로 사회적 이동이 어렵다는 점이다. 미국에서도 상속으로 부자 순위 상위에 있는 사람이 적지 않겠지만 자수성가한 빌 게이츠와 워런 버핏의 존재는 미국 사회의 사회적 이동성이 우리 사회보다 큰 점을 상징적으로 보여준다. 그러나 우리나라도 1997년 경제위기 이전까지 정주영과 김우중은 거의 한 세대 만에 빈손에서 재계 순위 5위 이내에 드는 기업을 일궈냈다.

이 글에서는 인플레이션과 디플레이션이 그런 사회적 지위 향상 또는 사회적 이동을 억제하게 된다는 점을 보임으로써 인플레이션과 디플레이션의 궁극적 원인인 경기변동을 방지 또는 예방하는 일이 사회적 이동을 쉽게 하기 위한 중요한 한 가지 길임을 보이고자 한다.

정부가 화폐공급을 증가시켜 이자율을 인위적으로 하락하게 만들면 경기변동이 발생한다.[60] 경기변동은 붐과 버스트(위기와 침체 국면을 모두 지칭)로 이

60 최근 미국에서는 대규모의 경기변동이 발생해서 진행 중이다. 한국에서는 미국발 경기변동의 영향과 함께 한국 자체에서 발생한 경기변동도 동시에 진행되고 있다. 한국발 경기변동은 16만 가

루어지고 이때 주식, 부동산 등과 같은 자산시장도 크게 상승했다가 폭락한다. 그리고 붐 시기에는 인플레이션, 버스트 시기에는 디플레이션이 발생한다.[61][62]

인플레이션과 디플레이션의 공통적 특징들 중의 하나는 소득재분배가 발생한다는 것이다. 이 때의 소득재분배라는 것은 그 결과가 제로섬(zero-sum)으로서 승자의 이득이 패자의 손해와 같은 것이다. 인플레이션의 경우에 정부와 은행에 의해 창출된 새로운 화폐(new money)를 비교적 일찍 받는 경제주체가 소득재분배의 이득을 보게 된다. 새로운 화폐를 비교적 늦게 받거나 연금 소득자와 같이 소득이 고정된 사람 등은 손해를 본다. Rothbard(1993)는 인플레이션으로 이득을 보는 사람을 인플레이션 소비자, 인플레이션으로 손해를 보는 사람을 인플레이션 지불자라고 불렀다. 디플레이션의 경우에는 정부의 구제 금융을 받는 경제주체 또는 구조조정 시기에 매우 싼 가격에 매물을 사는 경제주체가 소득재분배의 이득을 보게 된다.[63] 구제 금융을 받지 못하거나 저렴한 가격에 자산을 매도할 수밖에 없는 경제주체와 구조조정으로 인한 해고자 등은 손해를 보게 된다. 소득재분배의 크기는 인플레이션과 디플레이션의 정도와 지속 기간,

---

구에 이르렀던 미분양 아파트가 주요 증거이다. 한국발 경기변동에 대한 자세한 설명은 이 책의 "9. 이중고를 겪고 있는 한국 경제"를 참조.

61 인플레이션의 정도는 정부와 민간은행이 얼마나 많은 지폐와 신용을 창출하느냐에 달려 있다. 디플레이션의 정도, 지속기간 등은 정부가 확장적 통화정책을 얼마나 신속하게 그리고 대규모로 시행하느냐에 달려 있다. 때에 따라서는 디플레이션을 아주 짧게 거치고 리플레이션으로 들어갈 수도 있다. 그러나 전적으로 디플레이션을 거치지 않고 버스트가 진행되지는 않는다.

62 인플레이션이 진행되지만 다른 요인이 인플레이션 효과를 상쇄하기 때문에 현실 자료만을 보면 그런 효과를 관찰할 수 없는 경우도 발생한다. 대공황이 일어나기 직전 1920년대의 미국이 바로 그런 경우이다. 그 경우에도 인플레이션이 진행되지 않는 것은 아니다.

63 경기변동에 과정에서 발생하는 디플레이션의 경우에 디플레이션으로 인한 소득재분배가 인플레이션의 역순으로 이루어지느냐를 두고 라스바드와 휠스만은 견해를 달리한다. 라스바드는 대략적으로 역순으로 이루어진다고 주장하는 반면에 휠스만은 그런 과정이 되지는 않는다고 주장한다. Rothbard(2006)와 Hülsmann(2008b)을 참조. 저자의 생각으로는 휠스만의 주장이 더 정밀한 것처럼 보인다.

새롭게 발행된 화폐의 양, 구제금융의 크기, 임금이 고정된 정도 등에 달려 있다. 임금이 고정된 부문이 많으면 그만큼 해고자의 취업이 어려워져서 실업 기간이 길어지면서 해고자의 어려움이 가중되기 때문이다. 인플레이션과 디플레이션에 의한 소득재분배를 통합하고 일반화하면, 중앙은행, 정부, 정부와 가까운 관계를 유지하는 협력자들(대부분 대기업), 금융부문, 새로운 화폐를 비교적 일찍 받는 사람들 등이 승자이고 그들을 제외한 일반국민은 패자가 된다.[64]

인플레이션과 디플레이션으로 인한 소득재분배는 가난한 사람을 희생으로 부자를 더 부자로 만들게 된다. 다르게 말하면 '빈익빈 부익부'가 되거나 적어도 부자는 더 오래 부자로 머물고 가난한 사람은 더 오래 가난한 사람으로 머물러 있게 된다는 것이다. 경기변동이 발생하지 않을 때와 비교하여 그렇게 된다는 것이다. 그러나 빈익빈 부익부 현상 또는 사회적 이동성의 저하는 자유시장 또는 온전한 자본주의에서는 발생하지 않는다. 그런 현상을 초래하는 중요한 원인은 경기변동이고 제도적 관점에서 경기변동은 정부가 화폐·금융제도를 통제 또는 독점하고 있기 때문에 발생하고 있다.

언제부터인가 "개천에서 용이 났다"는 뉴스가 들리지 않게 되었다. 개천에서 용이 날 수 있는 사회가 될 때 경제가 활력 있게 성장할 것이다. 그런 사회를 위한 전제 조건은 사회적 이동을 억제하는 요소들이 적어야 한다는 것이다. 경기변동은 인플레이션과 디플레이션을 통해 사회적 이동을 억제하거나 사회적 이동에 제동을 건다. 경기변동을 예방하는 길은 현재의 화폐·금융제도를 자유시장에 맞게 개혁하는 일이다.[65][66]

---

64 소득재분배 과정을 쉽고 재미있게 설명한 서적으로 필립 바구스·안드레아스 마르크바르트, 『왜 그들만 부자가 되는가』, 청림출판, 배진아 옮김, 2015가 있다.

65 화폐·금융 시장이 자유시장이 되더라도 경기변화는 언제나 일어날 것이다. 경기변동과 경기변화의 차이에 대해서는 이 책의 1부를 참조.

66 화폐·금융제도 개혁에 대한 자세한 내용은 이 책의 1부를 참조.

8. 저출산율을 해결하려면[67]

최근 '초식남'과 '건어물녀'라는 말이 화제가 되고 있다고 한다. 일본에서 건너온 이 말은 연애와 결혼에 관심이 없는 남녀를 지칭한다. 연애와 결혼에 관심이 없으니, 아이를 낳아 기르는 일은 아예 관심 밖이다. 이런 말이 회자된다는 것은 우리 사회의 출산율이 그만큼 낮다는 의미일 것이다.

이러한 사실은 통계에 잘 나타나 있다. 우리나라의 합계출산율(合計出産率, 여성 1명이 평생 동안 낳을 수 있는 평균 자녀 수)은 1.21명(이하 2009년 추정치)으로 전 세계 225개국 중에 저출산율 6위이다. 일본도 우리나라와 비슷한 수준으로 추정되고 있다. 저출산율 1위 국가는 마카오로서 합계출산율이 0.91명으로 추정되고, 합계출산율이 가장 높은 나라는 아프리카의 니제르(Niger)로 7.75명이 예상되고 있다.

어쩌다가 일본과 우리나라가 저출산율 상위 국가가 되었는가? 일본에서는 '과열된 경쟁'과 '경제위기'를 주요 요인으로 꼽는다고 한다. 과열된 경쟁은 모르겠지만 경제위기가 저출산율을 가져왔다는 주장은 설득력이 있는 것처럼 보인다. 경제위기가 발생함으로써 미래가 불안한 사람들, 특히 젊은이들이 결혼할 엄두를 내지 않거나 결혼하더라도 출산을 미루거나 한두 명 출산하기 때문에 출산율이 낮다는 주장이다. 이것을 인간행위학(praxeology)적 관점에서 설명해보기로 한다.

주지하다시피 출산은 출산만을 염두에 두어서는 안 된다. 교육·직장 잡기·결혼생활(나라마다 차이가 있지만, 일반적으로 동양에 비해 서양에서는 부모가 결혼에 덜 신경 쓴다)까지가 모두 출산과 연계된 것이다. 무엇보다도 교육에 들어

67 이 글은 전용덕, "저출산율의 해법: 시간선호와 경기변동", 한국경제연구원 홈페이지, 2009. 7. 24를 발췌·수정한 것이다.

가는 비용은 많고 기간도 무척 길다. 우리나라에서는 결혼 비용도 만만치 않다. 요컨대 출산에서부터 결혼까지는 자원배분이 시간의 흐름에 따라 이뤄져야 하고, 이뤄진다는 것이다.

이러한 시제간 자원배분을 결정하는 결정적인 요인은 각자가 가진 시간선호라는 것이다. 개인의 시간선호가 소비와 저축(또는 투자)의 크기를 결정한다. 그가 만약 미래보다 현재를 선호하면, 소비를 많이 하고 저축은 적게 한다. 이러한 상태를 시간선호가 높다고 한다. 그와 반대로, 그가 현재보다 미래를 선호하면 저축을 많이 하고 소비를 적게 한다. 이러한 상태를 시간선호가 낮다고 한다. 물론 자신의 총화폐소득에서 구체적으로 어느 정도의 '소비/저축' 비율을 유지할 것인지는 구체적인 시간선호율에 의해 결정된다.

개인들의 시간선호의 종합에 의해 총시간시장스케줄들이 결정되고, 그것들이 사회 전체의 저축과 소비 간의 비율, 즉 총사회비율들을 결정한다. 그 결과 "시간선호스케줄들이 높으면 높을수록 저축 대비 소비의 비율은 커질 것이고, 반면에 시간선호스케줄들이 낮으면 낮을수록 이 비율은 점점 낮아질 것이 명백하다. 그와 동시에 경제에서 높은 시간선호스케줄들은 높은 이자율로 이끌고 낮은 스케줄들은 낮은 이자율로 이끈다는 것을 보았다"(Rorhbard(2006), 번역본, p.466). 다시 말하면 시간선호가 소비, 저축(투자), 순이자율(pure interest rate)을 동시에 결정한다.[68]

---

68 여기에서 순이자율이란 불확실성이 존재하지 않는 세계에서의, 현재 화폐에 대한 미래 화폐의 시간할인율이다. 예를 들어, 현재 100만원의 화폐가 1년 후에 105만원의 화폐를 획득할 것으로 예상되어, 그 결과 교환된다면 순이자율은 연 5%이다. 물론 불확실성이 완전히 제거된 상태라고 가정했을 때 말이다. 여기에 위험에 대한 대부자의 평가가 추가되고, 화폐의 구매력의 변화 등을 고려한 것이 자연이자율이다. 자연이자율에서 가장 중요한 것은 순이자율과 위험 프리미엄에 대한 대부자의 평가이다. 물론 자연이자율은 자유시장 또는 통제받지 않는(unhampered) 시장에서의 이자율이다. 현실에서 우리가 관찰하는 이자율은 금융시장을 포함해 시간시장이 정부에 의해 통제받는 시장이 된 경우에 결정되는 이자율로서 흔히 시장이자율이라고 부르는 것이다. 대

불행하게도 개인의 시간선호는 외부에서 관찰할 수 있는 것이 아니다. 비록 소비와 저축의 형태로 외부로 표출되지만 말이다. 문제는 시간선호가 각 개인에 의해 심리적으로 결정되기 때문에 인간행위학은 시간선호에 대해 궁극적 설명을 제공할 수는 없다.

그러나 인간행위학은 시간선호에 영향을 주는 것들에 대해 몇 가지 진실을 말할 수 있다(Rothbard 번역본, pp.512~513). 첫째, 다른 조건이 일정하다면 개인의 실질소득이 증가하면 그의 시간선호스케줄상에서 시간선호율이 낮아진다는 것이다. 다시 말하면 경제적으로 여유로워지면 미래를 선호하게 된다는 것으로 사람들의 행위에서 흔히 관찰 수 있는 변화이다. 둘째, 가까운 미래에 종말이 올 것이 확실시된다면 인간은 미래에 대한 요구를 멈출 것이다. 그런 상황에서 시간선호는 급상승할 것이다. 셋째, 앞의 경우와 반대로 인간이 영생할 수 있는 신약이나 방법을 발견한다면 시간선호는 매우 낮아질 것이다. 마지막으로, 시간선호스케줄 자체가 이동할 수도 있다는 점이다.

여기에서 우리에게 유익한 실마리를 발견할 수 있다. 경제성장이 상당히 진행되면 실질소득의 증가로 시간선호율이 낮아져서 저축이 증가하고 소비가 감소한다는 것이다. 그리고 경제위기를 맞거나 전쟁이 벌어진다면 인간의 시간선호율이 급격히 상승할 것임을 예측할 수 있고, 그 결과로 저축이 감소하고 소비가 증가할 것임을 예측할 수 있다. 물론 시간선호스케줄 자체가 이동해 버리는 경우는 앞에서 예측한 방향으로 더 많이 움직일 것이다.

이제 우리나라의 가계저축률의 변화를 보기로 하자.[69] 가계저축률은 1975년 7.9%에서, 1980년대는 10% 중반대로 상승했고, 1988년에는 무려 25.2%로

부분의 경우에 정부의 통제하에 있는 시장이자율은 자연이자율보다 낮다. 그리고 두 이자율 간의 격차가 경기변동을 초래할 뿐 아니라 경기변동의 폐해는 두 이자율 간의 격차에 비례하는 경향이 있다. Rothbard(2006), 번역본, 제6장과 제12장 참조.

69 우리나라 가계저축률에 대한 연도별 자료는 '머니투데이' 제2433호에서 재인용.

세계 1위에 올랐다. 1990년대에도 우리나라의 가계저축률은 꾸준히 세계 선두권을 유지했다. 그러나 2000년 이후부터 우리나라의 가계저축률은 절대적인 수준이 낮아지면서 OECD 국가 중 가장 빠른 속도로 하락했다. 우리나라 가계저축률은 2000년 11.1%, 2006년 5.2%, 2007년 2.9%, 2008년 2.8%였고, 2009년에는 5.1%, 2010년 3.2%가 예상된다. 2010년 3.2%는 일본과 함께 OECD 17개 회원국 중에서 가장 낮은 수치다.

연도별 가계저축률은 시간선호의 변화와 잘 일치하는 것으로 여겨진다. 1988년까지 실질소득이 증가하면서 시간선호가 낮아졌고 그것은 저축의 증가를 가져왔다는 것을 알 수 있다. 1990년대 초에 급격한 부동산가격의 상승이 있었지만 크게 우려할 만한 수준이 아니었기 때문에 시간선호가 크게 증가하지는 않았고, 그 결과 가계저축률은 비교적 높은 수준을 유지했다. 그러나 1997년의 경제위기를 겪으면서 시간선호는 급격히 상승하여 저축은 극적으로 낮아졌다. 그리고 이번 국제 금융위기로 다시 한 번 시간선호가 상승한 결과 저축이 다시 하락할 것으로 예상되는 것이다.[70] [71]

2000년을 전후한 저축률의 급격한 하락은 출산율에도 큰 영향을 준 것으로 볼 수 있다. 앞에서 지적했듯이 출산·육아·교육·결혼에 이르는 과정은 높은 저축 또는 저축의 증가 없이는 불가능하기 때문이다. 연도별 합계출산율을 보면 1970년 4.53명, 1980년 2.83명, 1990년 1.59명, 2000년 1.47명, 2001년 1.30명, 2002년 1.17명, 2003년 1.18명, 2004년 1.15명, 2006년 1.12명, 2007년 1.25명 등이다. 물론 1970년대와 1980년대는 의학의 발달, 피임비용의 하락,

70 1990년대 이후 일본도 우리나라만큼 심각하게 위기를 겪고 있고 이번 금융위기가 상당한 충격을 주고 있는 것으로 보인다. 우리나라와 큰 차이점은 1997년에 우리나라는 상당한 구조조정을 했고, 지난 몇 년 동안 우리나라 대기업은 투자를 하지 않아 큰 문제가 없고, 일본 정부의 재정적자가 GDP의 200%에 이르렀으며, 이자율을 너무 낮추어 시간선호와의 격차가 더 커졌다는 것 등이다.

71 전용덕, 『국제 금융위기와 신자유주의』, 한국경제연구원, 2009b 참조.

정부의 적극적인 산아제한 정책, 가치체계의 변화 등과 같은 경제 외적인 요인이 동시에 작용했을 것으로 여겨진다. 그러나 2000년을 전후하여 출산율이 급격히 낮아지는 것은 경제위기로 인하여 시간선호가 상승한 결과, 저축률이 낮아짐과 동시에 그로 인하여 저축과 함수관계에 있는 미래소비(출산에서 결혼까지 예상되는 비용)가 불투명해지면서 출산율이 낮아지고 있다고 볼 수 있다.

만약 저자의 주장이 옳다면 정부가 실시하고 있는 출산을 촉진하는 각종 정책보다는 경제위기의 발생을 억제하는 일이 '자연스럽게' 출산율 하락을 저지하거나 상승을 초래할 수 있다는 것이다. 물론 경제가 순조롭게 성장하여 실질소득이 증가하고, 그 결과 시간선호의 하락과 저축이 증가한다 하더라도 출산율이 상승한다는 보장을 할 수는 없다. 출산의 결정에는 경제 외적인 요소도 큰 몫을 하는 것처럼 보이기 때문이다. 그러나 시간선호의 상승과 저축의 하락을 초래하는 경제위기를 막지 못한다면 어떤 출산율 촉진책도 그 효과는 미미할 것으로 여겨진다. 출산율을 끌어올려야 한다는 당위성을 받아들인다 하더라도 말이다.[72]

현재 우리나라는 미국발 경제위기뿐만 아니라 우리나라 자체에서 발생한 경제위기도 겪고 있다는 점을 알아야 한다.[73] 그러나 우리나라 자체 발생 위기에 대한 논의는 전무한 실정이다. 이제 우리는 미국발 경제위기뿐만 아니라 우리나라에서 발생한 경제위기의 원인을 찾는 일에 모든 역량을 집중해야 한다. 그렇게 해야만 경제위기를 해결할 뿐 아니라 저출산 문제도 해결을 위한 1차적

72 1970년대와 1980년대의 급격한 출산율 저하에는 정부의 산아제한 정책이 중요한 역할을 했을 것으로 여겨진다. 그 점이 의미하는 바는 정부의 출산장려 정책도 예상하지 못한 결과를 초래할 수 있다는 점이다. 즉, 출산장려 정책에 대한 당위성에 대해서는 정책 이전에 진지한 검토가 필요하다는 것이다.

73 이번 미국발 경제위기에는 우리나라 자체에서 발생된 경제위기가 이중적으로 포개져 있다는 주장에 대해서는 이 책의 "9. 이중고를 겪고 있는 한국경제" 참조.

환경을 조성할 수 있다.

저출산의 더 근본적인 원인은 인플레이션이다. 연애, 결혼, 출산을 포기하는 것을 '3포'라고 한다. 인플레이션은 그런 3포의 근본적인 원인이다.[74] 세 가지를 포기하면 자연히 출산율은 낮아질 수밖에 없다. 장기적으로 볼 때 우리나라의 인플레이션율은 매우 높다. 예를 들어, 짜장면은 1960년에 10원이던 것이 2015년에 대략 5,000원 정도하고 있다. 55년 만에 500배 정도 상승했다. 라면은 1963년에 10원 하던 것이 2015년 현재 대략 1,000원 정도하고 있다. 그 기간 동안에 100배 정도 상승했음을 알 수 있다. 고급 라면은 1,000원을 훨씬 능가한다.

서울연구원이 발표한 자료에 따르면 쌀 40kg에 1945년 0.35원에서 2015년 7만 6,000원으로 올라 70년 만에 약 217,000배 상승했다. 같은 기간에 영화 1편에 1.7원에서 9,000원으로 올라 70년 만에 약 5,300배 상승했다. 담배는 3원에서 4,500원, 시내버스는 0.50원(기본구간)에서 1,300원으로 올라 70년 만에 각각 1,500배, 2,600배 상승했다.

물론 이 기간에 국민소득도 크게 상승했다. 그러나 소득의 증가는 평균적인 물가상승을 따라가지 못하고 있다. 다만 부동산, 주식 등의 가격 상승을 통해 화폐가치의 하락을 어느 정도 보전할 수 있었던 경우는 다르다. 결혼을 해야 하거나 결혼생활을 이제 막 시작하는 사람은 부동산, 주식 등이 있는 경우는 드물다. 더 큰 문제는 그들이 주택을 마련하기 위해 많은 돈이 들고 육아를 위해서도 많은 돈이 들기는 마찬가지다. 이 문제를 해결하기 위하여 부부가 동시에 직장을 갖고 돈을 버는 방법을 택할 수도 있다. 그러나 이 방법은 유효한 방법이지만 부부 주위의 사람들이 많은 희생을 치러야 한다. 아직도 우리나라에서

74 지속적인 인플레이션이 시간선호의 지속적인 하락을 가져오는 근본적인 원인으로 여겨진다. 이 점에 대해서는 추가적인 연구가 필요하다.

는 육아를 가족을 중심으로 해결하기 때문이다. 요약하면, 현재의 조건에서 인플레이션으로 인한 피해를 회피할 방법은 없어 보인다는 것이다.

인플레이션은 중앙은행의 본원통화 증발과 그것을 기초로 한 민간은행의 부분지급준비제도에 의해 만들어진다. 그리고 화폐공급의 증가는 앞에서 상세하게 논의했던 경기변동의 원인이기도 하다. 그러므로 저출산을 비롯한 젊은 세대의 3포 문제를 해결하고자 한다면 화폐제도와 금융제도를 자유시장에 맞게 개혁하지 않으며 안 된다. 화폐제도와 금융제도의 개혁에 대해 자세한 내용은 이 책의 1부를 참조할 수 있다.

9. 이중고를 겪고 있는 한국 경제[75]

미국발 금융위기는 세계의 모든 나라에 큰 충격을 주고 있다. 우리나라는 해외시장 의존도가 높은 나라이기 때문에 충격의 정도가 다른 나라보다 결코 작지 않다. 그 점에서 우리나라 경제가 깊은 불황의 늪으로 들어가고 있는 원인을 미국에서 촉발된 금융위기와 국제 원자재 가격 상승(부분적으로는 중국과 같은 신흥시장의 소득 증가에 의한 수요 증가가 원인이고 부분적으로는 미국을 포함한 주요국의 유동성 과잉으로 인한 투기 수요의 증가가 원인이라는 점에서, 국제 원자재 가격 상승의 원인은 부분적으로는 금번 국제금융위기의 원인과 동일함) 탓으로 돌리는 것은 일면 타당하다. 그러나 우리나라 경제에 켜진 여러 가지 적신호를 미국을 포함한 해외경제 불황 탓만으로 돌리는 것은 어쩐지 석연찮은 구석이 있어 보인다.

우리나라 경제는 그동안 잘 돌아가고 있었는가? 먼저 결론부터 말한다면 그 대답은 부정적이다. 김대중 정부 중반인 2000년 10월 5일 한국은행은 기준

75 이 글은 전용덕, "이중고를 겪고 있는 한국 경제", 자유경제스쿨 홈페이지, 2009. 1을 발췌·수정한 것이다.

금리를 5.0%에서 5.25%로 올렸다. 그 날 이후 한국은행은 기준금리를 2004년 11월 11일까지 아홉 차례에 걸쳐 한 번에 0.25%포인트씩 인하했다. 드디어 한국은행의 기준금리가 2004년 11월 11일에 역사상 최저인 3.25%가 되었다. 이에 따라 주택 담보부 대출 금리가 2002년 7월 6.86%(연리)로 정점을 찍고 계속 하락하여 2005년 6월 역사상 최저인 5.13%에 이르렀다.

한국은행의 연속적인 기준금리 인하와 그에 따른 주택 담보부 대출금리의 하락은 미국의 서브 프라임 사태를 촉발한 미국 연방준비이사회(이하 연준으로 표기)의 연속적인 기준금리 인하와 그에 따른 모기지금리 하락과 너무나 유사하다. 다만 인하 시기, 인하 정도 등은 두 나라에서 다르지만 말이다. 참고로, 미국 연준은 연방기금목표금리를 2001년 1월 6.5%에서 지속적으로 인하하여 2003년 6월에는 미국 역사상 최저인 1%에 이르게 하였다. 그 결과로 30년 만기 모기지금리는 2000년 무렵 8%대에서 2002년 4월 7%대, 2003년 4월 역사상 최저인 5%대로 하락했다.

본원통화(base money)의 전년대비 증감률은 1998년 -8.1%, 1999년 37.6%, 2000년 -0.9%, 2001년 16.3%, 2002년 15.7%, 2003년 7.3%, 2004년 -4.8%, 2005년 11.5%, 2006년 19.9%, 2007년 8.7%이다. 2008년 소비자물가의 상승률은 1999년 이후 가장 높은 수치인 4.7%(전년대비)이다. 주거 및 수도광열비의 움직임도 소비자물가 상승률과 크게 다르지 않다. 김대중 정부 시절에는 기준금리를 인하하면서 자연스럽게 본원통화가 크게 증가했다. 노무현 정부 시절에는 중앙은행이 인플레이션을 우려하여 2004년 11월 이후 기준금리를 지속적으로 인상하였지만 주택 대출이 폭증하면서 2005년부터 본원통화가 다시 크게 증가했다.

기준금리 인하와 그에 따른 주택 담보부 대출금리 하락은 주택 수요를 자극했다. 2007년 전·중반에 주택시장, 특히 강남을 중심으로 한 서울·경기 지역 주택시장에서 엄청난 투기와 그에 따른 주택가격의 급격한 인상이 발생했다. 지방에서도 그 정도는 약했지만 비슷한 현상이 일어났다. 결과는 약 10여만 가구의 미분양 아파트 발생으로 귀결되었다. 이에 따라 주택용 프로젝트 파이낸싱에 많은 돈을 빌려준 저축은행과 일부 개인들이 이미 파산했거나 파산의 위기에 몰리고 있다.

미국에서는 30년 만기 모기지 금리가 7%대로 하락한 2002년부터 주택 가격이 급상승했다. 그리고 1998년부터 2006년에 걸쳐 서브 프라임 모기지를 빌린 세대 가운데 이미 집을 잃었거나 수년 안에 압류가 예상되는 세대를 합치면 대략 220만 세대가 될 것이라고 한다. 참고로 2007년 12월 31일 현재 부산광역시와 인천광역시의 세대수를 합치면 약 230만 세대가 된다고 한다. 미국에서 주택시장의 과잉투자가 얼마나 심각한가를 보여주는 통계 수치이다.

주식시장은 2004년 11월에 코스피지수가 900에 바닥을 치고 상승하기 시작했다. 코스피 지수는 이후 약간의 등락이 있었지만 지속적으로 상승했다. 2007년 10월에 2,064라는 역사상 최고점을 찍었다. 이후 코스피지수는 계속해서 하락해서 최근에는 1,100~1,200 포인트에서 등락을 거듭하고 있다(한국은행은 기준금리를 2004년 이후 계속 인상하여 2008년 8월 7일에 5.25%까지 올렸다). 즉 주식시장도 낮아진 이자율로 인한 과잉 유동성 때문에 크게 상승했다가 하락했다는 것이다. 주식시장의 등락에는 물론 외국인도 큰 몫을 했다.

이자율을 인위적으로 낮추어 화폐공급을 증가시키면 돈의 가치는 하락한다. 사람들은 이제 가치가 떨어진 돈을 처분할 곳, 즉 돈의 가치를 잘 보존할 수 있는 투자처를 찾는다. 사람들은 자신들이 원하는 화폐수요에 비해 초과되는 화폐 공급량만큼 처분하고자 한다. 그것이 주택시장의 버블로, 주식시장의 상승으로 나타난다. 화폐공급 증가에 의한 '붐'이 발생하는 것이다. 그러나 이런 일은 영원히 지속될 수 없다. 중앙은행이 인플레이션을 우려하여 이자율을 인상하고 그런 인상은 주택 또는 주식(또는 둘 모두)에 대한 수요를 떨어뜨린다. 붐 뒤에 이제 '버스트'가 오는 것이다.

현재 우리나라나 미국이나 통화량 증가로 인한 경기변동을 겪고 있다(물론 앞에서 지적하였듯이 우리나라는 해외경제 환경의 악화로 인한 침체도 동시에 겪고 있다). 다만 경기변동의 정도, 시작 시기, 끝나는 시기, 희생자, 이득을 보는 자, 국제적 영향력 등이 다를 뿐이다. 경기변동은 '과오투자'가 일어나는 붐, 과오투자를 인식하는 '위기', 과오투자를 청산하는 '침체'로 이어진다.

과오투자는 과잉투자뿐만 아니라 과소투자도 포함한다. 따라서 통화량 과다 발행이 과잉투자만을 초래한다는 주장은 틀린 것이다. 주택시장을 예로 들어서 과잉투자와 과소투자가 어떻게 경제에 영향을 미치는가를 보기로 한다. 주택시장의 과잉투자는 그만큼 주택시장에 사용된 생산요소들의 가격을 정상적일 때보다 상승하게 만든다. 정상적일 때보다 더 많은 주택을 짓는다는 것은 그만큼 기회비용이 증가한다는 것을 의미하기 때문이다. 주택시장에서 과잉투자가 일어남에 따라 다른 시장에서 정상적일 때에 비하여 과소투자가 일어나고 그런 과소투자는 그 시장에서 재화의 가격을 끌어올리고 그 결과 투입되는 생산요소들의 가격도 상승할 수밖에 없다. 다시 말하면, 통화량공급 증가는 과잉투자된 시장뿐만 아니라 과소투자된 시장에서도 가격 상승을 초래한다는 것이다. 그리고 그 정도는 과잉투자의 크기와 그에 따른 과소투자의 크기에 따라 결정될 것이다. 이렇게 해서 대부분의 재화의 가격이 상승하는 현상, 즉 인플레이션이 일어난다. 그러나 현실에서 우리는 과소투자가 일어난 시장이나 산업을 식별할 수 없다. 다만 가격의 상승만을 볼 수 있을 뿐이다. 그리고 현실에서 과잉투자는 주택, 자동차 등 내구연한이 긴 소비재나 투자의 과실을 수확하는데 긴 시간이 필요한 자본재와 연구개발 등에서 흔히 일어난다. 우리나라나 미국에서 주택, 자동차 산업 등이 어려움을 겪는 것은 전적으로 그들만의 잘못으로 치부할 수 없다는 말이다.

보통 사람들은 금번 위기와 불황이 1997년 경제위기 때보다도 더 심각하다고 말한다. 보통사람들이 현장에서 몸소 겪는 체험이 결코 틀린 것이 아니라는 것을 이제야 알 수 있다. 우리나라 경제가 이렇게 어려운 것은 해외경제 환경 탓만이 아니다. 그러나 일부 언론이나 전문가는 그렇게 주장하고 있다. 그 결과 우리는 현재의 위기와 침체에 대한 대안이나 교훈을 제대로 도출할 수 없다.

10. 대공황과 제2차 세계대전[76]

미국의 대공황과 관련해서 아직도 많은 미신이 있다. 그중 하나가 "대공황을 벗어나게 된 것은 제2차 세계대전 때문"이라는 것이다. 이 미신이 의미하는 바는 "사람을 죽이고 건물 등을 파괴하는 행위"가 경제성장 또는 번영을 가져온다는 것이다.[77] 그런 미신의 다른 의미는 대규모의 재정지출이 총수요를 자극하여 일자리를 창출할 수 있다는 주장이 옳다는 것이다. 이 미신은 일반 미국인을 포함한 전 세계의 역사학자뿐 아니라 경제학자도 상당수 믿고 있다.[78]

요컨대 제2차 세계대전이 번영을 초래했기 때문에 대공황을 탈출할 수 있었다는 주장이 대공황과 제2차 세계대전과 관련한 '주류 견해'라는 것이다.[79] 심지어 큰 정부 또는 사회주의 계획 방식이 보통 때는 국민을 부유하게 만들 수

76 이 글은 전용덕, "대공황과 제2차 세계대전", 한국경제연구원 홈페이지, Keri Insight 10~05, 2010. 6을 발췌·수정한 것이다.

77 파괴가 혜택을 가져온다는 점을 옹호하는 더 정교한 주장은 경쟁국보다 낡은 공장이나 시설이 전쟁을 통해 파괴됨으로써 경쟁국보다 유리한 위치에 설 수 있다는 것이다. 그러나 잔여 가치가 있는 공장이나 시설을 파괴하는 것은 자원을 낭비하는 것이다. 이 주장에 대한 자세한 내용은 Hazlitt(1979), p.29 참조.

78 역사학자나 경제학자와 같은 전문가가 아닌, 일반 미국인 대부분이 이러한 미신을 믿게 된 이유에 대한 설명으로는 Higgs(2006), pp.73~75 참조.

79 대표적인 예로는 Hughes(1990)이 있다.

없다는 신념을 가진 자유시장 원리를 신봉하는 전문가마저도 대공황이 예외적인 상황임을 들어 그런 일이 가능하다고 믿는 경우가 있다. 그러나 그것은 미신일 뿐이고 진실이 아니다. 이제 저자는 이 점을 논증하고자 한다.

네 가지 쟁점

전쟁이 번영을 가져왔다는 주장에는 크게 네 가지 쟁점이 있다. 첫째, 전시 경제성장의 원인이 무엇인가 하는 것이다. 전시 동안의 경제성과는 정부의 재정적자에 의해 만들어진 것이었고 그런 재정적자는 화폐공급 증가로 해결되었다. 따라서 전시 경제성장은 경기변동의 일부분이라는 관점에서 접근하는 것이 옳다. 〈표 15〉에서 1944년부터 1947년까지 국내총생산 증가율이 빠르게 낮아지는 사실이 그 점을 잘 보여준다. 이 점에 대해서는 아래에서 일부 서술하겠지만 자세한 분석은 다음 기회로 미룬다.

둘째, 경제성과의 개념화(conceptualization)에 대한 것이다. 예를 들어 전시의 비정상적인 국방 관련 지출을 어디까지 경제성과로 간주할 것인가 하는 것이다.

셋째, 경제성과를 정확하게 측정하는 것과 관련한 것이다. 전시에는 가격통제가 심했고 부분적으로 배급이 이루어졌기 때문에 상당부분 통제경제(command economy)가 되었고 그 경우에 가격은 자유시장 가격이 아니었다. 이 점을 받아들이면 전시의 경제성과와 평시의 경제성과를 직접 비교하는 일은 상당 부분 무의미하게 된다.

넷째, 당시의 경제성과, 특히 정부가 작성한 공식 통계를 어떻게 해석할 것인가 하는 것이다. 물론 이 점은 앞의 두 번째와 세 번째 쟁점과 직·간접으로 연관되어 있다. 여기에서는 네 번째 쟁점을 주로 분석하고 필요한 경우에만 국한하여 두 번째와 세 번째 쟁점의 일부를 다루고자 한다.

표 15 미국의 연도별 주요 통계(1929~1950) (단위: Billions of chained (2005) dollars)

연도	실업률(%)	국내총생산	국내총생산 증가율(%)
1929	5.2	977.0	
1930	8.7	892.8	−8.62
1931	15.9	834.9	−8.49
1932	23.6	725.8	−13.07
1933	24.9	716.4	−1.30
1934	21.7	794.4	10.89
1935	20.4	865.0	8.89
1936	16.9	977.9	13.05
1937	14.3	1,028.0	5.12
1938	19.0	992.6	−3.44
1939	17.2	1,072.8	8.08
1940	14.6	1,166.9	8.77
1941	9.9	1,366.1	17.07
1942	4.7	1,618.2	18.45
1943	1.9	1,883.1	16.37
1944	1.2	2,035.2	8.08
1945	1.9	2,012.4	−1.12
1946	3.9	1,792.2	−10.94
1947	4.3	1,776.1	−0.90
1948	4.0	1,854.2	4.40
1949	6.6	1,844.7	−0.51
1950	4.3	2,006.0	8.74

자료: U. S. Bureau of Economic Analysis and Bureau of Labor Statistics
주: 국내총생산은 전년 대비 증가율

1940년대 미국 경제의 제도 변화

본론에 들어가기 전에 앞으로 전개할 내용의 이해를 돕기 위하여 1940년대 미국 경제의 제도 변화과정을 간략히 언급하고자 한다(Higgs(2006), p.73).

미국 정부는 1940년 가을부터 자국 경제를 서서히 통제하기 시작했는데 그 결과 1943년 초까지는 완전한 통제경제가 되었다. 이러한 상태는 1945년 가을까지 유지되었지만 그 이후 정부는 빠르게 통제를 해제하여 1947년 무렵에는 통제의 대부분은 없어졌지만 약간은 여전히 남아 있었다. 1940년대 말에 미국 경제는 순수 자본주의는 아니었지만 다시 한 번 전반적으로 시장지향적(market-oriented) 체제가 되었다. 요컨대 1940년대 미국 경제는 시장지향적인 경제에서 거의 완전한 통제경제로 들어갔다가 다시 시장지향적인 경제로 바뀌었다. 이러한 제도적인 틀의 극적인 변화를 염두에 두지 않으면 1940년대의 미국 경제, 예를 들어 실업률·국내총생산·물가지수 등과 같은 통계치의 의미를 해석하는 데 오류를 범할 가능성이 높다.

'바스티아-캐러비니의 깨진 유리창 오류'

경제현상을 이해하기 위해서는 그 현상을 잘 설명할 수 있는 경제이론을 먼저 채택하고 제시해야 한다. '전쟁이 번영'을 초래한다는 미신을 분석하는 데 잘 맞는 이론은 소위 '깨진 유리창 오류'(broken window fallacy)이다. 깨진 유리창 오류는 19세기 프랑스의 위대한 경제학자였던 프레데릭 바스티아(Frederic Bastiat, 1801~1850)가 '법'이라는 책에서 '보이는 것'과 '보이지 않지만 존재하는 것'을 구분함으로써 사람들이 경제현상을 분석할 때 흔히 범하는 오류를 지적하기 위하여 제시한 가상의 이야기이다(Bastiat(1997), 번역본).

바스티아의 깨진 유리창 오류는 사람들이 경제현상을 분석할 때 어떤 경제적인 사건과 관련한 모든 효과를 분석해야 한다는 점을 지적한 것이다. 특히 깨진 유리창 오류는 전쟁과 같은 상황을 이해하는 데 매우 잘 맞는 에피소드임에 틀림없다. 그러나 바스티아가 죽고 거의 160여년이 지난 2007년에 캐러비니(Louis Carabilni)는 바스티아의 메시지는 경제 분석에 분명히 유익하지만 구체적인 내용에 있어서 약간의 오류가 있음을 지적했다(Carabini(2007), pp.151~155). 여기에서는 먼저 바스티아의 주장을 간략히 설명하고, 캐러비니가 지적한 바스티아의 오류를 덧붙이며, 캐러비니가 전쟁과 같은 상황을 설명한 내용을 인용하는 것으로 결론을 대신하고자 한다.

그 내용은 이렇다. 'A'씨는 그의 아들이 유리창을 깬 일을 두고 화가 나 있다. 그때 모여 있던 구경꾼들이 A씨에게 다음과 같이 위로의 말을 했다. "깨진 유리를 갈아 끼우면 유리 만드는 사람은 먹고 살 수 있게 되지요"라고. 그러나 이런 주장이나 설득은 일견 그럴듯하게 들리지만 명백히 틀린 것이라고 바스티아는 주장한다. 만약 유리를 갈아 끼우는 데 5만원이 든다고 가정하자. 만약 A씨의 아들이 유리를 깨지 않았다면 A씨는 그 돈으로 신발 한 켤레를 살 수 있다고 가정하자. 유리 제조업만을 고려하면 구경꾼들의 말이 옳다. 유리제조업은 그만큼 일자리가 늘어난다. 그러나 경제 전반을 살펴보면 상황은 달라진다. 유리가 깨지지 않았다면 신발산업이 그만큼 성장할 것이다. 유리 제조업에서 일자리가 증가하는 것은 눈에 보이는 결과이다. 그러나 신발산업에 미치는 영향은 눈에 보이지 않지만 존재하는 것이다. 이것이 바스티아가 주장한 내용의 핵심만 요약한 것이다.

캐러비니는 구경꾼과 바스티아의 주장을 다음과 같이 간략히 요약한다. 구경꾼은 유리창 깨는 일을 '포지티브-섬 게임'(positive-sum game)으로 간주하고 바스티아는 그것을 '제로-섬 게임'(zero-sum game)으로 바라본다(Carabini(2007), p.152). 그러나 캐러비니는 구경꾼의 주장이 틀렸음이 명백하지만 바스티아의 주장도 틀렸다고 지적한다. 만약 유리창을 깨지 않았다면 유리창 주인은 5만원 하는 신발 한 켤레를 구입할 수 있을 뿐 아니라 유리 제조업자도 유리창을 생산하여 그 돈으로 신발 한 켤레를 구입할 수 있다. 만약 그가 유리창을 판매한 돈으로 신발을 구입한다고 가정한다면 말이다. 그런데 유리창을 깨면 유리 제조업자는 깨진 유리창을 갈아 끼워주고 받은 돈으로 신발 한 켤레를 살 수 있다. 그러나 유리창 주인은 유리창을 갈아 끼우지만 신발을 살 수는 없다. 캐러비니는 깨진 유리창으로 인하여 발생하지만 보이지 않는 것 또는 효과(unseen effect of the broken window)는 유리창을 깨지 않았다면 생산했을 유리창 또는 그것을 판매하여 얻은 돈으로 구입했을 신발 한 켤레이다. 그러므로 캐러비니는 유리창을 깨는 일이 '네거티브-섬 게임'(negative-sum game)이라고 지적한다(Carabini(2007), p.152). 즉 유리창 깨는 일이 사회를 그만큼 가난하게 만든다는 것이다.

캐러비니는 전쟁을 평가하는 경우에 흔히 범하는 오류에 대하여 이렇게 적고 있다. "전쟁의 경우에, 우리는 번영하고 있다고 느낀다. 왜냐하면 탱크, 군함, 기타 수많은 전쟁관련 물자를 생산함에 있어서 우리 모두가 열심히 일하기 때문이다. 그러나 우리는 생산되지 않아서 사용할 수 없는 자동차, 요트, 다른 수많은 유용한 재화를 잊는다. 우리는 다른 목적[즉 전쟁을 말함]을 위하여 이제 행진하고, 싸우고, 노동하는 사람들에 의해 생산되었을 모든 보이지 않는 것들을 잃는다. 노동이 본질적으로 번영을 창출하지는 않는다. 그리고 노동 그 자체가 번영을 창출하지도 않는다. 화폐도 번영을 창출하지 않는다. 번영은 사람들이 가치 있다고 여기는 재화와 서비스를 생산함으로써 얻어진다" (Carabini(2007), p.155). 다시 말하면 전쟁을 평가함에 있어서 고려해야 할 것은 전쟁이 일어나지 않았다면 발생했을 일이라는 것이다.

유리 제조업에 일자리가 생겨난다는 주장은 부지불식간에 유리를 깨는 일을 좋은 일로 간주하고 있다. 이 얼마나 어처구니없는 주장인가. 그 같은 주장은 어떤 행위의 보이는 결과에만 사로잡혔기 때문이다. 제2차 세계대전으로 인하여 대공황을 벗어나게 되었다는 주장도 유리 깨는 일을 좋은 일로 간주하는 주장과 본질에서 차이가 없다. 두 주장 모두, 보이지 않지만 존재하는 것을 고려하지 않고 있다는 점에서 틀린 것이다.

바스티아가 처음으로 보이지는 않지만 존재하는 현상을 경제 분석에 포함해야 한다는 주장을 했다. 그러나 캐러비니는 바스티아 주장의 문제점을 지적하고 완성했다고 여겨진다. 그 점에서 깨진 유리창 오류는 바스티아와 캐러비니가 공동으로 한 것과 큰 차이가 없다고 여겨진다. 여기에서는 그 점을 고려하여 '바스티아-캐러비니'의 깨진 유리창 오류라고 명명하였다.

깨진 유리창 오류의 응용과 해석의 문제

'바스티아-캐러비니의 깨진 유리창 오류'라는 이론적인 틀을 염두에 두고 1929년(때로는 1940년)부터 1950년까지 실제로 어떤 일이 일어났고, 그것을 어떻게 이해해야 하는가를 보기로 한다. 〈표 15〉에는 연도별 실업률, 국내총생산, 국내총생산 증가율에 관한 미국 정부의 공식통계가 나와 있다. 제2차 세계대전을 전후하여 미국의 실업률은 본격적으로 하락하고 국내총생산은 증가하고 있음을 알 수 있다. 특히 1941년부터 1943년까지 국내총생산 증가율은 다른 시기의 증가율에 비해 매우 크다. 실업률·국내총생산·국내총생산 증가율에 관한 공식통계만으로는 앞에서 지적한 미신이 마치 진실인 것처럼 보인다.

그러나 먼저 실업통계는 매우 조심해서 다룰 필요가 있다. Higgs(2006, pp.61~80)는 그의 책에서 1940년부터 1949년까지 노동력이 어디에 배치되었는가를 계산했다. 〈표 16〉은 연도별로 노동력이 어디에 고용되고 실업이 어느 정도인가를 보여준다. 제2차 세계대전 징집령이 내려지기 바로 전해인 1940년에 전체 노동력에서 민간 실업자 그리고 군인을 포함한 국방 관련 종사자를 합한 비중은 17.6%인데 그 대부분은 민간 실업자였다. 1945년에 민간실업자와 군인을 포함한 국방 관련 종사자의 합이 전체 노동력에서 차지하는 비중은 40.5%로 크게 증가했지만 그 대부분은 군인을 포함한 국방 관련 종사자이다. 이제 실업이 극적으로 하락한 원인을 알 수 있다. 전쟁으로 군인을 포함한 국방 관련 종사자는 크게 증가했는데 그런 증가는 민간 고용과 실업의 감소로 충당되었음을 알 수 있다. 그리고 전쟁이 종료되면서 1946년 무렵 부터 전체 노동력에서 군인을 포함한 국방 관련 종사자의 비중이 크게 하락하기 시작했다. 〈표 16〉은 전쟁 기간에 군인을 포함한 국방 관련 일자리의 창출로 실업이 해소되었음을 보여준다. 그리고 전쟁 기간에 전체 노동력의 대략 40%가 소비재와 자본재를 만드는 일에 종사한 것이 아니라 총, 탱크 등과 같은 군수물자를 만들거나 군인과 군속으로 국방 서비스를 생산했다는 것을 알 수 있다. 그런 사람의 다수는 1945년 이후가 되어서야 국방 관련 일에서 풀려나서 소비재와 자본재를 만드는 일, 즉 진정한 번영을 가져오는 일에 종사하기 시작했다는 것도 알 수 있다.

표 16 총고용에서 고용과 실업의 비중 (단위: %)

회계연도	비국방고용(A)	국방고용(B)	민간실업(C)	D=100－A=B+C
1940	82.4	1.8	15.7	17.6
1941	79.4	8.5	12.0	20.6
1942	67.3	25.7	7.0	32.7
1943	57.6	39.4	3.0	42.4
1944	58.4	40.3	1.3	41.6
1945	59.5	39.2	1.3	40.5
1946	88.5	8.9	2.6	11.5
1947	90.9	5.3	3.8	9.1
1948	90.9	5.3	3.9	9.1
1949	88.4	5.2	6.4	11.6

자료: U.S. Department of Defense, 1987, *National Defense Budget Estimates for FY* 1988～1989, Washington, D.C.: Office of the Assistant Secretary of Defense (Comptroller), p.126; Higgs(2006), p.63, 〈표 3.1〉을 재인용

주: 1) B는 군인, 군속, 국방관련 산업 종사자 포함

2) C는 Bureau of Labor Statistics 기준의 실업

3) D는 반올림으로 약간의 오차가 발생

다른 말로 하면 〈표 15〉에서 전쟁 기간 중의 연도별 국내총생산 수치 중에 상당 부분은 '바스티아-캐러비니의 깨진 유리창'과 같은 것이다. 만약 미국이 전쟁에 참여하지 않았다면 그래서 군인과 총, 대포 등을 만드는 데 들어간 인력과 자원을 활용하여 소비재나 자본재를 만들게 했다면 그때 만들 수 있는 소비재나 자본재는 '바스티아-캐러비니의 신발'과 같은 것이다. 미국은 참전으로 전쟁에 소요된 인력과 자원으로 만들 수 있었을 재화와 서비스만큼 가난해진 것이다. 더 정확하게는 평시에 국방에 필요한 인력과 자원을 제외해야 할 것이다.

Higgs(2006)는 또 다음과 같이 지적한다. 1940년과 1944년 사이에 실업자는 745만 명이 감소하고 그 대신 군인이 1,087만 명이 증가했다.[80] 이러한 사실은 100명의 실업자를 줄이기 위하여 146명의 군인이라는 취업자가 만들어졌다는 것을 의미한다. 앞에서 지적한 점을 무시하더라도 이러한 방법은 매우 기괴하고 비효율적인 방법임에 틀림없다. 게다가 약 40만 명의 군인은 사망했고 약 67만 명이 상이용사가 되었다. 100만 명 이상의 군인이 죽거나 부상했다는 것은 국가적으로는 그만큼 노동력의 손실이 발생했다는 것이다. 여기에는 민간인이 받은 각종 스트레스와 그로 인한 자원 사용은 포함되지 않았다. 전쟁 기간 동안에 상당수 민간인과 군인이 정신병자가 되었다. 그 규모를 알 수 없지만 말이다. 만약 전쟁이 없었다면 그들은 대부분 그런 일을 당하지 않았을 것이고 그렇다면 그들이 다친 곳을 치료하기 위하여 사용했을 약을 포함한 각종 자원은 다른 곳에 사용될 수 있었을 것이다. 그리고 군인에게 지급한 임금은 시장임금보다 턱없이 낮았을 것이고 군인이 맞았을 전쟁터는 너무 가혹한 것이었다.

요컨대 백번 양보하여 국방에서의 일자리 1개와 민간에서의 일자리 1개가

80 참고로 1939년 미국의 군인은 총 17만 4,000명이었다. 군인이 가장 많았던 1945년에 그 수는 1,245만 4,000명으로 증가했다. "World War II" at: http://www.u-s-history.com/pages/h1661.html 참조.

표 17 국내총생산에서 민간, 정부, 재정적자의 비중 (단위: %)

연도	{민간총생산/(민간총생산+정부총생산)}×100	{정부총생산/(민간총생산+정부총생산)}×100	(재정적자/국내총생산)×100
1931	80.8	19.2	−0.6
1935	80.0	20.0	−4.0
1936	79.3	20.7	−5.5
1937	81.0	19.0	−2.5
1938	79.1	20.9	−0.1
1939	78.9	21.1	−3.2
1940	79.8	20.2	−3.0
1941	72.0	28.0	−4.3
1942	49.8	50.2	−14.2
1943	39.4	60.6	−30.3
1944	37.5	62.5	−22.7
1945	42.7	57.3	−21.5
1946	73.5	26.5	−7.2

자료: 1) 민간 총생산과 정부 총생산은 미국 Bureau of Economic Analysis and Bureau of Labor Statistics
2) 재정적자는 http://www.presidency.ucsb.edu/data/budget.php

주: 1) (재정적자/국내총생산)×100은 회계연도 기준
2) 재정적자는 음의 부호

동일하다고 가정하더라도, 국방의 확대에 의한 일자리 창출은 매우 비효율적이었다는 것이고, 경제성과는 효율성에 의존함을 생각한다면 제2차 세계대전이 미국의 번영을 가져왔다는 주장은 매우 무리하다는 것을 알 수 있다.

실업자를 군인을 포함한 국방 관련 산업에 취업하게 만든 것은 전시 정부지출의 비중이 급격히 상승하고 있는 자료에서도 잘 알 수 있다. 〈표 17〉은 주요 연도의 국내총생산에서 민간과 정부의 비중을 보여주고 있다. 1941년부터 정부의 비중이 증가하기 시작하여 그런 상태는 1945년까지 계속되었다. 1944년에 국내총생산에서 정부부문이 차지하는 비중이 62.5%로 최고에 도달하였다. 그리고 국내총생산에서 재정적자의 비중은 1942년 14.2%, 1943년 30.3%, 1944

년 22.7%, 1945년 21.5%였고, 1946년에도 평시보다 높은 7.2%였다. 이러한 통계가 의미하는 바는 정부지출의 확대에 의해 전쟁이 수행되었고 그런 전비는 상당 부분 적자재정으로 충당되었다는 것을 알 수 있다.

이 때 엄청난 양의 군수물자를 생산했음을 다음의 통계로 알 수 있다. 1940년 중반부터 1945년 중반까지 미국 군수산업과 민간산업은 탱크 8만 6,338대, 비행기 29만 7,000대, 총기류 1,740만 정, 야포류 31만 5,000대, 포탄류 420만 톤, 소형화기 탄약 414억 발, 상륙정 6만 4,500척, 기타 군함 6,500척, 수송선 5,400척, 기타 엄청난 양의 탄약 등을 생산했다(Higgs(2006), p.73). 물론 이런 엄청난 양의 군수물자는 모두 정부지출로 획득된 것이고, 전쟁 당시의 소비재와 생산재의 생산을 포기하고 얻은 것이다.

이제 〈표 15〉에 나와 있는 연도별 국내총생산 수치가 얼마나 믿을 만한가를 면밀히 검토하기로 한다.[81] 주지하듯이 국내총생산 수치는 가격과 재화의 양을 곱하여 구한다. 문제는 가격과 재화의 양, 모두가 전시에는 비정상적인 것이라는 점이다. 당시 미국 정부는 전비의 일부를 재정적자를 통해 조달했고 화폐를 발행하여 재정적자를 메웠다(〈표 17〉 참조). 화폐 발행을 통한 전비 조달은 인플레이션을 초래한다. 그러나 당시 미국 정부는 1941년과 1942년에 천천히 종합적인 가격통제를 실시했고 그런 통제를 1946년 늦게까지 지속했다.[82] 통제 대상은 재화뿐 아니라 임금도 포함되었다. 그리고 의회는 보석과 향수와 같은 사치재에 특별세를 부과함으로써 소비를 억제했다. 엄청난 양의 전쟁물자가 생산되면서 일부 민간 소비재, 예를 들어 고기류·버터·설탕·휘발유·타이어·신

81 Higgs(2006)는 국방비를 제외하는 방법으로 국민총생산을 재계산하여 전쟁 기간에 국민총생산이 실제로는 하락했음을 보이고 있다. 그러나 여기에서는 굳이 그의 주장을 인용할 필요가 없을 것이다. Higgs(2006), p.65, 〈표 3-2〉 참조.

82 이하의 내용은 Higgs(2006), p.70 참조. "World War II" at: http://www.u-s-history.com/pages/h1661.html 참조.

발·커피·통조림류·많은 다른 재화 등은 배급제가 실시되었다. 물론 많은 양의 전쟁 물자를 생산하기 위해서는 민간 소비재의 생산을 억제하지 않을 수 없고 문제는 그것이 다시 가격을 상승하게 만든다는 점이다. 한마디로 인플레이션으로 인한 재화의 일반적인 가격상승과 소비재 생산의 부족으로 인한 개별 재화의 가격상승이 중첩되었다는 것이다.

예를 들어, 군용 자동차를 제작하기 위하여 민간 자동차의 생산을 중단했다. 중고 자동차는 배급제로 인하여 구하기 어려웠을 뿐 아니라 암시장에서 팔리는 중고차의 가격은 매우 높았다. 대중교통 수단은 복잡하고 불편했다. 집세는 통제된 결과 아파트의 품질은 점점 더 나빠졌고 워싱턴이나 전쟁 물자를 생산하는 공장 인근의 주택 부족은 심각한 수준이었다. 일자리를 찾아 많은 노동자들이 일자리가 있는 타 지역의 군수품 생산 공장으로 이동했다. 소비자들은 원하는 재화를 구입하기 위하여 판매자를 찾아서 계약을 종료하기까지 많은 시간과 노력을 들였다. 그러므로 1941년부터 1947년까지 개별 재화의 가격을 포함하는 인플레이션 통계는 당시의 정확한 실상을 반영할 수 없을 뿐 아니라 바로 그 이유로 국내총생산 자료도 인플레이션 통계와 동일한 형편이 된다.

게다가 정부로 납품되는 군수물자는 시장가격이 없는 경우가 많고 그 경우에는 자원의 희소성을 반영하는 것이 아니라 대부분 동원된 자원에 들어가는 비용을 합산하는 방법으로 가격을 산출했을 것으로 여겨진다.[83] [84] 어떤 전쟁 물자는 전쟁 이전에는 전혀 생산하지 않은 경우도 상당수 있었다. 여기에 국

83 Kuznets(1945)는 전쟁 이전과 전쟁 기간 동안에 생산된 전쟁 물자의 가격지수를 직접적으로 만드는 일이 불가능하다고 지적하고 있다.

84 이것이 소위 경제계산의 문제이다. Mises(1975, 1996)는 자본재에 대한 사적 소유권이 없는 경우, 즉 자본재에 대한 시장이 발달하지 않는 경우에 가격이 존재하지 않기 때문에 경제계산을 할 수 없다고 주장했다. 자본주의 국가에서도 정부 소유의 재산이나 재화는 사적 소유권이 없기 때문에 경제계산의 문제에 봉착한다. Mises(1975), pp.87~130과 Mises(1996) 참조.

방부도 정부의 한 부서인 만큼 자원의 사용에 있어서 낭비적인 요소가 작지 않을 것으로 예상할 수 있다. 그런 점이 국내총생산 수치에 직·간접으로 반영되어 있음을 알 필요가 있다. 이러한 모든 점을 고려하여 Higgs(2006, p.4)는 전쟁기간의 통계가 '본질적으로 임의적'이라고 단언한다. 그리고 이 점은 소비자의 후생을 보여주는 개인소비 지출에도 해당된다고 하겠다.

지금까지 제2차 세계대전이 미국의 번영을 초래했다는 주장이 미신임을 보았다. 미국의 참전이 나치 치하의 독일, 군국주의 일본 등을 무찌르기 위하여 당시로서는 피할 수 없는 상당한 이유가 있었을 것임은 분명하다. 적어도 전쟁의 정치적 동기는 분명하다는 것이다. 그러나 전쟁이 미국 경제에 도움을 주었다는 주장은 명백히 틀린 것이다. 참전하의 미국 경제는 참전하지 않았을 경우에 예상되는 미국 경제보다 매우 또는 크게 나빴다고 보는 것이 옳다.

전쟁 발발이 미국 경제의 성과에 미친 '진정한' 영향

전쟁의 발발이 미국 경제의 성과에 진정으로 긍정적인 영향 또는 부정적인 영향을 준 경우가 몇 가지 있다(Murphy(2009), ch.7). 첫째, 전쟁은 노동시장을 크게 변화시켰고 그런 변화는 경제성과에 긍정적인 영향과 부정적인 영향을 모두 미쳤다. 전쟁으로 인한 부정적인 효과를 상쇄시켜 공식적인 성과, 즉 기록된 경제성과보다 더 나빠지는 것을 막은 경우가 있다. 전쟁으로 노동공급 쪽에서 큰 변화가 일어났다. 14세 이상 인구에서 민간 취업자의 비중은 1940년에 47.6%에서 1944년에 57.9%로 크게 증가했다(Higgs(2006), p.71). 20대 남성이 대거 입대함으로써 노동 현장을 떠남에 따라 그 자리를 10대·여성·은퇴자 등이 보충했다. 제조업의 주당 평균 근로시간은 1940년 38.1시간에서 1944년 45.2시간으로 크게 증가했다. 그런데 제조업은 당시 대부분의 일자리가 창출된 곳이었다. 모든 다른 업종에서도 주당 평균 근로시간이 증가했다. 노동공급의 증가, 평균 근로시간의 증가 등은 남성의 대규모 입대에 따른 민간 산업의 임금상승을 억제하여 경제성과에 긍정적인 영향을 미쳤다. 작업 환경이 열악하고 근로 강도가 증가함에 따라 제조업에서 시간당 치명적인 부상을 입는 경우(노동 능력을 잃는 경우)가 1940년과 비교하여 1943년에 30% 이상 증가했다. 짧은 기간 동안에 치명적인 부상을 입은 노동자가 크게 증가했다는 것이다. 물론 이것은 경제성과에 부정적인 영향을 미친다. 재화의 일반적인 가격상승과 일부 품목의 배급제 실시에 따라 소비자들은 소비를 줄이지 않을 수 없었을 것이다. 열심히 일하는 것과 소비를 줄이고 절약하는 것은 경제성과에 긍정적인 영향을 미친다.[85] 근검절약은 진정으로 경제성장을 초래했고 국내총생산과 같은 공식 통계에 반영되었을 것이다. 물론 이 점을 객관적인 수치로 보여줄 수는 없지만 말이다. 이것이 의미하는 바는 전쟁이라는 특수상황이 초래한 그런 근검절약이 없었다면 기록된 경제성과보다 더 나빠졌을 것이라는 점이다. 그러나 문제는 이 경우에 근검절약이 순수한 의미에서 '자발적인' 것이 아니기 때문에 전쟁이 미국인에게 '유익한' 것이었다고 말할 수는 없다. 다만 경제주체의 자발성 유무를 떠나 경제성장이라는 관점에서만 보면 당시 미국인의 근검절약이 그것이 없을 때와 비교하여 경제를 좋은 방향으로 이끌었다는 것이다. 물론 노동 능력 상실자가 크게 증가하는 등의 부작용이 없었던 것은 아니지만 말이다.

둘째, 여기에서 자세히 다루지는 않았지만 전시 미국 정부는 화폐를 대량으로 증가시켜 경기변동을 초래했다.[86] 경기변동은 붐과 버스트로 이루어진다. 직관적으로 볼 때 전시가 붐 시기이고 1944년부터 1947년까지가 버스트 시기로 여겨진다. 〈표 15〉에서 국내총생산 증가율이 그 점을 보여준다. 경기변동이론

85 절약 또는 저축과 경제성장의 관계는 학파마다 견해를 달리한다. 여기에서는 저축이 경제성장에 긍정적인 영향을 미친다는 이론은 오스트리아학파의 경제학에 기초하고 있다. 오스트리아학파의 경제학에 대한 자세한 설명은 Rothbard(1993) 참조.

86 경기변동에 대해서는 이 책의 '1부'를 참조.

에 의하면 버스트 시기에 경제는 통화량을 증가시키기 이전보다 더 나빠진다. 만약 경제성장에 긍정적인 영향을 미치는 순(net)저축이 전혀 없다고 가정하면 말이다. 현실은 순저축이 존재하기 때문에 그 만큼 좋아진다.

요컨대, 전시와 전후 공식기록은 통화량 증가에 의한 '버블' 또는 과오투자와 과소비가 내포된 것이라는 점을 고려할 필요가 있다는 것이다. 다만 다른 시기에 비해 민간투자가 상대적으로 적게 이루어졌고 배급제(전시)가 실시되었기 때문에 공식 통계에서는 경기변동의 영향이 작게 나타날 것이지만 실제로는 클 것이다. 그 정도를 정확히 알 수 없지만 말이다.

셋째, 미국은 일본의 진주만 공격 이전에도 많은 전쟁 물자와 재화를 연합국에 수출했다. 물론 이 점은 그 정도를 계측하기는 어렵지만 경제성장에 기여했을 것이다. 그러나 'Lend-Lease 법안'이 통과된 1941년 3월부터 미국은 전쟁이 끝날 때까지 약 500억 달러(2007년 가격으로 7,000억 달러) 상당의 물품과 서비스를 연합국에 제공했다.[87] 그리고 연합국은 78억 달러 상당의 서비스를 미국에 제공했다. 예를 들어 공군기지 사용 대가 등의 형태를 한 것이다. 결국 미국은 순(net)개념으로 약 420억 달러(경상가격을 말함) 상당의 재화와 서비스를 연합국에 제공했고 그 대부분은 무상이었다는 것이 정확한 실상일 것이다. 기부는 경제성장에 부정적인 영향을 미치는 것이다. 결국 이것은 이후 미국의 재정적자가 되어 미국 국민의 부담이 되었다.

넷째, 전쟁으로 인하여 미국 수출업자의 경쟁자인 유럽 지역 기업가가 죽고 공장이 부서짐으로써 미국 수출업자는 유리한 입장에 설 수 있었다. 이 점은 경제성장에 좋은 영향을 미쳤을 것으로 짐작할 수 있다. 그러나 그런 외국 기업가가 죽고 공장이 부서짐으로써 외국 기업이 생산하는 재화를 수입하지 못하기 때문에 소비자의 후생은 그만큼 후퇴했다고 볼 수 있다. 그러므로 경제 전체적

87 자세한 내용은 "Lend-Lease" at: http://en.wikipedia.org/wiki/Lend-Lease#Repayment 참조.

인 관점에서 이 점은 단정적으로 결론지을 수는 없다. 왜냐하면 미국 기업가 입장에서는 전쟁이 좋은 역할을 한 것이지만 소비자 입장에서는 전쟁이 부정적인 역할을 한 것이기 때문이다. 추가적으로, 민간 부문에서 생산과 소비가 극도로 위축된 상태에서 이 점은 크게 고려할 사항은 아닌 것으로 여겨진다.

다섯째, 루스벨트 대통령은 후버 대통령의 뒤를 따라 강력한 반자본주의적 정책을 펼쳤다.[88] 그 결과 개인과 기업의 재산권은 점점 위협을 받았다. 그러한 경영환경은 기업가로 하여금 투자를 망설이게 만들었다. 특히 그런 상황은 전쟁이 시작되면서 심화되었다. 전쟁이 발발하면 정부는 민간의 많은 자원을 통제하거나 심지어 징발하는 경우를 볼 수 있다. 제2차 세계대전에 참전한 미국도 예외는 아니었다. 전쟁 기간에 기업투자가 저조했던 것은 이러한 상황을 반영한 것이었다. 그러나 1939년 유럽에서 전쟁이 발발하고 미국이 참전하지 않을 수 없게 된 사실을 인식한 루스벨트 대통령은 연방 정부 부서에 군함, 대포 등을 만드는 데 필요한 실용적인 지식을 가진 기업인들을 대거 등용했다. 그는 전쟁을 수행하는 데 있어서 학자, 변호사 등과 같은 사람은 기업인에 비해 능력이 떨어진다고 판단한 것이다. 실제로 "1942년 중반까지 1만 명 이상의 기업체 임원이 전쟁을 관할하는 연방 정부 부서에 직책을 맡았다"(Higgs(2006), p.19). 이것은 연방정부에 그때까지 대거 포진했던 사회주의적 또는 반자본주의적 성향을 가진 사람들이 점차 사라졌다는 것을 의미한다. 그리고 그것은 또한 전시에 기업들이 직면한 환경을 호의적으로 만들고, 전쟁을 비교적 효율적으로 수행할 수 있게 했을 뿐 아니라 그 이후의 미국의 경제 성과에도 영향을 미쳤을 것으로 짐작할 수 있다. 요컨대 전쟁을 전환점으로 미국 연방정부는 점차 투자자에게 훨씬 덜 위협적이 되었다.

88 후버의 정책에 대한 평가로는 Rothbard(1975) 참조. 루즈벨트에 대한 평가로는 Murphy(2009) 참조.

여섯째, 전시에 개발된 기술이나 설치된 시설은 만약 그것을 민간용으로 이용 또는 전용할 수 있다면 '전후' 경제성장에 도움이 되었을 것이다. 그런 것이 얼마나 있었는지 현재로서는 잘 알 수 없지만 말이다. 그러나 그런 것이 전혀 없지만은 않았을 것으로 여겨진다. 그리고 그런 기술이나 시설은 당시 전쟁의 효율적인 수행에도 영향을 미쳤을 것이다. 그러나 그것이 전시의 번영에 긍정적인 영향을 미쳤다고 보기는 어렵다.

끝맺는 말

전시 경제는 모든 경제주체의 모든 활동이 평시와 다르기 때문에 전시와 평시의 공식 통계를 단순 비교하는 일은 오류를 만들어낼 수 있다.[89] 추가적으로, 전시에는 통상 화폐를 발행하여 전비를 마련하기 때문에 경기변동은 불가피하다. 전시와 전후의 공식 기록은 통화량 증가에 의한 '버블' 또는 과오투자와 과소비가 내포된 것이라는 점을 고려할 필요가 있다는 것이다. 전시 경제를 평가하는 이런 모든 어려움에도 불구하고 미국 국민은 전쟁으로 인해 직접적으로 심적, 물적 고통을 겪었고 그것은 결코 작은 것이 아니다. 100만 명 이상의 사상자, 천문학적으로 많은 전쟁 물자의 낭비와 파괴 등이 좋은 증거이다. 게다가 미국 정부는 전시의 경제운용 원리로 시장원리가 아니라 통제원리를 채택하여 미국 국민을 경제적으로 더 어렵게 만들었을 뿐 아니라 전쟁도 비효율적으로 수행했다.[90] 그런 점과 함께, '바스티아-캐러비니의 깨진 유리창 오류'는 앞에서 지적했듯이 진실이고, 그 결과 전쟁, 즉 제2차 세계대전이 미국을 번영으로 이끌

89 미제스는 "전쟁 기간의 번영은 지진이나 전염병이 초래하는 번영과 같다"라고 전쟁의 특수성을 지적하고 있다. Mises(1983) 참조.

90 미제스는 비록 자본주의가 평화로운 국가를 위한 체제이지만 국방 문제를 해결하는 데도 가장 효율적인 제도인 것을 지적하고 있다. 그 점에서 2차 대전 당시 미국 정부는 비효율적인 경제 체제를 운용했던 것이다. Mises(1996), pp.825~828 참조.

었다는 주장은 미신일 뿐이다. 전쟁이 대공황을 종식시켰다는 주장은 전시 경제 현상을 전적으로 잘못 이해했기 때문이다. 이런 결론은 전쟁이 인명을 살상하고 물자를 낭비(포탄을 사용하는 경우 등을 말함)하거나 파괴하는 행위라는 상식과 완전히 일치한다. 이와 함께, 실업, 생산, 소비와 같은 거시지표만을 볼 것이 아니라 그것들의 내용을 자세히 분석할 필요가 있다. 전쟁이 끝나고 경제에 대한 정부의 통제가 사실상 종료되면서 진정한 번영이 찾아오기 시작했다. 마지막으로 저자는 전쟁의 정당성에 대해 의문을 제기하는 것이 아니라 전쟁이 직접적으로 경제적인 혜택을 주었다는 믿음 또는 주장을 반박한 것임을 강조한다.

11. 후버 대통령의 경제정책 재평가[91]

대공황으로부터 교훈을 얻을 수 있다면 지금의 위기를 극복하는 데 작지 않은 보탬이 될 것이다. 그러나 대공황과 관련하여 많은 미신이 있고 그런 미신은 대공황과 관련하여 잘못된 교훈을 만들어낸다. 문제는 전문가마저도 그런 미신을 근거로 잘못된 정책을 제안함으로써 현재의 고통을 심화시킨다는 것이다.

노벨상 경제학자 폴 크루그먼(Paul Robin Krugman, 1953. 2~)의 허버트 후버(Herbert Clark Hoover, 재임기간 1929. 3~1933. 3) 대통령의 재정정책에 대한 평가와 그에 따른 정책 제안이 바로 그런 사례 중의 대표적인 것이다. 그는 뉴욕 타임즈 2008년 12월 29일자 칼럼에 다음과 같이 썼다. "현대의 미국 대통령은 1932년[후버 대통령 재임 시점]의 재정 정책적인 실수를 반복하지 말아야 할 것이다. 그 실수란 심각한 경기 후퇴에 직면하여 연방정부가 균형재정을 유지하고자 노력했다는 것이다. 오바마 행정부는 경제위기와 싸우는 동안에는 [재

91 이 글은 전용덕, "후버 대통령의 경제정책 재평가", 한국경제연구원 홈페이지, Keri 칼럼, 2009. 10. 20을 발췌·수정한 것이다.

정]적자에 대한 염려를 붙잡아 매야 할 것이다. (중략) 경제는 지금 위축되고 있는 것이 진실이다. 그러나 그것은 민간지출이 부진한 결과이다. 공공지출도 줄임으로써 문제를 악화시키는 것은 이치에 맞지 않는다."

후버 대통령은 과연 자유방임정책을 취했던 것인가

크루그먼의 후버 대통령에 대한 평가는 대공황 시에 후버 대통령이 '아무런 조치'(do-nothing)도 취하지 않았다는 미신, 즉 자유방임 정책을 취했다는 미신을 다르게 표현한 것일 뿐이다. 후버 대통령에 대한 미신과 관련하여 두 가지 쟁점이 있다. 첫째, 후버 대통령이 과연 자유방임 정책을 취했는가 하는 것이다. 둘째, 정부의 재정지출 증가, 즉 확대 재정정책이 과연 위기를 해결했는가 하는 것이다. 여기에서는 첫 번째 쟁점을 주로 다루고 두 번째 쟁점은 간략히 언급하고자 한다. 왜냐하면 정부가 일자리를 창출할 수 없다는 경제 원리는 이미 많은 곳에서 설명되고 있기 때문이다.[92]

결론부터 말하면 후버 대통령은 자유방임 자본주의를 믿지 않았고 각종 간섭주의적인 정책이 그것이 없었을 때와 비교하여 당시의 침체를 크게 만들었고, 루즈벨트(Franklin Delano Roosevelt, 재임기간 1933. 3~1945. 4) 대통령이 시행했다고 알려진 많은 '뉴딜' 정책이 이미 후버 시절에 시작되었으며, 그 결과 후버 대통령은 큰 정부를 지향하고 실천했다는 점에서, 크루그먼을 포함한 상당 수 역사학자의 후버에 대한 평가가 미신에 지나지 않는다고 하겠다.[93]

후버 대통령은 대공황을 맞아 많은 정책을 새롭게 시행하거나 바꾸었기 때문에 지면 관계상 여기에서는 '정부의 크기'라는 관점에서 매우 중요한 것만 간

92 케인지언은 정부가 일자리를 창출할 수 없다는 원리를 믿지 않는다. 그러나 그런 믿음은 틀린 것이다. 이 점에 대한 자세한 설명은 Bastiat(1997), 번역본과 Rothbard(1993) 참조.

93 후버 대통령은 그의 공직 기간 동안 '구속받지 않는' 자본주의 또는 자유방임 자본주의에 대해 비판적이었다. 이 점에 대해서는 Murphy(2009), pp.31~32 참조.

❁ 표 18 연도별 연방정부의 재정 (단위: 십억 달러, %)

회계연도	세입	세출	흑자(+) 또는 적자(-)	(흑자 또는 적자/국내총생산)×100
1929.7~1930.6[1930]	4.1	3.3	+0.7	+0.8
1930.7~1931.6[1931]	3.1	3.6	-0.5	-0.6
1931.7~1932.6[1932]	1.9	4.7	-2.7	-4.0
1932.7~1933.6[1933]	2.0	4.6	-2.6	-4.5
1933.7~1934.7[1934]	3.0	6.5	-3.6	-5.9

자료: The American Presidency Project, http://www.presidency.ucsb.edu/data/budget.php
주: 후버는 1929년 3월 4일에 취임했기 때문에 1930 회계연도는 캘빈 쿨리지에 소속되는 것이 타당함.

추려서 언급하고자 한다.[94] 첫째, 크루그먼의 지적과 달리 후버는 균형재정을 유지하기는커녕 큰 폭의 재정적자를 만들었다. 후버 대통령이 쿨리지(John Calvin Coolidge, 재임기간 1923. 8~1929. 3) 대통령으로부터 대통령직을 인계받았을 때 재정은 약 7억 달러의 흑자였다. 이 금액은 당시 연간 세출액이 약 33억 달러였다는 점을 감안하면 결코 작은 금액이 아니었다.

〈표 18〉은 연방정부의 재정적자 추이를 보여준다. 세입이 극적으로 감소하고 있음에도 불구하고 세출을 크게 늘린 결과 1932 회계연도(이하 재정과 관련한 연도 표시는 모두 회계연도를 말함)부터 재정적자는 크게 늘어났음을 알 수 있다.[95] 특히 1930년과 비교하여 1932년에 재정지출은 42%나 증가했다. 하지만 재정지출의 구매력은 그것보다 더 크게 증가했다. 임금을 제외하고 재화들의 가격이 하락하고 있었기 때문이다. 1932년과 비교하여 1933년의 재정은 큰 변화가 없다. 세입을 약간 늘리고 세출을 약간 줄인 결과 재정적자는 전년에 비해

94 후버 대통령의 업적에 대한 자세하고 방대한 평가는 Rothbard(1975) 참조. 매우 축약된 것으로는 Murphy(2009), 제2장 참조.

95 세입이 감소한 것은 불황과 가격하락(디플레이션) 때문이다. 가격하락 효과는 세출에도 비슷하게 영향을 미치기 때문에 이 점을 고려할 필요는 없다.

약간 감소했다. 1934년에는 세입보다 세출이 더 크게 증가하여 재정적자는 다시 큰 폭으로 증가했다. 〈표 18〉은 후버가 한 번도 균형재정을 실현하지 않았다는 사실을 보여준다. 요약하면 후버는 불황으로 총수요가 감소하면 재정지출을 확대하라는 케인지언 처방을 충실히 따랐다고 보는 것이 옳다고 하겠다.

여기에서 세입 측면을 자세히 관찰할 필요가 있다. 국회는 1932년에 세입법(Revenue Act)을 통과시켰다. 그 법은 미국 역사상 가장 크게 세금을 신설하거나 인상한 사례 중의 하나였다. "세금 인상의 범위는 엄청났다. 많은 전시 소비세가 재개되었고, 휘발유·타이어·자동차·전기·엿기름·세면용 화장품·모피·보석·다른 물품 등에 상품세가 부과되었다. 입장세와 증권 양도세가 인상되었다. 은행 수표·채권 양도·전화·전보·라디오 메시지에 신규로 세금이 부과되었다. 개인소득세도 상당 수준 인상되었는데, 최저세율이 1.5~5%에서 4~8%로 인상되었고 개인소득공제가 크게 줄어들었으며, 25%의 소득공제를 삭제했다. 또 고소득자에 대한 소득세부가세가 최고 25%에서 63%로 크게 인상되었다. 더구나 법인세는 12%에서 13.75%로 인상되었고 소기업에 대한 면세가 폐지되었다. 재산세는 두 배가 되었고 면세점[세금을 내지 않는 기준점]이 예전에 비해 절반으로 낮아졌으며 폐지되었던 증여세가 부활되었고 33과 1/3%까지 누진되었다"(Rothbard(1975), pp.253~254).

후버 대통령의 확장적 재정정책

세금을 엄청나게 신설하거나 인상한 것은 불경기로 인하여 세입이 감소하는 것을 막고 조금만 경기가 회복되면 세입을 증가하게 만들었을 것이다. 세금 인상 효과는 1934년 이후부터 본격적으로 나타나기 시작했다. 즉 엄청난 세금 신설 또는 인상이 없었다면 그 이후 재정적자의 규모는 〈표 18〉에 나타난 것보다는 훨씬 컸을 것을 예상할 수 있다. 그 점은 후버 대통령에 대한 크루그먼의 비난이 틀렸다는 점을 한층 강화한다. 요컨대 후버 대통령은 정부 지출을 엄청나게 늘렸고 그 결과로 발생한 큰 재정적자를 줄이기 위하여 전대미문의 세금 신설 또는 인상을 단행했다. 이것이 크루그먼이 말하는 후버 행정부의 재정에 대한 실상이다.

둘째, 후버 대통령은 재정지출의 엄청난 확대를 통해 각종 공공사업을 대대적으로 시행했다.[96] 그리고 그런 규제들은 과잉·과소 생산과 그로 인한 자원 낭비와 부족, 불필요한 대형 토목 공사, 각종 위원회의 부정부패, 무능, 관료주의 등을 초래했다. 먼저 그는 농민의 고통을 염려하여 농산물 가격 지지, 저리 융자 등을 실시했다. 그는 1929년 6월에 연방농가위원회(Federal Farm Board)를 설립하여 약 5억 달러의 예산을 배정했고 1930년 초에 약 1억 달러의 예산을 추가로 확보했다. 가격지지 정책은 해당 농산물의 과잉생산과 다른 부문에서의 과소생산을 초래했다.[97] 그리고 과잉생산이 누적되면 그 관리 비용 때문만이라도 생산을 제한하는 정책을 취하지 않을 수 없다. 예를 들어 목화 생산에서 그런 일이 실제로 크게 일어났다(Rothbard(1975), p.207).

다음으로 후버 대통령은 많은 공공사업을 시작하거나 공공사업비를 추가했다. 1929년에 그는 연방정부 건물 공사비에 약 4억 달러 이상, 해운위원회를 위한 공공사업으로 약 1억 7,500만 달러의 정부지출을 결의했다. 1930년에 국회는 약 9억 1,500만 달러의 공공사업비를 의결했다. 후버는 샌프란시스코의 금문교, 후버(Boulder)댐, 로스앤젤레스 수도교 등과 같은 대형 토목공사를 시작했다. 후버는 주 정부 차원에서 공공 지출을 늘릴 것을 요구했다. 요컨대 후버 재임 4년간의 공공사업을 위한 지출은 후버 이전 30년간의 공공지출보다 많다는 것이다(Rothbard(1975), p.261).

후버 대통령은 또 1932년 초에 부흥금융공사(Reconstruction Finance Corpo-

---

96 공공지출에 대한 아래의 내용은 후버 대통령 시절 공공지출의 일부분일 뿐이다.

97 물론 과소생산은 직접 목격할 수 없다.

ration)를 설립하여 부실금융기관과 철도를 구제하기 위하여 노력했다. 설립 초기에 공사는 약 23억 달러의 신용을 대출했고 약 15억 달러 이상의 현금을 융자했다. 부흥금융공사는 후버 재건계획의 중요한 버팀목이었지만 저리 융자인 만큼 대출 과정에서 많은 부패 스캔들이 발생했다.

셋째, 경제가 침체국면에 진입하자 후버는 기업가들에게 임금과 일자리 등을 유지해 줄 것을 요구했고 기업가들은 대통령의 요구에 동의했을 뿐 아니라 정부와 재계가 특별위원회를 구성하여 협력하도록 했다.[98] 후버 대통령은 노동자이자 소비자의 소비를 유지 또는 증가시킴으로써 노동자의 생활수준을 유지 또는 증가시킬 뿐 아니라 침체로 인한 재화에 대한 수요 감소를 해결할 수 있다고 믿은 것 같다.

여기에서 가장 중요한 것은 임금을 고정하거나 재화의 가격하락보다 임금의 하락을 더 적게 하고자 한 것이다. 어느 경우에나 시장에서 자유롭게 결정되는 임금보다 기업이 실제로 지불하는 임금이 높은 것을 의미한다. 현대 경제학 용어로는 최저임금을 실시하도록 한 것이다. 물론 최저임금을 법 등으로 규정한 것은 아니지만 당시 각 기업, 특히 대기업은 각자의 형편에 맞추어 최저임금을 실시토록 한 것이다. 최저임금은 노동수요의 감소와 노동 공급의 증가를 초래하여 실업을 증가하게 만들 것이라는 점을 예상할 수 있다.[99]

그러면 실제로 임금과 실업은 어떻게 되었는가? Vedder and Gallaway (1997, p.81)에 따르면 임금은 1931년에 3% 이내로 하락했다. 재화의 가격은 같은 해에 8.8% 하락했다. 그 결과 같은 해에 실질임금은 크게 올랐고 1929년 실질임금보다 많았다. 침체가 심화되고 있는 상황에서 실질임금이 상승한 것

98 헨리 포드는 심지어 임금을 인상할 것을 약속했다. Murphy(2009), p.39 참조.

99 참고로 후버 대통령은 실업 문제를 해결한다는 명분으로 국내로 이주하는 이민도 제한했다. 이 점에 대해서는 Murphy(2009), p.44 참조.

은 후버의 최저임금 정책 때문이다. 그리고 실질임금의 상승은 1930년대 전반, 특히 1931년 이후의 실업을 사상최악으로 만들었다. 실제로 실업률은 1931년 15.9%, 1932년 23.6%, 1933년 24.9%, 1934년 21.7%였다. 반면에 대공황 초기의 실업률은 주로 노동자들의 낮은 생산성 때문이다.

만약 최저임금정책을 쓰지 않고 임금도 재화와 같이 자유로운 하락이 허용되었다면 후버 대통령 통치의 후반기에 실업률이 그렇게 높아지지는 않았을 것이다. 이 점은 최저임금정책이 없었던 1920~1921년 침체기에 확인된다. 1921년 실업률은 11.7%였지만 1922년에는 6.7%로 하락했고 1923년에는 2.4%까지 크게 낮아졌다. 1920~1921년 침체기에 비해 대공황 시기에 실업률이 매우 높았던 것은 주로 후버 대통령의 잘못된 임금 정책 때문이다.

넷째, 후버 대통령은 농가소득의 하락이 경제위기를 악화시킨다는 염려를 바탕으로 농가를 보호하기 위하여 1930년에 스무트-홀리관세법(Smoot-Hawley Tariff Act)을 통과시켰다.[100] 이 법으로 미국 소비자들과 기업들은 수많은 수입 재화에 대해 예전보다 높은 가격을 지불해야 했기 때문에 손해를 보았다. 무역장벽에 의한 수입 감소는 수입국의 달러 부족으로 미국 제품의 수출을 어렵게 만들었다. 문제를 더 나쁘게 만든 것은 그 법이 다른 나라의 보복 조치를 불러와 미국 수출품에 대한 수요도 감소하게 만들었다는 점이다. 특히 그런 무역장벽은 다른 생산자들에 비해 후버 대통령이 돕고자 하는 미국 농가에게 더 나쁜 영향을 미쳤다. 왜냐하면 당시 미국은 농산물 수출국이었기 때문이다. 그 결과 미국의 수출 총액은 1929년 약 70억 달러에서 1932년 약 25억 달러로 크게 감소했다(Murphy(2009), p.45에서 재인용). 물론 이런 감소에는 당시 세계적인 불경기와 디플레이션도 영향을 미쳤음을 부인할 수 없다.

100 사실 수많은 경제학자가 후버 대통령에게 스무트-홀리 관세법에 대한 거부권을 행사할 것을 요청했지만 받아들여지지 않았다.

후버 대통령의 경제정책 재평가

대공황 이전까지 미국 정부의 경기 침체에 대응하는 정책은 대략적으로 자유방임 정책이었다(Rothbard(1975), p.167). 그러므로 후버 대통령은 경기침체에 대해 간섭주의적인 정책을 최초로 실시한 대통령이었다. 게다가 평화로운 시기만을 기준으로 할 때 후버 대통령은 정부를 가장 크게 확장했다. 그럼에도 불구하고 앞에서 지적했듯이 1932년부터 1934년까지 실업률이 사상 최고였다. 즉 엄청난 공공지출과 각종 간섭주의적 정책이 경제위기를 구제하기보다는 심화시켰다는 것이다. 진실이 이러함에도 현대의 후버 비판자들과 크루그먼과 같은 케인지언은 후버 대통령을 자유방임주의자로 규정할 뿐 아니라 미국의 많은 역사수업에서 후버 대통령은 교조적인 우파로 규정되어 비판받고 있다.

대통령으로서 후버의 업적을 종합적으로 평가하는 일은 쉬운 일이 아니다. 예를 들어 그가 금태환본위제를 유지하려고 노력했다는 점은 긍정적인 것이다. 여기에서는 세간의 비판과 달리 그의 재정정책이 케인지언이 무색할 정도로 당시로서는 큰 정부를 지향했을 뿐 아니라 그런 정책이 실업을 악화시켰음을 논증한 것이다. 후버 대통령이 역사적 진실과 달리 경제위기를 맞아 아무런 조치를 취하지 않았다는 '잘못된' 평판을 어떻게 얻게 되었는가 하는 까다로운 질문은 다음으로 미룬다.

12. 글로벌 불균형과 경기변동[101]

최근 미국과 중국 간 갈등의 중심에는 글로벌 불균형(global imbalance)이

---

101 이 글은 전용덕, "글로벌 불균형과 경기변동", 자유기업원 홈페이지, CFE Viewpoint, No. 166, 2010. 3. 29를 발췌·수정한 것이다.

이번 경제위기의 원인 중의 하나라는 견해가 자리잡고 있다.[102] 원론적 의미에서 글로벌 불균형은 미국의 경상수지 적자와 미국을 제외한 다수 국가의 경상수지 흑자가 지속되는 현상을 말한다. 중국을 제외하고도 대미 경상수지 흑자가 지속되고 있는 나라는 일본·태국·한국·러시아·베네수엘라 등 상당수 국가가 있다. 그러나 미국 정치권, 일부 경제학자들, 국제통화기금 등에서는 미국의 경상수지 적자와 대미 주요 수출국인 중국의 경상수지 흑자가 해소되지 않고 계속되는 현상을 '문제가 있는' 글로벌 불균형으로 지적하고, 이러한 불균형의 해소야말로 이번 경제위기 해결을 위한 열쇠 중의 하나가 될 것임을 강조하고 있다.[103] 여기에서는 미국과 중국 간의 불균형이 이번 경제위기의 원인이라는 주장을 검토하고자 한다.

경기변동과 재정적자와 인플레이션

먼저 미국발 경기변동의 원인을 간략히 요약해본다. 이번 경제위기는 엄밀히 말해 미국 연방준비이사회(이하 '연준')와 민간은행이 창출한 화폐공급의 증가가 대부시장의 이자율을 인위적으로 인하시킴으로써 초래된 경기변동의 다른 표현이라 할 수 있다. 미국은 달러공급을 증가시킴으로써 1990년대는 닷컴 버블, 2000년대는 부동산 버블로 지칭되는 경기변동을 겪었거나 겪고 있다.[104] 여기에서 한 가지 더 추가해야 할 것은 각국은 화폐 공급량을 증가시켜 이자율

102 Allen and Hong(2010)은 미국 연방준비이사회의 확장적 통화정책과 글로벌 불균형을 이번 경제위기의 주범으로 지목하고 있다. 국제통화기금의 올리버 블랜차드(Olivier Blanchard), 미국의 정치인들, 일부 경제학자 등도 글로벌 불균형을 이번 경제위기의 원인으로 지목하고 있다.

103 이 점에서 글로벌 불균형 이슈는 이미 순수한 경제 문제라기보다는 정치 문제라고 볼 수 있다. 미국이 다른 나라의 경상수지 흑자를 거의 문제 삼지 않고 있는 것이 그 점을 암묵적으로 보여준다.

104 1990년대 닷컴 버블을 실증 분석한 문헌으로는 Callahan and Garrison(2003)이 있고, 2000년대 부동산 버블에 대한 이론과 실증을 분석한 문헌으로는 전용덕·김학수(2009) 등이 있다.

을 통제함으로써 각국 자체가 만들어낸 경기변동도 중첩되어 있다. 나라마다 경기변동의 정도는 모두 다르지만 말이다.

미국의 연준과 민간은행만이 화폐 공급을 증가시키는 것은 아니다. 미국 정부의 재정적자는 달러공급을 늘리는 데 기여한다. 미국 정부는 재정적자를 충당하기 위해 국채를 발행하고 연준이 국채를 담보로 달러를 발행하여 미국 정부에게 제공한다. 미국의 재정적자가 매년 대규모이고 오랫동안 지속되어 왔다는 점에서 미국의 달러 공급 확대에 미친 영향은 결코 작지 않을 것이다. 그리고 중국도 보유한 달러를 이용하여 미국 국채를 구입함으로써 미국은 상대적으로(중국이 국채를 매입하지 않는 경우와 비교하여) 낮은 이자를 주고 중국으로부터 자본, 즉 돈을 빌릴 수 있게 된 것이다. 그리고 미국 정부는 재정적자를 미국인 투자자의 자금으로 충당하는 것보다 중국 정부의 달러 자금으로 충당하는 것이 재정적자를 위한 국채 발행에 따른 저항을 덜 받게 하는 이점도 있을 것으로 보인다. 한마디로 미국 정부와 중국 정부의 이해가 맞아 떨어진 것이다. 그러나 미국과 중국이 환율을 놓고 갈등하는 현재 상황에서 중국 정부가 소유한 엄청난 미국 국채는 미국에게 큰 부담으로 작용하는 것처럼 보인다.

화폐공급의 증가는 경기변동과 함께 인플레이션도 가져온다. 인플레이션은 자국 수출재화의 가격을 비싸게 만들기 때문에 외국으로의 수출을 어렵게 만든다. 또 인플레이션은 자국 내 재화가격 상승으로 외국으로부터의 수입이 상대적으로 쉬워진다. 다시 말해 어떤 나라의 화폐공급이 증가하여 인플레이션이 발생하면 그 나라의 수출은 어려워지고 수입은 쉬워진다. 그 결과 그 나라의 수출은 감소되고 외국으로부터의 수입은 증가한다. 결국 화폐공급의 증가에 의한 인플레이션은 대외관계에 있어서 국제수지 또는 경상수지의 적자를 초래한다.[105] 미국이 1990년대와 2000년대에 대외 관계에 있어서 경상수지의 적자가

105 반대의 경우를 생각해 볼 수 있다. 만약 미국이 달러공급을 크게 늘리지 않아 인플레이션을 유

지속적으로 발생했던 것은 정부가 화폐공급을 크게 늘리면서 미국 재화들의 가격이 상승했기 때문이다. 이것이 미국의 경상수지 적자가 그렇게 오랜 기간 동안 지속된 여러 원인 중 미국 국내 요인의 하나이다. 그리고 그것은 미국 국내 요인 중에서는 가장 중요한 것이다.

경상수지 흑자와 환율제도

중국의 경상수지 흑자가 1980년대 말부터 최근까지 증가 일로에 있는 현상을 어떻게 설명할 것인가? 실제로 중국의 대미 경상수지 흑자가 본격적으로 증대하기 시작한 결정적인 시기는 1994년부터이다. 그 이전에도 경상수지 흑자가 없었던 것은 아니지만 1994년에 큰 폭의 평가절하를 한 것이 그 이후의 경상수지 흑자의 누적에 결정적이었다고 할 수 있다. 중국 정부가 시장에서의 평가절상 압력을 무시하고 오히려 과감한 평가절하를 단행했기 때문이다. 그리고 중국은 큰 폭으로 평가절하한 '위안/달러' 환율을 지속적으로 유지했다. 중국이 위안화를 인위적으로 평가절하한 것은 수출을 통해 국내 노동자에게 일자리를 만들어 주는 데 목적이 있다는 것이 중국 정부의 일관된 입장이다.[106] [107] 그리고 경상수지 흑자를 지속해서 달러를 축적함으로써 예상되는 핫머니의 공격을

발하지 않았다면 수출은 쉬워졌고 수입이 어려워졌을 것이기 때문에 대외적으로 미국은 경상수지 흑자가 발생했을 것이다. 그러나 미국은 화폐발행에 따르는 시뇨리지를 획득하기 위하여 국제 교환수단인 달러를 언제나 과다 발행할 유인이 있고 1971년 이후에는 거의 언제나 그렇게 한 결과 경상수지 적자가 지속적으로 발생하고 있다. 일정한 기간을 제외하고는 말이다.

106 위안화의 인위적인 평가절하는 중상주의 정책의 가장 중요한 것 중의 하나이다. 중상주의는 일차적으로는 국내외 경제주체 간에 소득을 재분배하게 만든다. 궁극적으로 중상주의는 중국과 미국을 포함한 모든 나라를 가난하게 만든다. 여기에서 가난하게 만든다는 것은 중상주의를 채택하지 않았을 때와 비교하여 그렇다는 것이다. 중국의 중상주의가 가져올 폐해와 해결책에 대해서는 이 책의 '2부 2. 미국과 중국의 환율논쟁'을 참조.

107 중국 위안화의 인위적인 평가절하는 대미 수출 재화의 가격을 저렴하게 만든다. 미국 시장에서 중국과 경쟁하는 재화도 상당한 영향을 받는다. 두 가지 요인이 미국 소비자물가 상승을 억제하는 역할을 했을 것으로 보인다.

어느 정도 차단할 수도 있었을 것이다. 즉 중국 정부는 국제 교환수단인 달러를 적당히 쌓아둘 필요가 있었을 것이라는 점이다.[108] 이 점은 1990년대 아시아 국가들, 러시아 등이 위기에 빠지면서 무역 비중이 큰 국가들이 국제 교환수단으로서의 달러의 중요성을 인식해서 달러를 축적하고 있는 현실로도 알 수 있다.

그러나 '위안/달러' 환율을 1994년부터 2005년까지 약 8.6위안에서 8.2위안 수준으로 고정했음에도 불구하고 경상수지 흑자는 매년 큰 폭으로 증가했다. 만약 다른 조건이 일정하다면 경상수지 흑자는 일정 수준에 도달하고 난 이후에는 지속적으로 증가하지는 않을 것이다. 다른 말로 하면, 중국의 경상수지 흑자를 증대시킨 다른 요인이 있을 것으로 여겨진다는 것이다. 아마도 중국 재화의 인플레이션과 앞에서 지적한 미국 재화의 인플레이션을 비교할 필요가 있을 것이다. 직관적으로 볼 때 미국의 인플레이션이 중국의 인플레이션보다 클 것으로 생각된다. 미국의 통화 팽창이 중국의 통화 팽창보다 클 것으로 여겨지기 때문이다. 미국의 통화팽창에는 무엇보다도 미국 정부의 재정적자가 큰 역할을 했다. 이제 우리는 미국의 쌍둥이 적자, 즉 경상수지 적자와 재정적자가 어떻게 연결되어 있는가를 알게 되었다. 양국의 인플레이션 차이가 환율을 고정했음에도 불구하고 중국의 대미 수출을 쉽게 만들고 중국의 대미 수입을 어렵게 만들었을 것이다. 즉 그 점이 경상수지 흑자의 지속적인 증가를 초래하는데 일정 부분 기여했다는 것이다. 앞에서 지적했듯이 미국 재화의 수출이 어려워지고 다른 나라 재화의 미국으로의 수입이 쉬워진다는 점과 논리적으로 일치한다. 다만 환율제도와 두 나라 간의 인플레이션 차이, 두 가지가 중국의 경상수지 흑자에 얼마나 영향을 미치고 있는가는 실증적인 분석이 필요하다.

108 일본의 '엔'과 유럽의 '유로'도 국제 교환수단이다. 미국의 달러만큼 광범위한 지역까지 영향을 미치지는 않지만 말이다. 그 점에서 엔과 유로의 팽창도 자국뿐 아니라 외국에 달러와 같은 영향을 미친다.

미국 경상수지의 적자와 중국 경상수지의 흑자가 지속된 이유를 사건의 순서대로—물론 동시에 진행된 것도 있지만—요약해 본다. 미국 연방준비위원회와 민간은행이 화폐공급을 늘림으로써 대부시장의 이자율이 낮아진다. 화폐공급의 증가는 인플레이션을 초래한다. 그리고 미국 정부의 재정적자도 화폐공급 증가에 큰 몫을 차지한다. 미국 재화의 가격상승은 수출을 어렵게 하고 수입을 쉽게 만든다. 여기에 중국은 인위적으로 평가절하한 고정환율을 유지함으로써 미국의 경상수지 적자로부터 유출되는 달러를 자국 내에 누적할 수 있다. 미국의 대규모 재정적자는 달러공급 증가의 한 통로이고 중국이 미국의 국채를 상대적으로 저렴한 이자율로 구입함으로써 미국 정부의 확장 욕구와 중국정부의 이해가 맞아 떨어졌다. 그리고 중국 경상수지 흑자의 일정 부분은 중국과 미국의 인플레이션 차이에 의해 중국 화폐에 비해 미국 달러의 구매력이 하락함으로써 발생해왔다.

한국과 같은 변동환율제 국가에서는 어떤 일이 일어나고 있는가. 한국은 1997년 이후에 '원/달러' 환율이 급격히 상승했고 경상수지 흑자가 크게 증가했다. 경제이론에 의하면 경상수지 흑자의 지속은 그만큼 원/달러 환율을 하락하게, 즉 원화의 가치를 상승하게 만들기 때문에 어느 정도 시간이 지나고 나면 경상수지 흑자는 사라지고 거의 균형수준에 도달할 것이라는 것이다. 그러나 지난 10년 이상 경상수지 흑자는 사라지지 않았다. 그 말은 경상수지 흑자가 없어져서 균형이 되는 수준까지 원/달러 환율이 하락하지 않았다는 것을 의미한다. 다른 한편, 1997년 한국의 경제위기로 원화에 대한 수요가 증가하고 공급이 감소하여 미국 재화와 비교하여 한국 재화가 저렴해진 결과 미국으로의 수출은 쉬워졌고 미국으로부터의 수입은 어려워졌다.

요컨대 한국산 제품이 저렴해진 것과 원/달러 환율의 하락을 정부가 어느 정도 억제한 요인이 동시에 작용하여 지난 10년 이상 경상수지 흑자가 지속될 수 있었던 것 같다. 한국 정부가 원/달러 환율의 하락을 억제한 것은 한국 수출업자의 가격 경쟁력을 확보해주고 그와 함께 1997년 경제위기 이후에 완충장치로서 적정 규모의 달러를 보관할 필요성을 충족하기 위해서 일 것으로 보인다. 그리고 누적된 달러는 상당부분 미국 국채에 투자된다는 점에서 중국의 경우와 매우 유사하다. 누적된 달러로 인하여 미국에게 시뇨리지를 징수당하는 것도 중국과 차이가 없다. 다른 한편 한국 국민이 스스로 달러 보유를 많이 함으로써 경상수지가 균형을 이루는 시장균형환율보다 실제의 환율이 더 높게 되고 있는 점도 한국의 경상수지가 누적되는 데 기여한다.

글로벌 불균형은 미국 통화공급의 결과일 뿐

이번 경기변동은 미국이 달러공급을 늘려 시장이자율을 인위적으로 인하했기 때문에 발생했음을 앞에서 지적했다.[109] 미국에서 증가된 달러공급은 환율이라는 연결고리를 통해 다른 나라로 전파된다. 달러는 다른 화폐와 달리 국제교환수단, 그중에서도 가장 중요한 교환수단이기 때문에 각국은 달러를 사용하여 국제거래를 할 뿐 아니라 필요에 따라 자국 내에 달러를 보유하기도 한다. 이러한 방법으로 미국 연방준비은행과 민간은행과 미국 정부의 재정적자에 의해 팽창된 달러의 일부는 다른 나라로 이전된다. 그런데 중국을 포함한 상당수 나라가 엄청난 액수의 달러를 보유하고 있는 것이 현실이다.

그러므로 글로벌 불균형이란 미국에서 증가된 달러의 일부를 중국을 포함한 다른 나라가 보유하고 있는 것이고 바로 그 이유로 미국에서 증가된 화폐공급의 일부는 미국 내에서 경기변동을 일으키지 않고 다른 나라에 이전되

109 각국은 스스로 화폐공급을 증대시켜 경기변동을 겪기도 한다. 우리나라도 미국과 거의 비슷한 시기에 화폐공급을 증가시켜 경기변동을 초래했다. 이 점에 대해서는 이 책의 '9. 이중고를 겪고 있는 한국경제'를 참조.

어 그 나라에서 경기변동을 일으키는 요인이 되었다. 미국 정부의 재정적자도 이러한 불균형에 한몫을 해왔다. 물론 각국의 중앙은행은 통화정책을 시행하여 어느 정도 그 효과를 제거할 수 있으나 정책의 시차, 발행한 채권의 이자 등으로 인하여 시간이 지남에 따라 화폐공급은 증가하지 않을 수 없다. 경기변동에서 가장 중요한 것은 사람들의 시간선호에 의해 결정되는 자연이자율과 중앙은행에 의해 인위적으로 낮아진 대부시장 이자율 간의 격차이다. 그 격차가 커질수록 화폐공급은 증가하고 증가된 통화량에 비례하여 경기변동의 규모와 지속 여부가 결정된다. 달리 표현하면 화폐수요가 변하지 않는다고 가정할 때 화폐의 총재고(total stock)가 화폐의 구매력을 결정하는 데 있어서 무엇보다 중요하고 경기변동에 결정적이다.

글로벌 불균형은 달러의 총재고의 크기를 변하게 만드는 것은 아니다. 글로벌 불균형은 달러의 총재고가 지역적으로 분산되어 있음을 보여주는 것일 뿐이다. 사실 글로벌 불균형으로 인하여 국제지폐 발행 국가인 미국은 그만큼 경기변동을 적게 겪고 있고 그만큼 외국인으로부터 시뇨리지를 마치 조세처럼, 그러나 눈치를 채지 못하게 하는 방법으로 징수해왔다. 미국을 제외한 다른 나라들, 즉 국제지폐 '피발행국'은 글로벌 불균형만큼 경기변동을 떠안게 되었고 시뇨리지를 징수당한 것이다. 만약 달러의 총재고가 변하지 않은 상태에서 글로벌 불균형이 발생하지 않았다면 미국은 지금보다 더 규모가 크고 영향이 오래가는 경기변동을 겪을 것이다.[110] [111]

110 이렇게 실제로 일어난 일과 현실적으로 채택하지 않았지만 일어날 수 있었던 일을 비교하는 것을 사고실험(thought experiment)이라고 한다. 그리고 사고실험이야말로 경제학과 같은 사회과학에서 매우 유용한 방법론이다.

111 아마도 이것이 1920년대 대공황보다 이번 경제위기가 상대적으로 영향이 적을 것으로 짐작되는 한 가지 이유이다. 1920년대와 비교하여 지금 달러를 쓰는 인구가 거의 무한대로 증가했다고 해도 과언이 아니다. 그만큼 달러의 공급 증가가 미국 국내에 미칠 영향은 작아지고 그 반대로 미국을 제외한 외국에 미칠 영향은 크고 외국인이 지불해야 하는 시뇨리지는 적지 않다. 글

요컨대 글로벌 불균형은 미국이 증대시킨 화폐공급의 결과일 뿐 아니라 미국이 달러를 보유한 국가에서 시뇨리지를 징수해 왔음을 보여주는 증거이다. 그리고 미국의 재정적자 누적이 글로벌 불균형에 큰 역할을 하고 있다. 그러므로 글로벌 불균형이 이번 금융위기의 원인이라는 주장이나 견해는 틀린 것이기 때문에 불균형의 해소가 경제위기를 해결해 줄 수는 없다. 그리고 비록 부분적일지 모르지만 미국은 이를 통하여 자신의 잘못을 다른 나라의 탓으로 돌리고 있다.

13. 정의로운 사회와 화폐 · 금융제도의 개혁[112]

빌 게이츠와 워런 버핏은 전 세계에서 부자 순위 1위와 2위를 다투는 미국인이다. 그들은 자신들의 거의 전 재산을 공익 재단에 기부함으로써 기부에 있어서도 전 세계에서 1 · 2위에 손꼽힌다. 두 사람은 부를 창출하는 면과 부를 쓰는 면, 모두에서 세계 최고인 것이다. 사실 부를 창출하는 것과 부를 쓰는 것, 어느 하나만이라도 잘 하기가 쉽지 않다는 점을 감안하면 그들은 미국(또는 전 세계) 역사에서 한 페이지를 장식할 인물임이 분명한 것처럼 보인다. 그럼에도 불구하고 그들이 부를 창출한 과정은 정밀한 분석과 비교가 필요하다. 왜냐하면 두 사람이 부를 창출한 과정은 상당히 다르고 그 결과로 시사점도 다르기 때문이다.

빌 게이츠는 개인용 컴퓨터(PC) 운영체제를 개발하여 전 세계 모든 사람이 개인용 컴퓨터를 쉽게 사용할 수 있게 만들었다. 그의 위대함은 개인용 컴퓨터가 아직도 세상에 널리 알려지기 전에 PC 운영체제를 개발하여 보급함으로

로벌 불균형은 그 점을 보여주는 가장 대표적인 지표이다.

112 이 글은 전용덕, "정의로운 사회와 화폐 · 금융제도의 개혁", 자유경제스쿨 홈페이지, 2009. 12를 발췌 · 수정한 것이다.

써 정보기술의 선구자가 되었다는 점이다. 비록 그가 PC 운영체제를 최초로 개발한 사람은 아니지만 그것을 대중화하는 데 큰 공헌을 했다는 것이다. 불과 몇십 년 만에 전 세계에서 수십억 대의 PC와 통신기기가 사용되고 있고 그런 PC와 통신기기에는 모두 운영체제가 탑재된다는 점을 생각하면 빌 게이츠의 공헌과 위대함을 짐작할 수 있다. 그는 정보기술을 선도함으로써 상상할 수 없는 큰 부를 창출한 것이다. 다시 말하면, 게이츠는 전 세계 다수의 사람에게 정보기술과 관련한 가치 있는 서비스를 제공하고 그 대가로 상상할 수 없는 큰 부를 이룩한 것이다.

그러나 부를 창출한 과정이란 관점에서 워런 버핏은 빌 게이츠와 다르다. 그가 어떻게 그렇게 큰 부를 만들 수 있었는가를 모두 분석하는 것은 쉬운 일이 아니다. 세간에 잘 알려진 그의 투자 사례 몇 가지를 분석하고자 한다. 버핏은 2003~2004년 포스코 주식이 크게 오르기 전에 몇 백만 주를 샀다. 버핏은 또한 비슷한 시기에 대한제분 등과 같은 몇몇 한국 기업들의 주식을 대량으로 매입했다. 그리고 그 주식들이 불과 몇 년 만에 거의 꼭지점에 이르자 대부분의 주식을 처분하여 몇 배의 차익을 챙겼다. 최근에는 미국의 골드만 삭스 주식을 매우 싼 값에 사서 3년간 연10%의 배당을 약속받았을 뿐만 아니라 주식 가격이 크게 올라 큰 자본이득(capital gain)을 남겼다.

버핏이 한국과 미국에서 거둔 큰 수익은 경기변동과 관련이 있다. 버핏이 포스코 주식을 매입한 시섬은 한국이 경기변동에서 붐의 초기 단계에 있었고 주식을 매도한 시점은 붐이 거의 끝나가는 시점이거나 침체 국면으로 들어가기 직전이었다. 골드만 삭스 주식을 매입한 시점은 미국이 위기 국면으로 들어가 주식, 부동산 등과 같은 자산시장이 크게 폭락했고 신용경색이 해결되면 자산시장은 조만간 상당한 회복을 예견할 수 있던 때였다.

정부가 화폐공급을 증가시켜 이자율을 인위적으로 하락하게 만들면 경기변동이 발생하게 되는데 두 사례는 그 과정에서 큰 수익을 낸 경우이다. 경기변동은 붐과 버스트(위기와 침체 국면을 모두 지칭)로 이루어지고 이때 주식, 부동산 등과 같은 자산시장도 크게 상승했다가 폭락한다. 그리고 붐 시기에는 인플레이션, 버스트 시기에는 디플레이션이 발생한다. 인플레이션과 디플레이션의 공통적 특징들 중의 하나는 소득재분배가 발생한다는 것이다. 이 때의 소득재분배라는 것은 그 결과가 제로섬으로서 승자의 이득이 패자의 손실과 같은 것이다. 인플레이션의 경우에 정부에 의해 창출된 새로운 화폐를 비교적 일찍 받는 경제주체가 소득재분배의 이득을 보게 된다. 새로운 화폐를 비교적 늦게 받거나 연금소득자와 같이 소득이 고정된 사람 등은 손실을 본다. 디플레이션의 경우에는 정부의 구제 금융을 받는 경제주체 또는 구조조정 시기에 매우 싼 가격에 매물을 사는 경제주체가 소득재분배의 이득을 보게 된다. 구제 금융을 받지 못하거나 저렴한 가격에 자산을 매도할 수밖에 없는 경제주체와 구조조정으로 인한 해고자는 손실을 보게 된다. 소득재분배의 크기는 인플레이션과 디플레이션의 정도와 지속 기간, 새롭게 발행된 화폐의 양, 구제금융의 크기, 임금이 고정된 정도 등에 달려 있다. 인플레이션과 디플레이션에 의한 소득재분배를 통합하고 일반화하면, 중앙은행, 정부, 정부와 가까운 협력자들(대부분 대기업), 초일류 부자들, 금융부문, 새로운 화폐를 비교적 일찍 받는 사람들 등이 승자이고 그들을 제외한 일반국민 대부분은 패자가 된다.[113]

포스코의 경우에 토목과 건축이 정부의 지원에 의해 크게 진작되어 철강에 대한 수요가 증가되었기 때문에 새로운 화폐를 비교적 일찍 받게 되었다고 보아야 한다. 골드만 삭스는 위기에 빠지자 미국 정부로부터 거금의 지원금을 직접 받았는데 그 지원금이 정부로부터 받는 새로운 화폐인 것이다. 골드만 삭스

113 이 점이 작금의 심각한 소득불균형의 가장 중요한 요인이라고 여겨진다. 이 점에 대한 추가적인 분석이 필요하다.

와 달리 포스코 경우에는 환율 변동에 따른 이익을 챙겼을 수도 있다. 지폐제도 하에서는 환율 변동도 단순히 제로섬일 뿐이다. 그러므로 두 경우에 있어서 버핏의 투자 수익은 상당 부분 소득재분배에 의한 것임을 알 수 있다.

대안적 화폐제도와 금융제도를 가정하면 버핏이 행한 투자의 진정한 의미를 이해하기 쉽다. 현재의 화폐 발행과 유통 시장은 정부가 지폐의 발행을 독점하고 있을 뿐 아니라 부분지급준비를 법적으로 허용함으로써 정부의 '통제를 받는 시장(hampered market)'이 되어 있다. 그러나 만약 화폐의 발행과 유통 시장을 자유시장으로 만들고 그 결과 상품화폐가 사용되고 100% 지급준비가 의무화된다고 가정하자.

만약 화폐의 발행과 유통이 자유시장이 되면 언제나 약간의 경기변화는 발생하겠지만 현재 우리가 경험하는 것과 같은 대규모의 경기변동은 발생하지 않을 것이다.[114] 여기에서 경기변화란 소비자의 기호 변화 등과 같은 경제 내의 내생적 변화에 의해 경기가 부분적이고 일시적으로 상승하거나 하락하는 것을 말한다. 경기변동과 달리 경기변화의 충격은 크지 않을 것이다. 경기변동이 발생하지 않을 것이라는 사실은 버핏의 투자 사례에서 경기변동으로 인한 소득재분배는 대부분 없어진다는 것을 의미한다(상품화폐와 100% 지급준비제도하에서 경기변동 발생 여부에 대한 경제이론은 아직 불분명하지만 경기변동이 발생하더라도 그 규모는 아주 작을 것으로 여겨지기 때문에 경기변동으로 인한 소득재분배는 거의 없다고 해도 과언이 아니다). 그리고 경기변화에서는 지산 가격의 약간의 상승과 하락은 발생할 것이지만 경기변동에서처럼 큰 폭의 상승과 폭락은 없을 것이다. 그렇게 되는 경우에 포스코와 골드만 삭스 투자에서와 같은 엄청나게 높은 수익률을 거둘 수는 없을 것이다. 두 투자 사례에서 버핏의 높은 투자 수익률은 화폐의 발행과 유통 시장이 통제된 시장이기 때문에 가능했다는 것이다.

114 이 점에 대한 자세한 설명은 이 책의 '1부'를 참조.

버핏의 투자는 모두 자발적이기 때문에 그의 투자 행위를 비난할 수도 없고 비난해서도 안 된다. 투자자로서 버핏은 높은 수익을 내기 위하여 남들보다 더 많은 노력을 하면 했지 적은 노력을 하지는 않을 것이다. 물론 버핏의 높은 투자 수익이 모두 통제된 시장이기 때문에 발생하는 것도 아니다. 장래성이 있는 기업에 장기 투자하는 경우는 앞에서 예로 든 투자 사례와 전적으로 다른 경우이다(물론 이 경우에도 기업의 투자 가치가 경기변동의 영향을 강하게 받는다는 점에서 통제된 시장과 전적으로 무관하지는 않지만 게이츠의 경우에도 동일한 영향을 받기 때문에 고려하지 않기로 한다).

버핏이 거둔 투자의 총수익에서 소득재분배된 이득이 차지하는 비중이 얼마인가를 알 수는 없다. 그러나 분명한 것은 버핏의 부와 게이츠의 부가 부의 형성 과정이란 관점에서 다르다는 점이다. 버핏이 획득한 수익, 특히 소득재분배로 인한 이득은 그 크기를 짐작할 수 없지만 지구촌의 누군가가 지불한 대가이다. 만약 소득재분배가 없었다면 워런 버핏은 어느 정도의 부자가 되었겠지만 그렇게 큰 부자가 될 수 없었을 가능성이 높다.

지폐의 발행을 국가가 독점하고 금융제도를 통제함으로써 지속적으로 통화가 팽창하고 그에 따라 인플레이션이 만성화되고 크고 작은 경기변동이 반복되고 있다. 정도의 차이가 있지만 국가가 지폐제도와 금융제도를 통제하는 모든 나라에서 유사한 결과가 나타나고 있다. 그런 환경에서는 모든 경제활동이 정도의 차이가 있지만 직·간접적으로 '머니게임'이 된다. 그리고 버핏뿐 아니라 모든 경제주체가 머니게임에 참가하게 된다(빌 게이츠도 부를 공익재단에 기부한 뒤에는 상당 부분의 투자 수익이 소득재분배로부터 온 것일 것으로 짐작되지만 이 점은 논의에서 제외한다). 다만 자신이 머니게임에 참가한다는 사실을 아는 주체도 있을 것이고 그런 점을 모르는 주체도 있을 것이다.[115] 일부 경제주체는 머니게임

115 화폐의 공급의 증가로 인하여 주식, 부동산 등의 가격이 급격히 오를 때 사람들이 머니게임에

에 능동적으로 참여하고 일부 주체는 수동적이다. 물론 머니게임에 능동적으로 참가한다고 모두 높은 수익률을 낼 수 있는 것도 아니다.

본질에 있어서, 머니게임에 의한 소득재분배는 재산을 침해하는 것과 별반 차이가 없다. 그런 소득재분배가 통상의 재산 침해와 다른 것은 자산 소유자가 자신의 재산에 가해지는 침해를 쉽게 눈치 채지 못한다는 점이다. 이러한 환경에서는 열심히 일한 사람이 잘 사는 사회, 즉 '정의로운 사회'는 먼 이상일 뿐이다. 정의로운 사회를 위해서는 무엇보다도 화폐제도와 금융제도를 개혁해야 한다. 이 때 개혁이란 화폐제도와 금융제도를 자유시장에 맞게 고치는 것을 말한다. 정부가 화폐제도와 금융제도를 통제하는 교환경제(exchange economy)에서 정의로운 사회를 구현하는 일을 법의 제정과 집행에만 국한하는 것은 정의로운 사회의 범위를 매우 좁게 잡은 것이다. 화폐를 사용하여 교환하는 경제에서 화폐제도와 금융제도는 일상의 모든 경제행위에 영향을 미치기 때문이다.

14. 민생과 화폐가치의 안정[116]

2013년 초의 한국 경제는 과연 어떤 모습인가? '백수'가 4백만 명에 이른다는 비공식 통계가 있다. 한 신문보도에 의하면 일자리가 없어서 휴학하고 있는 대학생이 1백만 명이 넘는다. 전체 임금 근로자 중에서 비정규직의 비율은 2012년 8월 현재 약 33퍼센트이다.[117] 이 세 자료만 보아도 기계에 비유한 한국 경제는 고장이 작지 않은 상태의 기계이다. 기계가 잘 작동하지 않은 원인을 모두 분석하는 일은 지면의 제약으로 가능하지 않다. 여기에서는 가장 중요한 원

참가하고 있는 대표적인 경우이다.

116 이 글은 전용덕, "민생과 화폐가치의 안정", 자유경제스쿨 홈페이지, 2013. 1을 발췌·수정한 것이다.

117 자발적으로 백수, 휴학생, 비정규직 노동자가 된 경우는 있겠지만 많지 않을 것으로 여겨진다.

인 한 가지만 지적하고자 한다.

1960년부터 2005년까지 45년 만에 소비자 물가는 무려 약 58배 상승했다. 상상할 수 없는 수치다.[118] 그만큼 화폐가치가 하락했다는 것을 의미한다. 같은 기간에 이루어진 인구의 증가, 재화와 서비스의 폭발적인 생산 증가 등은 화폐 수요의 증가를 초래하고, 그런 화폐 수요의 증가는 화폐의 가치를 상승하게 만든다. 소비자 물가의 폭발적인 상승은 화폐가치의 상승보다 화폐가치의 하락이 훨씬 더 컸음을 의미한다. 화폐가치의 하락을 초래하는 가장 중요한 요인은 화폐 공급의 증가이다. 같은 기간에 실제로 화폐 발행액은 약 2,004배 증가했다. 살인적인 물가상승과 엄청난 화폐가치의 하락은 통화량의 증가가 근본적인 원인이다.

소비자 물가상승 배수는 평균치를 보여준다. 각 개별 재화의 가격 상승은 평균치보다 큰 경우도 있고 작은 경우도 있다. 그리고 소비자 물가 측정에는 부정확한 부분도 있다. 예를 들어, 토지를 포함한 부동산 가격은 소비자 물가 측정에 포함되어 있지 않다. 그 점은 소비자 물가상승 배수가 실제보다 매우 낮게 측정되었음을 의미한다. 소비자 물가와 관련해서는 공식 통계를 해석할 때 언제나 주의를 요하는 부분이다.

만약 시장이 자유롭고 통화 가치의 변동이 없다면 어떤 재화의 가격 상승은 공급의 증가를 유발하기 때문에 얼마 지나지 않아 그 재화의 가격 상승은 억제될 것이다. 재화들의 평균적인 가격 상승과 그에 상응하는 화폐가치의 하락은 통화량 증가가 근본적인 원인이다. 더 나아가서 통화량 증가는 1997년의 위기를 포함한 크고 작은 경제위기와 부동산 투기의 궁극적 원인이다.

물론 물가상승에는 달러, 엔, 유로 등과 같은 국제유동성의 증가도 크게

118 이 시기에 비교적 물가가 안정되었던 제5공화국이 포함되어 있다.

기여했다. 2008년 세계적인 경제위기 이후에 경기를 부양한다는 명목으로 국제유동성은 폭발적으로 증가하고 있다. 그 이전에도 국제유동성은 언제나 과다하게 발행되어 한국을 포함한 전 세계 국가를 위기로 몰아넣어 왔다. 그러나 이 부분은 우리가 통제할 수 있는 것이 아니다. 물론 대처 방안이 없는 것은 아니지만 말이다.

인체에 비유하면, 화폐는 '피'와 같다고 한다. 그만큼 중요할 뿐 아니라 없어서도 안 되는 것이라는 의미다. 간접교환 경제에서 화폐가 필수이기 때문이다. 그리고 오늘날의 거래나 교환은 대부분 간접교환으로 이루어진다. 직접교환은 없는 것은 아니지만 그 비중은 극히 미미하다. 간접교환 경제에서 화폐가치의 안정은 그 어떤 요인보다 중요하다. 그럼에도 불구하고 한국 경제에서 화폐가치의 하락, 즉 물가의 상승은 앞에서 보았듯이 가히 살인적이라고 할 수 있다.

통화량 증가는 붐, 위기, 불황으로 이어지는 경기변동을 초래할 뿐 아니라 물가상승으로 인한 소득재분배를 초래함으로써 소득의 불평등을 악화시킨다. 한국이 자살률 상위 국가에 속하는 것도 통화량 증가로 인한 경기변동, 물가상승, 소득불평등 등과 밀접한 관계가 있음을 부인할 수 없다.[119] 각종 범죄도 같은 말을 할 수 있다.

새 정부는 민생을 챙기는 정부가 되겠다는 약속을 했다. 정말로 그렇게 할 의지가 있다면 화폐가치를 안정시키는 것이 다른 무엇보다도 중요하다고 여겨진다. 화폐가치의 안정, 즉 물가의 안정을 이루어낼 수 있다면 정부가 일자리를 창출하려고 노력하지 않아도 저절로 많은 일자리가 만들어질 것이다.

119 자살이 우울증과 같은 정신병리 현상과 밀접한 관계가 있지만 그 우울증이 경제적인 실패로 인한 실업 등에서 오는 경우에는 경제적인 현상과 관련이 있다는 것이다. 그리고 작금의 우리 사회에서 자살의 상당 부분이 경제적인 실패로 인한 것임을 부인할 수 없다.

15. 민간은행의 만기 불일치 문제와 대책[120]

지폐제도하에서 금융위기를 내포하는 경기변동은 빈발하고 있다.[121] 1980년대 미국의 저축대부조합의 위기로 인한 경제위기, 1990년대 아시아를 포함한 러시아 등의 경제위기와 미국의 닷컴 버블, 2000년대 미국의 부동산 버블 등이 전형적인 예이다.[122] 금융위기는 경기변동의 일부분이기 때문에 금융위기에만 초점을 맞추어서는 위기의 재발을 막기는 어려울 것이다. 그러나 금융제도 자체에 초점을 맞추는 것도 금융제도의 모순점이 경기변동을 악화시키는 여러 가지 요인 중의 하나이거나 경기변동의 구조적인 원인들 중의 하나라는 점에서 의의가 클 것으로 여겨진다. 특히 이 글에서는 민간 은행의 만기 불일치(mismatch) 문제를 분석하고자 한다.

만기 불일치 문제가 일어나는 이유

모든 민간은행은 자금을 '단기'로 빌려서 '장기'로 대출하는 문제, 즉 만기 불일치 문제를 안고 있다. 다만 그 정도의 차이가 있을 뿐이다. 만기 불일치 문제는 직접적으로는 이자율의 시간구조에서 발생한다. 정부가 간섭하지 않는 자유시장(특히 대부시장)에서는, 다른 조건이 일정하다면 투자자의 재정(arbitrage) 거래에 의해 시간에 따른 이자율이 동일화되는 경향을 가진다.[123] 설명을 위해서, 시간을 장기와 단기로만 이분하면 장기와 단기의 이자율이 같아지는 경향

120 이 글은 전용덕, "민간은행의 만기 불일치 문제와 대책", 자유기업원 홈페이지, CFE Viewpoint, No. 173, 2010. 5. 17을 발췌·수정한 것이다.

121 더 근본적으로는, 경기변동은 지폐제도 자체의 구조적인 모순점 때문에 발생한다. 그러나 여기에서 그 점에 대한 논의는 생략한다. 지폐제도의 구조적 모순점에 대해서는 이 책의 '1부'를 참조.

122 물론 여기에서 언급한 것은 1980년대 이후 국제적으로 발생했던 경기변동 중에서 큰 것만을 간추린 것일 뿐 아니라 지폐제도로 인하여 각국에서 발생한 경기변동은 제외한 것이다.

123 이 점에 대해서는 Rothbard(1993), 제6장 참조.

을 가진다는 것이다.

그러나 정부는 자신이 설정한 정책 목표를 달성하기 위하여 단기 이자율을 결정하는데 그런 단기 이자율은 장기 이자율보다 언제나 낮다. 특히 경기를 부양한다거나 경제위기를 해결한다는 이유 등으로 중앙은행이 확장적 통화정책을 실시하기 위하여 기준 금리 또는 목표 금리를 인위적으로 낮출 때 장단기 이자율 차이는 어느 때보다 크게 벌어진다.[124] 이러한 상황에서는 모든 은행들이 적극적으로 재정거래에 나서게 된다. 이자율 차이가 큰 만큼 만기 불일치 문제만 크게 문제가 되지 않는다면 가장 크게 이윤을 남길 수 있기 때문이다.

만기 불일치 문제는 금융제도의 구조적 모순점 때문에도 발생한다. 민간은행이 예금자로부터 받는 예금에는 두 가지 종류가 있다. 두 가지란 만기가 일정한 저축성 예금과 만기가 없는 요구불 예금을 말한다. 저축성 예금은 만기가 정해져 있기 때문에 은행이 거기에 맞추어 대출을 하면 만기 불일치 문제는 발생하지 않는다.[125] 문제는 요구불 예금이다. 요구불 예금은 근본적으로 만기가 없다. 은행은 언제나 예금자의 요구에 따라 예금을 상환해야 한다. 그리고 은행이 요구불 예금에 대하여 '100%지급준비'를 하고 있다면 만기 불일치 문제는 구조적으로 발생할 여지가 없다. 그러나 19세기 전반 영국과 미국의 사법부는 요구불 예금과 저축성 예금을 혼동함으로써 요구불 예금에 대하여 부분지급준비를 허용했다. 그리고 현재 각국의 중앙은행은 어느 정도의 부분지급준비를 허용할 것인가를 결정하고 있다.

124 중앙은행이 목표 금리나 기준 금리를 최대한 올리는 경우에 만기 불일치 문제는 큰 문제가 되지 않는다. 장단기 이자율의 차이가 크지 않기 때문이다. 그러나 정부가 기준 금리를 인하했다가 올리는 경우에 자금 차용자의 부담이 증대하여 은행들의 위험이 높아진다. 다시 말하면 장단기 금리 차이가 없어지는 경우에 은행은 만기 불일치가 큰 문제가 되지 않지만 차용자는 원리금을 상환할 수 없는 경우가 높아지면서 은행이 곤경에 처할 수 있다는 것이다.

125 그러나 저축성 예금이라도 은행이 요구불 예금처럼 예금자의 요구가 있는 '즉시에' 상환하는 경우에는 만기 불일치 문제가 발생한다. 그리고 기술의 발전, 부분지급준비율의 완화 등의 이유로 이러한 경향은 최근 들어 강화되고 있다.

부분지급준비제도가 만드는 구조적 문제점

부분지급준비제도는 두 가지 결정적인 문제를 만들어내고 있다.[126] 첫째는 민간은행이 통화를 팽창시킬 수 있음으로써 경기변동을 초래한다는 것이다. 부분지급준비 제도는 민간은행으로 하여금 예금의 뒷받침이 없는 신용수단을 창출할 수 있도록 하고 그런 신용수단은 진정한 저축이 아니기 때문에 경기변동을 초래한다. 특히 민간은행의 신용팽창 중에서 기업으로 대출된 부분이 경기변동의 원인이 되는 것이다. 이 글의 서두에서 열거한 모든 위기는 대부분 신용수단의 팽창 때문에 발생한 것이다. 중앙은행에 의한 본원 통화의 증가가 통화 팽창을 가져오지만 민간은행에 의한 신용수단의 증가가 훨씬 크다. 이번 미국의 부동산 버블도 예외가 아니다. 경기변동은 과오투자를 초래하기 때문에 버스트 국면에 들어가면 많은 차용자들은 빌린 돈을 상환할 수 없다. 그런 차용자들이 많아지고 일시에 문제가 발생하는 것이 금융위기일 뿐 아니라 경기변동의 일부분이다.

둘째는 만기가 없는 요구불 예금의 일부를 대출 가능하게 됨으로써 만기 불일치 문제는 구조적인 문제가 된다. 예금자가 은행의 건전성에 의심을 품고 자신의 예금을 찾기 위하여 일제히 은행으로 질주하기 시작하는 순간에 은행은 어려움에 처하게 된다. 부분지급준비를 하고 있는 은행으로서는 평소보다 많은 예금 인출을 감당할 수 없기 때문이다. 그러나 평상시에는 예금을 인출하는 정도가 상당히 일정하기 때문에 만기 불일치 문제가 위기로 치닫는 경우는 흔하지 않다. 요컨대 부분지급준비제도하에서 만기 불일치 문제는 구조적인 것이라는 것이다.

126 상품화폐제도하에서는 부분지급준비가 아래에서 지적하는 두 가지 문제를 거의 초래하지 않는다. 비록 부분지급준비가 법적인 문제점을 내포하고 있다는 비판이 있지만 말이다. 그러나 지폐제도하에서는 두 가지 문제는 구조적인 것임이 분명하다.

올바른 금융제도 개편을 위해서는 본질적인 접근이 필요

리먼브러더스를 포함한 미국의 투자은행들은 자금의 상당 부분을 만기가 초단기인 환매조건부 채권에 의존했다. 그리고 투자은행에 자금을 제공한 주체인 기관투자가들은 투자은행이 제공한 자산을 담보로 환매조건부 채권의 형태로 자금을 제공했다. 그런데 기관투자가들은 민간 상업은행 등이 대종을 이루고 있고 앞에서 지적했듯이 민간상업은행은 단기 대출에 적극적일 수밖에 없다. 단기 이자율이 낮을 때 특히 그렇다. 그리고 앞에서 지적한 금융제도의 구조적 문제점이 그런 행위를 촉진한다. 그러므로 투자은행의 만기 불일치 문제는 상당 부분 민간상업은행의 만기 불일치 문제를 이전한 것일 뿐이다. 이번 위기에 많은 투자은행이 위기에 처함과 동시에 민간 상업은행(예를 들어, 뱅크오브아메리카)이 위기에 처하거나 파산하는 것도 바로 그 때문이다. 요컨대 단기 이자율이 낮을 때는 투자은행과 민간상업은행 모두가 그런 재정거래에 나선다는 것이다. 바로 그 점에서 투자은행이 예금보험의 대상이 아니기 때문에 문제를 초래한다는 주장은 요점을 놓친 것이다. 그리고 현재 미국에서 민간상업은행과 투자은행을 분리하자는 의견이 논의되고 있다. 금융제도에 대한 이러한 개편은 금융위기에 대한 유효한 해결책이 될 수 없다. 왜냐하면 민간상업은행과 투자은행을 분리하거나 통합하는 것과 상관없이 부분지급준비제도하에서 이자율이 낮아지면 만기 불일치가 문제를 일으킬 가능성이 커지기 때문이다.

물론 단기 금리가 상승하지 않는다면, 그리하여 은행이 단기 자금을 지속적으로 갱신을 할 수 있다면 문제가 발생하지 않는다. 그러나 중앙은행은 낮은 금리를 지속할 수 없다. 통화량 증대로 인플레이션을 염려하지 않을 수 없기 때문이다.[127] 단기 금리가 상승하면 투자자는 자금을 예전 조건으로 더 이상 대출

127 통화량 증대가 경기변동을 초래하지만 케인즈경제학과 통화주의를 추종하는 연구자들은 그 점을 염려하지 않는다. 그들이 그렇게 하는 것은 정밀한 경기변동이론이 없기 때문이다. 경기변

하지 않을 것이기 때문에 은행은 단기 자금 조달에 어려움을 겪는 곤경에 처하게 된다. 만약 차용자의 자금 상환 능력이 의심될 때도 투자자는 최대한 빨리 자금을 회수하려고 할 것이기 때문에 은행은 위기에 처할 가능성이 증대한다.

1997년 경제위기시에 달러 자금을 포함한 외화자금이 급격히 빠져나간 것은 한국 경제와 기업들의 부채 상환 능력이 극도로 의심되었기 때문이다. 2008년 미국발 경제위기에서 외화자금이 급격히 빠져나간 것은 미국의 투자자들이 자신들의 현금 수요를 충족하기 위해 한국의 은행들을 통해 기업들에 대출된 자금을 대거 회수했기 때문이다. 주지하듯이 두 경우 모두 외화자금의 대량 유출로 환율이 급격히 상승했다. 그리고 두 경우 모두 외화자금은 단기로 빌려와서 장기로 대출하는 것으로 만기가 극도로 불일치하는 것이었다. 다시 말하면 미국의 투자은행과 한국의 자금 중개은행 모두, 위험을 회피하는 것이 아니라 위험을 추구하는 방법으로 자금 투자와 중개를 한 것이다. 두 경우 모두 투자은행의 도매자금이 예금보험의 대상이 아니기 때문에 자금을 회수한 것이 아니라 앞에서 지적한 대부시장의 두 가지 구조적인 문제 때문에 상업은행을 포함한 투자은행이 위기에 처하게 된 것이다.[128] 그리고 그런 구조적인 문제가 한꺼번에 표출되면서 금융 쪽에서는 금융위기가 되었다. 몰론 재화를 생산하는 부문에서도 투자에 있어서 오류가 대량으로 드러남으로써 금융위기를 포함하는 경기변동이 발생했다.

동이론들에 대한 자세한 설명은 이 책의 '1부'를 참조.

128 1980년대 미국 저축대부 조합의 위기 시에는 예금보험 제도가 위기를 지연시키거나 누적시켰다. 예금보험제도는 위험을 추구하게 하는 도덕적 해이를 촉진한다. 그 결과 예금보험은 단기적으로는 금융제도를 안정시키지만 장기적으로는 더 불안정하게 만든다. 왜냐하면 현행 강제성 예금보험이 가격고정의 일종이기 때문이다.

정부의 규제 위주의 접근방식이 오히려 문제를 악화시킬 수도 있어

특히 투자은행을 통해 우리나라에 들어오는 외화자금은 저축성 예금을 포함한 모든 예금을 받을 수 없기 때문에 모든 예금을 받을 수 있는 전통적인 은행에 비하면 앞에서 지적한 구조적인 문제에 더 취약하다. 그러므로 외화자금의 유출입, 즉 '달러-캐리 트레이드', '엔-캐리 트레이드' 등의 급격한 유출입으로 인한 환율의 변동성 증폭과 우리나라 은행의 건전성 위협이라는 문제를 해결하고자 한다면 정부의 이자율 통제를 그만두게 하고 요구불 예금과 저축성 예금을 구분하여 지급준비율 기준을 다르게 마련하는 것이다.[129] 그런 해결책은 빈발하고 있는 경기변동도 거의 대부분을 해결해 줄 것이다. 그리고 금융제도의 구조적인 문제를 해결하지 않는 한, 은행세를 부과하는 방법 등은 미봉책에 그치거나 오히려 문제를 악화시킬 수도 있다.[130]

16. 자본주의의 미래[131]

케인스경제학을 신봉하는 학자들을 포함한 반시장주의자들은 미국에서 촉발된 세계적인 경기변동의 원인으로 자본주의 또는 신자유주의를 지목하고 그에 대한 비판을 쏟아내고 있다. 그와 함께 그들은 경기변동의 해결책으로 정부의 시장에 대한—어느 때보다도 강력한—간섭적인 정책을 처방함으로써 자

129 엄밀히 말하면, 정부의 이자율 통제를 철폐하는 것을 한 국가만 시행하는 것은 불완전한 것이다. 외화자금의 관점에서, 국제지폐 발행국들이 이자율 통제를 철폐하는 것이 무엇보다 중요하다. 최선의 선택은 모든 나라가 이자율 통제를 철폐할 뿐 아니라 요구불 예금에 대한 100%지급준비 제도를 시행하는 것이다.

130 은행세를 부과하는 방법 등이 은행의 만기 불일치 문제를 위한 해결책으로 제시되고 있다. 그런 방법에 대한 자세한 논의는 다른 곳에서 하고자 한다. 다만 금융제도의 구조적 문제점이 존속하는 상태에서 대부분의 해결책은 유효성이 의심된다.

131 이 글은 전용덕, "자본주의의 미래", 자유경제스쿨 홈페이지, 2009. 6을 발췌·수정한 것이다.

본주의의 미래가 암울한 것처럼 보이는 것은 저자만의 기우는 아닐 것이다. 경기변동의 원인을 규명하는 일은 이 책의 1부에서 다루었다. 여기에서는 자본주의의 미래를 예상해보고자 한다.

주지하듯이 자본주의란 재산의 사적 소유를 보호하는 제도 또는 기구를 말한다. 그러므로 재산을 공공이나 국가가 소유하는 것은 반자본주의적이다. 자본주의를 완전하게 실현하기 위해서는 '계약의 자유'라는 보조적인 장치가 필요하다. 재산의 사적 소유는 인정하지만 국가 또는 정부가 계약의 자유에 제한을 가하면 진정한 의미에서 자본주의라고 할 수 없다. 사실상 그런 상태는 자본주의와 반자본주의의 한 형태인 간섭주의 또는 사회주의가 혼합된 것이다.

재산은 인간의 생존에 있어서 필수적인 것이다. 인간이 물과 공기만으로 얼마 동안을 생존할 수는 있지만 장기적으로는 생명을 유지할 수 없다. 그러므로 재산은 인간의 생존에 있어서 필수 불가결한 요소임은 의심할 여지가 없다.

인간이 자신이 소유한 재산—물론 이 재산은 정당하게 획득한 재산이라고 가정한다—으로 생산 활동을 하고 그 결과물을 소유하는 것은 정당하다. 왜냐하면 자신이 생산한 것을 자신이 소유하는 것은 생존과 행복을 추구하는 인간의 본능 또는 목적과 부합하기 때문이다. 이 점이 자본주의가 지닌 도덕적 우월성이다. 따라서 자본주의가 다른 제도, 예를 들어 사회주의보다 생산성이 높다는 주장은 부차적인 것이다. 그리고 사회주의, 복지국가주의, 간섭주의, 조합주의, 공산주의 등과 같은 통칭 반자본주의는 재산과 그 결과물의 사적 소유를 부정한다는 점에서 부당할 뿐만 아니라 타인의 노력과 재산으로 유지된다는 점에서 장기적으로 존립 가능하지도 않다. 물론 이 점은 국가에 해당하는 원리이고 순수한 자발적 조직에는 관련이 없다.

그러면 재산의 소유는 어떻게 변천해 왔는가. 기원전 일만 년에 인류는 농경생활을 시작하면서 일정한 지역에 정착하기 시작했다. 이때 인류는 당시 가장 중요한 재산인 토지를 공동으로 소유하고 관리했다. 비록 토지가 형식적으로는 국가 또는 왕의 소유였지만 말이다. 물론 생산물도 공동으로 분배했다. 그러나 다수를 이루는 보통 사람의 삶은 그다지 풍요롭지 않았다. 토지의 공동 소유는 토지의 생산성을 낮게 만들어서 경제성장에 필요한 저축을 불가능하게 만들었기 때문이다. 물론 낮은 생산성에는 왕이나 귀족과 같은 특권층의 약탈도 일조했다. 그 결과 인신과 재산에 대한 약탈과 전쟁이 끊이지 않았다.

영국에서 13세기 무렵 왕권에 대한 제한을 시작으로 18세기 중반을 전후하여 고전적 자유주의—오늘날의 신자유주의—가 확산되면서 재산의 사적 소유는 가장 중요한 권리로서 인정되었다. 그리고 왕을 포함한 특권층의 권한도 크게 제약되었다. 이러한 사실은 자본주의는 이제 막 역사의 전면에 등장한 제도임을 의미한다. 그리고 소유라는 관점에서 보면 '국유'에서 '공유'로, 이제 다시 '사유'로 그 중심이 옮겨가고 있다.

자본주의의 운명은 무엇보다도 정치 제도에 달려 있다. 현재 각국이 채택하고 있는 사회민주주의 또는 민주주의는 자본주의를 보호할 수 있는 제도가 아니다. 민주주의가 의존하고 있는 다수결 원리는 다수(정치력이라는 관점에서)에 의한 소수의 약탈을 막기가 매우 어렵다. 불가능한 것은 아니지만 말이다. 지금까지의 경험은 사실상 그 점을 잘 보여준다. 그러나 더 긴 시간이 지나면 인류는 자본주의를 보호할 정치제도를 발견할 수 있을 것이다. 앞에서 지적했듯이 인류의 전 역사를 24시간으로 환산하여 보면 자본주의의 역사는 이제 겨우 몇 초 또는 몇 분이 지나지 않았기 때문이다.

자본주의는 인간의 본능 또는 목적에 가장 잘 부합하는 제도라는 점을 앞에서 지적했다. 그러므로 자본주의는 많은 시련에도 불구하고 존립할 것이고 인류에게 풍요를 가져다 줄 것이다. 비록 일시적으로 부침을 겪겠지만 말이다. 다만 화폐제도와 금융제도와 같이 인간의 경제 행위에 광범한 영향을 미치는 것을 정부나 국가가 잘못 간섭하거나 통제하면 반문명화(decivilization)와 함께 국가 또는 정부가 멸망한다는 점을 역사는 보여주고 있다. 다시 말하면 화폐제도와 금융제도를 반자본주의적인 것으로 만들면 정치제도는 무너지고 경제제도인 자본주의는 원점에서 새롭게 시작될 것이다.

인류의 번영 또는 문명의 융성을 위해서는 세 가지가 필요하다. 사적 재산권의 보호, 자유, 건전한(sound money) 화폐이다. 여기에서 건전한 화폐란 정부가 독점하는 지폐가 아니라 시장에서 자발적으로 채택되는 상품화폐를 말한다.

정치인들을 포함한 다수의 반시장주의자는 경제위기가 발생할 때마다 거의 언제나 자본주의 탓으로 돌려서 자본주의의 명줄을 위협해 왔다. 역설적이게도, 지구상의 모든 나라에서 경제위기가 반복되고 있는 것은 현재의 화폐제도와 금융제도가 상당 부분 반자본주의적이기 때문이라는 것이 진실이다. 만약 틀린 주장에 속는다면 불행한 역사의 반복을 피하기 어려울 것이다.

자본주의와 정치철학 또는 사회철학에 대한 지식이 지금보다 축적되고 진보하면 인류는 반문명화 과정을 끊고, 질서·평화·조화와 함께 지금보다 더 풍요로운 삶을 누릴 수 있을 것이다. 그 과정에서 이성(reason)을 잘 사용하는 것은 무엇보다도 긴요하다.

참고문헌

김이석, 국제 금융위기의 원인과 해법: 한국의 대처 방안, CFE Paper No. 69, 2008. 11. 28.

안재욱, 『시장경제와 화폐금융제도』, 자유기업원, 2008.

______, "경제위기 극복을 위한 해법", CFE Viewpoint, 자유기업원 홈페이지, No. 96, 2008. 11. 20.

전용덕, 『경제학과 역사학-오스트리아학파의 방법론과 인식론』, 한국경제연구원, 2014.

______, "민생과 화폐가치의 안정", 자유경제스쿨 홈페이지, 2013. 1.

______, "에그플레이션? 피시플레이션? 문제는 정부야", 자유기업원 홈페이지, 2011. 4.

______, "예금자보호와 금융위기", 자유기업원 홈페이지, 2011. 1.

______, "대공황과 통화주의자가 만들어낸 미신", 『자유와 시장』, 제2권 제1호, 2010. 10. pp.39-90.

______, "대공황과 제2차 세계대전", 한국경제연구원 홈페이지, Keri Insight 10-05, 2010. 6.

______, "중복투자의 두 가지 원인과 대책", 자유기업원 홈페이지, 2010. 6.

______, "미국과 중국의 환율 논쟁", 『월간 조선』, 2010년 5월호.

______, "민간은행의 만기 불일치 문제와 대책", 자유기업원 홈페이지, CFE Viewpoint, No. 173, 2010. 5. 17.

______, "글로벌 불균형과 경기변동", 자유기업원 홈페이지, CFE Viewpoint, No. 166, 2010. 3. 29.

______, "중국의 위안화 절상과 일본의 경험", 자유경제스쿨 홈페이지, 2010. 3. 2.

______, 『국제 금융위기와 신자유주의』, 한국경제연구원, 2009[2009a].

______, 『오스트리아학파의 경기변동 이론과 화폐·금융 제도』, 한국경제연구원, 2009.

______, "경기변동과 사회적 이동성", 한국경제연구원 홈페이지, 2009. 12.

______, "정의로운 사회와 화폐·금융 제도의 개혁", 자유경제스쿨 홈페이지, 2009. 12.

______, “후버 대통령의 경제정책 재평가”, 한국경제연구원 홈페이지, Keri 칼럼, 2009. 10. 20.
______, “저출산율의 해법: 시간선호와 경기변동”, 한국경제연구원 홈페이지, 2009. 7. 24.
______, “자본주의의 미래”, 자유경제스쿨 홈페이지, 2009. 6.
______, “경기변동의 근본적 원인은 무엇인가”, CFE Viewpoint, 자유기업원 홈페이지, No. 123, 2009. 5. 25[2009b].
______, “이중고를 겪고 있는 한국 경제”, 자유경제스쿨 홈페이지, 2009[2009c].
______, “경기변동과 과오투자”, 한국경제연구원 홈페이지, 2009. 3.
______, 『권리, 시장, 정부』, 대구대 출판부, 2007.
전용덕 · 김학수, “국제 금융위기의 원인은 정부의 실패”, 한국경제연구원, 2009.
____________, 『정책실패와 국제금융위기』, 한국경제연구원, 2009.
한국은행 조사국 금융제도팀, “미국 연준과 한국은행, 어떻게 다른가?”, 한국은행 홈페이지, 2001. 3.
Allen, Franklin and Joo Yun Hong, “Why Are There Global Imbalances?: The Case of South Korea”, mimeo, 2010.
Bagus, Philipp, “Deflation: When Austrians Become Interventionists”, *Quarterly Journal of Austrian Economics*, Vol. 6, No. 4, Wimter 2003, pp.19-35.
바구스, 필립 · 안드레아스 마르크바르트, 『왜 그들만 부자가 되는가』, 청림출판, 배진아 옮김, 2015.
Bagus, Philipp and David Howden, “Iceland's Banking Crisis: The Meltdown of an Interventionist Financial System”, *Daily Article of Ludwig von Mises Institute*, www.mises.org, 2009. 6. 9.
Banfield, Edward, *The Unheavenly City Revisited*, Boston: Little Brown, 1974.
Barnett II, William and Walter Block, “On the Optimal Quantity of Money” *Quarterly Journal of Austrian Economics*, vol. 7, no. 1, Spring 2004, pp.39-52.
Bastiat, Frederic, *The Law*, William Volker Fund, 1964, 김정호역, 『법』, 자유기업원, 1997.
Butos, William N., “Money, Prices, and Capital: An Austrian Approach to Macronomics”, *Quarterly Journal of Austrian Economics*, vol. 9, no. 4, 2006, pp.5-19.
Callahan, Gene and Roger Garrison, “Does Austrian Business Cycle Theory Help Explain the Dot-Com Boom and Bust?”, *Quarterly Journal of Austrian Economics*, Vol. 6, No. 2, Summer 2003, pp.67-98.
Cantillon, Richard, *Essay on the Nature of Commerce*, New Brunswick, N.J., Transaction Publishers, 2001.

Cantor, Paul A., "Hyperinflation and Hyperreality: Thomas Mann in the Light of Austrian Economics," *Review of Austrian Economics* 7, no. 1, 1994.

Carabini, Louis, "Bastiat's "The Broken Window": A Critique", *Journal of Libertarian Studies*, vol. 21, No. 4 Winter 2007. pp.151-155.

Clark, James, and James Keeler, "Misconceprions about Austrian Business Cycle Theory: A Comment", *Review of Austrian Economics*, vol. 4, 1990, pp.208-211.

Carilli, Anthony M., and Gregory M. Dempster, "Expectations in Austrian Business Cycle Theory: An Application of the Prisoner's Dilemma", *Review of Austrian Economics*, vol. 14, no. 4, 2001, pp.319-330.

Cochran, J. "Capital-Based Macroeconomics: Recent Development and Extensions of Austrian Business Cycle Theory", *Quarterly Journal of Austrian Economics*, vol. 4, no. 3, 2001, pp.17-25.

Dowd, Kevin, "The Emergence of Fiat Money: A Reconsideration", *Cato Journal*, vol. 20, no. 3, Winter 2001, pp.467-476.

Ebeling, Richard, ed., *Selected Writings of Ludwig von Mises*, vol. 2, Indianapolis, Ind.: Liberty Fund, 2002.

Fetter, Frank, *Capital, Interest, and Rent*, Kansas City: Sheed Andrews and McMeel, 1977.

Friedman, Milton, *Free to Choose: A Personal Statement*, New York: Harcourt Books, 1990.

______________, "The Resource Costs of Irredeemable Paper Money," *Journal of Political Economy*, 1986.

______________ and Anna Schwartz, *A Monetary History of the United States 1867-1960*, Princeton University Press, 1963.

Garrison, Roger W., "Overconsumption and Forced-Saving in the Mises-Hayek Theory of the Business Cycle", *History of Political Economy*, vol. 36, no. 2, 2004, pp.321-349.

______________, "The Austrian Theory of the Business Cycle", In *Business Cycles and Depressions*, David Glasner, ed., New York: Garland, 1997, pp.23-27.

______________, "The Austrian Theory of the Business Cycle in the Light of Modern Macroeconomics", *Review of Austrian Economics*, vol. 3, 1989, pp.3-29.

______________, "Hayekian Trade Cycle Theory: A Reappraisal", *Cato Journal*, vol. 6, no. 2, Fall 1986, pp.437-453.

______________, "The Austrian Theory: A Summary", in Mises et al., *The Austrian Theory of the Trade Cycle and Other Essays*, Auburn, Ludwig von Mises Institute, 1996.

Gertchev, Nikolay, "From Monetary Nationalism to Monetary Imperialism: Fractional Reserve Commercial Banks", *Quarterly Journal of Austrian Economics*, vol. 16, no. 2, Summer 2013, pp.109-134.

______________, "The Case for Gold", *Quarterly Journal of Austrian Economics*, vol. 6, no. 4, Winter 2003, pp.117-126.

Haberler, Gottfried, *Prosperity and Depression*, 2nd ed., Geneva: League of Nations, 1939.

Hayek, Friedrich, "Three Elucidations of the Ricardo Effect", in Hayek, *New Studies in Phillosophy, Politics, Economics, and the History of Ideas*, Chicago: University of Chicago Press, 1978, pp.165-178.

______________, "Can We Still Avoid Inflation", in Mises et al., *The Austrian Theory of the Trade Cycle and Other Essays*, Auburn, Ludwig von Mises Institute, 1996.

______________, *The Counterrevolution of Science*, Glencoe, Ill.: The FreePress, 1952.

______________, *The Pure Theory of Capital*, Chicago: University of Chicago Press, 1941.

______________, *Prices and Production*, 2en ed., New York, Kelley, 1967.

______________, *Monetary Theory and the Trade Cycle*, New York: Augustus M. Kelley, 1975.

Hazlitt, Henry, *Economics in One Lesson*, New York: Crown Publishers, Inc., 1979.

Henderson, David R. and Jeffrey Rogers Hummel, Greenspan's Monetary Policy in Retrospect, *Cato Institute Briefing Paper 109*, Cato Institute, Washington, D. C., November 3, 2008,

Herbener, Jeffrey, "The Rise and Fall of the Japanese Miracle", *Daily Article of Ludwig von Mises Institute*, www.mises.org, 1999. 9. 20.

Higgs, Robert, Depression, *War, and Cold War: Studies in Political Economy*, Oxford University Press, 2006.

____________, "Inflation and the Destruction of the Free Market Economy", *The Intercollegiate Review*, Spring 1979, pp.67-76.

Hoppe, Hans-Hermann, *Democracy-The God That Failed*, New Brunswick, N.J.: Transaction, 2001. 박효종 역, 『민주주의는 실패한 신인가』, 자유기업원, 2004.

___________________, "How Is Fiat money Possible-or The Devolution of Money and Credit", *Review of Austrian Economics*, vol. 7, no. 2, 1994.

___________________, *The Economics and Ethics of Private Property*, Boston: Kluwer, 1993.

___________________, *A Theory of Socialism and Capitalism*, Boston: Kluwer, 1989.

Hoppe, Hans-Hermann, Jörg G. Hülsmann, and Walter Block, "Against Fiduciary Media", *Quarterly Journal of Austrian Economics*, vol. 1, no. 1, 1998.

Huerta de Soto, Jesús, *Money, Bank Credit, and Economic Cycles*, Auburn, Ala.: Ludwig von Mises Institute, 2006.

__________________, "New Light on the Prehistroy of the Theroy of Banking and the School of Salamanca", *Review of Austrian Economics*, vol. 9, no. 2, 1996.

Hughes, J. R. T., *American Economic History*, third edition, Glenview, Ill.: Scott, Foresman and Co., 1990.

Hülsmann, Jörg Guido, *The Ethics of Money Production*, Ludwig von Mises Institute, Auburn, Alabama, 2008a.

__________________, *Deflation and Liberty*, Ludwig von Mises Institute, Auburn, Alabama, 2008b.

__________________, "Has Fractional-Reserve Banking Really Passed the Market Test?" *Independent Review* 7, no. 3, 2003a, pp.399-422.

__________________, "Optimal Monetary Policy", *Quarterly Journal of Austrian Economics*, vol. 6, No. 4, Winter 2003b, pp.37-60.

__________________, "More on Cantillon as a Proto-Austrian", *Journal des Economistes et des Etudes Humaines*, vol. 11, No. 4, December 2001, pp.693-703.

__________________, "Banks Cannot Creat Money", *The Independent Review*, vol. 5, no. 1, Summer 2000a, pp.101-110.

__________________, "Economic Principles and Monetary Institutions", *Journal des Economistes et des Etudes Humaines*, vol. 10, No. 2/3, June/September, 2000b, pp.421-441.

__________________, "Towards a General Theory of Error Cycles", *Quarterly Journal of Austrian Economics*, vol. 1, no. 4, Winter 1998, pp.1-23.

Hume, David, ""Of Money", In *Essays*, Indianapolis, Ind.: Liberty Fund, 1985.

Jevons, William Stanley, *Theory of Political Economy*, New York: Augustus M. Kelly, 1965.

Johnsson, Richard C. B. "Reflation and Japan Revisited", *Quarterly Journal of Austrian Economics*, Vol. 8, No. 1, Spring 2005, pp.15-29.

Keeler, James P., "Empirical Evidence on the Austrian Business Cycle Theory, *Review of Austrian Economics*, vol. 14, no. 4, 2001, pp.331-351.

Kuznets, Simon, *National Product in Wartime*, New York: National Bureau of Economic Research, 1945.

Menger, Carl, *Principles of Economics*, Glencoe, Free Press, 1950. 김이석 역, 『국민경제학의 기본원리』, 자유기업원, 2002.

Mises, Ludwig von, *Economic Calculation in the Socialist Commonwealth*, Ludwig von Mises Institute, 1990.

________________, *On the Manipulation of Money and Credit*, Dobbs Ferry, N.Y.: Free Market Books, 1978.

________________, *The Ultimate Foundation of Economic Science: An Essay on Method*, Princeton, N.J.: D. Van Nostrand Co., 1962.

________________, *Epistemological Problems of Economics*, Princeton: D. Van Nostrand Co., 1960.

________________, *Theory and Histroy*, Liberty Fund, Indianapolis, 1980a.

________________, *Human Action*, New Haven: Yale University Press, 1996.

________________, *Omnipotent Government: The Rise of the Total State and Total War*, New Haven, Conn.: Yale University Press, 1944.

________________, The Austrian Theory of the Trade Cycle, in Mises et al., *The Austrian Theory of the Trade Cycle and Other Essays*, Auburn, Ludwig von Mises Institute, 1996.

________________, *The Theory of Money and Credit*, Liberty Fund, Indianapolis, 1980b.

________________, "Monetary Stabilization and Cyclical Policy", in Percy L. Greaves, ed., Bettina Bien Greaves, trans., *On the Manipulation of Money and Credit*, 1978.

Mulligan, Robert F., "Proeprty Rights and Time Preference", *Quarterly Journal of Austrian Economics*, Vol. 10, No. 1, Spring 2007, pp.23-49.

________________, "An Empirical Examination of Austrian Business Cycle Theory", *Quarterly Journal of Austrian Economics*, Vol. 9, No. 2, Summer 2006, pp.69-93.

________________, "A Hayekian Analysis of the Term Structure of Production", *Quarterly Journal of Austrian Economics*, Vol. 5, No. 2, Summer 2002, pp.27-33.

Murphy, Robert P., *The Politically Incorrect Guide to the Great Depression and the New Deal*, Regnery Publishing Inc., Washington, DC, 2009.

O'Driscoll, Gerald P., Jr., "Economics as a Coordination Problem" in *The Contributions of Friedrich A. Hayek*, Kansas City, Sheed Andrew McMeel, 1977, pp.106-108.

________________, "Rational Expectations, Politics, and Stagflation", in Rizzo, Mario J., ed., *Time, Uncertainty, and Disequilibrium: Exploration of Austrian Themes*, Lexington Books, 1979, pp.153-176.

Powell, Benjamin, "Explaining Japan's Recession", *Quarterly Journal of Austrian Economics*, vol. 5, no. 2, Summer 2002, pp.35-50.

Powell, Jim, *FDR's Folly: How Roosevelt and His New Deal Prolonged the Great Depression*, New York: Three Rivers Press, 2003.

Reisman, George, "Credit Expansion, Crisis, and the Myth of the Saving Glut", *Daily Article of Ludwig von Mises Institute*, www.mises.org, 2009. 7. 7.

_______________, *Capitalism: A Treatise on Economics*, Ottawa, Illinois: Jameson books, 1996.

Robbins, Lionel, *The Great Depression*, The Ludwig von Mises Institute, 2007.

Rothbard, Murray N., *A History of Money and Banking in the United States*, Ludwig von Mises Institute, 2005.

_______________, "The Origins of the Federal Reserve," *Quarterly Journal of Austrian Economics*, Vol.2, No.3, 1999, pp.3-51.

_______________, "The Gold-Exchange Standard in the Interwar Years" In *Money and the Nations State*, Kevin Dowd and Richard H. Timberlake, eds., New Brunswick, N.J.: Transaction, 1998.

_______________, "Toward a Reconstruction of Utility and Welfare Economics," in Murray N. Rothbard, *The Logic of Action I: Method, Money, and Austrian School*, Ludwig von Mises Institute, 1997a, pp.211-254.

_______________, "The Myth of Efficiency", *The Logic of Action I: Method, Money, and Austrian School*, Ludwig von Mises Institute, 1997b, pp.266-273.

_______________, *The Case Against the Fed*, Auburn, Ludwig von Mises Institute, 1994.

_______________, *What Has Government Done to Our Money*, Auburn, Ludwig von Mises Institute, 1990.

_______________, "The Federal Reserve as a Cartelization Device: The Early Years, 1913-1920," in Bernie Siegel (ed.), *Money in Crisis*, San Francisco: Pacific Institute, 1984.

_______________, *The Mystery of Banking*, Richardson & Synder, 1983.

_______________, *The Ethics of Liberty*, New York, New York University Press, 2002.

_______________, "Austrian Definitions of the Supply of Money", edited by Louis M.

Spadaro, *New Directions in Austrian Economics*, Sheed Andrews and McMeel, Inc., Kansas City, 1978, pp.143-56.

_______________, "The Austrian Theory of Money," in Edwin G. Dolan (ed.), *The*

Foundations of Modern Austrian Economics, Kansas: Sheed & Ward, 1976.

__________________, "New Light on the Prehistroy of the Austrian School", in Edwin G. Dolan (ed.), *The Foundations of Modern Austrian Economis*, Sheed & Ward, Kansas City, 1976.

__________________, "Economic Depressions: Their Cause and Cure", in Mises et al., *The Austrian Theory of the Trade Cycle and Other Essays*, Auburn, Ludwig von Mises Institute, 1996.

__________________, *Power and Market*, 2nd ed., Kansas City: Andrews and McMeel, 1977.

__________________, *America's Great Depression*, Sheed and Ward, Inc., Kansas City, 1975.

__________________, *Man, Economy and State*, Auburn, Ludwig von Mises Institute, 1993. 전용덕 · 김이석 공역, 『인간, 경제, 국가』, 나남, 2006.

__________________, "In Defense of 'Extreme A Priorism'" *Southern Economic Journal*, January 1957, pp.214-220.

Salerno, Joseph T., "The Ambition of Rothbard's Treatise", *Daily Article of Ludwig von Mises Institute*, www.mises.org, 2009. 3.20.

________________, "An Austrian Taxonomy of Deflation-with Application to the U.S." *Quarterly Journal of Austrian Economics*, vol. 6, no. 4, Winter 2003, pp.81-109.

________________, "Comment on Tullock's "Why Austrians Are Wrong About Depressions", *Review of Austrian Economics*, vol. 3, no. 1, 1989, pp.141-145.

Salin, Pasal, "Cartels as Efficient Productive Structures." *Review of Austrian Economics 9* (2), 1996, pp.29-42.

Schumpeter, Josef A., *Theory of Economic Development*, Cambridge, Mass.: Harvard University press, 1949.

Sechrest, Karry J., "Explaining Malinvestment and Overinvestment", *Quarterly Journal of Austrian Economics*, vol. 9, no. 4, Winter 2006, pp.27-38.

_______________, "Capital Credit, and the Medium Run", *Quarterly Journal of Austrian Economics*, vol. 4, no. 3, Fall 2001, pp.63-77.

Selgin, George, "Should We Let Banks Create Money?" *Independent Review*, 5, no, 1, 2000, pp.93-100.

_____________, "On Ensuring the Acceptability of a New Fiat Money", *Journal of Money, credit, and Banking*, vol. 26, no. 4, November 1994, pp.808-826.

Selgin, George, and Lawrence H. White, "In Defense of Fiduciary Media-or, We Are Not

Devo(lutionists), We are Misesians!", *Review of Austrian Economics*, vol. 9, no. 2, 1996, pp.83-107.

Strigl, Richard von. *Capital and Production*, Translated by Margaret Rudelich Hoppe and Hans-Hermann Hoppe, trans. Jorg Guido Hulsmann, ed. Auburn, Ala., Ludwig von Mises Institute, 2000.

Thornton Mark, "Cantillon on the Cause of the Business Cycle", *Quarterly Journal of Austrian Economics*, vol. 9, no. 3, Fall 2006, pp.45-60.

__________, "Skyscapers and Business Cycles", *Quarterly Journal of Austrian Economics*, vol. 8, no. 1, Spring 2005, pp.51-74.

Tullock, Gordon, "Reply to Comment by Joseph T. Salerno", *Review of Austrian Economics*, vol. 3, no. 1, 1989, pp.147-149.

__________, "Why the Austrians Are Wrong about Depressions," *Review of Austrian Economics*, vol. 2, no. 1, 1988, pp.73-78.

Vedder, Richard K. and Lowell E. Gallaway, *Out of Work: Unemployment and Government in Twentieth-Century America*, New York: New York University Press, 1997.

__________, "The Great Depression of 1946", *Review of Austrian Economics*, vol. 5, no. 2, 1991, pp.3-32.

White, Lawrence H., "Accounting for Fractional-Reserve Banknotes and Deposits-or, What's Twenty Quid to the Bloody Midland Bank?" *The Indepent Review*, vol. 7, no. 3, Winter 2003, pp.423-441.

Woods, Thomas E. Jr., *Meltdown*, Regency Publishing Inc., Washington, 2009.

부록 A 미국 재무성 채권과 미국 정부증권의 각국별 보유현황

(1) 미국 재무성 채권의 국가별·연도별 보유현황

❁ 미국 재무성 채권(TREASURY) 국가별 보유현황

(단위: 십억 달러)

	1994		2000		2002	
1	일본	127.68	일본	221.25	일본	259.89
2	독일	46.09	영국	73.41	중국	95.20
3	영국	45.29	중국	71.06	영국	45.73
4	대만	27.36	독일	54.99	독일	37.90
5	싱가포르	20.73	대만	40.38	홍콩	37.45
6	스페인	19.46	홍콩	38.16	대만	34.49
7	중국	17.24	싱가포르	34.19	한국	30.59
8	중동 산유국	16.92	한국	23.77	스위스	28.20
9	홍콩	10.66	중동 산유국	19.71	중동 산유국	27.95
10	스위스	10.22	이탈리아	18.55	룩셈브루크	20.22
11	벨기에	8.94	스페인	17.98	싱가포르	19.45
12	캐나다	7.65	스위스	17.66	이탈리아	17.74
13	태국	6.69	버뮤다제도	17.40	멕시코	16.68
14	서인도제도	5.81	캐나다	14.13	버뮤다제도	14.17
15	바하마	5.64	룩셈부르크	13.78	스페인	14.01
총액	376.39		676.41		699.64	
해외 총 보유액 대비 주요 국가 비중	81%		77%		77%	
해외 총 보유액	464		884		908	
미국 총 보유액	2,392		2,508		2,230	
미국 총 보유액 대비 해외 총 보유액	19%		35%		41%	

	2003		2004		2005	
1	일본	348.30	일본	552.13	일본	571.54
2	중국	146.63	중국	189.18	중국	277.09
3	한국	58.46	대만	65.00	대만	66.00
4	영국	46.52	한국	43.12	한국	58.06
5	대만	40.88	독일	42.16	영국	45.03
6	독일	39.58	영국	39.84	독일	41.35
7	스위스	35.29	케이먼제도	36.99	중동 산유국	37.04
8	홍콩	30.17	룩셈부르크	35.05	싱가포르	32.60
9	버뮤다	22.17	스위스	32.50	룩셈부르크	30.49
10	싱가포르	21.91	홍콩	27.65	케이먼제도	30.06
11	룩셈부르크	21.87	멕시코	24.92	스위스	28.80
12	멕시코	19.68	싱가포르	24.75	홍콩	27.10
13	네덜란드	17.15	버뮤다제도	22.60	버뮤다제도	24.50
14	스페인	17.09	중동 산유국	20.20	멕시코	22.90
15	이탈리아	15.28	네덜란드	19.92	브라질	21.95
총액	880.99		1176.00		1314.52	
해외 총 보유액 대비 주요 국가 비중	79%		82%		82%	
해외 총 보유액	1,116		1,426		1,599	
미국 총 보유액	2,451		2,809		3,093	
미국 총 보유액 대비 해외 총 보유액	46%		51%		52%	

	2006		2007		2008	
1	일본	535.03	일본	553.21	일본	568.16
2	중국	364.07	중국	466.54	중국	521.91
3	중동 산유국	64.32	브라질	94.59	브라질	157.09
4	대만	61.75	중동 산유국	78.71	중동 산유국	77.93
5	한국	61.54	홍콩	56.59	러시아	76.62
6	룩셈부르크	52.24	룩셈브룩크	44.86	대만	64.71
7	홍콩	48.15	대만	43.05	홍콩	63.53
8	영국	47.16	한국	42.84	룩셈부르크	58.48
9	독일	38.08	영국	42.62	독일	46.97
10	싱가포르	33.84	독일	41.90	영국	45.10
11	브라질	33.09	싱가포르	34.66	한국	39.81
12	멕시코	32.91	스위스	33.97	스위스	33.92
13	스위스	32.80	러시아	33.49	싱가포르	29.58
14	버뮤다제도	24.57	멕시코	28.01	멕시코	29.04
15	케이먼제도	19.16	케이먼제도	23.38	케이먼제도	25.38
총액	1,448.69		1,618.43		1,838.21	
해외 총 보유액 대비 주요 국가 비중	84%		82%		83%	
해외 총 보유액	1,727		1,965		2,211	
미국 총 보유액	3,321		3,454		3,621	
미국 총 보유액 대비 해외 총 보유액	52%		57%		61%	

(2) 미국 정부증권 국가별·연도별 보유현황

❁ 미국 정부증권(AGENCY) 국가별 보유현황

(단위: 십억 달러)

	1994		2000		2002	
1	일본	38.76	일본	42.65	일본	88.08
2	영국	10.25	영국	29.97	중국	58.61
3	서인도제도	8.82	중국	19.62	벨기에	54.37
4	대만	5.99	홍콩	17.69	룩셈브룩크	29.39
5	벨기에	4.16	한국	14.62	대만	25.30
6	홍콩	3.21	버뮤다제도	12.05	영국	20.94
7	버뮤다제도	3.17	네덜란드	9.77	저지섬	18.47
8	중동 산유국	2.98	캐나다	8.64	독일	15.92
9	싱가포르	2.49	독일	8.05	버뮤다제도	14.34
10	지브롤터	2.44	케이먼제도	7.92	케이먼제도	14.32
11	독일	1.98	채널제도	6.32	네덜란드	13.18
12	바하마	1.41	스위스	5.20	홍콩	12.38
13	네덜란드	1.32	스패인	5.09	스위스	11.83
14	채널제도	1.05	아일랜드	4.91	아일랜드	10.90
15	필란드	0.90	멕시코	4.78	한국	7.63
총액	88.90		197.27		395.65	
해외 총 보유액 대비 주요 국가 비중	83%		76%		80%	
해외 총 보유액	107		261		492	
미국 총 보유액	2,199		3,575		4,830	
미국 총 보유액 대비 해외 총 보유액	5%		7%		10%	

	2003		2004		2005	
1	일본	102.43	중국	114.90	중국	172.00
2	채널제도	91.15	일본	99.85	일본	139.77
3	벨기에	64.92	벨기에	48.96	벨기에	51.23
4	룩셈부르크	38.21	대만	38.98	한국	42.47
5	대만	34.64	한국	33.86	케이먼제도	42.13
6	영국	26.76	룩셈부르크	30.96	대만	40.99
7	케이먼제도	25.55	케이먼제도	30.95	룩셈부르크	34.24
8	한국	24.78	버뮤다제도	23.18	버뮤다	28.79
9	버뮤다제도	17.94	영국	22.25	영국	23.17
10	캐나다	15.99	독일	20.51	멕시코	23.04
11	독일	14.65	네덜란드	15.67	네덜란드	17.85
12	네덜란드	14.14	아일랜드	15.45	독일	15.10
13	홍콩	12.15	스위스	13.14	아일랜드	14.13
14	스위스	10.99	홍콩	10.52	러시아	12.88
15	아일랜드	9.68	호주	9.21	호주	12.79
총액	503.98		528.39		670.58	
해외 총 보유액 대비 주요 국가 비중	86%		85%		85%	
해외 총 보유액	586		619		791	
미국 총 보유액	5,199		5,527		5,591	
미국 총 보유액 대비 해외 총 보유액	11%		11%		14%	

	2006		2007		2008	
1	중국	255.39	중국	376.33	중국	527.05
2	일본	184.27	일본	228.19	일본	269.62
3	대만	52.68	러시아	75.28	러시아	62.09
4	벨기에	43.74	한국	63.04	대만	60.76
5	한국	42.37	대만	54.90	중동 산유국	59.74
6	러시아	38.36	케이먼제도	52.21	한국	59.44
7	룩셈브르크	37.88	룩셈부르크	39.48	케이먼제도	42.79
8	케이먼제도	37.77	버뮤다제도	33.51	멕시코	37.44
9	버뮤다제도	28.09	벨기에	33.32	버뮤다제도	36.82
10	영국	28.00	호주	32.65	룩셈부르크	28.94
11	멕시코	23.61	멕시코	31.34	아일랜드	28.80
12	아일랜드	23.49	중동 산유국	29.59	영국	25.79
13	네덜란드	18.48	영국	27.29	벨기에	24.27
14	홍콩	16.73	아일랜드	25.33	말레시아	20.21
15	독일	15.25	네덜란드	23.32	홍콩	19.34
총액	846.10		1,125.76		1,303.09	
해외 총 보유액 대비 주요 국가 비중	86%		86%		89%	
해외 총 보유액	984		1,304		1,464	
미국 총 보유액	5,709		6,202		6,986	
미국 총 보유액 대비 해외 총 보유액	17%		21%		21%	

부록 B 미국의 대외 경상수지와 환율

(1) 미국의 대 한국 경상수지와 환율 (단위: 백만 달러, 원)

연도	경상수지	환율	연도	경상수지	환율
1985	−4,057	870.020	1997	1,872.9	951.289
1986	−6,374.2	881.454	1998	−7,456.3	1,401.437
1987	−8,888.1	822.568	1999	−8,220	1,188.817
1988	−8,873.3	731.468	2000	−12,477.7	1,130.958
1989	−6,277.9	671.456	2001	−13,000.8	1,290.994
1990	−4,081.2	707.764	2002	−12,996	1,251.088
1991	−1,513.3	733.353	2003	−13,156.8	1,191.614
1992	−2,043.6	780.651	2004	−19,981.2	1,145.319
1993	−2,336.2	802.671	2005	−16,209.8	1,024.117
1994	−1,604	803.446	2006	−13,584.5	954.791
1995	1,195.9	771.273	2007	−13,160.6	929.258
1996	3,966.2	804.453	2008	−13,400.4	1,102.047

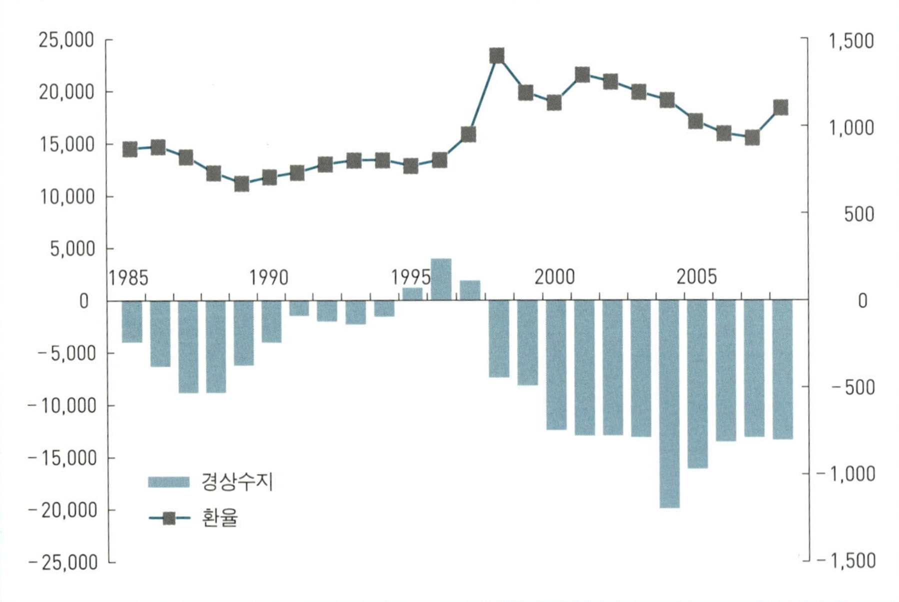

(2) 미국의 대 일본 경상수지와 환율

(단위: 백만 달러, 엔)

연도	경상수지	환율	연도	경상수지	환율
1981	-14,081	220.536	1995	-51,681	94.062
1982	-15,584	249.077	1996	-41,763	108.781
1983	-20,843	237.512	1997	-58,650	120.992
1984	-38,116	237.523	1998	-71,160	130.905
1985	-46,254	238.536	1999	-80,569	113.908
1986	-57,222	168.520	2000	-90,705	107.766
1987	-59,592	144.638	2001	-77,713	121.530
1988	-54,600	128.152	2002	-79,992	125.389
1989	-49,618	137.964	2003	-74,364	115.935
1990	-37,302	144.793	2004	-90,223	108.193
1991	-26,680	134.707	2005	-95,972	110.218
1992	-38,907	126.652	2006	-112,186	116.300
1993	-51,126	111.198	2007	-110,634	117.755
1994	-60,468	102.208	2008	-90,532	103.360

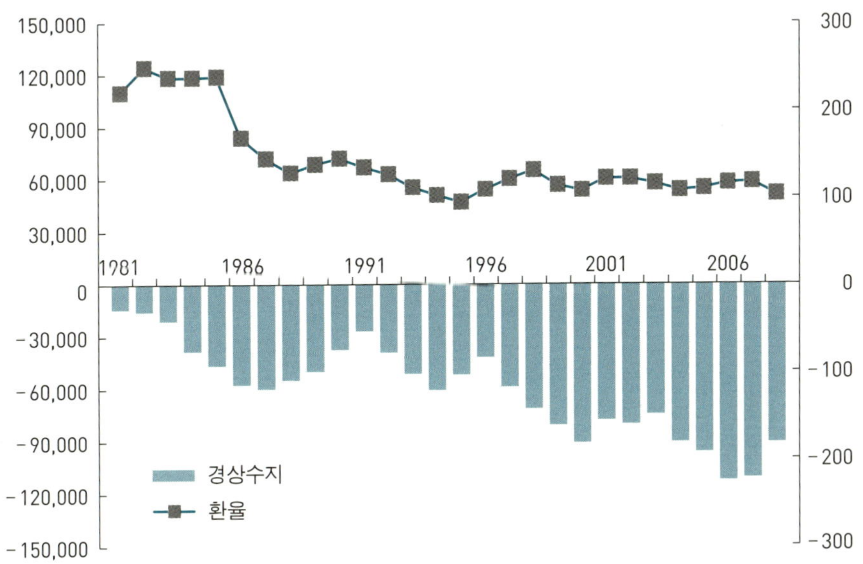

(3) 미국의 대 유럽의 경상수지와 환율

(단위: 백만 달러, 유로, 마르크, 파운드)

연도	경상수지	환율	독일환율	영국환율	연도	경상수지	환율	독일환율	영국환율
1981	12,431		1.156	0.498	1995	−8,798		0.733	0.634
1982	5,907		1.241	0.572	1996	−8,838		0.769	0.641
1983	−987		1.305	0.660	1997	−18,957		0.886	0.611
1984	−18,860		1.455	0.752	1998	−32,886		0.900	0.604
1985	−30,801		1.505	0.779	1999	−54,193	0.939	0.938	0.618
1986	−39,190		1.110	0.682	2000	−74,922	1.086	1.085	0.661
1987	−39,364		0.919	0.612	2001	−76,361	1.117	1.117	0.695
1988	−23,066		0.898	0.562	2002	−91,500	1.061	1.061	0.667
1989	−924		0.960	0.611	2003	−103,825	0.885	0.885	0.612
1990	8,790		0.826	0.563	2004	−102,022	0.805	0.805	0.546
1991	30,584		0.848	0.567	2005	−129,353	0.805	0.805	0.550
1992	13,689		0.799	0.570	2006	−116,251	0.797	0.797	0.543
1993	1,316		0.845	0.667	2007	−44,070	0.731	0.731	0.500
1994	−15,659		0.829	0.653	2008	−32,491	0.683	0.683	0.541

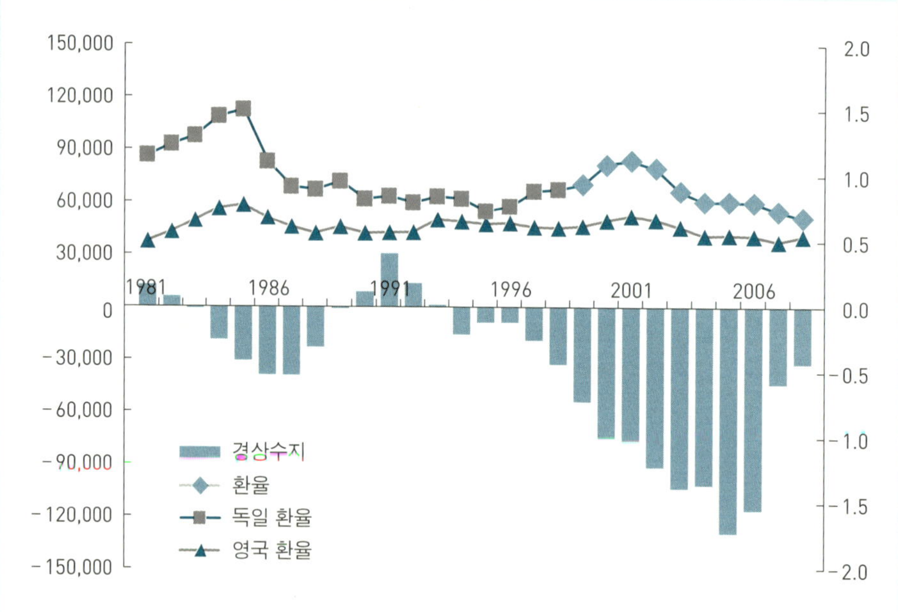

(4) 미국 대 독일 경상수지와 환율 (단위: 백만 달러, 마르크, 유로)

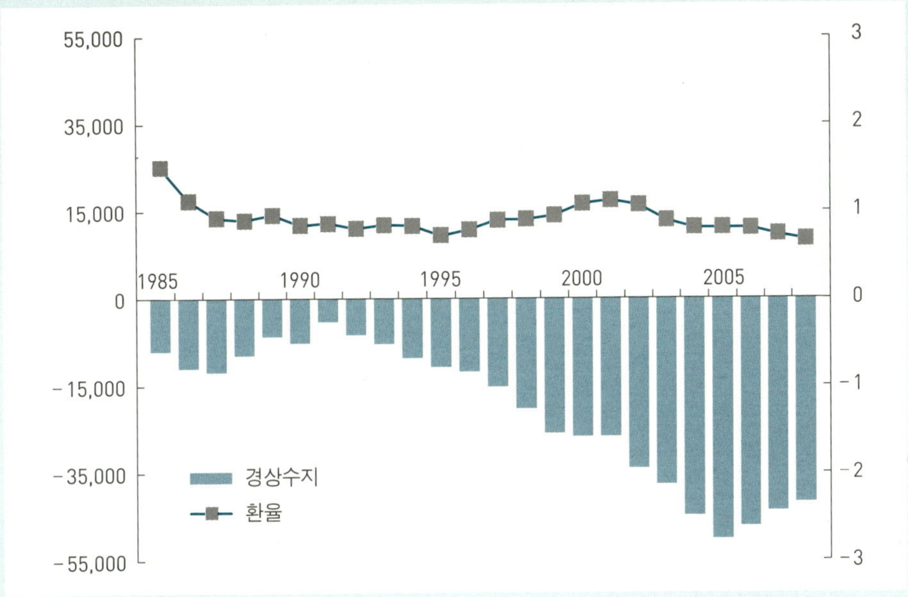

(5) 미국의 대 영국 경상수지와 환율 (단위: 백만 달러, 파운드)

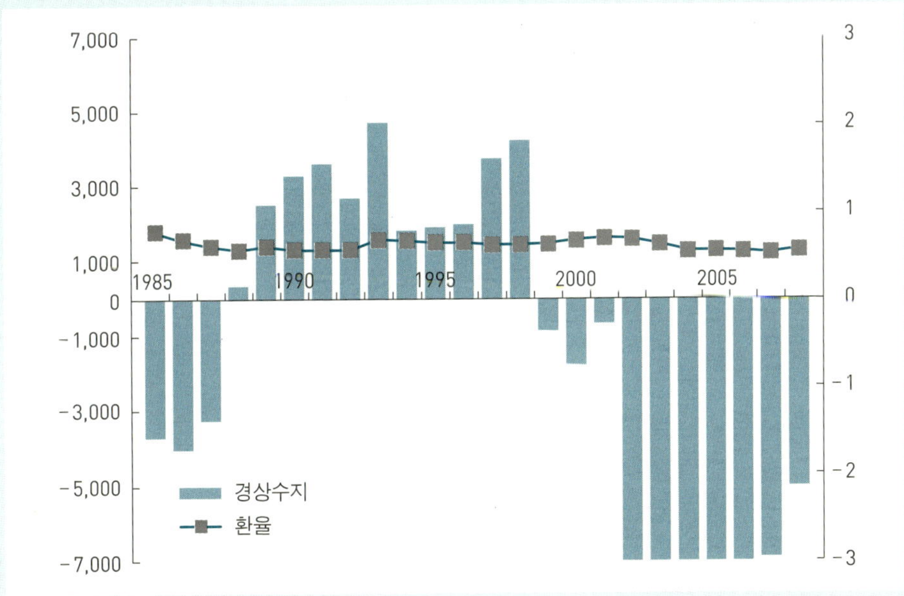

(6) 미국의 대 태국 경상수지와 환율 (단위: 백만 달러, 바트)

연도	경상수지	환율	연도	경상수지	환율
1985	−579.2	27.159	1997	−5,251.90	31.364
1986	−811.4	26.299	1998	−8,197.60	41.359
1987	−676.1	25.723	1999	−9,345.50	37.814
1988	−1,247.80	25.294	2000	−9,768.10	40.112
1989	−2,091.50	25.702	2001	−8,737.60	44.432
1990	−2,293.40	25.585	2002	−9,932.70	42.960
1991	−2,369.30	25.517	2003	−9,343.20	41.485
1992	−3,539.90	25.400	2004	−11,210.50	40.222
1993	−4,775.50	25.320	2005	−12,633.10	40.220
1994	−5,440.80	25.150	2006	−14,550.90	37.882
1995	−4,683.10	24.915	2007	−14,418.20	34.137
1996	−4,138.50	25.343	2008	−14,471.70	33.313

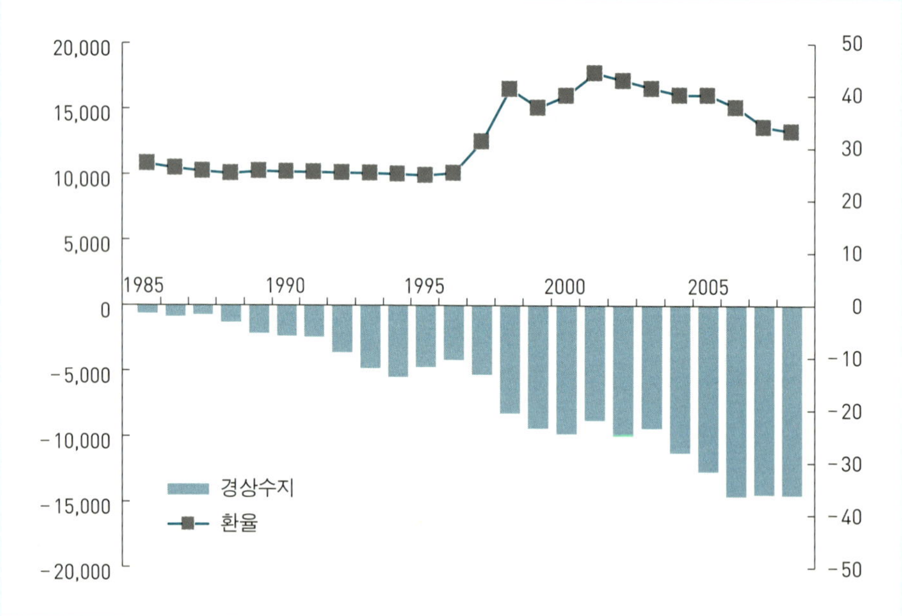

(7) 미국의 대 베네수엘라 경상수지와 환율

(단위: 백만 달러)

연도	경상수지	환율	연도	경상수지	환율
1986	−793	0.008	1998	−752	0.548
1987	−1,313	0.015	1999	−3,696	0.606
1988	183	0.015	2000	−10,796	0.680
1989	−2,997	0.035	2001	−7,414	0.724
1990	−5,838	0.047	2002	−8,808	1.161
1991	−2,897	0.057	2003	−12,632	1.607
1992	−1,364	0.068	2004	−17,617	1.891
1993	−1,935	0.091	2005	−25,377	2.090
1994	−2,852	0.149	2006	−24,612	2.147
1995	−3,213	0.177	2007	−27,140	2.147
1996	−7,017	0.417	2008	−33,183	2.145
1997	−4,983	0.489			

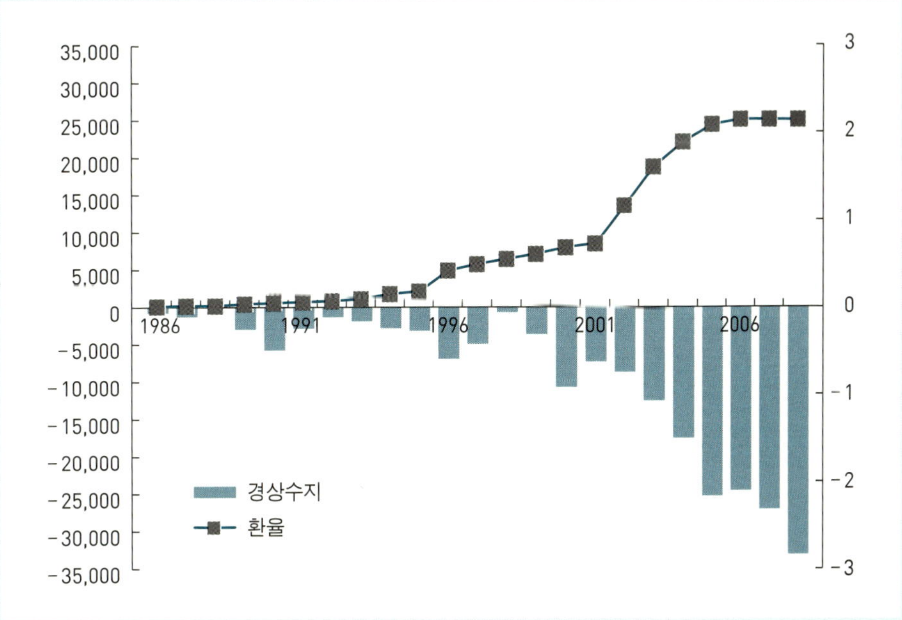

(8) 미국 대 러시아 경상수지와 환율

(단위: 백만 달러, 루블)

연도	경상수지	환율
1992	1,631.10	0.217
1993	1,226.90	1.001
1994	−666.90	2.279
1995	−1,206.70	4.626
1996	−231.10	5.167
1997	−954.20	5.837
1998	−2,194.50	9.705
1999	−3,860.90	24.620
2000	−5,566.00	28.129
2001	−3,548.20	29.169
2002	−4,473.20	31.348
2003	−6,170.70	30.692
2004	−8,930.30	28.814
2005	−11,344.40	28.284
2006	−15,128.00	27.191
2007	−12,031.00	25.581
2008	−17,448.40	24.853

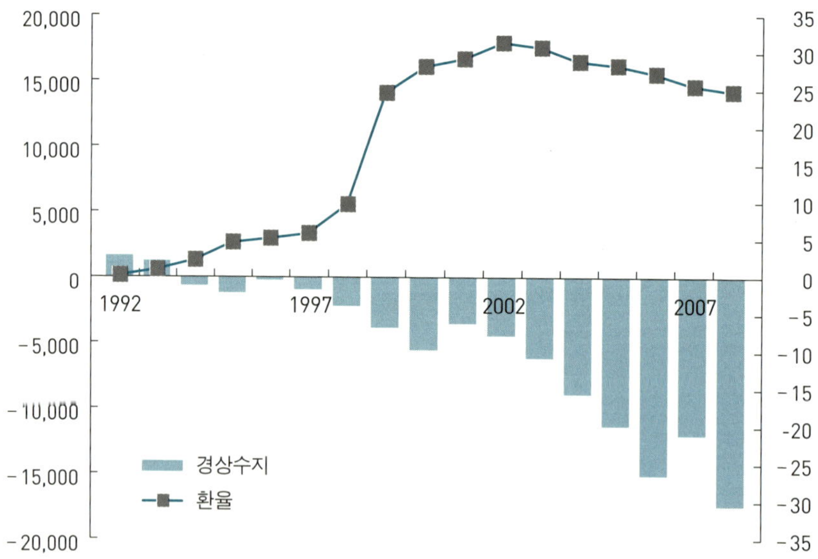

(9) 미국의 대 나이지리아 경상수지와 환율 (단위: 백만 달러)

연도	경상수지	환율	연도	경상수지	환율
1985	−2,326	0.9	1997	−5,536	21.9
1986	−2,122	1.8	1998	−3,377	21.9
1987	−3,278	4.0	1999	−3,757	92.3
1988	−2,922	4.5	2000	−9,816	101.7
1989	−4,794	7.4	2001	−7,820	111.2
1990	−5,429	8.0	2002	−4,888	120.6
1991	−4,337	9.9	2003	−9,377	129.2
1992	−4,101	17.3	2004	−14,694	132.9
1993	−4,407	22.1	2005	−22,620	131.3
1994	−3,921	22.0	2006	−25,630	128.2
1995	−4,328	21.9	2007	−29,992	126.0
1996	−5,160	21.9			

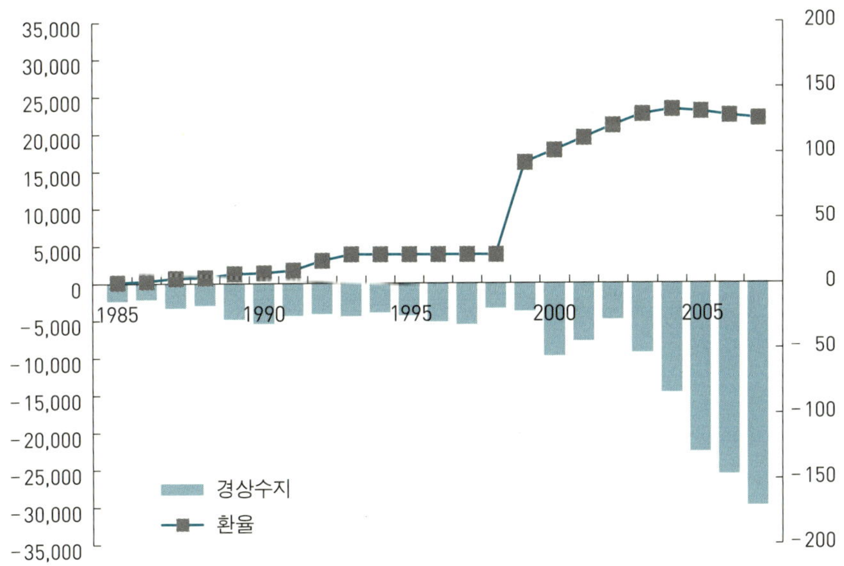

찾아보기

ㄴ

ㄷ

ㅇ

ㅊ

ㅋ

ㅌ

기타

【저자소개】

전용덕(田溶德)은 1952년 대구에서 출생했다. 고려대학교 경제학과를 졸업하고 미국 오하이오 주립대학교에서 경제학 박사학위를 받았다. 자유기업원(현 자유경제원)과 전경련 자문위원을 역임했고, 자유경제출판문화상(제3회, 제6회, 제10회, 제24회)을 수상했으며, 현재 대구대학교 무역학과 교수로 재직 중이다. 한국 하이에크 소사이어티 회원으로, 자유주의 철학과 자유시장 경제에 관한 연구, 강의, 발표 등에 관심과 노력을 쏟고 있다.

주요 저서와 논문으로는 ≪경제학과 역사학-오스트리아학파의 방법론과 인식론≫, ≪오스트리아학파의 경기변동이론과 화폐·금융 제도≫, ≪정책실패와 국제금융위기≫(공저), ≪국제 금융위기와 신자유주의≫, ≪권리, 시장, 정부≫, ≪헌법재판소 판례 연구≫(공저), ≪방송과 시장경제≫(공저), 〈A Note on Cartels〉, 〈Conglomerates and Economic Calculation〉(공저), 〈Gresham's Law in the Late Chosun Korea〉(공저), 〈Land Reform, Income Redistribution, and Agricultural Production in Korea〉(공저) 등이 있다. 역서로는 ≪인간, 경제, 국가≫(머레이 라스바드 저, 공역), ≪정부는 우리 화폐에 무슨 일을 해왔는가≫ ≪오스트리아학파의 경기변동이론≫ 등이 있다.

경기변동이론과 응용

초판 인쇄 2015년 8월 10일
초판 발행 2015년 8월 20일

지은이 전용덕
펴낸이 김중용

총괄기획 박노일
편 집 심성보

펴낸곳 마인드탭 MIND TAP
경기도 파주시 책향기로 441, 1004동 1004호(동패동, 책향기마을)
등록 제406-2014-000093호
전 화 070)7550-3758 팩 스 02)718-8554
홈페이지 www.mindtap.co.kr 이메일 pnc@pncmedia.co.kr
ISBN 979-11-86672-10-5 93320

※ 이 도서는 대구대학교 교내연구비 지원에 의한 결과물입니다.
※ 무단복사 및 전재를 금합니다. 파본 및 낙장본은 교환하여 드립니다.

정 가 18,000원